2017
中国第三部门观察报告

OBSERVATION REPORT ON THE THIRD SECTOR OF CHINA

中国人民大学非营利组织研究所
公域合力管理咨询有限责任公司
康晓光 冯利 主编

社会科学文献出版社
SOCIAL SCIENCES ACADEMIC PRESS (CHINA)

 中国扶贫基金会资助

编 写 说 明

本报告由中国人民大学非营利组织研究所与公域合力管理咨询（北京）有限责任公司共同完成。报告由康晓光与冯利领导与指导的编写小组执笔完成，编写小组其他成员主要来自中国人民大学非营利组织研究所的博士生、硕士生，公域合力管理咨询（北京）有限责任公司的工作人员，以及外部专家、学者，包括：张伯驹、冯雯婷、王爱华、任荣晖、毕建宇、章一琪、王文娜，董雪担任编写小组的助理。

本报告的编撰工作历时一年，从确定选题到最终形成文稿，经历了复杂的过程。本报告中的主报告、分报告、典型案例均是以小课题研究的方式进行的，每篇文章写作时基本采用的工作逻辑与工作流程为：（1）确定研究目的；（2）根据研究目的设定研究内容；（3）针对研究内容进行文献研究、综述；（4）针对研究内容，在文献研究的基础上，建立分析思路、分析框架；（5）针对研究内容与分析框架的要求，设计覆盖所需信息的调查方案；（6）按照调查方案，实施田野调查，获取所需经验资料；（7）分析一手资料与二手资料；（8）进行汇总、撰写。每篇文章从立意到撰写提纲，直至形成文稿，编写小组均进行了反复讨论与论证。各篇文章执笔人如下。

第一部分　主报告
互联网＋公益：全新的公益世界　　　　　　　　　　　冯　利　章一琪

第二部分　分报告
中国法律援助艰难前行　　　　　　　　　　　　　　　　　　　王文娜
公益思维及行动的变迁：镜头下的公益　　　　　　　　　　　　冯雯婷
临终关怀，路在何方？　　　　　　　　　　　　　　　　　　　王爱华

留守儿童与中国发展代价　　　　　　　　　　　　　章一琪　王文娜
问题青少年，被遗忘的青春　　　　　　　　　　　　　　　王文娜

第三部分　典型案例

典型机构

国际狮子会如何做大做强？　　　　　　　　　　　　　　　王文娜
自然之友的故事　　　　　　　　　　　　　　　　　　　　张伯驹

典型项目

小营巷社区"变形记"　　　　　　　　　　　　　　　　　　毕建宇
美丽乡村：中国扶贫基金会的乡村建设实验　　　　　　　　章一琪
善品公社：营造共生的价值生态系统　　　　　　　　　　　任荣晖

典型事件

无所不在的问责：对罗尔事件的观察　　　　　　　　　　　王文娜

第四部分　大事记

大事记　　　　　　　　　　　　　　　　　　　　章一琪　王文娜

目录
Contents

第一部分　主报告
003　互联网＋公益：全新的公益世界

第二部分　分报告
053　中国法律援助艰难前行

072　公益思维及行动的变迁：镜头下的公益

089　临终关怀，路在何方？

106　留守儿童与中国发展代价

123　问题青少年，被遗忘的青春

第三部分　典型案例
典型机构

143　国际狮子会如何做大做强？

179　自然之友的故事

典型项目

195　小营巷社区"变形记"

225　美丽乡村：中国扶贫基金会的乡村建设实验

244　善品公社：营造共生的价值生态系统

典型事件

265　无所不在的问责：对罗尔事件的观察

第四部分　大事记

291　大事记

327　致　谢

第一部分

主报告

互联网+公益：全新的公益世界

过去近30年里，互联网逐步改变甚至颠覆了很多传统行业，并正在改变世界，互联网的迅猛发展给各行各业带来了良好的发展机遇，逐渐被传统行业作为新的驱动工具来使用，特别是近年来移动互联网的爆炸式发展，使互联网几乎渗透到我们生活的方方面面。今天，"互联网+"的时代已经到来。

"互联网+"是由互联网在人类生产、生活中的应用不断深入得以延伸出来的，互联网一开始是工具，现在变成了价值，将来还会成为社会的主流，创造出来的新价值会带动这个社会整体架构的重新调整。通俗来说，"互联网+"就是"互联网+各个传统行业"，但这并不是简单的两者相加，而是利用信息通信技术以及互联网平台，让互联网与传统行业进行深度融合，创造新的发展生态。

在"互联网+"大背景下，"互联网+公益"开始由传统公益、现代公益向新型公益转变。我们看到中国的公益行业逐渐被颠覆，从最初人们通过网站传播公益信息，到论坛时代的群组讨论，继而是公益机构和互联网巨头建立专业的公益网站，再到2008年汶川地震后互联网捐赠平台的相继开通，新浪微博借"微博打拐"等公益项目不断推进微博公益氛围的营造，直至时下携着"共赢、互动、透明、便捷、效率"等关键词的移动互联网公益。在不断发生的变化中，瞬间带来的不仅仅是募款及捐款渠道的多元、便捷，更是它背后一个个充满生命张力与温暖的人，以及他们发出的声音、采取的行动。互联网和公益互相感召，以一种全新的链接方式，渗透在社会的各个方面，带来全民公益的群体行动。互联网提供了低成本、高便捷的信息交互和价值交换平台，网络、枢纽、去中心化、平台、众包、共享、众筹和公益 APP 等席卷整个公益慈善界，让每个人都有可能帮到每个人。

在"互联网+"的时代潮流下，"互联网+公益"，一个全新的公益世界已经到来！我们身处这个新生态中，却如盲人摸象般对其有片面的理解和解读。这个全新的公益世界到底是怎样一副图景？有哪些特征？不久的将来还会发生哪些变化？等等，值得我们全面、系统、整体地观察与分析。

一 互联网+公益，一个全新的概念

2015年3月，李彦宏在谈及"互联网+"时提到，"这几年随着中国互联网网民人数的增加，现在渗透率已经接近50%。尤其是移动互联网的兴起，使得互联网在其他的产业当中能够产生越来越大的影响力。过去一两年互联网和很多产业一旦结合的话，就变成了一个化腐朽为神奇的东西。尤其是O2O领域，比如线上和线下结合。"他认为，"互联网+"是一种互联网和其他传统产业结合的模式。[1]

2015年3月，马化腾在提交给全国人大的《关于以"互联网+"为驱动，推进我国经济社会创新发展的建议》的议案中对"互联网+"给出了较为权威的定义，他认为"互联网+"是指利用互联网的平台、信息通信技术把互联网和包括传统行业在内的各行各业结合起来，从而在新领域创造一种新生态。[2]"互联网+"的本质是"跨界融合，连接一切"，其特征为跨界融合、创新驱动、重塑结构、尊重人性、开放生态、连接一切。

2015年7月4日，国务院《关于积极推进"互联网+"行动的指导意见》认为，"互联网+"是把互联网的创新成果与经济社会各领域深度融合，推动技术进步、效率提升和组织变革，提升实体经济创新力和生产力，形成更广泛的以互联网为基础设施和创新要素的经济社会发展新形态。

阿里研究院把"互联网+"定义为：以互联网为主的一整套信息技术（包括大数据、云计算、移动互联网等）在经济、社会生活各部门的扩散以及应用过程，它是在互联网能够作为一种基础设施普及应用的前提下实现

---

[1] 《李彦宏谈互联网与传统产业结合：化腐朽为神奇》，http://www.chinanews.com/gn/2015/03-11/7118892.shtml。

[2] 马化腾：《关于以"互联网+"为驱动，推进我国经济社会创新发展的建议》，http://www.tisi.org/Article/lists/id/3776.html。

的融合过程。①

尽管迄今"互联网+"没有形成统一的规范定义,人们围绕"互联网+"的讨论很多,给出了各种解释和概念性描述,但分析不同的版本,我们可以发现其中存在很强的共性。即,所谓"互联网+"的真正特征并不在于新的技术,而在于技术应用的进一步深入以及对社会更加深刻的改造。简言之,"互联网+"就是"互联网+各个传统行业",但这并不是简单的相加,而是利用信息通信技术以及互联网平台,互联网与传统行业进行深度融合,创造新的发展生态。这是以互联网为主的新一代信息技术(包括移动互联网、云计算、物联网、大数据等)在经济、社会生活各部门的扩散、应用与深度融合的过程,本质是传统产业的在线化、数据化。

"互联网+公益"也不例外。我们可以将其定义为:利用互联网的平台、信息通信技术把互联网和包括传统公益、现代公益在内的各行各业结合起来进行深度融合,从而在新领域创造一种新生态,是一个全新的公益世界。它与公益"+"互联网,以及互联网"+"公益有本质区别,体现在互联网本身的功能、作用,以及"+"的含义均有不同(见表1)。

表1 "互联网+公益"的含义

概念	"互联网"的功能	"互联网"的作用	"+"的含义	具体含义
公益"+"互联网	公益产业占主导地位,互联网作为工具	·筹资平台 ·机构内部管理工具 ·传播渠道	·嫁接 ·运用	·在既有的运作逻辑的基础之上,互联网作为平台、工具运用于公益组织管理或营销中,以提升公益组织运行效率
互联网"+"公益	互联网与公益产业齐头并进	·重要的生产要素(平台、工具) ·重要的经济形态	·添加 ·联合	·互联网与传统公益联合或并行
"互联网+公益"	互联网占主导地位	·核心基础设施 ·核心生产要素 ·新的分工体系 ·新的社会环境 ·新的生活方式 ·新的思维方式	·驱动 ·融合	·利用互联网的平台、信息通信技术把互联网和包括传统公益、现代公益在内的各行各业结合起来,从而在新领域创造一种新生态 ·把互联网视为构造整个社会、市场和行业的建构性的要素和力量

---

① 阿里研究院:《互联网+:从IT到DT》,机械工业出版社,2015,第2页。

二 "互联网+公益",一个全新的公益世界

"互联网+公益"是一个全新的公益世界,它不同于传统公益、现代公益,但包含有传统公益和现代公益。不同的是,它产生了许多新特征,这也是本文讨论的重点。就传统公益、现代公益而言,它们更注重标准化、规范化、规模化、专业化和职业化,而"互联网+公益"体现出的新特征包括需求的个性化,大众小额捐赠剧增,公益主体业余化,公益项目/产品重构,运营模式平台化、共享化,管理扁平化,治理去中心化。

1. 个性化需求彰显

在传统公益、现代公益时代,公益行业所满足的需求主要是具有一定规模的共性需求,回应的问题是普遍存在、重大、紧迫的问题。如贫困人群的温饱问题,贫困地区的发展问题,失学儿童受教育问题,外来务工人群及留守儿童面临的问题,等等。1989年启动的希望工程以救助贫困地区失学儿童为目的,通过建设希望小学,资助贫困地区失学儿童重返校园,改善农村办学条件等措施回应贫困地区失学儿童受教育的问题。希望工程启动前期,1986年团中央派人在广西柳州地区进行的调查结果显示,仅金秀瑶族自治县共和村,全村2000多人,新中国成立后没有出过一名初中生,小学辍学率达90%以上。希望工程通过标准化、规模化的方式力求扩大受益面。2004年左右微软在欠发达地区开展的"潜力无限"项目强调受益群体的覆盖率以及受益者绝对数量的增加。真爱梦想建立的真爱梦想中心,其模式在今天仍然是较为成功的发展模式——将真爱梦想中心的样本向全国欠发达地区推广,通过标准化、规范化运营、管理,实现规模化。

而"互联网+公益"让碎片化(个性化)的需求浮出水面。个性化需求不仅彰显在传统领域,如扶贫、救灾、教育、医疗领域,也彰显在非传统领域。较为突出的表现有四个方面:(1)需求升级。贫困人群的需求不局限于温饱问题,还有他们的生活质量、能力、发展机会的改善。(2)需求转变。很多留守儿童现在缺的不是玩具,而是陪伴,他们从对物质的需求转向对精神、情感的需求。乡村学校从对图书馆硬件设施建设的需求转向对软件设施建设的需求,特别是有助于他们获得知识、体验、交流的软件设

施的建设。(3) 冷门需求渐成热门需求。如早孕、校园暴力、抑郁症、孤独者等面临的问题。(4) 新需求。随着社会的发展及女性受教育程度的显著提高,女性独立意识增强,单亲妈妈、未婚妈妈等群体随之出现,她们作为特殊群体有着独特的权利诉求、发展和生存需要。

碎片化需求彰显的原因有多方面。首先,在传统公益、现代公益中,许多共性需求被关注的程度高,投入的资源多,需求在逐渐得到满足,甚至一些过去较为严重的问题在今天已经不再是问题了。2005 年,中国政府开始在农村地区全面实施"两免一补",并逐步向城市拓展,希望工程最初针对贫困地区失学儿童提供的公益服务也已由政府取代;乡村教师的工资福利待遇问题一度成为困扰乡村教育的难题,但随着经济的发展和政府的重视,国务院办公厅发布《乡村教师支持计划(2015—2020)》,在提高生活待遇、城乡教师流动、职称评聘、建立荣誉制度等方面都向乡村教师倾斜,该问题将逐渐得到缓解。其次,碎片化需求的彰显,并不意味着共性需求不需要得到满足,也不意味着这些碎片化的需求此前均不存在,而是"互联网+公益"使一些共性需求得以分化,其中一部分转为碎片化需求,并形成一定规模被社会所关注。最后,受益者本身在发生变化,他们变得更为理性、主动,关注自身价值,权利意识增强,不是给什么就要什么,再加上互联网有助于强化个体意识,增强个人的鉴别能力和判断力,他们会主动寻求帮助、救助或干预,会主动传递信息。互联网打破了信息不对称,使受益者有机会掌握更多信息,受助者不满足于传统的公益产品和服务,不满足于被动的接受,他们有机会被赋能、赋权,这倒逼公益领域去满足他们的个性化需求,公益服务的供给者与受助者的权力逐渐发生逆转。这种需求的变化与消费需求的变化非常相似。消费者对手表、自行车、缝纫机的需求转向对黑白电视机、洗衣机、收录机的需求,再到对彩色电视机、电冰箱、双桶洗衣机的需求,乃至对智能化产品的需求。不同时期人们心目中的"三大件"在变化,而消费市场的集中态势也在被打破,不同收入、不同阶层内部不断产生出符合本阶层特征的消费热点,大众市场逐渐转化为分众市场。比如,衣食住行的基本需求有了分层和分化,老百姓追求大宗商品,特定富有的消费阶层追求奢侈品。随着各类消费者的出现,其消费行为、品牌选择、媒介接触等方面都呈现不同的选择,在大众市场中分化出分众市场、碎片化市场。

碎片化市场看似没有大众市场大,但是,碎片化市场的营销成本大大降低，其获得的关注度却很高。或者，众多碎片化市场集中起来也很可观。长尾理论可以较为直观地展示这部分市场的大小和成本。随着社会经济及科技的发展，我们已进入"丰饶经济"时代。一方面，公益项目/产品在不断地细分市场，受益者的个性化需求越来越重要；另一方面，随着互联网的兴起，原来分散"营销"的公益项目/产品集中起来进行"营销"，降低了项目推广的成本。如同小商品批发市场，人们可以依据自己的兴趣进行认捐或项目认领或项目参与，可以同时涉及多个项目。这样，以前小众、冷门的公益项目就有可能获得高关注度和较多的资金支持。

例如，手机用户只要登录"十分钟不碰手机"项目（http://tap.unicefusa.org/）页面，点击"开始"，然后坚持十分钟不碰手机，就参与了该项目。项目发起方UNICEF（联合国儿童基金会）会对参与这个项目的用户给予回馈：用户只要坚持10分钟不碰手机，UNICEF就会为一个贫困儿童捐出一天的干净水。这样的项目设计非常有趣，通过喜欢接受挑战的小众用户接受挑战，使活动变得有趣而有吸引力。原本UNICEF也要向贫困儿童捐赠干净水，但通过这种方式，既能激励用户关注贫困议题，让用户了解到贫困儿童的需求和困苦，又培养了手机用户良好的手机使用习惯，不做"低头族"。

例如，中国扶贫基金会的"饥饿24小时活动"，志愿参与者在10月16日（世界粮食日）20：00至10月17日（扶贫日）20：00期间，体验一天不吃饭，同时参与微博话题（#体验饥饿#）互动、购买活动口罩、更换社交头像。该活动倡导公众对贫困议题的关注和支持。这样的挑战有一定的难度，但是，参与者数量却很可观。2014年活动启动日至10月22日，共有8.2万名网友通过微博#体验饥饿#进行话题互动，有1.6亿人次通过新浪微博关注该活动，中央电视台等媒体原发、转发报道文章1100篇。该活动利用互联网轻模式，实现了人人公益的社会动员，让公益慈善走进大众生活，倡导公众在体验中关注公益慈善。

如，"404页面找失踪儿童"项目，网友上网时如进入一个404页面（"Not Found"），即会看到一个失踪儿童的照片和信息。这是一个公益广告位项目，使更多人参与到这个原本小众的公益项目中来。如，"用碎片时间做小任务来支持公益"，"小题大作微公益"，参与者只需回答一些有趣的百科问题，每答对若干道题，捐赠方就会捐给某个具体公益项目一定数额的资金。如，依托腾讯乐捐平台，"崛美行动"推出了"到家了公益快车系列活动"，共有10个劝募项目，"免费老花镜到家了"项目共募集到6000多副老花镜送给山区的空巢老人;"抗战老兵免费体检"项目吸引了很多网友参与捐款,把大山里的老兵接进城市体检;网友担心独居老人在家容易摔倒,通过"空巢老人免费防滑垫"项目,使每位空巢老人可获得 5 块防滑垫……像这些比较小众的、以往很难想到也很难被关注到的公益项目,在互联网上都不再是难事了。

根据长尾理论,善于抓住尾巴上那部分群体的需求,注重个性化产品需求,一样可以获得成功。网络时代是关注"长尾"、发挥"长尾"效益的时代。事实上,个性化需求一直存在,但是在"互联网+公益"下更为凸显,这是因为传统公益市场的受益者需求主导很难得到真正的实现,大多数受益者都是被动地接受公益组织所提供的批量化的产品和服务,在标准化的项目运作方式下个性化需求被淹没。在新环境下,每个受益者都能够被真正地当作一个独立的公益市场,越来越多的受益者基于个性化需求开始在互联网这个大市场主动寻求帮助,寻求自我的心理认同,公益组织也开始为个体受益者提供个性化产品和服务,个性化公益项目越来越多地登上中心舞台。比如,公益众筹如同一个"爱心大超市",网友可以在成百上千个公益项目里自由选择。有人喜欢保护动物,他就可以认捐动物保护项目;有些人不认为保护动物最急切,他还可以选择助学和免费午餐项目;有人关注疾病治疗和生命健康,他可以在大病救助项目献出爱心,在这里,不论金额大小,不论何种项目,都可以让助人者体现出自我价值。

2. 小额捐赠剧增

2010 年以前,公益组织,特别是大型公募组织的捐赠中,大额捐赠占主导,"互联网+公益"下,尽管大额捐赠并未消减,但小额捐赠的占比开始剧增。如中国扶贫基金会近年公众捐款占比在逐年增加,2013 年有 4570 万人次个人和 5000 余家机构向中国扶贫基金会捐赠爱心款物,2014 年有 28347.58 万人次和 2970 家机构向中国扶贫基金会捐赠爱心款物,2015 年个人捐赠有了很大突破,全年共有 117170 万笔次的个人捐赠,合计 21239 万元,占全年捐赠总收入的 43%,实现中国扶贫基金会个人捐赠金额占比首次突破 40%。又如,中国扶贫基金会与联合国世界粮食计划署在腾讯平台开展的"手护生命,抗击埃博拉"公益活动,以 105803 次捐赠一举打破"24 小时内单一网上平台最多次个人捐款"的纪录。

壹基金的公众捐赠比例更高,壹基金 2015 年年报显示,壹基金有近

500万人次的个人捐赠和580家的企业与机构捐赠，超过20万人通过每月持续捐赠的方式支持壹基金，其个人捐赠占总筹款额的78%，而网络平台捐赠占总捐赠额的65.1%。2015年，壹基金收到壹家人的爱心捐款共计人民币148057007.65元。

与此同时，发布公益项目信息的渠道也很多元。机构网站、腾讯、淘宝等门户网站、线下二维码引流的H5页面，微博、朋友圈等均成为发布公益项目信息的渠道。从捐赠通道到信息互动平台，发布信息提供的服务都不收取任何费用，增强了网民捐赠的积极性。如，腾讯公益慈善基金会形成了以"腾讯月捐"为核心，以"腾讯乐捐"、"腾讯微爱"等系列产品为辅助的公益平台，将腾讯各产品与公益联系起来。又如，支付宝"聚公益"，旨在缔造一个"聚集商家、用户共同参与"的互联网公益平台。相比线下捐助渠道，网上捐赠覆盖面广、反应迅速、透明公开，这些都更能调动人们的积极性。人们可以在支付宝救助云南旱灾的捐赠页面上，直接看到中国扶贫基金会出具的前期捐款使用说明，包括灾民领取捐款的全部签名表，以及基金会下一步的工作计划。

小额筹款及捐款渠道的出现，使全民参与不受地域和时间的限制，参与无门槛。捐赠者只需点击按钮，进行在线支付的简单操作，无须去银行或邮局排队支付。在移动互联网发展的浪潮下，通过微信支付和支付宝钱包能即时进行爱心捐赠。如，支付宝钱包中二级页面为爱心捐赠，微信"我的银行卡"中有腾讯公益入口，这些都方便用户利用碎片化的时间献爱心。今天，通过网络公益平台实现的网络捐赠方式，已成为除线下慈善捐助点、银行汇款、邮局汇款等之外的新型捐助渠道，越来越多的网上支付平台和公益组织正加入其中，每个人都能在网络上随时随地提交小额捐赠。

小额捐款的方式也层出不穷，如众筹、团购、义卖虚拟商品、朋友圈转发、微博点赞、微信打赏、知乎值乎、运动步数捐赠（企业配捐）、淘宝公益宝贝、腾讯勋章会员等。捐赠者的捐赠体验变得"随意"而感性。捐赠者可以因朋友微信群里对某个公益项目的评价而把钱捐给某个患白血病的孩子，也可以因微博中的一个参与公益活动的体验日记而冲动地也去体验一回，还可以因腾讯公益平台上某个公益项目的一个差评而放弃该项目。以前完整的募捐设计—募捐渠道投放—募捐推广行为被拆解得七零八落，而捐赠款额的剧增可能只是因为某个明星在微博上转发了一下。

2014年3月22日9时8分,"免费午餐"发起人邓飞在微信朋友圈转发了一条消息,标题为"腾讯公益,救助患癌首席记者"。邓飞写道:"已捐十元,请帮助我们这个记者同行,拜托大家!"不到一个小时,9点56分,邓飞再次转发了这条消息,告知大家可以"修改和增加捐款",自己再为这位记者捐款500元。邓飞转发的这条消息来自中国扶贫基金会在腾讯乐捐上发起的一个线上公益项目,点开消息,跳转至捐赠页面,即会显示包括对受助者,《南方都市报》首席记者之一过国亮的简介、简明的"我要捐款"功能、项目详情及中国扶贫基金会的简介。以10元为基准,捐款人可以10元的倍数递增设定捐赠额,轻触"我要捐款"按钮,页面跳转至微信支付页面,输入与微信支付关联的银行卡密码,短短几秒,便完成整个捐赠流程。这条捐赠消息以媒体人为主力,在微信朋友圈内不断得到转发,在各个微信群里也被广为推介,截至2014年3月29日上午6时,仅在腾讯乐捐平台便募得314432元善款。此外,新浪微公益、支付宝love平台也为受助人开通了捐赠通道。①

又如,风靡美国的呼吁公众关注肌萎缩侧索硬化(ALS)的"冰桶挑战"游戏传至中国,在IT界大佬捧场、明星的助推下,短时间内吸引超过44.4亿人次点击,募集善款800多万元,一举成为2014年社交媒体最热的公益活动之一。

3. 公益主体业余化

传统公益、现代公益的主体主要是公益领域的从业者和公益资源的提供者,而在"互联网+公益"中,新的公益主体涌现出来,并且主体与主体之间的界限变得模糊。原来的非公益从业者、非公益资源提供者,今天成了公益主体,甚至是不可或缺的主角。他们不需要依赖或通过专业公益组织参与公益,而是借助互联网的力量以专职或业余或生活化地参与到公益中,甚至是生活在公益之中。更让人意想不到的是,有时候"业余"做公益的做起公益来甚至比专业公益组织还要专业得多。

---

① 本文作者编写的案例,下同。

(1) 企业

今天，我们看到企业"业余"但专业地做公益。

公众对企业投身公益给予了相当高的评价，而且通过互联网平台开展的公益活动，也调动了公众的积极参与，不少企业对公益事业乐此不疲，投入到公益事业的精力和资源，甚至不亚于企业公关的投入和用心。如，2015年4月2日"世界自闭症日"期间，壹基金"海洋天堂"计划联合英菲尼迪、滴滴出行、腾讯公益、招商银行推出了跨界创新合作，滴滴出行向其微信服务号粉丝、APP用户推送主题互动H5，号召公众支持自闭症儿童。当天共有超过200万人次用户点击H5页面，超过26万名用户通过腾讯公益平台进行捐赠。如，腾讯主导发起的"99公益日"彰显其虽"业余"但极其专业。

"99公益日"是由腾讯公益联合数百家公益组织、知名公益组织、明星名人、顶级创意传播机构共同发起的一年一度的全民公益活动，旨在用移动互联网化、社交化等创新手段，用轻松互动的形式，发动全国数亿热爱公益的网民通过小额现金捐赠、步数捐赠、声音捐赠等行为，以轻量、便捷、快乐的方式参与公益。腾讯公益致力于成为"人人可公益的创联者"，成为公益组织和广大爱心网友、企业之间的"连接器"，用互联网核心能力推动公益行业的长远发展。截至2016年，"99公益日"共举办两届。2015年9月7~9日三天，腾讯公益收到205万人次爱心网友捐款，共筹善款1.279亿元；2016年9月7~9日三天，腾讯公益收到677万人次的爱心捐款，共筹善款3.05亿元，共有超过120家拥有公募权的公益组织、近4000个不同类型的公益项目参与，而没有公募权的公益组织可与拥有公募权的公益组织联合参与活动。

腾讯公益扮演的角色绝不只是方便公益组织发布项目信息，方便捐赠者捐款，作为平台，它链接网友、公益组织、企业，实现了平台化、"小而美"及共享化的完美结合。

一方面，腾讯作为平台主导者和活动推动者走向前台，第一届"99公益日"，网友每捐1元，腾讯基金会配捐1元，每人每天最高配捐上限为999元，单个项目最高配捐上限为999万元。同时，走路也能做公益。网友每捐1万步，腾讯基金会及其爱心伙伴将配捐2元。在此期间，腾讯基金会总体配捐金额最高达9999万元。第二届"99公益日"，腾讯公益配捐金额为1亿9999万元，且有近百家爱心企业贡献捐赠近2亿元，为十余家公益组织发起的数千个公益项目进行1∶1配捐，用户一天内最高可获得腾讯基金会配捐、企业1∶1配捐、"惊喜时刻"1∶1配捐3份配捐，单天最高可获得金额为2997元。"99公益日"期间，腾讯还整合微信、手机QQ、腾讯新闻、电脑管家、QQ空间、QQ邮箱、腾讯视频等强势渠道，以及滴滴打车、大众点评、微店、同程网等合作伙伴，共同为"99公益日"进行引流推广，掀起全民公益的热潮。

另一方面，在这个平台上，公众还可以因对某个公益项目感兴趣，可以以项目"筹款人"或"代言人"的身份作为网络"劝捐者"、"倡议者"、"动员者"和"推广者"来推动公益项目的传播和募款。腾讯的理想是让公益成为人们的生活方式，而自己发挥连接一切、跨界融合的作用。它是公益生态系统的构建者，也是公益生态系统中的重要一员。

再一方面，腾讯把关系链、社交能力、支付能力作为最原始的工具开放给合作伙伴，在这一天，企业、公募基金会、草根组织、项目发起人、捐赠人是主角，大家合力共建网络公益捐赠平台欣欣向荣的生态圈。对于其他企业来说，全国数亿网民可通过轻松互动的方式参与这场"公益盛会"，这种吸引力是巨大的，包括肯德基、国美、必胜客、联合利华、顺丰速运、有范APP、京东、可口可乐、沃尔玛等知名企业利用自己强大的营销渠道（线上及线下）参与"99公益日"。以肯德基为例，"99公益日"期间，肯德基推出"99感恩桶"，以此感谢每一位长期关注和支持公益事业的爱心人士。消费者通过扫描餐厅相关海报或感恩桶上的二维码可以登录"99公益日"在线平台，为"捐一元"公益项目捐款，实现线上线下的公益联动。而公众"关注+行动"的高度合成，使得人们对公益慈善的关注度持续加强，并引起共鸣，大家动动手指，就可以选择腾讯公益网络平台上数千个公益项目，以不同的方式参与公益，如进行一次对抗雾霾的游戏，便可支持一棵新树苗的种植等。

腾讯一直在思考如何利用互联网的公开高效、连接互动的特性，如何利用平台和生态圈的力量来让公益运转得更为顺畅，将公益的影响力辐射开来,激发更多友善美好的互动。腾讯公益发起"99公益日",希望利用腾讯自身产品和平台的优势,以及众多合作伙伴的力量,连接受助人、捐助人、公益组织及项目、知名公益组织、明星名人和数亿用户,通过移动化支付、社交化场景和趣味化互动,唤起社会各界关心、参与公益的热情,打造一个全民参与的超级公益日。"99公益日"看似只有三天的时间,但前后引起的震动却是长久的。新媒体的传播力量就在于让更多的人从未知到知晓,从知晓到关注,从关注到行动,这是一个坚持、循序渐进、良性循环的过程。

腾讯公益已成为腾讯企业实现企业战略(商业目的)的一个重要选项,腾讯"连接一切"的公司战略和"成为受尊敬的互联网企业"的企业愿景通过这次公益活动得到了淋漓尽致的表现和实现。对其他企业来说,这也是一次示范:除了政府,商业机构也有能力在公益领域发起(组织)一场全国范围内全民自愿参与的公益活动——绝大多数参与者都是自愿参与,而不是被捐款。其意义之深远、影响之大,远远超过某些省市通过"强捐"、"逼捐"搞的慈善日。

传统公益、现代公益部门主体单一,专门为公益组织提供服务的组织少之又少,所需的IT、技术开发、电商运营、活动策划、平面设计、物流等服务,往往无处可寻,也拿不出钱。今天,专门为公益组织服务的企业在增加。如,在淘宝平台上,公益组织可以免费开设店铺并获得认证,可以筹集资金、展示项目和理念。但是,对于缺乏电商经验的公益组织来说,运营、传播都是难题。作为在电商领域拥有丰富经验的服务供应商,悦维互动为多家公益组织提供了公益网店策划及运营支持,包括壹基金、免费午餐等。

(2)个人

个人参与公益已不局限于传统公益、现代公益领域,也不受限于传统的科层结构。个人在偶然或专职或长期地参与着公益。

如,很多意见领袖能随时化身为公益人参与公益项目,有的项目复杂,有的项目简单易行、短平快。他们运用自己的影响力,带动更为广泛的个人参与公益。如,由民间自发组织与传播的"冰桶挑战",目的是让更多人关注肌萎缩侧索硬化症患者,同时也为患者募款。参与者最初主要来自美国体育界,而后扩散至美国政界、IT界、娱乐界的名人明星中。IT界大佬比尔·盖茨、"脸书"（Facebook）创始人马克·扎克伯格，政界肯尼迪家族成员、小布什以及娱乐界的众多明星大腕纷纷加入进来并完成挑战。来自36大数据网的统计显示，北京时间2014年7月10日至8月20日，在Twitter、Instagram、Facebook三大全球社交工具上共有79356人完成了冰桶挑战。① 2014年8月17日，活动游戏环节未被点名的一加科技CEO刘作虎主动浇下了"冰桶挑战"在中国的第一桶冰水，次日，小米科技董事长雷军回应俄罗斯投资人尤里·米尔纳的点名，完成了冰桶挑战。自此，"冰桶挑战"正式传入中国，并迅速掀起了一场公益与挑战的热潮。当众多公益组织尤其是民间公益组织苦于资源、资金捉襟见肘而对项目设计与慈善筹款一筹莫展时，"冰桶挑战"却以几乎零成本的资源投入获得了巨大的公益效果，以势如破竹的态势博得了全世界对肌萎缩侧索硬化症患者的精神关怀与物资支持，它的成功为公益领域树立了业余化公益新典范。

个人偶然参与公益的贡献不可小觑，而专职或长期参与公益的贡献也难以衡量。他们的理念、行为容易通过某种说服而影响认同者。当这种倡议与人们的共识发生连接时，便容易引起团体/集体行动。较为典型的例子除了上述"冰桶挑战"中的偶然参与者外，还有媒体人士邓飞。他2011年转身公益，利用移动互联网工具，先后发起微博打拐、免费午餐、中国乡村儿童大病医保、暖流计划、儿童防侵、让候鸟飞、中国水安全计划等多个公益项目，并创建"e农计划"社会型公益组织，动员和组织社会各界投身公益，在乡村儿童、乡村环保和乡村经济三个板块致力于帮助中国乡村儿童获取基本公平和保障，支持乡村有尊严地成长，尤其是免费午餐影响中央政府每年投入160亿元改善乡村儿童营养状况。在邓飞的倡导和实践下，"透明公益"、"人人公益"等理念深入人心，有力地推动了中国公益慈善事业转型，自下而上助力社会成长，并联合政府、公益组织持续有效地解决了一个又一个重大的社会问题。

这是一个新公益时代，人人可以做公益，每个人都有可能帮到每个人，所涉及的公益慈善领域已遍布社会生活的各个层面，如国家层面的赈灾救灾、社会层面的福利保障、群体层面的法律维权，以及个体层面的救助需求等，覆盖范围广，数量大。而个体参与公益的形式也多种多样，既可以

---

① 《深度数据全方位解析：冰桶挑战》，http://www.36dsj.com/archives/12208。

捐款捐物，做志愿者，也可以参与传播公益信息或做慈善文化宣传，还可以发起成立公益组织，发起公益项目，组织公益活动，等等。越来越多的个体发现，公益就在身边。比较多见的例子是，人们本来准备扔掉一些旧衣、旧书，突然发现有人在网上为山区孩子筹集这类物品，然后就随手做了公益。或者，在网上看到有人在自家小区号召小区居民垃圾分类，自己也尝试这么做。又或者，看到一篇报道，就用微信打赏方式帮助了一个素不相识的癌症患者。个体参与公益变得更阳光、"好玩"、"有趣"。2016年在明星与粉丝圈刮起的"奔跑吧，兄弟"计跑里程公益风，以及大量各行各业的人参与中国扶贫基金会发起的"善行者"、"饥饿24小时公民公益活动"，就是例证。

个体参与公益有的与自己的专业、专长无关，也有利用自己的专长为公益服务的。互联网的互动性、无地域限制性是其在团结和凝聚个体参与公益活动方面具有的天然优势，低门槛、透明化、方便快捷且高效互动的网络公益大平台正逐步搭建起来，个体参与公益越来越平常。如IT人士利用自己的专长做公益视频。摄影师通过照片向社会发出倡议，或为留守儿童或流动儿童提供摄影培训，还有摄影师行程上万公里，免费为冀东地区近百名抗战老八路拍照和制作光盘。或者，医生利用节假日免费为社区老人体检。

2012年10月，钢子开通了微博。不久，他发现微博上有一名山东农村2岁的先天性心脏病患儿家长在求助，于是捐款14814元，为患儿补齐手术费用。由此钢子开始了他的网络慈善之路。网友送给钢子很多外号。如"傻捐者"，有一段时间，对于求助者他几乎来者不拒，甚至被人恶意骗捐，有人讥笑他是"傻捐者"；如"补齐哥"，一有空，他就在微公益的平台上查看需要救助者所获捐款的进度和金额，将那些还差钱的捐款补齐……很快，他成为新浪微公益平台第一位单次捐款超过100万元的人，这也让他获得了大量"粉丝"。早在2013年3月，在新浪微博上风生水起的钢子成立了基于网络的"钢丝善行团"，并发起"壹起捐"的号召，每人每天捐出1元，用最简单的方式行善劝善，用不会影响自己生活的1元钱去改变和温暖世界。目前，经过近4年的发展，钢丝善行团现在已经拥有20多万实名会员，遍布全国100多个城市。钢丝善行团以每天每人捐1元钱的方式不间断地捐款救助，目前已经帮助和救助了 5 万多人。在 2016 年新浪微公益年度颁奖典礼上，钢子获得"微博 2016 十大影响力公益大 V"荣誉。新浪微公益爱心墙发布的官方数据显示，钢子已经影响了 997 万人开始关注公益，带来 1000 多万元捐款。

（3）网络社群

今天，大量产生的网络社群偶然或专业地参与公益。

信息技术不断侵入传统社会生活之中，社会结构在虚拟的空间得以拓展，并出现了新的组织形式。网络社群就是依托于信息技术和互联网技术发展出来的新型组织形态，它们都是基于互联网数字技术，利用社交媒体为沟通与交流手段，以某个共同的目的所形成的类组织形式，也被称为虚拟社群、互联网社区、虚拟组织等。

信息社会中各种虚拟性的网络社群不断涌现与壮大，这类网络社群包括 QQ 群，"百度贴吧"中基于地名/机构/职业和兴趣爱好等关键词聚集的人群，基于博客、微博、微信形成的讨论圈，BBS 论坛中网友的"版聚"等。尽管这些网络群体的名称不同、形式各异，但它们都有一个共同点：虚拟空间中以群体结构展开，强调群体意志，有领袖和组织者，强调网络效应，强调群体的规范，自愿聚集，自由交流。艾媒咨询发布的《2016 年中国网络社群经济研究报告》显示，预计到 2016 年底，中国网络社群经济市场规模将超 3000 亿元，中国网络社群数量将超过 300 万个，网络社群用户将超 2.7 亿人。艾媒咨询分析师认为，中国网络社群用户数量占中国手机网民比例接近 40%，网络社群发展仍处于初期扩张阶段。

在网络社群中，成员的组织公民行为相较于传统组织的公民行为出现了变化，比如出现更多的利他行为，更加乐于帮助其他成员，使得网络社群较多地开展公益行动。这种公益行动既有偶然的、一次性的，也有持续的、年度性的，甚至整个网络社群就是为公益而生的。尽管网络社群的很多公益活动与线下公益活动类似，也不一定有新意，但网络社群能够让更多的不同职业、不同背景、不同年龄的人聚在一起共同参与公益活动。在大多数情况下，网络社群的公益活动均是在某次临时的活动后，成员之间由陌生变得互相熟悉，形成了某些共识，一些历史和习惯被传承下来，向常态化公益发展。

当下火热的小米手机的"米粉"们所在的小米论坛，便是基于同一兴趣而形成的虚拟组织。小米手机论坛是小米科技公司的小米手机的品牌虚拟社区，其成立甚至远远早于该款手机的面世，经历了原始社群—社群成长—社群成熟及深化的过程，"米粉"们通过论坛进行对等而广泛的交流，并进一步延伸到其他社交媒体如新浪微博等。在小米社区中有一个专门的板块"小米公益活动"，其中既有小米公司组织的公益活动，也有"米粉"自发组织的公益活动。如，2013年10月、2014年12月，"米粉"大连同城会连续两年走进了一群被好心的姚阿姨收养的猫猫狗狗的生活，帮助姚阿姨照顾流浪动物，帮忙打扫卫生、喂狗粮，帮助将生病的小狗带到市内的宠物医院进行治疗，以及掩埋由于寒冷和营养不良而死去的流浪动物。同时，参与现场活动的"米粉"也在网络上呼吁：冬日也有阳光，一起来伸出援手，帮助它们度过这个寒冬，尽一份力量，给它们送去一丝温暖，也许，我们能温暖、挽回一条生命。

2006年在浙江安吉成立的滴水公益，是由杭州滴水公益服务中心运营的民间公益网络社群，其组织形式包括微信公众账号hzdsgy001、滴水公益论坛、义工QQ群，如今在全国已有42家线下＋线上滴水公益组织，目前有四大公益板块——助学支教、应急救援、海豚（心理）热线、社区服务。10年来，滴水公益累计组织公益活动1000多场，累计接受善款1000多万元，累计接受物资捐赠价值2000多万元，帮助学生10万余名，安置灾区灾民16万余名，援建爱心图书室15所，海豚心理热线接听2000多人次。为了凝聚社区，滴水公益建立了完善的义工激励体系：（1）普通网友可以及时关注滴水公益活动发布，如有意愿参加的活动可直接向活动负责人报名，即可参与某项公益活动；（2）网友参加五次及以上有项目编号的公益活动，认可滴水公益文化理念，即可向管理员报备申请参加新义工培训，而后可获得义工编号及义工证，成为滴水公益的中坚力量；（3）滴水公益对每次参与活动的义工的成果都会在群里公布，如"AA1455长空（6小时）、AA1156小李子（1小时）、AA1102追风客（9小时）"，这大大激发了义工们参与的积极性。在滴水公益上，除了各类公益服务，倡导类的公益活动也有很多，如2017年滴水公益将发起资源再生环保项目——角落计划，通过系列的环保活动，让公众更加正确地认识垃圾、处理垃圾，通过垃圾分类、垃圾减量，让垃圾经由我们的双手，由"废物"转变为宝，转变为资源，力求资源的循环再利用，并减少环境的污染。项目的第一步是"征集您身边的垃圾故事"，请社区网友晒出"你身边被垃圾包围的照片"、"你出游时拍下的垃圾照片"，以及征文"你看到的因为垃圾带来的危害，垃圾给你带来什么烦恼？"，如果网友的故事被选中，将会运用在之后"角落计划"的宣传中。

什么值得买（SMZDM.COM）成立于2010年6月30日，是一家集导购、媒体、工具、社区属性为一体的消费领域门户型网站，在其网站上网友们不仅可以与广大网友分享购物经历、交流选购心得，同时也能获得关于网购教程、购物窍门、选品技巧以及生活百科等诸多知识和经验，形成了一个购物兴趣社群。该网站自2011年起多次介绍并推荐信天助学的长期公益活动——信天猪肉捐款，从第一次推荐到现在，已经有5年时间，每次活动都获得社群成员的广泛支持。比如，有网友捐赠后留言说："已支持一桌，希望小朋友吃得开心。truelove_knot，跟进好像有三年了，楼主记得给我送锦旗。"这种支持也让越来越多的云贵偏远山区的孩子在"六一"儿童节或元旦吃到了猪肉，虽然只是一顿对城里的孩子再平常不过的猪肉炖粉条，但对山里娃来说，这就是一年之中最幸福的滋味了。

与传统组织的重视程度及严格管理不同，网络社群通过信息技术灵活地协调各种活动，并把各种工作技能与资源结合起来。也正因为有信息技术的参与，网络社群能够快速自我建构，但与实体组织相比，常常出现不稳定。

4. 公益项目/产品重构

互联网时代最重要的是产品，与传统公益、现代公益相比，公益产品的成本结构与性能属性都发生了重大变迁。产品本身新增了连接、中介的属性，产品过去承载的具体功能，现在很多都承载了情感。此时，公益产品不仅仅是以往的项目执行，还是集执行、倡导及传播于一体，将关注者（粉丝）、捐赠者、执行者及受益者捆绑在一起，社会价值不只是通过产品本身实现，而是通过多种重构来实现。这是大众需求、分众需求和碎片化需求引导的结果。

例如，"今日头条"本身不"生产"新闻，但它对新闻素材或信息进行重构，却在新闻媒体行业占据了重要地位。又如，"滴滴打车"重构了交通行业，重构了出租车公司、出租车司机和乘客之间的商业关系。其中，重要的特点是它们把原来完整的事物打碎成零散的部分，再重新组织构建成新的事物，打破一元推动多元，打破完整关注局部，打破经典、权威、传统、成见，解放思想。从字面上理解就是：碎片化与重构。

2015年1月29日，中国扶贫基金会出资100万元，成立了北京中合农道农业科技有限公司，同时注册"善品公社"品牌商标，借助合作社的组织化载体，把农民组织起来参照"善品公社"严格的品控体系、生产规程进行生产，并以统一价格向农民收购产品，与淘宝、京东、苏宁等电商平台合作，通过在各个平台开设的"善品公社"网店向消费者销售果品。"善品公社"项目不是纯粹卖农产品，而是构建合作社，为农户提供种植绿色产品并能有效融入市场的相关培训，影响消费者消费理念，并改变消费者对农产品本身的认识，建立消费者与农户之间的互信、互惠关系。"善品公社"推动建立的合作社将农户组织起来，把分散的生产要素整合起来，实现规模化，解决市场规模与生产效率问题；通过合作社建立社员之间的利益制约和激励机制，解决生产质量和利益分配问题；以中国扶贫基金会的品牌为农产品背书，提高合作社农产品的附加值，帮助农户增加收入。消费者购买农产品本身就是参与公益，以相对市场较高的价格来支持农户增加收入并支持农户采用可持续的环保理念种植作物，消费者成为绿色消费主体。这种模式整合了公益和商业的逻辑，重构了消费者与（贫困）农户之间的关系，也重构了（贫困）农户与捐赠者之间的关系，打破了"单纯"的扶贫项目模式，并在整个社会范围内创造和分配社会价值和经济价值。

2011年，演员陈坤发起"行走的力量"公益项目，倡导人们通过本能的行走，内观自我，打造正能量的心灵生活方式。"行走的力量"每年5月、6月针对不同人群进行10~20人的志愿者招募，每年7~8

月,陈坤会带领志愿者队伍在山区进行为期一周左右的止语徒步行走,让志愿者们在感受历史车轮印记之时,在极端环境中思考自我,寻找内心释放的途径。除此之外,"行走的力量"以"行走"为题,举办了各种慈善艺术展览、慈善演唱会、慈善义卖、支教等活动,甚至进行同步网络直播以吸引更多人关注,用多种方式传播行走精神,并将筹到的善款交由公益组织执行项目。2014年12月,"行走的力量"与北京三里屯太古里联合举办"爱·分享"系列活动,活动期间三里屯太古里摆放的行走小人、行走logo成为倡导象征,活动同时配以线上有奖游戏,将自有设计产品进行慈善义卖,共筹得善款10万余元,捐赠给大爱清尘、瓷娃娃、西部助学、关爱老兵四个慈善机构。该项目与其他筹款类项目的很大区别是,更关注情感传递,倡导人们找寻内心的坚定,并对生活进行反思,它吸引了一批个性化需求强烈的人群,再加上明星自身的影响力,将所倡导的扩散开来,向全社会传播正能量。

金华一批90后创业者,研发了一款"约时间"的APP,鼓励年轻人将自己的"碎片化"时间交换出来再利用。APP上有红心标志的"公益"是其主打项目,可以说是志愿服务的一种新形式。举例来说,原本"前往山下洪村爱心摘橘"的活动并没有什么新意,但此款APP通过设置"约时间",一周内引来2000多人抢单,集合了高校学生以及校外人士共500名志愿者,帮山下洪村的橘农摘橘子,两个多小时里采摘了4500斤橘子,既解决了橘农丰收季人手不足担心橘子因秋冬降雨频繁而霉烂的风险,又使志愿者们把零碎时间用起来,体验志愿服务过程中的快乐。小小的重构,使得一次普通的志愿活动变得富有趣味,通常死气沉沉的志愿者招募方式因"约"、"抢"变得很有吸引力,志愿者们因为抢到了做志愿者的机会,感到高兴。

5. 业务模式平台化、共享化

(1) 平台化

在"互联网+公益"的新生态系统中,一些公益项目借助平台功能将公益组织、公益项目的信息披露、项目的执行者、捐赠者及最终受益者有效链接起来,使原本操作起来非常复杂、烦琐的事情变得简单易行。而且,这样的平台建构了一种优胜劣汰机制，由网友自行选择，公开、开放、透明。如，淘宝"公益宝贝"计划，将公益组织的筹款、项目筛选、信息披露等放在平台上。

淘宝"公益宝贝"计划发源于2006年的"爱心宝贝"项目，淘宝、天猫卖家在上架商品的时候，自愿设置一定的捐赠比例，在交易完成之后，系统将自动扣转商家承诺的捐赠金额，捐赠给指定的公益项目。2015年，在2.7亿网民和150万淘宝、天猫店家的共同参与下，实际产生捐款的公益宝贝超过3090万件，向中国扶贫基金会、爱德基金会、壹基金等540余家公益组织资助了超过1.9亿元的善款。阿里巴巴公益平台，成为唯一一个单年度参与人次突破亿次的线上捐助平台。2016年4月6日，阿里巴巴联合中国扶贫基金会、中华儿慈会、爱德基金会三家公募基金会，宣布启动"阿里巴巴联合公益暨公益宝贝2.0计划"，希望通过协作参与的互联网公益模式，引入更多优秀的公益项目，提升公益组织互联网能力，用商业思维打造可持续发展的公益模式。在联合公益的工作模式下，阿里巴巴通过严格的流程和规则控制，筛选出真正优秀的公益项目，并帮助这些机构一起为网民提供公益价值。三家合作的公募基金会可以接受公益机构申报公益项目，并为满足条件要求的项目组织专门的评审会进行项目评审。而评审通过的项目，阿里巴巴会安排第三方监测机构，对发布筹款需求的公益机构进行尽职调查，通过之后项目就可以进入公益宝贝平台开展筹款工作。

平台化使得各参与方实现互联和共赢，颠覆以往"以产品为核心"的传统思维，通过汇集数据，开发数据价值，为各方带来收益。例如，公益慈善论坛将公益实践者、研究者，以及对公益感兴趣的人链接起来，推动知识与实践的双向互动。

公益慈善论坛创建于2006年12月5日，论坛采用"网站+微博+微信+QQ群"联动的运营模式，通过发布各类公益慈善资讯，组织话题讨论，向个人、企业和公益团队提供咨询顾问服务等方式，积极传播现代公益慈善文化，普及公益慈善常识，让公益组织自我反思及相互学习与交流。经过多年发展，公益慈善论坛已成为国内有影响力的公益传播与交流平台之一。目前，新浪微博@公益慈善论坛有粉丝13万多人，曾入选2011年中国十大民间组织微博；微信公众号loongzone2006拥有粉丝2万多人；同时拥有10多个全国性及区域性的QQ群，成员以全国各地公益组织专职人员及志愿者为主。网站的版块包括公益新闻、公益智库、公益专栏几大部分。公益新闻涵盖地方新闻和全国新闻，公益智库涵盖公益智慧、公益资源、公益百科，公益专栏涵盖一起学行善、公益组织专栏、NGO信息公开平台、DMEL每周一问。这些丰富的资源是由论坛的粉丝们贡献并共享的。网名为"草堂闲人"的网友在论坛留言说："我也是浙江省诸暨的一个NGO，我们刚成立才几个月，有好多东西要向老师们学习，为了有更多的NGO的发展，我们相互帮助，利用资料，谢谢！！"

互联网还推动各组织或个人之间形成共同行动的联盟。通过网络平台，联盟成员第一时间分享信息，采取行动，各司其职，节省成本，效率提高。

如，"4·20"芦山地震后，为了更有效地救灾、协同合作，社会组织之间形成了大大小小的联合体或救灾平台，有壹基金的救援联盟和联合救灾两个网络、中国扶贫基金会的人道主义救援网络，还有中国社会福利基金会和友成基金会的救援网络等，大家有意识地形成统一对上的需求，拧成合力与政府沟通、寻求更好的合作。芦山地震后四川政府专门成立社会组织服务中心，为参与救援的社会组织提供办公场地、信息集纳等后方支援，双方初探合作互动模式。联盟成员间信息及专业能力的互动，有助于灾情初发时救援力量的推进和各方及时获取灾民需求变化，帮助外来救灾者判断灾情，进行决策，避免误判。

前身为卓明地震援助信息小组的卓明灾害信息服务中心，是一家以专业处理灾害信息、协助救灾资源对接、促进救灾效率为工作内容的志愿者组织。与其他冲往第一线的救援团队不同，卓明灾害信息服务中心的成员是借助手机和电脑参与灾区救灾。他们系统化地收集、处理、传递灾情数据、次生灾害风险、灾区地形及人口分布、民族宗教、风俗习惯、路况信息、天气预报、援助动态、政府应对及相关政策、物资需求、物资运输渠道和接收点、民间组织行动等相关信息，与民间多数救灾组织建立类似联盟的行动伙伴关系，为各类一线救灾团队提供有针对性的行动参考建议及信息服务。灾害发生后，卓明灾害信息服务中心就会对灾情和物资形势进行综合分析，将经标准化处理的救灾简报在各个救灾QQ群和新浪微博（卓明震援通讯社）发布；同时，进行灾情研判及研判报告发布，如，在于田地震中，卓明在远程灾情研判中指出本次地震"灾大害小"，为民间救灾组织的行动决策提供了有效参照。为了核实关键信息，卓明"线上线下联动"，成立专门的灾情核实小组，发展出"村村排"的工作方法，邀请当地志愿者以方言优势和本地知识为优势，主动地从网络发掘尚未得到关注的偏远村组的消息，并对之进行详细全面的模式化信息深度核实。各个小组分工合作，在虚拟空间里连接在一起。如，在鲁甸地震时，卓明信息挖掘组从灾后第二天开始工作，信息员对定点灾情线索和其他需求、资源类信息进行了深度挖掘、单向核实和适时跟进；云南本地志愿者加入了信息挖掘，以方言优势和本地知识发挥了积极推动作用；信息协调和传递组在不同的信息群组、平台、一线队伍和个人之间进行信息的即时定向传递，促进资源与需求的对接；简报制作组对每个周期的信息进行全景汇总、整理和简单解析；文案组在信息员的协助下，在鲁甸地震救灾期间共制作救灾简报12期，救灾专题简讯2则。而2015年后，卓明开始走出国门，在厄瓜多尔地震中，卓明灾害信息服务中心在地震发生2小时内启动响应，随即发布灾情通讯及研判报告，发动救灾行业与在厄华人响应。在结藤社及微西语等西班牙语社群及学习平台的支持下，卓明人道翻译组伙伴突破了语言不通带来的障碍。两周内，卓明召集大部分具备西班牙语技能的400余名信息志愿者，实时制作简报、地图、厄瓜多尔政府及联合国报告翻译等信息产品，供前线救援队、在厄华侨商会、新华社、中国红十字会、国家减灾中心等单位参考使用。并建立社会组织参与厄瓜多尔救援信息网络。

公益行业平台和联盟的大量涌现，带给公益行业的好处是巨大的。当某公益项目或某机构捐赠资金来源单一时，组织的意志存在被资源引入者控制或裹挟的风险，且单一来源捐赠一旦撤出，对公益项目或公益组织造成的影响有时是毁灭性的。当来自公众的小额捐赠达到一定比例时，它们会为公益组织的发展注入健康活力。一方面，项目发起者可以从互联网上海量的支持者那里获得解决问题所需的资源（有时候并不是资金），如果这种资源是普通的支持者可以直接提供的（不需要花钱购买），那么会大大加速整个项目的进程。[①] 另一方面，这也为公益项目的设计和执行带来新的契机，使得各个参与者可以在互惠互利的基础上参与协作，共同发展。最后，从竞争的角度上讲，各项目或各机构要在统一的规则和舞台上来比拼，自然有高下之分，会引发公益领域的竞争态势和示范效应，降低沟通成本。

(2) 共享化

"互联网+"整合碎片化需求，不仅降低了整合成本，而且能够借助互联网技术构建服务渠道，使得在这个碎片化时代，"共享经济"应运而生。"共享经济"本质是整合线下的闲散物品、劳动力资源，人们公平享有社会资源，各自以不同的方式付出和受益，共同获得红利。对于公益行业来说，公众的"免费"参与是某些公益项目得以成功的关键。如，"多背一公斤"既是驴友的交流平台，也是共同做公益的平台；用户在微博或朋友圈转发公益项目信息，即便没有捐赠，关注及传播也是一种"共享"。

> 米公益是一个慈善对接平台，以"众筹碎片化时间"为核心理念，让用户在简单有趣的应用中，把碎片时间与健康行为相结合，引爆一个公益链。具体来说，用户通过 APP 完成运动伸展、与家人联络、知识问答等多种有益的趣味任务，以换得虚拟"大米"；之后，选择自己感兴趣并认可的公益项目，用手中的米币兑换真实的公益物资。当米币由用户们捐赠积累达一定额度时，这些公益物资就由企业埋单，捐给所选的公益项目。同时，用户还可以借助米公益平台参与到公益项目的审核与项目的执行监督之中。在米公益中，实际上是用户贡献了自己的时间和知识，以及自己对某个品牌/企业的关注（最起码是看了企业的宣传资料），以此换取企业捐赠公益物资。米公益团队认为，效率问题、透明度不高、参与度不高是当今中国公益的三大顽疾。米公益将公益事业主体一分为三：公益项目发起和执行方、捐赠方、社会公众。而米公益手机 APP 就是"药引"，利用移动互联网高效连接性、广泛互动性、透明传播性，同时利用"共享思维"成为连接这三大主体的桥梁，兼具项目发起、项目捐赠、群体监督功能，充当公益项目的"媒婆"角色。

[①] 阿里研究院：《互联网+：从 IT 到 DT》，机械工业出版社，2015，第 270 页。

由于污染数据分布于29个省市环保部门的网站上,公众获取信息并不畅通。公众环境研究中心为此研发了"蔚蓝地图",协助公众更便捷地获取实时监测数据。"蔚蓝地图"APP将实时空气质量查询扩展到了380个城市,同时具备天气预报、重点城市空气质量预报、每日口罩提醒、户外和通风指数以及各地河流湖泊水质等信息,用户也可以实时查询全国9000家企业废气、废水排放数据等多种信息。公众可通过互动平台进行"环保微举报",以自己的方式"共享"大家的贡献,或关注、或举报、或传播,促进污染减排。

而IPE的绿色供应链栏目倡导以绿色消费、绿色采购及绿色生产为手段的环境改善解决方案。自2007年发布绿色选择倡议以来,"蔚蓝地图"数据库收集了超过29万条企业环境违规记录,并持续与国际国内大型品牌建立沟通机制,建立评价体系对品牌的供应链环境管理状况进行打分和排名,并协助品牌推动供应商改善环境表现,且对其环境状况进行公开。消费者可以在IPE网站上查询供应商工厂对其环境违规记录做出的整改说明,也可以看到品牌利用IPE资源进行供应链环境管理的故事,更能直接通过"蔚蓝地图"APP中的"绿色选择"栏目看到品牌推动其供应环境表现改善的实时信息,还能一键分享@品牌官方微博,与品牌进行沟通和互动。这样一来,消费者就可以通过监督和分享品牌供应链环境表现,"共享"出自己对于品牌的认可情况,识别绿色品牌,真正做到绿色消费。

与此同时,草根组织通过互联网得以分享公募权。如在腾讯公益平台上,草根组织的项目也可以直接上线公募,信息先在平台上发布,捐赠者依据平台信息作出是否捐赠的决定。

在我国,不能公募、缺乏募款能力、不能开具免税票据等限制,困扰着众多公益组织。中国社会福利基金会通过前期调研和了解后,决定成立"联合劝募中心",降低准入门槛,通过项目合作将全国性公募平台向更多的民间公益机构放开,打破民间组织无公募资格的约束。2013年5月28日,中国社会福利基金会联合劝募中心成立,开始招募符合一定条件的公益机构,为其提供全国性公募平台、组织劝募培训、开展劝募活动。通过该平台,一起联合募捐,动员企业参与捐款,员工志愿者参与,然后把资源流向社区，用募捐来的钱支持草根 NGO 的发展。北京慧灵智障人士社区服务机构一直是工商注册，在跟企业打交道时，最头疼的就是不能开出免税发票而遭遇募款尴尬。听说成立了联合劝募平台，慧灵成为第四批入驻联合劝募平台的组织。而且，"一些企业更愿意把钱捐给更大一个平台产生更大价值。"① 2013 年，中华少年儿童慈善救助基金会也推出自己的社会联合劝募计划，主要是资助儿童领域的民间组织项目，23 家民间机构与其签订了一年的合作协议。上海联合劝募发挥的作用也很明显，它本身也设计共同筹款项目，如"一个鸡蛋的暴走"，将志愿者、捐赠者（企业、个体）、公益组织、受益地区及受益者连接起来。

腾讯"99 公益日"中，筹款在两三千万元的中华儿慈会、中国社会福利基金会和中国扶贫基金会，就是与草根组织共享公募权的结果，中国扶贫基金会几乎没有拿本会的项目参与募捐。② 而腾讯公益平台从 2007 年成立之初，截至 2017 年 1 月 3 日，累计接受捐赠 1608558155 元，腾讯乐捐平台募款中项目 2077 个，执行中项目 11214 个，已结束项目 7524 个。

> Bottle Dream 是采用众包模式的公益项目。2012～2014 年，Bottle Dream 发起人阿菜，带着一台摄像机，跨越 4 个大洲，20 多个国家，采访拍摄了 100 多个用独一无二的方式解决社会问题的年轻人的故事，并最终剪辑成了纪录片《创变者》（Be a Change Maker）。团队希望让更多的受众看到这部纪录片，更希望观众们能够在真实的线下空间相遇，一起观影、互相交流。但现实的情境是，Bottle Dream 并没有经费去买电影院院线来播放。于是，"众包放映"的创意就出现了。Bottle Dream 负责提供一个创新、有价值的传播内容和一份协同工具包，然后在其公众账号上发布了一条开放《创变者》放映的公众申请推文，将自家出品的纪录片开源共享给所有人。"只要你有一个放映空间，就能成为放映主人"，就可以免费提供场地给公众播放这个纪录片。北京奥美公关办公室、深圳腾讯大厦、成都言几又书店、广州购书中心、台湾高雄美丽岛捷运站、曼谷榴莲客栈、法国巴黎 ESSEC China、美国纽约文化沙龙、肯尼亚内罗毕银座餐厅……423 个空间，都变成了《创变者》

---

① 《解读联合劝募如何着陆中国》，《公益时报》2014 年 3 月 6 日。
② http://www.naradafoundation.org/content/4787.

的免费电影院，最终吸引了 2 万多名观众现场观影。在这个项目中，各个申请者利用了自己闲散的场地资源，为公益纪录片的播放提供帮助。而这件事，最终让《创变者》走进了全球 150 个城市，成为社会创新一大热门事件。

6. 管理扁平化

互联网短、平、快的特征，将人们之间的距离缩短了，使交互双方变成"直线"关系，加速了公益领域必需的信息流、资金流、产品流的流通。互联网使公益主体具有直接面对志愿者、捐赠者、受益者、合作者的能力，互联网的每个用户成为重要的节点，互联网作为枢纽将一切连接了起来。

互联网思维的本质是用户思维，忽略用户"痛点"，不以用户需求为核心的产品和服务，将失去拥有用户的机会。因此，在"互联网+公益"下，对公益组织的运营、管理模式和组织结构提出了要求。

也就是说，直接面对用户是最根本的。怎样做到直接面对用户呢？答案是，简化组织结构。以往采用的组织结构多为金字塔式结构，塔顶是理事会，塔底是项目助理，中间是秘书长、副秘书长、部门主任、项目负责人、项目主管；与此同时，还有横向的管理层级。在"互联网+公益"下，用户需求瞬息万变，金字塔结构中链条式逐级传递信息的方式，明显难以满足"快速"、"直接"的要求，层级多而复杂的管理会阻滞上述三方面"流"的顺畅、高速流通，而且各层级会有自己的判断，逐层传递又会造成信息丢失或信息不对称，难免出现决策失误或不及时，内部沟通和运营效率低下，尤其涉及跨部门合作更是如此。此时，信息需求的个性化要求去中心化，落实到具体的管理中则是扁平化。

在"互联网+公益"模式下，一些公益组织已开始学习互联网企业进行组织构架和人力资源管理改革，尽量将管理层级"拉平"，分成 CEO—总监—员工三个层级。在扁平化的改革之下，再使用各种互联网 CRM 和 OA 工具，可谓事半功倍。"互联网+公益"下的公益主体其组织形式注定是更为扁平的，将实现管理和产品合一，内部和外部合一。

如，"免费午餐"建立的管理方式相对扁平，它建构了一个扁平化、网络化的管理模式，放弃集权、"去邓飞化"，尝试搞选举，在法治范围内制定好游戏规则。2016 年，"免费午餐"推出"公益合伙人"制度：在这 5 年里，累计捐款超过 880 元（一个孩子 2016 年一年的餐费），就自动变成

"免费午餐"公益合伙人，除知情权、参与权和监督权之外，他们还获得选举权和被选举权，自由而有秩序地参与"免费午餐"相关事务，贡献他们的力量。"免费午餐"在全国的志愿者中间，推选出45个对"免费午餐"特别有贡献（各省联合发起人、捐赠人、志愿者及全职人员）的人为投票人。每届全国代表任期2年，每届管理委员会、监督委员会委员任期2年。这45个人具备投票的资格，由他们来选举监督委员会（5个监事）、管理委员会（5个委员），管理委员会下设秘书处执行具体工作，监督委员会下设监督中心执行监督工作。

中国扶贫基金会的"善行者"公益徒步项目是一个管理难度极大的项目，在2天时间内，会有来自全国各省、自治区、市的450支队伍、1800多名徒步爱好者从居庸关长城出发，分别挑战100公里和50公里的徒步活动，约3000名志愿者与工作人员在现场提供保障服务，共有25家企业提供约40吨物资的支持和包括健康、医疗、保险、IT、环保、传媒等在内的服务。为了管理好这一切，在启动前中国扶贫基金会即抛弃金字塔式的组织结构，建立了一个团队成员有明确分工的扁平、高效的工作团队，组织结构上只有两个层级，仅由基金会正副秘书长最终拍板，大量问题在各个工作团队之间协调解决。项目主要工作由基金会公众捐赠部负责，中国扶贫基金会全体人员参与，按四大工作类型进行工作责任分工、协作。同时，为了让活动做得更专业、有效，活动也与一个活动公司、一个咨询公司进行合作。项目协调工作由中国扶贫基金会品牌传播部、咨询公司人员、活动公司人员共同负责，工作内容包括与政府沟通、打卡点布置、物资分配等。项目的传播工作由中国扶贫基金会品牌传播部和咨询机构人员一起负责，工作内容主要是摄影、摄像、名人沟通等。队员服务相关工作由中国扶贫基金会负责，工作内容主要是报名、咨询、发放物料包。中国扶贫基金会大额捐赠部主要负责与企业合作。

而在活动现场，分工也很明确。活动现场设立了一个指挥中心，进行统一协调，另有6个承担不同职能的中心（赛段管理中心、站点管理中心、安全保障及救援中心、后勤保障中心、品牌传播中心、嘉宾接待中心）各司其职，互相配合。

驱动社会变革的不仅有无所不在的网络、无所不在的计算、无所不在的数据，还有新思维、新技术支撑下的创新形态。在复杂多变的互联网时代，这个世界充满了变数和机遇，只有不断地创新发展，才能更好地适应时代的变化。

7. 治理去中心化

微博时代，是去中心化与中心化并存，但进入微信时代，则是去中心化。最初新浪微博的设计理念是去中心化，内容制造门槛降低、互粉、私信等功能都是为去中心化而设计的，每个用户可以成为一个中心点，微博成为一个去中心化的产品。随着微博的运营，出现了"大V"和明星用户，他们背后有大量关注者和粉丝，普通用户只是作为粉丝参与，微博慢慢成为一个中心化的产品。但是，微信对朋友数量进行了严格限制，确保每个人都会获得朋友的关注，在朋友圈里每个人都是一个中心点，这个中心点织成了一个关系网。不过，微信产品也非绝对的去中心化，如微信公众号就是一个相对中心化的产品。

以往公益组织的内部治理依托理事会，外部治理依托公众、行业自律组织、捐赠人、政府部门。但所有这一切在现实操作时均有缺失。

公益部门是基于志愿的制度安排。这种志愿行为来自人类后天在社会交往和社会活动中所形成的利他主义行为动机。志愿性公益中的志愿行为是一种非正式的制度安排，它通过人类特有的、由后天社会化的责任心、道德心、同情心、爱心和使命感等道德约束而实现。与市场机制和理性经济人之追求个人利益最大化形成鲜明对照的是，公益事业的理性目的是公益事业所覆盖的公众利益的最大化，追求社会价值最大化。可以说，公益部门是一种社会承诺，是一种向善的变迁，是一种公平正义社会的实现。公益组织是社会的公益组织，属于社会所有。理论上，公益组织的理事会受社会所托，成为公益组织的决策机构，向社会负责。但是，在实际操作中，不可能由全社会为公益组织选举产生一个理事会，所以第一次委托代理中会不可避免地出现严重的所有者缺位问题。现实中，中国的大多数公益组织，理事会本身也形同虚设，并不能真正扮演角色，承担责任。与此同时，公益机构的理事会委托公益机构的执行层（秘书处）进行日常管理，出现第二次委托代理。但在第二次委托代理中，执行层一定程度上可能会以自身利益最大化为导向，甚至以效率或效果为代价。而中国的法律监督不到位、行业自律差、社会问责缺失，致使捐赠人对公益机构不放心，甚至当捐赠人行使问责权时，某些公益机构认为捐赠者与自己处于对立面。①而自律尽管一直以来为公益部门所强调，但自律本身因不具有强制性而显得脆弱，也是显而易见的。除了政府部门政策性监管外，公益组织自我的监管具有非常大的不确定性。

"互联网+公益"一定程度上改变了这种状况，公益部门治理变得去中心化，一定程度上弥补了所有权缺位带来的问题。当社会（各个利益相关者）通过网络公益平台能够直接看到真实全面的公益信息，包括受助对象、资金额度、资金流向、项目具体执行细节、资金支出细目等时，当社会（各个利益相关者）能够第一时间直接互动时，广泛的社会监督、规制，治理得以实现，每个人都可以是问询者。当信息不对称、不公开、不透明，甚至有假时，社会（各个利益相关者）会公开"喊话"，要求被问询者及时给出真实的信息。罗尔事件即是一个非常明显的例子。这不仅实现了有效的社会监督，而且还能激发大众参与的热情，更进一步明晰自己的社会责任。

网络公益的崛起使公益慈善行业的公开透明问题受到更大的社会关注和拷问。公益组织没有权利像企业一样拥有自己的"企业秘密"，它必须向社会公众公开其财务、活动、管理等方面的信息。早期中国红十字会被曝出的"郭美美事件"，就是社会公众和新闻媒体发挥监督作用的很好事例。公众监督意识强，挖掘细节、真相的能力强，挖掘真相的效率也强。该事件发酵于新浪微博，该微博平台是自媒体时代下新兴传播工具的代表，有着数量最多的活跃人数和最为广泛的传播受众，每个人都可以成为新闻的源头并影响着与之相关的人。这种"人人皆媒体"的自媒体趋势强化了公众和媒体监督的效果。在项目执行中，强有力的信息披露制度是公益组织进行自律以及向社会作出良好交代的重要手段，也是影响组织行为和保护相关利益者的有力工具。一般来说，公益项目在执行完毕后，需要对受益人进行"回访"以确认效果，但是受限于项目执行组织人员的精力、财务成本等因素，这一类"回访"通常无法发挥应有的作用。大多数只是停留

---

① 康晓光、冯利主编《中国第三部门观察报告（2012）》，社会科学文献出版社，2012，第310页。

在个案的调研上。而随着手机终端的普及,我们可以畅想每个机构都可以通过互联网方便地建立回访网络。借助受益人或周边的志愿者手上的终端上传信息,实现回访信息的记录,并通过大量的数据更加科学地对项目执行效果进行分析和监督。相关的信息可以直接通过网络平台进行展示,完成实时的信息监督和反馈。

三 全新的公益世界因何产生?

全新的公益世界能够产生,其最重要的因素当然是互联网的发展,但只有互联网是远远不够的,还有互联网推动的变化,以及中国市场经济的发展,网络公民的出现等因素耦合在一起,相互强化,形成了今天全新的公益世界。

1. 互联网思维与互联网精神

互联网的发展最先出现的是技术革新,但更重要的是伴随着技术革新带来的思维方式和价值观的深层变革。

互联网的基本形态是网状结构,而非层级结构,它没有绝对的中心节点,因而也就不存在所谓的绝对权威。网络采取了多中心分布式结构和自主切换的传输方式,呈现出全方位的开放架构,这种"使用者驱动"的特点一改传统媒介"拥有者驱动"的模式,使网络的虚拟世界日趋扩大和透明。互联网在物理层面的技术结构特征,决定了其内在精神必然是追求平等,进而形成互联网的基本精神。互联网提供了打破枷锁、摧毁权力的可能。互联网让人看到个人的伟大、激发了个人的能量,尤为要者,互联网提供了冲破枷锁的工具。也正是从这个意义上,平等、开放、共享、自由的互联网精神,传达的其实是对权力的蔑视、对等级的唾弃、对平等自由的向往和追求。从实际体验来说,网民面对的是四通八达的信息传输通路,其中流通传播的信息巨量化且多元化,它不但提供了来自国家各类权力机构的公务信息,还提供了来自社会各种利益集团的诉求信息。公民个人与机构的互动成为可能。每个网民都能平等地获得表达的机会,可以方便地传播个人的诉求以行使公民的权利,裂变式、放大式的网络传播效果,也易于让网民体验到遵守社会公德的义务感,同时也导致局部共识增加,全体共识下降，从而产生碎片化的思维和诉求。

互联网思维是相对于传统工业化思维而言的。工业化时代的标准思维模式是：大规模生产、大规模销售和大规模传播。但是在互联网时代，这三个基础被解构了。工业化时代稀缺的是资源和产品，资源和生产能力被当作企业的竞争力，现在不是了；产品更多的是以信息的方式呈现的，渠道垄断很难实现；更重要的是，媒介垄断被打破了，消费者同时成为媒介信息和内容的生产者和传播者，再希望通过买通媒体单向度、广播式制造热门话题诱导捐赠行为的模式不成立了。这三个基础被解构以后，公益项目执行者和捐赠者的权力发生了转变，捐赠者主权形成。互联网的产生和运用都是在现代社会之后，鉴于应用时间仍属于年轻时期，而且互联网本身的特性不再是传统的工业统一化标准。互联网时代的新理论"长尾效应"也证实产品不是呈正态分布而是如长尾巴的帕累托分布。这意味着工业时代的标准化公益产品是无法满足所有社会需求的。

人性中的真善美由于感官的局限，使人看不清人与人、人与物之间的连接，因而变得自私、封闭，而互联网使每一个生命个体背后发生的故事和它的因果链条瞬间显现出来，再通过每一个终端和每一个陌生的现场目击者发出的信息传播，使人类从未像今天这样对自己和他人的命运感同身受。共享是互联网的原初性和目的性精神，也是网民相互获悉信息的状态，同时还是伴随信息时代应运而生的价值理念。在互联网上，不但有大量的共享软件，还有难以计数的共享平台，为网民提供着无数的共享资源。这种种促进共享的手段，让网民可以按照个人意愿实施跨越时空的自行组织，因此网上自发地涌现了无数个关注公共利益的公共空间，如各大网站的网络论坛、即时通信、博客部落、微博平台、兴趣群、话题圈等。特别是技术支持网络信息共享机制，突破了政府机构的信息垄断，保障了网民之间的信息流通，为公众的社会参与提供了全新的途径和场域，甚至生成了没有官方权力干预的网上"民间社会"，逐渐发展成了虚拟世界的公共领域。随着网络的普及，虚拟公益社区正在以惊人的速度增生，并通过多种多样的电子方式把网民以及各个网络共同体"链接"在一起。显然，这个虚拟公共领域的存在基础是公共话题的信息共享，其维护与发展也有赖于网民持续不断的信息发布，这就要求网民不断地超越个人利益的狭隘视界，关心公共利益，参与公共活动。在这个充满共享精神的互联网平台上，以公共关怀为诉求、以公共参与为目标、以公共理性为核心的公共精神将由此孕育和成熟，个人与社会关系的现代化由此体现。① 由于利益的表达和聚合更加自由，兴趣爱好相投或意识形态相一致的网民在网络中进行交流或组织活动显得异常简单。这是因为，对公益感兴趣的人秉承着相似的志愿精神及利他主义价值观，组织与群体之间容易形成一种"家庭"式的归属感，通过平等的公民互助而使各种各样的社会成员在物质、情感和价值观上建立强有力的联系。通过动员和帮助公民自身的成长而最终形成人类社会的大共同体。② 公益部门内部搭建了很多这种协作互动、多方参与的平台，体现了公益行业平等、合作、民主、自治、互律和追求发展的进取精神。

2. 互联网经济

互联网经济时代正在来临。它建立在互联网基础之上，以现代信息技术为核心，是一种全新的经济形态。这不仅包括信息技术产业的兴起和快速增长，也包括整个高新技术产业的崛起和迅猛发展，更包括传统产业、传统经济部门的深刻的革命性变化和飞跃性发展。互联网经济使得经济信息成本急剧下降，信息替代资本在经济中的主导地位，它更具价值创造功能，意味着不可估量的巨大经济利益。其真正价值不仅在于直接产生的有形财富，更在于它营造的是一种崭新的社会经济形态，提高了全体社会成员的社会发展能力和经济创造力。

互联网经济改变了客户的地位，赋予客户新的权利，客户更注重个性化产品提供的独特功能，关注产品为其提供的价值，产品品牌等同于产品质量的概念正在被颠覆，企业的市场营销面临挑战。然而，互联网经济同时为企业与客户发展一种长期的互动关系创造了条件，使得企业与现有的、未来的客户建立牢固、双赢的关系成为可能。这使得企业不得不改变市场营销的策略，营销不再是一次性交易，而是客户关系的持续和巩固，特别是在"售前"。

因此，企业除了做好产品质量外，塑造企业形象、获得客户的好感、为客户提供产品质量外的价值变得更为重要。企业社会责任的提升、企业做公益、树立良好的企业形象、为社会公众识记和注意，不仅能外显企业的价值取向，也回应了社会对企业的社会角色责任和义务要求，是提高曝

---

① 冯恩大：《互联网精神与公民意识的天然契合》，《青年记者》2013年第26期。
② http://news.enorth.com.cn/system/2012/11/07/010243544.shtml。

光率、扩大知名度的有效途径，有利于企业博得公众的好感，提升公众对企业品牌、产品和服务的信赖，会增加对企业产品的购买力和选择意向，获得的注意对企业有真正的价值，也是可持续的。互联网经济使得企业用商业创新手段做公益流行起来，也使得企业走入社会，用公益吸引、保留客户，企业将公益嵌入到自己的经营之中。

与此同时，公益部门作为社会系统的一个有机部分，虽自成一体却又整体性嵌入"市场社会"，公益链条上的各行动主体具备市场主体特征，公益资源虽具社会性却是市场化的结果，公益组织管理与组织运营普遍借用企业机制，并在社会实践层面逐渐引入商业模式。

互联网经济将全体社会成员融合在一起，尽管这种融合看起来并没有那么明显，有时表现为休眠状态，但是，当社会成员要在社会中寻求价值和利益并通过交换获得时，社会成员会主动采取各种策略和方式进行交换，休眠状态被激活。如，企业为了获取客户和社会资源，会用自身拥有的技术、资金、平台等资源与政府（政策等）、公益组织（声誉、方法等）所独有的去交换。这使得企业、公益组织除了各自以创新的手段做公益，也使彼此融合起来，共同做公益。

3. 网络公民及网络社群

人不仅具有自然属性，也具有强烈的社会属性。"互联网+"为人们提供了一个能自主决策的平台，使人们能最大限度地按照自身的想法支配自己的行动。

网络为公众交往提供了新的空间和条件，公众可以自由表达自己的利益与意志，以网络为代表的新媒体缔造了网络空间中的公民，为其参与公共事务提供了平台。人们通过网络提供的渠道参与政治讨论，监督官员和政府的行为，主动参与公共决策，网络参与过程伴随公民意识的形成，公众正是在参与公共事务的过程中转变为公民。

公民设法满足自身社会属性的诉求，使自己更好地融入社会，实现自身价值成为越来越多公民的目标。而公民在一切有公共性质的场域内，在非政治领域的公共领域中，同样涉及正义、公平、权利等理念的实践，[1] 如业主论坛、游戏公会论坛、各类在线兴趣组织、在线同学会、在线购物论

---

[1] 赵联飞：《"互联网+"时代下社会治理的若干问题》，《社会治理》2015 年第 3 期。

坛等，这促进了公民意识的进一步觉醒和成长。

网络打破了原有的社会政治结构，使得原有的社会政治结构不得不让渡一部分权力给网络结构，同时，社会权力也从原先的精英手中逐渐让渡给匿名的大众群体，向大众转移。

网络为公众迅速沟通信息、交流观点、形成共识创造了条件。网民往往具有较强的问题意识，互联网的开放性和隐蔽性恰巧为公众提供了行动的机会和场域，围绕问题人们能快速聚集形成社群。虽然这是一些组织结构相对松散的临时性群体，成员之间或许从未谋面，但共同的兴趣和爱好、共同关注的社会主题、共同的利益需求，或者仅仅是为了追求斗争的感觉，都足以使他们走到一起。

尽管有学者认为，网络舆论缺乏代表性和理性，且易受到来自经济和权力的干扰，追求经济利益和感官娱乐，尚未构成真正意义上的虚拟公共领域，还不能称为公共领域，但不可否认，网络中的大量非营利性的网络群组和博客、论坛、网络时评等是存在的，它们都可视为网络民间组织，在网络这个独立、自主、非官方、非营利的一部分领域，大众从单一的个体围绕某一事件或人物等触发点而逐渐自愿结成网络社群，由被动地接受信息或新闻变成主动推动事件的发展，由网络自由讨论、呼吁、倡议，到现实社会的资源整合和具体行动以及伴随行动而逐渐内化的公益、慈善、博爱、信任等价值体系，推动着网络公民社会的形成。

随着网络社群的大量涌现，网络事件层出不穷，网络舆论高潮迭起。网络公民社会因具有参与主体匿名性更高的自主性特征，发展尤为迅速。甚至，在逐渐"由虚拟走向现实"，倡导功能显著。

四 全新的公益世界将去往何处？

美国著名的社会学者曼纽尔·卡斯特（Manuel Castells）在《网络社会的崛起》中指出，"技术、社会、经济、文化与政治之间的相互作用，重新塑造了我们的生活场景"。所谓的互联网社会并不仅仅是互联网的广泛普及，也不仅仅是互联网应用的空前繁荣，当然更不仅仅是互联网技术自身的不断更新。从技术和社会的关系角度来说，互联网社会实际上意味着社会在互联网环境下的持续发展和创新。"在信息技术的引领下，人们不仅仅继续改变着这个世界，而且改变着对这个世界图景的理解和应对这个世界的策略。这些新的理解和策略反过来和信息技术一起，继续不断地形塑这个世界。"①

在"互联网＋公益"新生态下，公共利益将得到全社会的高度重视，公益的基础设施及基于此的解决方案将不同于以往，组织形式以及彼此间的边界将变得更为模糊，由于公益主体在整个生态中所处的地位以及发挥的作用在变化，核心竞争力再造变得更为重要，而整个系统的治理体系也将发生变革。

1. 公共利益至上

亚里士多德将公共利益诉求视为国家整体对"至高的善"的诉求的具体体现。卢梭重视公共利益与个人利益的关系，他认为个人为享受公共利益而让出一部分个人利益而形成集合体。从他们对公共利益的界定可以看出，公共利益既是抽象的，也是具体的。抽象在于，人们把它抽象成一种价值取向，但同时与我们每个人具体的切身利益有关。同时，它是公共的，也是私人的，因为，它一方面为社会的全体或部分成员共享，另一方面它不能脱离社会各个成员的私人利益而孤立存在。

与传统的公益方式相比，互联网公益，尤其是微公益已经实现了全民参与的普遍性，这体现在公益参与领域的普及化、参与形式的自由化以及参与主体的社会化，公益正在倡导最广泛的志愿精神和公益行动。"互联网＋公益"最大限度地尊重和满足了民众自主选择的权利。正是对自主权的大力支持才开启了我国全民参与的公益新时代，其特殊优势在于网络空间与现实社会强烈的交互性，这种交互性极大地增强了民众的现实参与感，在公益理念频繁传递过程中引发了更广泛的公益认知与思考，并有助于通过良性公益循环营造全社会范围内的公益生态链。全民性的公益不仅培养了常态化的公益习惯，而且更多的公益性结社和参与实践还有助于培养民众积极关注公共事务、公共利益，勇于承担公共责任的现代公民品质。

众所周知，企业形象是企业精神文化的一种外在表现形式，它是社会公众与企业接触交往过程中所感受到的总体印象，好的印象往往能给企业带来不可估量的价值。一般而言，很多大公司在制定长远战略时都会将公

---

① 〔美〕曼纽尔·卡斯特：《网络社会的崛起》，夏铸九等译，社会科学文献出版社，2003。

益事业作为一项重要内容来考虑。因为企业参加公益活动，不仅能够增加社会的公共利益，还能提升企业形象。同时，企业作为社会组织的一部分，在不断创造经营利润的同时，也应该关注社会、关注民生。

随着"互联网＋公益"的开放程度和市场化程度的不断提高，"全民公益"、"人人公益"等公益普及的理念被越来越多的人接纳和认同，公益开始日益成为大众"生活方式"的一部分，企业从事公益，能够带动自身用户和合作伙伴一起参与到公益当中，使公益效应发挥到最大限度，同时获得公众/消费者的更多认同。"谁干了更多的好事"悄然变成了企业的经营法则和竞争逻辑中的重要组成部分。在"互联网＋"时代，企业社会责任不再是慈善晚宴上拍卖的价码，或者仅仅是大灾大难中的真金白银，更重要的是，它已成为一种商业模式，成为渗透进企业发展策略的行为准则。从企业经营管理者到组织层级架构，责任即利润、责任即远景，更大限度地追求公共利益将成为基本共识。

媒体也将在日常工作中最大限度地不受政府的干涉和追求商业利益的驱使，制作出公众普遍认可的相对客观独立的报道和高质量的信息产品，增加其在公众心目中的社会公信力和社会影响力。

2. 大数据解决方案渐成主流

《2016年世界互联网发展乌镇报告》称，目前，移动蜂窝网络已覆盖95%的人口。预计2016年底，全球固定宽带用户数将达到8.84亿，移动宽带用户数将达到36亿。中国互联网络信息中心发布的《中国互联网络发展状况统计报告（2016年7月）》显示，截至2016年6月，我国网民规模达7.10亿，新增网民2132万人，增长率为3.1%。我国互联网普及率达到51.7%，与2015年底相比，提高了1.3个百分点，超过全球平均水平3.1个百分点，超过亚洲平均水平8.1个百分点；截至2016年6月，我国手机网民规模达6.56亿，网民中使用手机上网的人群占比由2015年底的90.1%提升至92.5%，仅通过手机上网的网民占比达到24.5%，网民上网设备进一步向移动端集中。网民及手机网民的数量激增，本身也催化着大数据解决方案的产生。

互联网经济不是一个靠刺激内需的短期投资思维，而是内生驱动的经济体，是解决中国经济长期发展问题的新范式，是信息技术和传统产业"生态融合"的全新定位。互联网作为一种通用目的的技术，和100年前的电力技术、200年前的蒸汽机技术一样,将对人类经济社会产生巨大、深远而广泛的影响。第五次技术革命进入21世纪后,"范式革新的力量及其新基础设施的优势"基本形成。主要表现在,一是"云、网、端"等新一代信息基础设施建设加快,正叠加于原有农业基础设施(土地、水利设施等)和工业基础设施(交通、能源等)之上,为"互联网+"与传统产业的融合奠定了坚实的基础。二是社会及网民对"互联网+"的"学习"适应已基本完成,突出表现在网络应用和网民渗透率的不断提升。三是信息网络技术呈现指数级增长趋势,联网用户和设备数量快速增加,在线数据流动和交换的成本大大降低,为"互联网+"实现从信息连接到产业融合转化提供了技术上的可能。通过互联网化的数据积累,形成大数据分析的基础,可以为公益项目的设计提供相关性分析支持。

随着网络和社交媒体的快速发展,善款支付、慈善传播插上了"互联网+"的翅膀,公益慈善传播的速度得到了极大提高,大大降低了传播成本,同时也改变了传统公益、慈善项目受时间与空间的双重限制,面临需求与资源难以匹配的尴尬。互联网聚少成多的功能生成了影响大众的力量。面对参差不齐的援助对象,以及参与者价值取向的多元、参与目标的分化、体验程度的区分,如何能够做到比较科学的分析和理智的慈善决策,而不仅仅停留在"感谢、感动与感恩"的情感表达上,就必须借助"互联网+"时代下的大数据、云计算及Web3.0等移动互联平台等新平台,利用大数据联合相关衍生产品推进现有公益的发展,挖掘全新的项目模式。IPE(公众环境研究中心)开发了产品"蔚蓝地图",也就是俗称的"污染地图"。在整个中国的版图上,或大或小的污染源被明确标示,你可以清晰地看到自己所处位置的周围有着多少令人心颤的污染源正在排放各种污染,让污染与每一个人都显得息息相关,用户可以随时随地查询周边空气污染状况,也可以随时随地监督污染排放情况。又如,在遭受地震的灾区,救灾组织可以通过日常的人口分布分析、推算受灾情况;教育组织可以通过对学龄儿童的居住地分析,更好地设计民办公益性学校的分布。而且,从设计到筹资、项目执行有严格的周期,因信息传递的需要,公益项目可以边设计、边筹资、边传播,各个阶段可以并行。如,2016年11月20日,腾讯公益、腾讯微信联合中国社会工作发展基金会儿童安全科技基金共同发布"中国儿童失踪预警平台(CCSER)",旨在运用移动互联网和GIS地理信息技术,依托拥有6亿月活跃用户的微信,构筑守护儿童免于失踪的"天网系统"。

2016年4月22日是地球日,聚划算联合周生生、可口可乐、CASIO、韩后、箭牌、five plus和施华蔻等七大品牌在广州塔发起了一场至潮至IN的聚划算环保骑聚夜活动,200位环保骑士,数千名到场观众,以及不计其数的网友参与了活动。这次不仅用环保方式推广了"保护地球,绿色出行"的理念,更重要的是匹配了当下年轻人热衷的运动方式,搭起与时下年轻人的互动桥梁,来激发他们的参与热情,用最炫酷的骑行装备,和运动潮人一起出行,风头十足地出现在广州塔下,高调地向世人宣布,环保也可以很有趣。我们看到,在这个公益项目中,聚划算设计了一个具有公益价值、商业化操作的项目,传统公益组织的职能被商业组织所取代,并借助互联网的力量爆发了非常大的潜力。

3. 组织边界模糊

公益的本质是参与,是各类主体对公共问题、公共利益的参与、贡献和解决。

"互联网+公益"时代,为这种参与的广泛普及提供了便利,并为无数微小的力量提供了汇集地,使得社会问题社会解决成为可能。以往,主要由公益组织提供的公益服务和公共倡导,今天已经有各类主体以自己所能在提供了。在可预见的未来,会有更多的人、企业、媒体参与到公益需求的挖掘及问题的解决中,他们或许自身就是社会问题的一部分,同时也是解决方案的提供者、参与者乃至受益者。[①] 如,"淘宝网"是一家互联网公司,该公司身份是企业,但它为公益组织筹款提供的便利与上海联劝公益基金会没什么区别。互联网与传统产业相结合,将不同领域的信息连接起来,在网络平台上进行有效的整合,跨界融合产生化学反应的聚变,培育出新产品、新模式(服务模式和商业模式)以及新业态。参与者可高效地使用各种网络手段进行沟通和动员,异质化身份和丰富的公益资源使得它们能快速而有效地协作。曾经,做公益一定会提到"希望工程",但是现在各种公益活动层出不穷,社会知名人士、互联网专业技术人才、金融从业者、公益人员等都可以相互配合,各尽其能,政府和企业也是新公益的重

---

① 阿里研究院:《互联网+:从IT到DT》,机械工业出版社,2015,第275页。

要推动力量，企业社会投资的引入使企业家也成为公益的生力军。

太多的公益项目，生产于"业余者"的手中。尽管现代公益追求人才专业化、职业化，而在互联网上，大规模、业余化出现在公益项目的生产中，公益供给能力释放，个体、公益组织与商业组织在很多方面界限模糊。甚至，某些主体有着多重身份。

以消费行业为例，小米手机的大量消费者参与了"生产"。消费者"设计"了小米手机的功能，设计了小米手机的外形，设计了手机出厂时应附带的软件，打破了生产者和消费者的界限，消费者同时也是生产者。这是互联网思维的共同特征。在公益领域，我们看到的情况更是如此。很多时候，公益项目的筹款人也是受益人，或筹款人也是捐款人。

基于社交圈的众筹平台"轻松筹"是民政部指定的网络募捐平台之一。在"轻松筹"上，发起人（筹款人）就是受益人或是受益人的亲友，他们同时也可以是捐赠人。这与传统公益组织作为中间机构去筹款是不同的，公益组织将筹来的款项以项目执行的方式支出，使受益人受益。以大病救助项目为例，用户在"微爱通道"上发起大病救助项目，上传发起者本人手持身份证原件的照片，以及大病患者在公立医院就医两年以内的病历及诊断证明，"轻松筹"查实发起者提供的说明是否与病历上的说明一致，查实患者本人或医院账户的银行卡（卡号一经填写不得更改），公益众筹项目即可发布。

由于"轻松筹"的社交属性，公益众筹项目从发起到宣传，大多依靠的是项目发起人自身的社交圈力量，如筹款人转发朋友圈求关注、求转发，通过朋友的朋友圈或微博涟漪式获得关注和帮助。"轻松筹"还设有举报机制，一旦有项目被举报，审核人员会亲自向筹款人及其主治医师核实情况，若项目不属实，筹款将全部退回；若项目属实但举报人仍对项目存疑，可申请退款。从第一例"白血病爱心众筹"到现在，截至2016年2月，已经有23465例公益项目在"轻松筹"发起，共支持超3793508人次，筹款187522653元。当然，我们在"轻松筹"上也发现，一些社交圈子小、人脉关系单一的用户，很难通过公益众筹获得更多的帮助。

与此同时，各公益主体突破传统组织界限，形成"聚合型"公益实体，它以整合用户资源为核心，以群体性的力量实现平台的价值提升与价值转化，提升效率。

谁都可以找需求，谁都可以提方案。个人、虚拟社群、实体社群、公益组织、企业、媒体，都在做公益。尽管从法律身份上，彼此的边界是清晰的，但是，在从事公益方面，在调动资源方面，彼此的边界却是模糊的。未来，什么样的组织叫公益组织呢？有时，这个问题真不好回答。也许，它将不再是问题，也无须回答了。

4. 合作博弈极为广泛

合作是人类最重要的形态之一，是进化中的根本动力，也是人类进化的最大成功。

互联网对于构建社会性传播系统的最大改变是将传统以机构为基本单位的社会性传播改变为以个人为基本单位的社会性传播。互联网对于个人的激活，催生了一系列新的规则、格局和改变。[①] 其最基础功能是把社会合作中来自通信方面的障碍大幅度降低、克服，凸显了网络的互动性和便捷性特点。互联网在本质上降低了沟通的成本，一定程度上弥补了以往因空间距离造成的沟通障碍，适当的网络间连接能够最大限度地促进合作。互联网不仅降低了公益组织之间的协作成本，也降低了捐助者与受助者之间、受助者与受助者之间、捐助者与捐助者之间的协作成本。捐助者与受助者之间似乎从未如此容易地实现对接。

与此同时，有研究表明，互联网能促进人类之间的合作博弈。尽管互联网极大地拉近了人与人之间的距离，使人与人之间的合作成为可能，但仅仅依存"链接"而形成的合作是非常脆弱的，"不可靠的"。没有信用机制、一定的担保、约束或惩罚，可靠的合作不易形成。

而"互联网+"开启了人类社会交往完全崭新的新领域，成为人们日常生活中构建新型社会资本的重要方式。互联网在本质上将人类的社会关系网络由传统血缘、地缘等决定的现实熟人之间的关系构建推向了一种跨越时空距离的"眼缘"和"心缘"网络，这种由眼缘、心缘连接的社会关系网络消除了年龄、性别、身份、社会地位、宗教、信仰、种族、肤色等

---

① 喻国明：《用"互联网+"新常态构造传播新景观——兼论内容产品从"两要素模式"向"四要素模式"的转型升级》，《新闻与写作》2015年第6期。

的差异，人们通过互联网平台进行交往联系，会增加彼此的信任程度，进而推动社会资本的累积。今天，中国社会已有一定的社会资本存量，人与人之间的信任已有一定的基础。

由于互联网极大地提高了信息的流动性、透明度，人与人之间、组织与组织之间、组织与人之间，能够进行一定程度的辨别，然后按照其品行、爱好、价值、利益诉求而迅速形成"团体"。"团体"内部，在彼此互动过程中会进行一定程度的博弈，在此基础上形成的合作较易维持。

未来，围绕公益开展的合作会更大程度地加强，传统公益组织、个人、企业、受益者、政府部门彼此间的合作会以各种各样的方式展开，其中自然涉及各方利益的获得，随着各类恶性合作案例的发生或曝光，特别是信息畅通，各合作方彼此追求理性利益变得越发重要，合作过程具有约束力的可执行契约，包括进入、退出机制也将逐渐完善，博弈双方（或各方）的利益则会保障或有所增加，或至少某一方的利益增加，而另一方（或其他方）的利益不受损害，从而使整个社会的利益有所增加。

2016年11月16日，公安部儿童失踪信息紧急发布平台"团圆"系统2.0版上线。该系统是公安部发布儿童失踪信息的权威渠道，新接入支付宝、UC、手机淘宝、YunOS系统、腾讯QQ、百度、一点资讯、今日头条、360手机卫士、滴滴出行等新媒体和移动应用，失踪儿童信息可自动推送到相关APP和失踪地周边一定范围内相关人群，普通民众也可通过系统提供线索。如，支付宝已经接入了"儿童失踪信息紧急发布平台"二期平台，用户进入支付宝APP之后，可直接在首页看到失踪儿童的具体信息、联系人电话和负责民警的联系方式。失踪者信息一旦上传，丢失1小时内，支付宝等应用会向身处"以孩子失踪地为中心、半径100公里范围内"的用户推送失踪儿童信息；2小时内，覆盖半径200公里；3小时内，覆盖半径300公里；3小时以上，覆盖半径500公里。

该系统是2016年5月15日发布的"团圆1.0"的升级版。由于系统将政府、企业、公众（志愿者）、明星志愿者（沙溢是首批"中国反拐义务宣传员"，黄晓明、李咏是第二批）有效地结合起来，彼此利益共享，大大扩大了平台信息发布渠道和范围，也大大降低了寻找失踪儿童的难度。企业、明星以这种方式履行了各自的社会责任，获得了用户、粉丝的好感，而政府也履行了其应有的职责，公众实现了公益梦想，建立在共赢基础上的合作才是稳固的、长久的。

5. 核心竞争力再造

随着各类公益主体的出现，主体之间的竞争将加剧，这对各类主体的核心竞争力提出了挑战，传统公益组织的核心竞争力再造变得更为紧迫。

"互联网＋公益"具有赢者独占的特点，马太效应更加显著。如，微信占领了即时通信领域，则"赢家通吃"。互联网凭借传播、创新和数据上的优势，占据优势地位的公益主体扩张最快，能够快速吸引投资者投入或者大规模进行公益项目，这使得公益组织/主体有更多的资金、公信力来进一步增强自身实力，在人才、技术、资源上加大投入。排名靠前的公益主体就像一个黑洞，可以吸走大部分优质资源，自己则变得越来越强大。因此，在"互联网＋公益"的婴儿期，公益组织需要抓住机会，占领制高点。

从公益行业发展的环境来说，我国公益慈善资源的募集模式虽然经历了去政治化，民间社会的公益组织和慈善事业发展也有所起色，但受制于政治化动员的深厚传统以及宏观社会结构的深刻影响，国家主导下的公益慈善资源供给模式并没有根本改变，政府仍然构成我国公益慈善救助的主体框架。在这种背景下，公益慈善动员由于伴有官方痕迹和权力色彩而无法契合民众自由而纯粹的公益精神，其道德感召力和社会公信力都会受到影响。政府对公益慈善事业的过多包办不仅极易因监督不力而产生徇私舞弊、违规操作等情况，而且还会导致民间公益体系功能的弱化。

然而，互联网开放的平台、便捷的技术和新颖的形式不仅催生了大量虚拟化的网络公益组织或群体，还激发了越来越多现实的民间慈善机构，企业公益更汹涌而至。各类公益主体通过互联网发起公益慈善活动，并发挥出极大的社会动员能力。受到互联网的影响，仅在新浪微博上就可观察到层出不穷的民间志愿者行动，如免费午餐、大爱清尘、老兵回家、随手公益、青岛植树追问等，它们不同于过去时代的"好人好事"，而是表现出强烈的自由、平等、公开、开放、创新意识。

未来，以往一统天下的大型公募组织将面临巨大的挑战，无论是筹款，还是项目执行。徐永光认为："互联网公益最伟大的贡献是，没有政府发文，无须出台法律，中国公益依照市场化的规则，自然回归民间，回归理性，走向公众用脚投票的正确轨道。原来通过体制赋予的公募基金会一统天下的特权正被消解。"①

公益组织必须形成自己的互联网思维以在激烈的竞争环境中生存，产生社会价值。互联网思维要求公益主体多元、开放、尊重用户需求、关注用户体验、创新，甚至进行颠覆性的转变。如果将互联网思维比作高维，那么工业思维就是低维。当高维的入侵者去毛利率、去库存、去渠道、去营销、去管理，将这些独立的维度都降为零，低维所受到的攻击无疑是毁灭性的。传统公益主体如不变革，将面临"降维"打击，面临萎缩或被淘汰的风险。在这种情况下，提升公益创新力和生产力是必由之路。

公益组织通过互联网的思维转变，使用一些互联网工具和平台，把自身变得可以向社会以及其他企业乃至个人来对接。就像微博和微信的API接口一样，企业需要什么服务，随时可以接入进来。

公益组织可以在"方向选择""价值观引领"以及"系统性创新"和"持续的行动力"方面有所作为。受助群体的需求和消费，是公益市场基本的、重要的驱动力，面对群体性、规模化的社会能量，以及大量个性化需求，如何使受益群体成为主动而不是被动的受助者？特别是今天公益产品的提供者完全占据主导地位，受益群体的选择权被忽视，公益产品的提供者粗放经营，用"有胜于无"的产品给饥不择食的受助者"果腹"。更可悲的是，有的"慈善家"用暴力慈善来侵害受益群体的人格尊严，违背慈善伦理。企业、个人、新产生的民间组织或社群，往往难以及时回应这些问题。尽管当前"互联网+公益"活动异常活跃，但多数网络公益活动由个人或社群所发起，它们基本上是非严格意义的组织，规模较小，组织管理较为松散。由于很多活动都是临时的和零散的，参与者也往往都是利用业余时间来参与，人员流动性大，这不仅无法保证齐全完整的人员配备，而且成员混杂、素质参差不齐，在很大程度上影响到网络公益活动在组织运作过程中的专业性和规范性，出现了许多被民众诟病的不良现象，如受捐者遴选机制不够公平、善款救助标准不够明确、发放流程不够透明、财务制度不健全等，而且还引发了许多善款使用违规操作行为，如爱心捐款被非法侵吞、挪用或挥霍。除此之外，网络公益组织的信息服务水平还有待提升，在很多情况下组织对于慈善捐赠数额、受捐者情况以及善款使用细节和去向这些重要公益信息的公开不够透明、不够及时，网络公益组织管

① http://www.ngocn.net/news/2015-12-01-7f75945f342c8db3.html.

理的松散性极大地限制了其专业性和规范化发展。

6. 治理体系变革

"自由"一词的本意与"限制"相对,即由己做主。它是一种源自生存本能的人性欲求,且作为体现了人类近代文明的价值理念,广泛蔓延到经济、政治、文化、社会的各个领域。互联网设计和运营的自由性、便捷性、超时空性,使人们的活动获得了空前的自由感。在超越时间、跨越国界的互联网上,人们可以接受全球各地的各种信息,可以传播自己愿意与人交流的各种观点,可以从事各种在现实社会里难以想象、无法企及的超越时空的活动。网民会渐渐获得"我是自由人"的感觉,对"我的地盘我做主"往往情有独钟,这是网民个人对自我主体身份的一种醒悟。网上虚拟世界的这种体验和醒悟,将不可避免地向现实世界渗透。公益领域的参与者能够自由进出,不受外界束缚,甚至只是随手做一件小事。

曾轰动一时的"郭美美事件"虽时隔数年,但仍令公众心有余悸,如今隔着屏幕,更引发不少捐助者叩问:如何确保每个项目的真实性?善款去向是否更加难以追踪?是否会有账目不清的机构鱼目混珠?即便善款得到了真实的使用,但效率和效果如何?传统公益模式中存在着"信任的黑盒子"问题,捐赠者捐款之后,往往很难知晓"钱花到了何处,钱花得是否有效",缺乏透明化和有效的监督容易使公众失去对公益行业的信心,中国公益研究院发布的《透明宝典——中国慈善组织信息公开指南》显示,2015年和2016年的慈善透明公众满意度均为56%左右。从某种意义上说,建立在互联网应用之上的网络参与已经对现实的社会治理形成"倒逼"之势。以往的治理体系已难以应对未来庞大而复杂的公益局面,它将受到挑战并被迫进行改革。

众所周知,公益组织内部治理严重不足是传统公益领域比较突出的问题。无论是官办公益组织,还是草根公益组织,除了因治理本身存在天然缺失外,组织自身治理能力弱,加上很多机构属于典型的"家长制",也造成其内部治理不理想。

公益组织行业自律不理想。曾热闹一时的自律培训、能力建设,以及大量行业自律宣言、自律标准均显得疲弱无力,真正主动披露信息、自我问责的组织还是少数。而自律的内容主要是在道德层面,非法律和绩效层面;自律方式主要是规范性和指导性,而非强制性和惩罚性。自律的基础设施主要是软制度，而不是硬制度。

公众和媒体监督虽无处不在，但是当多数新闻网站和公众缺乏专业视角，各类报道多以转发、围观来"凑热闹""吸引眼球"，缺乏深入分析并试图引导舆论时，容易使被问责者陷入困境。

政府政策法规虽对公益组织的要求与日俱增，但是一系列法律、法规、条例、政策，如《慈善法》《社会团体登记管理条例》《民办非企业单位登记管理暂行条例》《基金会管理办法》《公益事业捐赠法》和《信托法》等，虽已施行，但实施的力度欠缺。

而政府部门固化的监管流程和内容无法适应快节奏的现实。我国相关法律法规对公益组织运作的监管主要有常规的年检、财务会计管理、审计监督、评估、税务稽查等，但这些制度的设置并不合理，监管乏力现象严重。如社会组织三大条例对年检内容的规定较为粗疏，即"按照章程开展活动的情况"和"财务管理情况"的笼统要求导致在年度检查时无法深入彻查，年检制度常常流于形式。国家对民间组织的财务管理和会计制度内容不全面，法定财务信息内容要求过于常规简单，社会大众关心的募捐资质、筹款情况、捐赠款物使用、资产保值增值等财产管理使用情况和公益慈善项目实施状况无从查知。在政府审计监督上，缺乏常规性的制度化安排，大多规定"必要时，政府有关部门可以对其财务进行审计""基金会在换届和更换法定代表人之前，应当进行财务审计"等附加条件，导致监督形式化严重。

网络公益的快速发展给我国公益慈善领域注入了强大的创新元素和发展新机制，但同时也暴露出诸多潜在的风险。如，当前网络募捐行为极为常见，除少数是由正规合法的公益慈善机构所发起的，其他多数都是由网络公益组织或个人所发起，这些组织由于其虚拟性的存在，几乎都没有在民政部门注册登记，而当出现问题或产生纠纷时相关主管部门也很难进行协调和处理。由于缺乏第三方监管，这些组织或个人根本没有足够的压力和动力去及时"客观"真实地公开募捐数额和使用明细，还有可能基于利益因素而故意瞒报误报，善款流向的真实性根本得不到保证。这些问题意味着网络公益的健康发展既不能仅仅凭借个人道义和情感，也不能仅仅依赖网络公益领域的自我调节机制，而是迫切需要政府和社会方面的监管，通过出台相应的法规政策来约束和规范。

随着"互联网+公益"的不断发展，公益治理将变得更为紧迫，每个公益主体将不可避免地面对来自各方全方位的问责、质疑,所问询的内容将超越基本的信息透明,转而是公益行为是否有效,是否最大化实现目标。

通常,外部治理在公益领域的治理体系中发挥着重要作用。其中,不是来自政府,也不是来自传统的资源提供方(大额捐赠者)的治理,而是大众。

未来,来自公众和媒体的问责将更大程度地加强,问责的专业性会被迫提升,问责的目的性也将趋向于服务公共利益。随着互联网技术的发展,以及公众参与公益的热情及投入越来越高,对各类公益主体的要求也会提升,传统公益中"信任的黑盒子"问题将更大程度地受到关注。互联网技术可以让爱心人士从捐款的那一刻起不断得到反馈,信息不对称将被打破。中国扶贫基金会秘书长刘文奎告诉《中国经济周刊》,互联网提供了与捐助者直接对话的可能性,这本身也是有助于透明度建设和信任培育的,"今年5月,基金会为了帮扶雅安果农发展,通过移动互联网为他们预售1000多份车厘子,却因为一场意料外的大冰雹造成绝收,本来我们担心一旦公布实情,公众会不接受,煞费苦心经营的微信公众号粉丝会急速减少,但是我们公布了果农受灾的消息及退款账号,及时真诚与用户沟通,没想到不少用户纷纷表示不用退款,选择将钱转捐给受灾农民,公布当晚粉丝不但没有减少,还增加了300个。"① "互联网时代,对公益组织既是机遇也是挑战",涂猛认为,在大众对公益满意程度触底回升的关键阶段,互联网不仅助力公益机构的内部变革,还将促使公益在互联网上完成全过程的公开透明。②

"99公益日"希望通过社交化、互动化的方式,倡导随时随地、便捷无负担的公益氛围,让"随手公益"成为一种生活常态,让公益成为一件像喝水一样平常,像玩游戏一样充满快乐的事情。腾讯主要创始人、腾讯公益慈善基金会发起人陈一丹,在"99公益日"主题致辞里提到:"社会的痛点就是公益的起点"。在传统的公益模式中,存在一个"信任的黑盒子",导致监督纽带的缺失,执行过程难以透明化,也消耗了大家的热心。打破黑盒子,建立公众对慈善事业的持续信心。

---

① http://www.chinanews.com/sh/2016/07-06/7928853.shtml。
② 南香红、陈显玲、罗苑:《互联网+"善"更简单or更复杂?》,《南方都市报》2016年1月8日,第AA16版。

过程的透明,是信任最重要的基石。而"99公益日"则旨在创造一种新的互信机制,让公益生态链中的每一个环节都得到有效的连接。他说,"我们希望传递一种全新的公益理念:那就是汇聚每一个微小的力量。"

中国扶贫基金会为参与"买一善一"项目的消费者提供明晰的捐赠流程和反馈机制。实际上,参与该捐赠活动的消费者并不捐一分钱,只有消费行为即可,真正的捐赠者是企业。也就是说,当消费者购买"买一善一"品牌的任何一件产品,企业就会以该消费者的名义捐赠一双适合尺码的定制款运动童鞋给一名山区缺鞋儿童。消费者可随时浏览到"买一善一"的捐赠内容说明,了解捐赠——受益整个流程,而受赠儿童的人数以及待赠儿童的人数也会在网上展示、更新。消费者在网上完成付款流程后,会收到以自己名义所捐儿童的信息。为减少配送成本,当受赠数量覆盖全县学生时,即进行配送。消费者将收到受赠县各个小学受赠情况、学生领取鞋子的签收记录,以及孩子亲自填写的"回音卡"。除了通过网页和邮件发布捐赠支出信息外,中国扶贫基金会还组织捐赠者代表前往受益地区——贵州省毕节地区咸宁县进行实地探望,实地了解善款的使用情况。

合作创新是互联网时代解决社会治理困境、实现社会"善治"的重要路径。[①] 通过结合社交网络等平台,增强公益资讯的传播能力,同时也为公益组织提供了筹募渠道与方式,让慈善的"正能量"更加广泛和深刻地影响更多的人;通过提供公益项目网站及运营工具,例如云计算能力,帮助公益组织降低信息化成本,推进公益组织业务信息的透明化和及时化;普通民众通过公益平台等互联网新媒体形式,及时有效地获取公益项目的执行进度,从而加强对公益事业的信任,有效地改善了中国社会的公益环境。

使公益主体以正确的方式做正确的事,最大限度地维护公共利益,是治理的目标。而基于公益主体自律、互律,公众、媒体监督,政府监管,法律约束,进行治理体系的变革成为所有公益人的责任。围绕"互联网+公益"的治理将逐渐形成全方位治理体系,这个治理体系是共建、共享的

---

① 王国华、骆毅:《论"互联网+"下的社会治理转型》,《人民论坛·学术前沿》2015年第10期。

体系，每个人将成为建设者，也是受益者，合作共赢将成为治理体系构建的基础原则。

互联网进入中国社会20余年所导致的种种改变使我们现在越来越清楚地认识到，互联网对于社会的本质意义就是，它是整个社会的"操作系统"，正如电脑系统一样，"操作系统"不同于其他任何一种实现某种功能的应用性软件，它规定着整个社会系统的运作基础、运作框架、运作规则。现在网络已经让世界变平，人们足不出户就可以把自己的知识和心得跟别人进行交换，整个过程规避了繁杂，取而代之的是简单、有效的公益行为。当前"互联网+公益"已起步，正在升温并走向正轨。从长远来看，"互联网+公益"的优势将随着社会公益制度的完善、大众公益理念的跟进以及互联网自身的权威影响力的巩固，逐步得到释放。如果不能遵守互联网的逻辑和规则行事，不想或不善于嵌入到互联网所构造的"操作系统"当中去，就无法发挥其应有的社会影响力，并且会沦为一个"价值孤岛"而失去自己的价值和影响力。互联网不再只是公益组织用来筹款或者传播的工具，而是已经融入公益，形成了全新的公益世界，也改变了公益行业以往的游戏规则和思维模式。互联网可以通过技术手段，使每一个生命个体发生的故事背后的因果链条即时"显现"出来。透过每一个终端、每一个陌生的现场目击者发出的信息，人类从没有像今天这样对自己与他人的命运感同身受。"互联网+"让公益更有力量，让昔日孤独冷漠的路人因一个善的火花被点燃，让这些已经存在着的、碎片般散落的点滴美好，突破时间和空间的阻隔，瞬间汇聚出灼热的社会动员力量，使每个人都有可能成为社会进步的推动者。①

互联网时代的发展瞬息万变，超越了人类的想象空间，全新的公益世界将去往何处是难以预测的，其趋势、结局到底是什么，还有待历史的检验。我们只能暂且从微观到宏观谈一下大致的方向，现在我们如此剖析"互联网+公益"，可能本报告发表时这些文字就已经是过去式了。当然，"互联网+公益"存在各种不同的解释，这是正常现象。我们应该包容认可或批判互联网思维的不同声音，并且更真诚地听取不同意见，这些声音正是奠定成熟的、稳定的全新的公益世界必不可少的基本条件。"互联网+公益"这个新世界，又将会有怎样的图景，我们拭目以待。

---

① http://news.xinhuanet.com/politics/2015-10/20/c_128336247.htm.

第二部分

分报告

中国法律援助艰难前行

法律援助是国家为贫弱者和特殊人群提供法律援助的法律化、制度化形式。维护弱者的权益是法律援助最重要的价值体现。法律援助是实现社会正义、保障人权的重要途径。

中国的法律援助是由民间发起并推动政府开展的。我国公认的首家法律援助机构——武汉大学社会弱者权利保护中心成立于1992年5月,是一家民间法律援助组织,而中国司法部在1994年才正式提出建立法律援助制度。1995年,广州市成立了全国首家政府法律援助机构——广州市法律援助中心。随着2003年《法律援助条例》的出台,法律援助被明确为政府的责任。但是,民间法律援助并没有消失,而是作为政府法律援助的补充,在社会生活中发挥着重要作用。

然而,我国的法律援助为维护弱势群体权益,实现社会公正和人权保护的作用并不理想。无论是为弱势群体提供诉讼、非诉讼类型的个案援助服务,还是推动法律改革以改善弱势群体不利环境方面都严重不足。

一 法律援助本是弱势群体的保护伞

就世界范围而言,法律援助作为一项制度存在已有600余年的历史。英国是世界上最早建立法律援助制度的国家,今天,有近150个国家或地区建立起以国家主导为核心,兼具民间社会力量的现代法律援助制度。如何界定和理解法律援助?中外法学界、律师界的专家、教授、学者观点不一。

在国外,关于法律援助的概念,从受援者方面看,有广义、狭义之分。广义的法律援助是指,律师无偿为经济困难的民事诉讼当事人提供法律咨询等，以及为刑事诉讼中的被告人提供辩护等帮助。如，有的称"法律扶助（Legal aid），指法律上对诉讼案件中的伸张正义和维护权利的困难者予以扶助的社会制度"。诉讼案件包括民事和刑事案件。① 又如，依据《牛津法律词典》中关于"法律援助规则"词条规定来看，法律援助是指律师从公共基金中提取费用并对无力负担诉讼的民事当事人和刑事被告人提供法律帮助。② 狭义的法律援助是指，律师对无力支付律师费用的被告人以无偿或少收费为其提供刑事辩护的帮助行为。如，英国《简明不列颠百科全书》称："法律援助是指在免费或收费很少的情况下，对需要专业性法律帮助的穷人所给予的帮助。"狭义的法律援助不包括咨询事宜。③

在中国，1992年，法律援助组织——武汉大学社会弱者权利保护中心的成立，标志着我国真正意义的法律援助的出现。至于何谓法律援助，中国的《法律援助条例》及其他现行法没有正面回应法律援助的定义问题。1996年时任司法部部长肖扬在第7次部长办公会上提到法律援助的内涵："法律援助，简言之，就是为弱者、残者、少者、贫者提供法律救济、法律帮助，保护司法人权，实现司法公正，体现我国在法律面前人人平等的精神。"1997年司法部下发的《关于开展法律援助工作的通知》曾对法律援助的定义有所涉及，并指出法律援助是"在国家设立的法律援助机构的指导和协调下，律师、公证员、基层法律工作者等法律服务人员为经济困难或特殊案件的当事人给予减、免收费提供法律帮助的一项法律制度"。2015年6月29日，中共中央办公厅、国务院办公厅下发的《关于完善法律援助制度的意见》指出，法律援助是"国家建立的保障经济困难公民和特殊案件当事人获得必要的法律咨询、代理、刑事辩护等无偿法律服务，维护当事人合法权益、维护法律正确实施、维护社会公平正义的一项重要法律制度"。

尽管各国在不同时期对法律援助的定义有所差异，但是可以肯定的是，法律援助是针对弱势群体的制度设计，维护弱者的权利是法律援助最重要的价值体现。"弱"体现在面对财富、法律、权力、健康、人格等方面处于不利的、弱势的地位。社会弱势群体作为一个相对的概念，主要是指由于社会等外在原因而在经济、政治以及社会竞争等方面处于不利地位的、生

---

① 〔日〕我妻荣编《新版新法律学辞典》，董璠舆译校，中国政法大学出版社，1991，第884页。
② 〔英〕伊丽莎白·A.马丁编著《牛津法律词典》，蒋一平、赵文伋译，上海翻译出版公司，1991，第285页。
③ 陶髦等：《律师制度比较研究》，中国政法大学出版社，1995，第210页。

活在社会最底层的群体。① 不同的社会背景、不同的历史时期，处于社会弱势地位的群体也会发生变化，因此，弱势群体的外延会随着社会的发展而不断变化。在社会结构转型、运行机制转换、经济体制转轨使利益格局不断得到调整的同时，也产生了大量的社会问题，特别是失业下岗工人、效益欠佳的企业职工、待就业青年学生、留守农民、城市农民工等成了生活无法获得充分保障、权益无法得到有效维护的新弱势群体。②

1. 实现社会正义

正义是一个宽泛的概念，从不同的视角出发，对正义有不同的界定。那么，在法律援助视野下，古希腊先贤亚里士多德对正义做了这样的界定：正义分为分配正义与矫正正义，"分配正义所关注的是在社会成员或群体成员之间进行权利、权力、义务和责任配置的问题"，"当一条分配正义被一个社会成员违反时，矫正正义便开始发挥作用，因为在这种情况下，要求对过失做出赔偿或剥夺一方当事人的不当得利，就成为势在必行的了"③。也就是说，分配正义要求立法时对社会成员进行平等地赋予权利义务和责任，矫正正义则要求权益受到侵害时必须给予救济。④

从分配正义的实现来看，弱势群体没有被平等地赋予权利义务和责任。根据现代政治学理论，一个具体的政府决策过程要经过利益表达、利益集合、政策制定、政策执行等基本环节，其中利益表达是第一阶段，占有重要位置。然而弱势群体大都远离权力中心，他们的交往或者流动难以延伸到上层或决策圈，并且"往往由于民族、等级地位、地理位置、性别以及无能力等原因而遭到排斥，特别严重的是在影响到他们命运的决策之处，根本听不到他们的声音"。政府对公共资源的公正配置缺乏必要的信息基础，弱势群体的利益也难以在政府公共政策中得到尊重和保护。在利益表达失衡的条件下，政府所制定的政策本身可能对弱势群体是不公正的。⑤ 法

---

① 彭向刚、袁明旭：《论转型期弱势群体政治参与与社会公正》，《吉林大学社会科学学报》2007年第1期。
② 王科：《新弱势群体的利益表达与和谐社会建设》，《求知》2011年第3期。
③ 〔美〕E. 博登海默：《法理学：法律哲学与法律方法》，邓正来译，中国政法大学出版社，2004，第279、281页。
④ 马桐生：《当代中国法律援助：制度与理论的深层分析》，人民出版社，2010，第102页。
⑤ 殷冬水、周光辉：《利益表达平衡：社会正义的内在要求——我国社会不公发生逻辑与社会正义实现方式的政治学分析》，《江汉论坛》2013年第2期。

律援助致力于为弱势群体代言,让那些弱势群体将法院作为一个公民表达意愿、让纠纷能够被大众看得到、听得见并得到协商或者公正和解的论坛,同时借此激发公共辩论,从而就许多重要的社会资源分配问题形成公共政策,通过这种途径来发展法律,使法律能够真正充分代表民意,能够平等地分配社会成员的权利和义务,而不只是强势群体掌握话语权的结果。[①] 例如收容遣送制度的废止就与法律援助息息相关。2003 年春夏之交,湖北籍大学生孙志刚在广州的收容所里惨死,之后,许志永与另外两位法学博士俞江、滕彪一起,"上书"全国人大常委会,建议对《城市流浪乞讨人员收容遣送办法》进行违宪审查。2003 年 5 月 14 日,许志永把一份违宪审查的建议书寄到全国人大常委会法工委。同年 6 月下旬,实施 21 年的《城市流浪乞讨人员收容遣送办法》被废止。

从矫正正义的实现来看,弱势群体难以拥有通过诉讼或非诉讼方式保护自己合法权利的机会与手段。司法实践却一次又一次地告诉我们,"法律最为声名狼藉的一点在于:它赋予富人比穷人大得多的权利。"[②] 在今天的社会,诉讼是费用高昂的游戏,诉讼的发起、送达、出庭、举证、判决每个环节都要支出相应的成本才能走下去。在市场经济条件下,任何服务均需符合等价有偿的市场规律,法律服务也不例外,律师必须被支付费用,并且能力相异的律师往往收取不同的费用。因此,富者、强者有更多的资源可利用,能够从容地支付法律服务费,得到优质的律师服务,更清楚如何用法律作为自己的武器和工具。而大多数弱势群体却因无力承担律师的法律服务费用,被拒之于法院的大门之外。即便聘请,如完全按照市场规律,也只能找到与其富有的对手的律师相比能力较差的律师,自然不能获得与强者、富者对等的维护自身权益的资源。法律援助通过免费向弱势群体提供法律服务,保障他们平等地进入诉讼程序,平等地行使诉讼权利来维护他们的合法利益,有利于矫正正义的实现。

2. 保障人权

公民享有权利意味着,既要避免公民的权利受到侵犯,又要在权利被侵犯后给予及时、公正的救济。如果公民之间的纠纷不能得到公正、迅速

---

① 徐卉:《通向社会正义之路:公益诉讼理论研究》,法律出版社,2008,第 288 页。
② 〔美〕布莱克:《社会学视野中的司法》,郭星华等译,法律出版社,2002,第 96 页。

的解决，公民的权利损害不能获得救济，则所谓尊重和保护公民的人权就成为泡影。由此，公民的诉讼权就显得相当重要。①

在中国，公民诉讼权行使有诸多障碍，对弱势群体更是如此。如前所述，诉讼费收取过高，公民行使诉讼权、参与诉讼的成本较大，高昂的诉讼费用往往将弱势群体拒于诉讼门外。特别是，公民向法院缴纳的费用昂贵、繁多，包括有受理费、法院活动费、鉴定费、申请执行费等，这构成了当前公民行使诉讼权利严重受阻，尤其对贫穷者和弱者更是如此。虽然我国也规定了诉讼费用的缓交、免交制度，但是在现行体制下，因法院的经费实际上相当部分来自诉讼费用，法院在具体执行时却"铁面无私"，该制度的使用比例很低。

因此，法律援助事关弱势群体诉讼权的实质保障，是国家对公民司法救济的直接体现，以保障公民能够依法行使诉讼权，充分体现人权保障。

二 法律援助如何维护弱势群体的权益

从理论上讲，法律援助的根本目的在于通过维护弱势群体权益实现社会公正和人权保障。那么，法律援助究竟如何维护弱势群体的权益？怎样才能保证其发挥实质性的作用？如前文所述，在我国，弱势群体的权益得不到实现和维护的原因有两方面：一是弱势群体的政治参与处于权利不平等的地位，他们缺乏参与立法和公共政策过程的渠道；二是弱势群体缺少通过诉讼或非诉讼方式保护自己合法权利的机会与手段。因此，法律援助需要为弱势群体提供参与立法和公共政策过程的渠道，以及必要的法律服务。而且提供的法律服务除了在数量供给上要满足弱势群体的需要，还须保证法律服务的质量，这样才能保证弱势群体可以获得与强者、富者对等的维护自身权益的资源，弱势群体的权益才能得到真正保障。

1. 推动法律改革以改善弱势群体不利环境

民事法律援助旨在通过帮助弱势群体以维护公平和法治，而弱势人群（贫困者）之所以贫困往往是因为缺乏为自己代言的能力和途径导致法律和

---

① 左卫民、朱桐辉：《公民诉讼权：宪法与司法保障研究》，《法学》2001年第4期。

制度的不公平，但是"传统法律援助对于法律本身的缺陷将无能为力"。为此，不仅需要通过个案援助对贫困者予以现有法律制度下的权利保障，还需要全面提高弱势人群（贫困者）的法律能力，并推动法律改革改变不公平的法律环境。①

从其他国家的实践来看，目前，英国、美国、加拿大、澳大利亚、法国等国纷纷开始注重对弱势群体进行更广泛的法律服务，加强对弱势群体的法律教育和提供法律信息，力图增强弱势者自身的法律能力，并通过提出各种建议使得纠纷在发生前得以预防。美国更是在民事法律援助中通过对典型案件的代理诉讼推动有利于弱势群体的判例的诞生，以及通过游说和压力使得各种有利于弱势群体的法律和政策得以制定。从我国现实来看，我国的弱势群体，如贫困群体更多的是由于国家分配体制和社会政策法律缺陷造成的制度性贫困，因此，贫困群体不仅需要维护和实现现有法律体系下的权利，最大的需要是彻底改变对其不利的法律和制度环境。弱者要改变其社会环境，必须进行利益表达，"让弱者的声音影响决策过程，是解决弱势群体问题的基本条件之一"。

由具备相当文化水准和法律专业知识的法律援助人员作为其代言人，通过立法和司法建议，畅通弱势群体的利益表达途径，让"弱者的声音影响决策过程"，是"向穷困宣战"，根本改变贫困者社会地位，彻底实现社会实质公平和体现社会主义本质的强有力手段。②

2. 提供诉讼、非诉讼类型的个案援助服务

最基本的法律援助是为弱势群体提供直接的个案法律援助服务。实施形式既包括诉讼类型的刑事辩护与刑事代理、民事或行政代理，也包括非诉讼类型的法律服务形式，如提供法律咨询、代拟法律文书、提供法律意见书、仲裁代理与公证证明等。③

如前所述，在不同的历史时期，弱势群体的外延是不同的。因此，法律援助的对象也应与时俱进。例如，20 世纪 60 年代，美国法律援助的主要对象是那些下层的黑人和生活在国家所划定的贫困线以下的那些穷人。近

---

① 陈海蓉：《我国民事法律援助制度研究》，硕士学位论文，复旦大学法学院，2008，第 48 页。
② 陈海蓉：《我国民事法律援助制度研究》，硕士学位论文，复旦大学法学院，2008，第 48 页。
③ 马栩生：《当代中国法律援助：制度与理论的深层分析》，人民出版社，2010，第 41 页。

些年来，在民权运动的呼声日益高涨的条件下，在经济动荡的情况下，有些中下层的人士也可能由于种种意想不到的困难而沦为破产者或贫困者，一旦他们涉及诉讼问题，也需要国家为其提供法律援助。因此，为了满足这些人对法律援助的迫切需要，美国总统和司法部部长鼓励法律界成立一个组织来处理与民权实施有关的社会动荡及其他问题，法律援助对象不再仅仅限于贫穷者阶层，还扩大到艾滋病患者等特殊群体以及中产阶级和其他非营利性组织。①

法律援助的范围也应该随着社会的发展与时俱进。例如，20世纪60年代中期，解决贫困问题，开展反贫困斗争是社会关注的焦点，法律援助的范围因而集中到了为穷人提供民事代理方面。20世纪80年代以来，美国民事法律援助的范围在以往的基础上，进一步拓展和细化。除了传统的移民、无家可归者、老年人和消费者权益问题外，又延伸到了儿童与教育、环境问题、艺术事业、就业问题等领域。②

再者，要保证法律援助服务的质量，让弱者不仅打得起官司，还要赢得了官司。如果案件因为没有收费而疏于会见、不尽认真、走过场、做样子，那么法律援助就只是用来装点法律公正和人权的工具，就失去了法律援助的意义，所以法律援助办案质量的保证至关重要。一般来说，较高法律援助的办案质量有以下一些基本特征：一是服务能力的可靠性。法律援助律师的指派要考虑其能力、专长及案件类型的匹配性。往往要通过组织职业教育、执业培训等方式，提高律师办案技巧和能力。二是服务行为的合规范性。法律援助律师的援助行为必须符合国家的政策法规和行业规范达到起码的标准。三是服务行为的指向性、及时性、诚信度。就是说，在进行法律援助服务时，援助律师要始终以受援人为中心，采取各种措施和行动都要符合受援人的需要和利益，对受援人的需求在服务上及时跟进，行为的及时性所要追求的是提高效率，对受援人的承诺要言出必行，不能言而无信。四是服务行为的有效性。对于法律援助而言，就是援助的结果要能够有效地维护受援人的权益，这一点往往通过胜诉、影响力来体现。③

---

① 曾申娟：《法律援助制度比较研究》，硕士学位论文，复旦大学法学院，2008，第8页。
② 曾申娟：《法律援助制度比较研究》，硕士学位论文，复旦大学法学院，2008，第8页。
③ 蒋建峰：《法律援助办案质量控制思考》，《中国司法》2005年第7期。

三 官方法律援助问题重重

官方法律援助是以政府设立的法律援助机构为主体指派或安排律师、公证员和基层法律工作者提供的法律援助，具有法定性的特点，援助对象和案件范围一般是由法律明确规定的。

政府设立的法律援助机构性质属于参照公务员法管理事业单位，由直辖市、设区的市或者县级人民政府司法行政部门根据需要确定，经费主要由政府财政负担。如，北京市法律援助中心是由北京市政府设立的法律援助机构，隶属于北京市司法局。

除了政府设立的法律援助机构外，还有一类是工会、妇联、残联为主的准政府组织社会团体设立的法律援助组织，主要负责为特定人员提供以咨询为主的法律援助。本文将这类社会团体设立的法律援助组织归入官方提供的法律援助。

近几年，中国政府在法律援助方面下了大力气。初步建立了有关法律援助的法规体系，法律援助机构不断增建，队伍日益壮大。目前，中国的法律援助机构已基本形成了国家、省、市、县（区）、乡镇（街道）五级法律援助服务体系。截至2014年底，全国共有法律援助机构3263个，全国共设立法律援助工作站68225个。[①] 法律援助工作人员总数达14533人。2014年共办结法律援助案件1001047件。[②] 2015年6月，中共中央办公厅、国务院办公厅印发《关于完善法律援助制度的意见》，要求重点做好农民工、下岗失业人员、妇女、未成年人、老年人、残疾人和军人军属等群体的法律援助工作，切实维护困难群众的合法权益。[③]

但是，官方法律援助的初衷在于维护政府利益，远远没有实现维护弱势群体权益的目标。

---

① 司法部法律援助工作司：《2014年全国法律援助工作统计分析（一）》，《中国司法》2015年第6期。

② 司法部法律援助工作司：《2014年全国法律援助工作统计分析（三）》，《中国司法》2015年第9期。

③ 《〈关于完善法律援助制度的意见〉印发》，http://news.xinhuanet.com/2015-06/29/c_1115759994.htm。

1. 推动法律改革明显缺位

我国目前的法律援助制度仍然停留在较低层次的目标上，注重的是对已有纠纷的解决，追求的是个案的援助，并不强调从总体上提升弱势群体的法律能力，去推动法律改革以改善其不利环境。官方法律援助在为弱势群体提供参与立法和公共政策制定的渠道方面存在明显缺位。2003年颁布的《法律援助条例》规定的援助机构的职能仅仅是"负责受理、审查法律援助案件"和"指派案件"，没有与研究、推动立法等环节结合起来，追求的是个案的援助，并不强调为弱势群体代言，不重视提出立法、司法建议，以从根本上改变弱势群体的不利处境和地位。

2. 提供个案援助服务严重不足

（1）援助事项范围狭窄，不能满足弱势群体的多样化需求

我国对民事法律援助范围的规定，仍然限制在与公民基本生存权相关的案件。《法律援助条例》第十条只规定了请求给付赡养费、抚养费、扶养费，请求支付劳动报酬，主张因见义勇为行为产生的民事权益等几种情形。近几年来，我国经济和社会快速发展，城市化和工业化进程不断加快，与弱势群体切身利益休戚相关的如工伤事故、交通事故、离婚、家庭暴力、劳动合同纠纷、征地补偿、拆迁安置、假农药假种子及环境污染等案件不断增多，现行法规对受案范围的规定，已很难适应新形势下社会快速发展对法律援助的需要。[①]

在行政案件的法律援助方面，《法律援助条例》只规定依法请求国家赔偿，以及请求给予社会保险待遇或者最低生活保障待遇、请求发给抚恤金、救济金等几项与公民人身及基本生活密切相关的案件可以申请法律援助，而对于其他更为常见且公民更需要法律援助的涉及工伤认定、土地确权、征地拆迁决定、行政处罚决定不服，认为行政机关不予履行保护人身权、财产权法定职责等行政纠纷则并未纳入援助范围。[②]

（2）援助对象覆盖面不够，很难跟上形势发展的需要

从各国对法律援助对象资格的立法来看，法律援助对象一般仅限于经

---

① 韩雨欣：《我国法律援助制度存在的问题及其完善——以淄博市张店区法律援助中心为研究基点》，硕士学位论文，山东大学法学院，2011。
② 高国梁、黄金芳：《浅谈法律援助范围制度的完善》，《法制与经济》2012年第10期。

济困难者。各国对法律援助对象的经济条件都做了规定，英国和我国香港地区规定得最为详细，而且随着经济的发展不断加以修订，如香港的经济困难标准自1984年以来共修改了8次。我国《法律援助条例》第一条规定法律援助的对象是"经济困难的公民"，而"经济困难"的标准在《法律援助条例》第十三条做了如下规定："本条例所称公民经济困难的标准，由省、自治区、直辖市人民政府根据本行政区域经济发展状况和法律援助事业的需要规定。"各省（自治区、直辖市）在《法律援助条例》授权的基础上，在地方立法通常采取的经济困难标准是将当地最低生活保障作为判断是否经济困难的标准。然而，经济困难的标准一直滞后于经济社会的发展，直接导致我国很多困难人群无法成为法律援助的对象。而且，最低生活保障是一个很低的标准，大部分人都远远超过这一标准，还有许多底层人民的生活或许刚刚越过最低生活保障线规定的标准，解决了自身的温饱问题，但是这并不意味着他们就能够请得起律师。

（3）法律援助的质量难以保证

官方提供的个案法律援助质量难以保证，这表现在以下四个方面。

第一，服务能力的可靠性难以保证。

所谓服务能力的可靠性是指法律援助律师的指派要考虑其能力、专长以及案件类型的匹配。从法律援助实践中看，刑事法律援助主要由人民法院为受援对象指定辩护。法院提供的指定辩护是一种公共服务产品，具有"批量供应"的特征。[①] 在指派法律援助律师时往往不考虑律师的能力、专长与案件类型是否匹配。我国没有设立专门的机构进行指定辩护质量的监督，也没有相应指定辩护质量的具体标准。对于担任援助律师的资格仅仅限定在律师，也就是只要具有律师资格就能够从事刑事法律援助工作，不会受到执业时间以及相应执业经验的限制。[②] 在法律援助实践中，甚至还出现了不具有律师资格的人担任辩护律师的情况。如，在赵作海案中，当年法院为赵作海指定的辩护人胡泓强为商丘市卓衡律师事务所的实习生，没有考取律师执照，也没有代理过任何案件。"当时由于其他律师都有业务在身，对此案也毫无兴趣，于是便让他担任了赵作海的辩护人。"商丘市卓衡

[①] 马静华：《指定辩护律师作用之实证研究——以委托辩护为参照》，《现代法学》2010年第6期。

[②] 刘菁：《刑事法律援助的质量控制研究——以指定辩护为视角》，《学理论》2013年第8期。

律师事务所主任如是说。

民事、行政法律援助需要申请人提出申请，根据《法律援助条例》的规定，法律援助机构可以指派律师事务所安排律师或者安排本机构的工作人员办理法律援助案件；也可以根据其他社会组织的要求，安排其所属人员办理法律援助案件。虽然有些地方制定了法律援助中心法律援助"点援"制度，受援人可以挑选律师，例如北京市密云县推出了法律援助"点援制"。但是，就全国范围而言，通常受援人对于法律援助人员并没有选择权，只能被动地接受法律援助机构指派的案件承办人，没有自由挑选的余地，法律援助承办人也无权限根据自己的特长选择办理某一类法律援助案件，法律援助律师服务能力的可靠性难以保证。

第二，服务行为的合规范性难以保证。

服务行为的合规范性是指法律援助律师的援助行为必须符合国家的政策法规和行业规范达到起码的标准。2003年颁布的《法律援助条例》第六条特别强调："律师应当依照《律师法》和本条例的规定履行法律援助义务，为受援人提供符合标准的法律服务，依法维护受援人的合法权益，接受律师协会和司法行政部门的监督。"但何为"符合标准的法律服务"，以及标准为何，则不明确。对律师的约束，往往来自行业自治组织和行政司法机关的纪律惩戒，而这些惩戒更多的仅仅涉及关乎律师个人品行方面的评价，很少会涉及援助的效果方面。如，最高人民法院、最高人民检察院、公安部、司法部联合制定的《关于刑事诉讼法律援助工作的规定》第二十五条规定，辩护律师应当尽职尽责，恪守职业道德和执业纪律。[①] 标准的缺失，导致援助律师服务行为的合规范性难以保证。

第三，服务行为的指向性、及时性、诚信度难以保证。

服务行为的指向性、及时性、诚信度是指在进行法律援助服务时，援助律师要始终以受援人为中心，采取的各种措施和行动都要符合受援人的需要和利益，对受援人的需求在服务上及时跟进，行为的及时性所要追求的是提高效率，对受援人的承诺要言出必行，不能言而无信。从我国法律援助的实践来看，律师服务的低回报性和律师承担义务的强制性可能导致法律援助律师服务的指向性、及时性、诚信度难以保证。

---

① 马静华：《指定辩护律师作用之实证研究——以委托辩护为参照》，《现代法学》2010年第6期。

律师的低回报性影响律师办案的积极性。在普通法律服务中，律师和当事人之间是市场的雇佣关系，律师基于当事人付费而为当事人服务。在法律援助中，政府为受援人买单，律师所能得到的付费远远低于普通的法律服务。尽管我国《法律援助条例》规定，政府必须向法律援助律师支付办案补贴。但是，由于目前我国总体经济发展水平较低以及各地财政状况的较大差异，很多地方政府投入法律援助的补贴经费十分有限，各地大多根据案件类型确定一个相对固定的补贴标准，数量很少，往往只是律师办案成本的一部分，可以说，中国律师办理法律援助案件大多需要自掏腰包。

基于行政指派的法律援助律师缺乏办案意愿。西方多数国家的法律援助具有政府购买法律服务的性质，政府法律援助是私人律师的重要客源，律师办理法律援助案件的积极性相对较高，因此，许多律师自愿加入法律援助律师的候选名单，政府法律援助机构可以允许当事人选择律师，政府将根据律师服务情况支付成本费及部分服务费。而我国《律师法》《法律援助条例》都规定，律师必须承担一定数量的法律援助义务。政府设立的法律援助机构可以据此指派律师办理法律援助案件。显然，这种基于行政指派的法律援助中，律师缺乏办案意愿的可能性是存在的。①

第四，服务行为的有效性难以保证。

对于法律援助律师服务行为的有效性，官方与民间看法相去甚远。总体而言，官方认为，法律援助整体效果较好，而学者们多认为其作用相当有限。② 以刑事法律援助为例，对于刑事法律援助的效果，司法部采用"承办人意见采纳率"作为统计指标。统计显示，2014 年全国刑事法律援助案件中，承办人意见全部采纳和部分采纳的案件数占 90.7%。③ 如果上述数据属实，刑事法律援助服务效果可谓相当显著。而由结果倒推过程，可以认为刑事法律援助律师在会见、调查取证、庭审辩护方面作用较大。

然而，实际上刑事法律援助仅仅停留在审判阶段，而将侦查和审查起诉阶段排除在外。在与受援助者会见方面，存在律师来不及会见被告的情况，如吴俊平运输毒品一案，西双版纳州中级人民法院给州法律援助中心

---

① 蒋建峰：《法律援助办案质量控制思考》，《中国司法》2005 年第 7 期。
② 马静华：《指定辩护律师作用之实证研究——以委托辩护为参照》，《现代法学》2010 年第 6 期。
③ 司法部法律援助工作司：《2014 年全国法律援助工作统计分析（三）》，《中国司法》2015 年第 9 期。

送交指定辩护人通知书距离法院开庭的时间不足一天,承担法律援助的辩护人根本没有时间去看守所会见被告,只能在开庭前提前到法院会见被告。在阅卷权方面,根据马栩生的调研,大部分刑事法律援助案件中律师的阅卷权都会受到一定的限制。关于调查取证,从时间上看,律师通常都在接近开庭日期的时间段接到法律援助案件,根本没有充足的时间全面了解案件和调查取证。①

3. 政府利益优先

(1) 政府出于维护自身利益的需要,建立法律援助制度

任何统治者都是一定阶级或阶层的统治者,都依赖于一定的利益群体的支持,而并非所有社会成员的支持。正如社会学家布劳所说的,"政府权威依靠它作为合法权威受到的承认以及国民的主要群体对它的支持,就是说受到参与政治生活的并对公共事务关心的那些人的多数支持,而不必是所有居民的支持"。由于不同的社会阶层、利益集团的力量强弱不一,他们是以不同的权重纳入统治者的政治支持的效用函数的。因此,一般情况下统治者会优先考虑强势集团的支持和要求,政策的制定就会倾向于它所依赖的强势集团的利益。在中国,法律援助作为一项促进社会公正的制度,一直是以政府"自主"的方式建构完成的,也就是说,决策是由政府自上而下地制定的。② 在这种情形中,政策决策属于权力精英决策模式,是政府从自己的切身利益出发,优先考虑强势群体的利益,制订并实施建构方案,自然不会在推动法律改革以改善弱势群体不利环境方面有所作为。

(2) 法律援助经费不足,影响法律援助的对象、范围和质量

世界各国对民事法律援助对象条件与范围的设定,主要受到法律援助资金的影响。当可提供的资金充足时,便适当放宽资格条件,使更多的人可以获得民事法律援助;反之,当资金紧张、人手紧缺时,则适当收紧条件。

在我国,目前的法律援助经费主要以政府拨款为主,社会捐助和行业捐献为辅。法律援助的经费主要来源于财政拨款,但是《法律援助条例》

---

① 马栩生:《当代中国法律援助:制度与理论的深层解析》,人民出版社,2010,第94~96页。
② 刘东霞:《城市偏向政策视角下我国城乡差距问题研究》,硕士学位论文,山东大学,2008,第5页。

并未规定财政拨款的最低限额,只是规定"县级以上人民政府应当采取积极措施推动法律援助工作,为法律援助提供财政支持,保障法律援助事业与经济、社会协调发展"。在我国预算分配体系中,法律援助的资金约占财政总预算的0.021%,与发达国家还有很大差距,如英国用于法律援助的费用曾经约占财政总预算的5%。但由于我国幅员辽阔,各地经济发展水平不平衡,东部沿海经济发达地区的经费相对于中西部地区要充裕一些,但从总体上来说,法律援助经费不足一直是困扰我国法律援助事业发展的一个普遍性问题。近些年来,随着我国的综合国力不断加强,经济发展水平逐年提高,各地政府对法律援助工作的财政拨款有所增长。但是,随着公民法律意识的提高,对法律援助的需求越来越多,各级法院指定辩护的案件数量也有增无减,本就不充裕的法律援助经费相对于大量需要接受法律救济的民众而言愈发显得捉襟见肘。

以深圳为例,深圳市司法局法律援助处提供的数据显示,2011~2013年,该处年支付办案经费分别为529.25万元、634.5万元、943.41万元,年办案总数则逐年增长为4201宗、4850宗、6050宗,而相对应的年经费缺口却达521万元、578万元、613万元。这些数据表明,办案经费增长不能与法律援助案件增长同步,导致办案经费拖欠,不能实现应援尽援。此外,深圳全市各法律援助机构只有公职律师7人,平均每年要审查援助案件2万件,办理各种案件300余件。由于人手严重不足,法律援助案件的程序审查力量短缺,特别是2013年全年刑事法律援助案件量迅猛增加,承担审核、办理案件的公职律师就更显得捉襟见肘。①

四 民间法律援助百般无奈

民间自发的法律援助,是指纯粹由私人或草根组织免费为需要法律上帮助的社会弱势人群提供法律服务的活动。不仅包括律师的实施,而且包括了律师以外的其他法律工作者的实施,甚至还可能是非法律工作者的实施。民间法律援助是政府法律援助的必要的和重要的补充。但是,由于涉及"人权""维权"等敏感议题,民间法律援助可谓百般无奈。

---

① 王比学、曹恩惠:《法律援助:质量有保障的"免费餐"》,http://politics.people.com.cn/n/2014/0326/c369090-24738133.html。

1. 立法倡导微乎其微

近几年，中国越来越多的民间组织在为弱势群体提供日常服务性、行动性的具体工作中，开始研究、分析个案背后的宏观制度，逐步参与到公共政策、法律法规制定的过程中，试图引导社会议题，为弱势边缘群体发声，最终推动制度变革。① 在直接向政府提供法律和政策建议方面，它们通过向政府部门提交法律意见书和立法建议、撰写各类研究文章和报告、发表论文、举办研讨会或论坛，并通过媒体扩大影响力的方式，促进政府立法和决策公正。在进行公共倡导方面，它们通过媒体、名人政要，开展各种活动、宣传，设置相应的社会议题，以引导公众，进而向政府和立法者施加影响。如，深圳市春风劳动争议服务部在2006年3月和2006年10月曾两次发起万人签名，要求取消劳动争议仲裁收费的规定，后引起重视，在2008年5月1日实施的《中华人民共和国劳动争议调解仲裁法》规定，取消劳动争议仲裁收费。

但从总体上看，民间法律援助在为弱势群体提供参与立法和公共政策制定的渠道方面发挥的作用还十分有限。

首先，在直接向政府提供法律和政策建议方面，能够真正对政府立法和决策产生影响的建议实际上是很少的。主要是少量的由知识分子创建的具有丰富专业知识的法律援助类民间组织在发挥作用，集中在妇女权益保障和农民工维权领域。它们通过向政府部门提交法律意见书和立法建议、撰写各类研究文章和报告、发表论文、举办研讨会或论坛，并通过媒体扩大影响力的方式，促进政府立法和决策公正。如，北京义联劳动法援助与研究中心的发起人黄乐平以专家身份参与了2006年《工伤保险条例》的修订工作，提出自己的修法建议。义联还设计和推动了一系列"公共话题"，让立法者们真正意识到职业病防治法的问题和修改的紧迫性。义联的此番成功，与其丰富的体制内资源密切相关。与体制内决策者保持通畅的沟通渠道，是草根组织的法律和政策建议可能会被采纳的关键。但是，如何建立体制内的资源，是中国草根组织的最大困扰。

其次，民间组织进行公共倡导的实际空间十分有限。在中国现行的体制下，这条路十分困难，能收到回音者寥寥无几，更难以进一步获批形成

---

① 蓝方：《NGO立法倡导探路》，http://www.chinadevelopmentbrief.org.cn/news-4662.html。

法律或公共政策，有时甚至会面临很多风险。成立于2006年底的益仁平，长期致力于乙肝、艾滋病、残疾等方面的消除歧视工作，形成了一套成熟的倡导手法。从2008年开始，益仁平正式发起了一个叫作"寻找身边的人大代表"的志愿者小组。志愿者们从网上查找人大代表名单，搜寻他们的联系方式，然后将益仁平的建议转交给他们，由其形成议案带到"两会"上去。据介绍，每年益仁平都要写十几个议案，但真正被代表带到会上的，只有三四个。即便人大代表接受了民间组织的诉求并形成议案，最后也往往被转换为"建议、批评和意见"，并不会进入到大会讨论议程进行审议，更难以进一步获批形成法律或公共政策。更多的时候，NGO希望自己的声音"上两会"，无非是期望相关议题获得媒体和公众的关注。相较争取人大代表代言，直接寻求与公共政策制定者、法律草案起草者的部委官员对话，成为更有效的路径。利用公共事件、特定的节日、纪念日或是法律法规公开征求意见的机会向有关部门寄发公开信、联名信、建议信，是大多数草根组织常用的手法。①

2. 个案援助服务领域及数量有限

民间法律援助的社会认可度是在一次次咨询和一个个案件中堆积起来的，因此，相较于官方法律援助，民间法律援助因其民间性和公益性，会更直接、更方便、更愿意去保护社会弱势群体的利益，提供满足他们多样化需求的服务。②

通常，民间法律援助将受理范围限定在某一特定群体的突出问题上，并且随着时代的变化和援助对象需求的变化及时调整自己的援助范围。例如，中国政法大学环境法学教授王灿发带领一群志愿者于1999年11月开办的国内第一家专为污染受害者提供帮助的法律援助中心——污染受害者法律帮助中心，主要为许多求助无门的环境污染受害者提供帮助。北京大学妇女法律援助中心在成立初期将法律援助的范围主要确定在三个领域：妇女的婚姻家庭权益、人身权利和劳动权益。2003年以后，随着中国政府法律援助机构的快速发展，一般的法律援助问题可以通过这个体系来解决。

---

① 蓝方：《NGO立法倡导探路》，http://www.chinadevelopmentbrief.org.cn/news-4662.html。
② 若弘：《中国NGO——非政府组织在中国》，人民出版社，2010，第144页。

考虑到这种情况，北京大学妇女法律援助中心工作从研究一般的妇女问题，逐渐转移到有关性别不平等、性别歧视等比较重大的社会问题上。又如，随着老年人法律意识的增强和私有财产的增加，立遗嘱开始进入老年人的视线。由苏州百老惠法律服务中心负责的"幸福留言·苏州遗嘱库"法律助老项目就是为了帮助60周岁以上有意愿立遗嘱却产生法律困惑的老年人而成立的。针对老年人被诈骗增多的情况，律维公益——北京律维银龄研究与服务中心发起了"老年人被骗法律援助"专项行动，帮助那些被各类骗子忽悠得团团转的老人们，通过合法渠道，讨回他们辛苦大半辈子的血汗钱。

近年来，依靠一批怀揣着理想、信仰、社会责任感的公益律师群体，已经产生了一些有影响力、有建树的民间法律援助组织，如北京义联劳动法援助与研究中心、北京市千千律师事务所（原北京大学法学院妇女法律研究与服务中心）、致诚公益等，但是它们只是一个个孤例。在中国，民间法律援助组织的发展由于面临身份、资金、人才等多重困境，没有达到真正意义上的全面开花，在地域上，现有的组织一般集中在北京、珠三角地区。在领域上，主要集中在妇女的婚姻家庭、人身权利、财产权利、劳动权益，农民工的职业健康与安全、劳动权利，污染受害者维权等方面，并没有渗透到生活的方方面面。

3. 有限的行动空间

能否获准注册、如何处理与政府的关系、如何获取资金等问题决定了民间法律援助的行动空间。对民间法律援助来说，其无奈主要来自制度和资源两个方面。

（1）出于安全考虑，政府加强对民间法律援助组织的管理

党的十八届三中全会以来，中国政府对社会组织登记实行分类改革，对行业协会商会类、科技类、公益慈善类、城乡社区服务类四类社会组织先行直接登记，但明确了对政治法律类、宗教类、境外非政府组织三类的保留原则。法律援助类民间组织仍然受到双重管理体制的限制，在获得合法身份上困难重重。身份困境引发诸多连锁效应，经过工商注册的组织面临税负压力和从业风险，如知名法律公益组织"公盟"，即在2009年因为税赋问题以及以"企业"的身份从事非企业的活动，而受到税务和民政部门的双重处罚。

赵秀梅的研究认为，中国 NGO 的自我克制是政府可以容忍它们存在的关键。这对民间法律援助组织而言更是如此。为了生存，民间法律援助组织必须采取一系列策略，处理好与政府的关系。除了要自我限制组织规模以外，还要避开有争议和敏感的政治议题，以期消除政府的疑虑，容许它们存在。① 否则，将面临被关停的风险。例如，曾代理过"山木集团总裁强奸女员工案"、李彦以暴制暴杀夫案、董珊珊案、广东惠州 38 个农嫁女土地权益纠纷案等重大典型案例的北京众泽妇女法律咨询服务中心（原北京大学法学院妇女法律研究与服务中心）从 2016 年 2 月 1 日起停止运营。因此，对于现阶段涉及征地拆迁等矛盾十分激烈的群体性事件的行政案件，很少有民间法律援助主体专门代理。

（2）政府加强对境外资金的管理

资金问题是让民间法律援助组织头疼的一个难题。出于对法律援助等争端的担忧，国内很多企业和个人不愿意资助这样的组织和项目。佟丽华在他的著述中写到，2008 年初在北京市人大会议上与潘石屹见面时，期望他能支持律师免费为农民工提供法律援助工作，当时主持人张绍刚也力促，公开说希望我们合作成功。为达成此事，佟丽华做了一番努力，虽然对方认为这件事情很有价值，但后来得到消息，他们愿意关注儿童教育问题，但不想介入农民工维权。民间法律援助组织多数是工商注册的身份，不能参与政府购买公共服务，也很难得到国内基金会的资金。在这样的背景下，多数民间法律援助组织开始寻求境外基金会的支持。例如，北京众泽妇女法律咨询服务中心自成立以来一直受到美国福特基金会的资助。但是接受境外基金会支持是个敏感话题，政府部门对境外资金支持法律援助项目持怀疑态度。

2016 年 4 月 28 日，十二届全国人大常委会第二十次会议表决通过的《中华人民共和国境外非政府组织境内活动管理法》第五条规定，境外非政府组织在中国境内不得从事或者资助政治活动。对于绝大多数依赖境外基金会资助开展立法倡导的民间法律援助组织来说，此法可谓令其惶然的悬顶之剑。

---

① 和经纬、黄培茹、黄慧：《在资源与制度之间：农民工草根 NGO 的生存策略——以珠三角农民工维权 NGO 为例》，《社会》2009 年第 6 期。

五 结语

　　法律援助的价值在于通过维护弱势群体的权益以实现社会公正，尊重和保障人权。弱势群体成为法律援助真正的受益者需要两个层级，首先，在立法和公共政策上走在前面，具有维护弱势群体利益的理想；其次在行动上予以体现。但现在来看，中国法律援助前景堪忧，为弱势群体撑起保护伞实属童话。

　　如要将理想变为现实，弱势群体成为法律援助真正的受益者，仅仅靠弱势群体抗议是不够的，仅仅靠民间的法律援助也是远远不足的，需要政府有超越个案援助本身的行动，在推动法律改革以改善弱势群体不利环境方面的操作上有所作为。而这一天何时到来，我们不得而知。

公益思维及行动的变迁：
镜头下的公益

早在20世纪30年代，大哲学家海德格尔就指出，人类进入了"世界图像的时代"。作为现代社会本质的标志之一，"世界图像并非指一副关于世界的图像，而是指世界被把握为图像了"。如果说海德格尔的年代对"图像时代"是否存在还有待讨论，那么如今这已经成为一个无可辩驳的事实。进入到21世纪，特别是近10年，科学技术的发展尤其是媒介技术的发展远远超过前人的想象，媒介技术的发展极大地降低了信息生产和传播的门槛。从24小时滚动播出的电视节目到商场、街道的巨幅海报，从排满影院档期的电影到社交网络上的每一张自拍和照片分享，视觉应用随处可见。正如学者所说，我们正处于一个图像生产、流通和消费急剧膨胀的"非常时期"，处于一个人类历史上从未有过的图像资源富裕乃至"过剩"的时期。[①] 对视觉理论的关注也从文化研究领域更多地转向了实践层面，即从传播学和符号学等视角出发关注视觉的传播和说服功能。在当下的时代，信息的容量无限，而公众的注意力资源有限，注意力资源成为各个主体争夺的稀缺资源，图像因其意义表达的鲜明和传播的快捷等特征受到传播主体的青睐。

具体到传播实践，一方面，包括公益传播、科学传播、品牌传播等在内的各种类型的传播行为都在常态化地使用视觉这种传播手段；另一方面，包括政府、企业以及第三部门在内的多元传播主体都在自觉使用包括图片、视频等视觉元素达成说服与认同。近年来，镜头（影像）在公益理念推广

---

① 周宪：《视觉文化的转向》，北京大学出版社，2008，第5页。

和公益行为实施过程中的突出功能也越来越被第三部门所重视。在 2015 年的"全球新媒体与社会公益峰会"上,"优酷影像中国公益基金"发起人、合一集团高级副总裁李捷先生说:"如果我们很多人回忆自己走上公益志愿者这条路时,一定是一件事、一段影片或者一段视频,初心被触动从而产生我们最强大美好的心愿。如果在座今天有一百位能够去做一些实实在在的事,也许我们的影片能够感动一千人、一万人、十万人甚至百万人。如果这个行业里有更多的人用自己的方式、理念、行为、资源去做公益的时候,我觉得作为公益影像来讲,最大的价值就已经实现了。因此我们希望,在这次公益影像基金启动过程的同时,我们向整个行业发出倡议,希望大家都能够利用影像的手段去做公益传播。"①

视觉是一种全然不同于文字的信息传播、意见表达的工具,它不仅呈现着我们的日常生活,它还在一定程度上取代了文字和逻辑,形塑和建构着社会经验、社会文化和我们的日常生活。作为一种社会信息的载体,视觉既是手段,也是目的,它对社会生活中正在发生、发现和发展的新事物,可作立体的、全面的记录和反映,其基本职能是捕捉、再现、传播具体时空所呈现出的物质及社会基本形态——事实形态。镜头的真实在于事实及其判断,其中的事实是显露的、外在的,判断是悟性的潜在的。镜头可以像语言一样去表达使用者的思想,当镜头运用于日常生活、工作或新闻中时,除了表面的话语表象,我们可以看到镜头可清晰传达人们的价值取向,如揭示冲突的人道主义立场,反映社会黑暗面的公正立场,反映环境污染、自然失衡的可持续发展理念,反映友情的扬善价值取向……镜头是一种社会性语言,可表达主流意识形态,也可表达主流意识形态之外非常顽强和响亮的边缘声音。镜头成为人们面对社会的策略性工具,它帮助人们扩大自己的影响,建立并争夺自己的话语权。

由此观之,"镜头"与"公益"的嫁接绝不仅仅是镜头作为一种物质的工具为公益所用,而且是镜头作为一种语言,从意识、思维、理念及行动上与公益的融合。镜头语言不仅可直接运用于公益的服务提供上,它还强调服务直接瞄准、达及目标受益群体,如教育类视频课程,无时间、地域

---

① 《2015 年全球新媒体与社会公益峰会会议记录》,http://www.cn.undp.org/content/china/zh/home/presscenter/speeches/2015/09/social-good-summit.html,最后访问日期:2016 年 10 月 1 日。

限制，更可运用于公益倡导方面，它强调对受众的影响。特别是公益资源有限、公益服务不可能满足众多需求的时候，需要（同时）采用倡导来引起受众的关注，进而撬动和强化公益服务的投入；而与此同时，当公益服务只能触及社会问题的表面时，如今天900万中国留守儿童面临的问题以及至2020年中国拟定达到零贫困发生率，这类问题的实质根源与社会的方方面面有关，而不仅仅是目标群体本身，面向社会大众、政府、企业的公益倡导，呼吁整个社会承担起人类的共同责任，变得愈加重要，不可替代。今天，随着移动互联网的普及，镜头语言完全不同于互联时代前的景象，已被超乎想象地强化、"变异"，过去不存在的功能、影响和效果，今天变得不可思议地普遍，公益思维与行动已经因镜头发生了质的变化与变迁。

结合第三部门的视觉使用实践，本报告想要解答的核心问题是：作为传播符号的视觉图像为什么比文字的传播效果要好？作为一种在传播效果上占优势的传播表现形式，视觉又对公益行为和公益文化产生了什么影响？我们借用了行为改变研究中较为成熟的"知信行"模式（knowledge-attitude/belief-practice）作为报告的分析框架。"知信行"模式在健康教育和健康促进工作中使用得非常普遍，它将人类行为的改变分为获取知识、产生信念及形成行为三个连续的过程，即知识—信念—行为。也就是说，要想促成行为的改变，首先要在事实层面传递信息，其次在价值层面产生信念，进而才有可能产生行动。虽然"知信行"模式饱受线性单向、不考虑个人的主观能动性等批评，但该模式自提出后就被频繁地拿来作为传播效果研究的框架，比如某种媒介或者某次宣传策划是如何从信息、态度和行为这三个层面影响个体或整体的。在"知信行"的大框架下，我们也借鉴了符号学、视觉理论等相关内容。

还需说明的是，本报告中的"镜头"和"影像"、"图像"指的是视觉化的呈现形式，常见的表现形式包括图片、海报、视频课程、宣传片、纪录片、电影、微电影和广告等。

一　镜头与信息

笼统来看，视觉是"感受的、反理性的、反逻辑的；是个体的、差异的；是丰富的；是偶然的、短暂的；是想象的；是原初的、体验的。能超越国界、排除语言障碍并进入各个领域与人们进行交流与沟通,是人类通用的沟通符号"①。在现代社会的信息传播中,为什么图像比文字更易被大众接受,为什么图像符号比文字符号更能取得好的传播效果,首先在于视觉能更形象、直观地表现信息,让人印象深刻。

1. 形象化的镜头

视觉和其他表达方式最显著的区别首先在于它的形象性特征。镜头所呈现的不论是图片还是视频,它都是具体的、直观的、可感知的。要想表达"快乐"的状态,文字可能需要用上百字来描述动作、神态等,而使用视觉只需要一张笑脸就一目了然了。

形象化的镜头具有审美价值。镜头在展现细节方面具有得天独厚的优势,它由色彩、结构、图形、声音等视觉元素组成,具有简洁、概括、可视、可读的特点,且不受地域、民族的限制,是一种通用语言。好的视觉产品往往具有较高的审美价值,这种审美价值通过镜头能够给公众愉悦的使用体验、美的感受,进而有利于视觉信息的传播。首先,如果视觉元素具有稳定、和谐的外部形式,可以让观者获得美感,那么这个视觉元素和其他视觉元素相对容易吸引人的视线,可能会被优先处理。我们的眼睛总是容易注意到那些色彩搭配和谐、结构比例合理的图像。现在人们不断追求高的分辨率,这正反映出人们的一种审美的要求。如果一段视频模糊,镜头晃动得厉害,我们可能还未看就失去了兴趣。好的观看体验往往是视觉作品被注意的敲门砖。其次,良好的外部形式有利于引导读者理解其内在蕴含的意义。在观者确认想继续看下去后,传播者才有机会进一步向观者传递信息。意义承载于表现形式中,比如好的公益广告只有满足了观者的审美需求,公众才愿意去理解其所要传达的意义,才能给观者留下深刻的印象和警示。当面对具体的形象时,公众不是把它作为一种中性的客观景象来接受,而是和自己的个人经历以及文化背景结合起来综合分析,从而产生一种直接的情感反应,有一种身临其境的感受。正是基于美学体验的重要性,实践界发展出了诸如布光、镜头调动、蒙太奇手法等一整套有关拍摄技巧的知识。例如,为我们熟知的绿色和平《拯救北极熊》公益短片,传达了温室效应、全球变暖对人类及自然的真正危害,绿色和平期望

---

① 郭海沛:《当代图像传播的特征》,《青年文学家》2010年第9期。

通过呼吁大众关注，将北极守护者的呼声带给世界上每一个政治领袖，进而推动联合国出台条约，将北极点附近区域设为全球保护区，禁止在这一地区从事钻油、过度捕捞等作业，以此来为人类留住这最后的庇护所。Unicef 的 Right to Play 的公益短片，被评为极具创意的人道组织的公益广告，致力于改善生活在世界最贫困地区的儿童的生存状况，促进发展、和平与健康。

2. 易被记住的镜头

传播学家麦克卢汉曾做过一个经典的实验，旨在探明何种媒介对受众影响最大。试验结果表明，图像视觉直观的信息传达对受众的效果最佳，最容易被记住，这也从一个侧面说明视觉性的优先地位和突出功能。[①] 如，2010 年联合国世界粮食计划署主办的"凝聚力量，抗击饥饿"图片展现场展出的上百张图片真实地记录了世界各地饥饿人群的生活状况，以及世界各国爱心人士的援助行动，参观游客均被照片所展现的现实内容所震撼和感动。又如，2016 年中国公益研究院出品、福特基金会资助的"公益五十课"是为各类有意做公益的企业家、志愿者和普通大众提供实用指南，课程系列模拟个人的公益成长脉络，以公益意识萌芽、参与公益行动、投身志愿工作到创办个人公益项目或机构为线索，涵盖个人公益历程所需要了解的各项基础知识和基本技能，以期通过50门课程把非营利领域的知识产品和实践经验整合成系统化、规模化且具有工具和指南价值的入门课程，送达到目标人群手中。

认知理论认为，视觉符号比文字更容易被记住。镜头所呈现的图片或影像是具体的、感性的，这种特质使视觉超越了抽象的文字而更具有吸引力和诱惑力，更容易让受众产生一种身临其境的感受。本雅明曾描述过视觉的这种如临其境的在场效果，就好像是子弹瞬间击穿胸膛。受众用视觉器官感知现实事物时，大脑会积极调动以往的经验和记忆，回忆与之吻合的图像，然后确认。较之文字符号，图像符号在头脑中被确认为"图像"要相对容易。从认知层次上来说，产生相似性的联想即相似关系是最基本的符号关系，它是认知与客观外界建立联系的第一个环节。也就是说，如果图像所呈现的形象性符号越接近所代表的事物，那么就越容易被解读。

---

① 周宪：《视觉文化的转向》，北京大学出版社，2008，第126页。

如，题为"Stop One, Stop Them All"的"没有买卖就没有杀戮"的公益海报被评为最佳公益海报，海报通过受众视觉产生联想和内心触动，起到警示和教育的作用。又如，永源公益基金会发起并主办的一个"家·春秋"大学生口述历史影像记录计划，面向全国高校学生，征集优秀的口述记录影像作品参赛，培育大学生对历史的感知能力并参与口述历史。

传播学者沃尔特·李普曼在《公众舆论》中写道："图像一直是最有保证的传递思想方式。"如果受众有机会积极思考某种视觉表达中形象的内容，并将它与自己的处境相联系，那么其中的符号系统便能成为持久的记忆。而这种记忆正是改变受众的态度和行为的基础。

3. 娱乐化趋势的镜头

娱乐功能是传播的四大功能之一。然而，一直以来，公益传播的娱乐特性一直没有得到关注。对大多数公众和公益行为人来说，公益可以是严肃的、感性的，甚至是沉重的，但他们却不太能接受公益是幽默、有趣的。这种"刻板成见"也反映在公益传播中。在2013~2015年三届中国公益映像节的获奖作品中，我们几乎没有看到具有娱乐性质的公益广告或公益短片。2016年，共有734部作品参评中国公益映像节，有趣、好玩的作品更是屈指可数，如542号作品《游跶上路记》，这个作品是为国内某汽车企业创作的公益视频，以主人公"游跶"和她的朋友们在出行中遇到的一些趣闻、囧事为题材并结合时下热点创作而成的系列小故事。故事内容风趣搞笑、但又蕴含了交通安全知识，目前已经有4集动画片，在网上已经有超过20万的点击量。①

事实上，得益于社交媒体的大发展，传播的娱乐化趋势正日趋显著。20世纪80年代媒体文化研究学者对电视时代"娱乐至死"的批评还犹在耳畔，新媒体时代的社交媒体、自媒体更是把这种娱乐精神发挥到极致，伴随着新媒体成长起来的一代是娱乐的一代。腾讯发布的《"95后"新生代社交网络喜好报告》指出，"95后"用户在娱乐搞笑、明星综艺、游戏动漫类的短视频观看偏好方面，均高于非"95后"，"95后"的生活与娱乐是

---

① 2016年中国公益映像节官网，http://www.cipmf.com/index.php? s =/list/view/id/589，最后访问日期：2016年10月1日。

密不可分的整体,"95后"的生活就是娱乐。① 在这种娱乐化的传播语境下,公益传播同样可以使用娱乐化的视觉形式来达到组织的目标。2014年夏天,风靡整个社交网络的"ALS冰桶挑战"就是一个很好的例子。

案例1 ALS 冰桶挑战

图1 明星刘德华参与冰桶挑战

ALS是肌萎缩性脊髓侧索硬化症的缩写,俗称渐冻人症。"ALS冰桶挑战"原本是在美国社交网络发起的一项活动,旨在提高公众对肌萎缩性脊髓侧索硬化症的认识及筹得更多用以研究该疾病及改善患者病情的慈善捐款。冰桶挑战赛要求参与者在网络上发布冰水浇身的视频,然后可以点名@其他人来接力这一活动,被点名者或选择在24小时内接受挑战,或选择为对抗ALS症捐出一定数额的善款。该活动于2014年8月18日蔓延至中国,因为众多名人的加入,同样在极短时间内博得众多关注,仅在新浪微博,有关"ALS冰桶挑战"的微博就超过了1500多万条。作为一项公益传播活动,冰桶挑战赛给ALSA(抗击ALS疾病的非营利组织)、台湾渐冻人协会及中国大陆的瓷娃娃罕见病关爱中心等慈善组织带来了巨大的关注度和捐款额。

---

① http://www.tencentmind.com/news/news1578.html,最后访问日期:2016年10月1日。

二 镜头与意义

聚焦于事实层面的传播,其主要目的在于消除信息鸿沟、解决信息不对称的问题。传播者和受众能够共享基本的事实信息,这是对话和沟通的基础。但公共传播不仅仅停留在事实层面,更高的需求是要在价值层面发力。亚里士多德提出修辞(说服)包含逻辑、情感和品格三要素,情感和品格皆指向价值层面。价值需求是在生产力提高后的更高级别的需要。无论是全国范围内的大力宣传社会主义核心价值观,还是近些年包括心理学、社会学、政治学、管理学、经济学、传播学等学科对信任这一价值主题的重新关注,都表明社会发展已经到了重视价值世界的阶段。

镜头的传播优势不仅仅在于它在呈现事实信息时形象、生动、让人印象深刻,更在于通过符号的排列和组合,视觉化元素能够搭建起一个丰富的价值世界。

1. 有效承载意义

符号学家索绪尔认为,符号是由两个部分构成的:一个是形式(比如字的笔画、读音、图像等),另一个是与这个形式相连的观念或概念。前者被称为"能指",后者被称为"所指"①。比如当我们看到红绿灯的形象时,它的颜色和形状是能指,而它所代表的"红灯停、绿灯行、黄灯亮了等一等"的交通指示内涵则是它的所指。符号学理论认为,能指和所指之间相联系的过程是任意的、是被建构的。这也就为传播主体通过符号来传递意义提供了理论可能。

在符号学家看来,受众在接收信息的过程中扮演着主动解读的角色。任何信息都需要由信息接受者按照一定的规则进行解读,这个过程在符号学理论中被定义为"解码"。解码的过程之所以有意义,是因为它关系到传播主体能否将他想传递的信息、观点准确地送达受众这一端。相比文字语言,视觉表征承载的意义是更为简单的意义提取过程。看图更不要求受众有较高的理解力,看图对于受众来说所要付出的成本更小,受众更愿意接

---

① 刘海龙:《传播学理论》,中国人民大学出版社,2008,第359页。

受这种信息。同时，图片和影像通过图形、图像、色彩、图表、表情、体态等元素，能够有效地重建语境。波兰人类学家马林诺夫斯基指出，"如果没有语境，就没有意义"，任何话语都是特定语境中的产物。当我们通过镜头接收信息时，符号所代表的意义是更确定的，语义的模糊性是降低的。视觉的呈现事实上划定了我们对信息解读的边界，使得信息在传播过程中更能得到受众的有效解读，从而提高信息传达的有效性。如，彩色影像等具象事物更容易吸引儿童的注意力，并能激发其感知觉、记忆力、智力的发展，2012年佳能（中国）携手立邦启动"色彩教室"项目，与中国青少年基金会合作，通过色彩和影像，帮助希望小学的孩子们认知社会，促进其社会化发展。

镜头在承载意义上的优势，尤其适合呈现精神层面的公益倡导。公益性是第三部门的特征之一。公益产品既可以是实在的物质帮助，比如为贫困人口提供基本的生活必需品、为失学儿童提供继续受教育的资金和物质条件，也可以是公益理念、公益精神的传播，比如倡导诚实守信有爱的社会价值观、提高公众保护环境的意识等。根据马斯洛的需求层次理论，随着物质生活水平的提高，人们在满足了生理上的需求之后，对精神层面的需求势必越来越渴望。图像是符号的集合，在承载意义上具有更大的空间。视觉传播通过综合运用表情、色彩、形态、形状等视觉元素，能够在具体可感的物体和抽象的意义之间搭建桥梁。事实上，很多公益组织已经有丰富的运用镜头来传播公益理念的实践。

案例2　"我们在一起"影像公益项目

"我们在一起"由女摄影师焦冬子发起，是一个为西部老人和家庭免费拍照的影像公益项目。项目于2012年启动，倡导"把爱写进镜头，让我们在一起留驻温暖记忆"。项目发起人焦冬子意识到在我国边远地区的人们极少拍照，更不要说家庭相册，有的老人甚至没有一张遗像，一代人走了，没有任何影像方面的纪念。特别是在宁夏、甘肃、内蒙古、青海、贵州等地山区或者牧区，照片更是非常珍贵。走近他们，用我们自己手中的相机，给需要的家庭和老人拍照，为他们保留岁月的痕迹，让他们在想念亲人或者被亲人想念的时候能够有哪怕只是方寸的慰藉。

项目启动至今，已走过宁夏、内蒙古、四川等地的20多座村庄，焦冬

公益思维及行动的变迁：镜头下的公益

图2　"我们在一起"项目作品

子和她的志愿者团队已免费为2600多名从未拍过照片的乡亲们留下了影像，并打印装裱送给他们。2012年7月，焦冬子的"我们在一起"项目获得首届中国公益慈善项目创意项目奖金奖。这个传递温暖、记录生命的公益项目将继续做下去。

2. 积蓄符号资本

商业领域对符号尤其是视觉符号的使用比较普遍。20世纪60年代，企业管理兴起的企业形象识别系统理论（Corporate Identity System，简称CI），就强调从整体的、形象的和系统的视角对企业形象进行一体化的设计，从而达到建立和传达企业良好形象的目的。企业形象识别系统包含理念识别、行为识别和视觉识别三大子系统。视觉识别尤其强调通过使用具体的符号来传递企业理念、文化特质、服务内容、企业规范等抽象语意，塑造独特的企业形象。我们现在看到的品牌标志、象征图案、代言人、标准色等都是视觉识别的一部分。

符号资本是指群体所共享的一套符号意义或价值。当互动的双方拥有对等的符号资本时，也就是说当我们对图形、标识或口号等符号的意义达成了共识之后，我们才真正处于相同的传播语境中，进而实现交流的目的。符号资本的积蓄需要持续、重复的传播。只有重复的次数足够多，才有可能让公众记住，才能让公众在看到这一符号时自动联想到该品牌或者机构。

事实上，第三部门在长期的公益传播实践中，通过镜头的反复刺激已经使得一些符号的意义被大家所公认。比如看到大眼睛女孩就想到希望工程，又比如世界自然基金会的标识"大熊猫"总能让人联想到环保、自然。

我们认为，积蓄符号资本对第三部门以及公益行为之所以重要，一方面是它降低了沟通的成本，意义一旦和图像绑定，公众再看到该符号时，就很容易解读出留存在头脑中的印记；另一方面，符号资本同样也是第三部门社会资本的一部分，社会和公众对第三部门的信任、认可和支持凝结在符号中，是第三部门合法性的重要来源。

案例3　希望工程的"大眼睛"

图3　希望工程"大眼睛"女孩

创建于1989年10月的希望工程是中国青少年发展基金会发起并组织实施的一项为青少年成长服务的社会公益事业，其宗旨是贯彻政府关于多渠道筹集教育经费的方针，动员海内外民间的财力资源建立基金，帮助我国贫困地区失学儿童继续学业，保障适龄儿童接受义务教育的权利，改善贫困地区办学条件，促进贫困地区基础教育事业的发展。1991年，《中国青年报》记者解海龙在安徽省金寨县双河乡张湾小学拍摄了苏明娟（原名苏玉仙）求学的照片。这个大眼睛的小女孩，手握铅笔头、两只眼睛直视前方，对求知充满着渴望。这一题为《我要上学》的照片发表后，很快被国内各大报纸杂志争相转载，成为中国希望工程的宣传标志。

可以说，这幅照片是希望工程历史上最成功的公益广告之一，只要看见这双大眼睛，人们就自然而然地想到了失学儿童对知识的渴望，想到了帮助失学儿童的希望工程。这则广告让许许多多的人开始关注失学儿童，关注希望工程，希望工程细水长流地发展了起来。

3. 搭建信任关系

有学者指出，20世纪80年代以来，人类进入了全球化、后工业化进程中，我们事实上已经进入一个高度复杂性和高度不确定性的社会。而且，这种高度复杂性和高度不确定性以风险和危机的形式表现了出来。[①] 正是在这种语境下，近些年，包括公共管理学、政治学、社会学等在内的社会科学领域开始重新关注信任的问题。信任被认为是一个社会复杂性的简化机制。尼克拉斯·卢曼认为，哪里有信任，哪里就有不断增加的经验和行为的可能性，哪里就有社会系统复杂性的增加，也就有能与结构相调和的许多可能性的增加，因为信任构成了使复杂性简化的比较有效的形式。[②]

镜头通过真实在场和情感传递两种机制，能够促进信任关系的搭建，从而降低沟通合作的成本。一方面，与语言文字相比，视觉符号立体、形象、可感，它能呈现给人们真实、强烈而丰富的现场信号，能够对特定时间、空间中，特定的人、事、景、物等可视形象和现场氛围，以及发自现场的各种声音进行过程化的如实记录和传播。当这种具体的事物的状况展现在人们面前时，能够使人们犹如直接在现场参与一般，获得了某种身临其境的实际体验。正是通过这种直观可感的形象，镜头排除了人们对事物认识的不确定性，不确定性的降低提高了信任的可能。另一方面，视觉符号具有象征意义，能够传递丰富的情感。前文已提到"能指"和"所指"的概念，当符号学家用这两个概念来构建符号的物质维度和意义维度时，就已经表明意义和情感是符号存在价值的一种体现。比如，太阳的图像能够给人带来温暖的感受，让人联想到万物生长、朝气蓬勃。同时，受众的参与也是意义生产和情感传递的重要环节。不同的人有着不同的成长环境、不同的价值观，对同样的事物也可能会有不同的解读。镜头正是通过运用

---

① 张康之：《论高度复杂性条件下的社会治理变革》，《国家行政学院学报》2014年第4期。
② 周勇：《影像背后网络语境下的视觉传播》，中国传媒大学出版社，2014，第46页。

这些视觉符号及其背后所代表的意义来与公众进行情感交流，激发人们的情感认同。积极、正向的情感认同能够促进信任的产生。如，《有一天》公益电影，讲述贫困儿童、被拐卖儿童、聋哑儿童、盲童、肥胖症儿童、读写困难儿童、智障儿童、少数民族留守儿童以及服刑人员子女9个弱势儿童群体追梦的故事，以消除社会对他们的歧视与不公，为其营造温暖的成长空间。

三　镜头与行为

促成行为改变是几乎所有传播行为的最终目标或者理想目标，而往往这也是最难的部分。事实上，无论是个体层面还是群体层面，行为的改变都不是仅靠传播就能实现的，它还涉及心理、经济、文化等多个层面，是各方互相作用的结果。以下分析选取了公益传播中较普遍、有代表性的三个方面，即微观的个体跟随、宏观的社会动员和拓展公共领域，仅对视觉化和行为的关系起到抛砖引玉的作用。

1. 借力公众人物

在公益传播中，借用公众人物形象的现象十分常见。公益组织常常聘请影视明星、商界精英、专家学者等公众人物来为某个公益行为或公益理念代言，比如姚明成为中华骨髓库代言人，李冰冰多年担任"地球一小时"推广大使。视觉形象作为一种传播渠道，以其独有的具体感性直观性，超越了抽象的文字而更具有吸引力和诱惑力。借力公众人物的公益传播，实际上是利用公众人物的"信息把关人"功能以及其对粉丝的行为感召力。公益纪录片 *Biang Biang De* 通过展示那些生活在城市边缘的孩子们强大且丰富的艺术创造力、艺术感知力，通过明星的影响力，呼吁社会理解并认识来自任何家庭、任何地域的每个孩子的天赋，在保证他们物质层面的温饱之后，对他们精神层面的关爱仍然不可忽视。

公众人物同时是信息把关人，他们决定了哪些信息能进入特定的人群中。传播理论很早就开始关注"名人"对传播效果的影响。传播学者认为，传播者的资质将对传播效果产生很大的影响，具体来说，传递信息的人其自身的可信度越高，那么他所传递的信息说服效果就越大。在新媒体时代，信息传播的基本矛盾是日益增长的信息和个体的注意力资源有限之间的矛盾，公众人物已不仅仅是人际网络中积极向他人传递信息产生影响的人，甚至成为信息能否进入某一群体议程的关键。我们在日常生活中常常有这样的感受，由于各种各样的信息太丰富，我们只能有选择地接收某些信息渠道的信息，关注微博上的"大V"、微信公众号的过程，其实就是进行信源筛选的过程。

而且，公众人物能够对特定的群体产生行为感召力。法兰克福学派的学者提出了"消费偶像"的概念，认为"消费偶像"已经成为消费社会的一种独特的文化现象。偶像也好，公众人物也好，他们其实都是通过视觉化的手段，将自己的生活变成公众可以看得见的具体可感的"生活样板"，赋予某种物品或生活方式以特定的意义[①]，比如我们看到越来越多的明星对环保、健康、乐善好施理念的推崇。在这种意义的生产过程中，视觉发挥了重要的作用，极具感召力的"偶像"把特定的价值观和生活方式通过视觉手段真实呈现给了公众，在潜在的认同中悄悄地"推销"给公众，诱使公众对"消费偶像"的模仿、崇拜和认可。当周杰伦的粉丝看到他们的偶像成为"控烟大使"时，粉丝们会认为不抽烟就意味着和自己的偶像享有相同的价值观和生活方式，"我和偶像是一样的"，在这个模仿、跟随的过程中，公益理念得以借力公众人物得到很好的传播。

2. 动员社会资源

非政府性的属性要求第三部门必须具有较强的动员社会资源的能力，才能实现其公益目标。第三部门所需要的社会资源，一是钱，二是人。一方面，第三部门需要通过各种慈善性、公益性的募捐活动筹集善款或者吸纳社会捐赠；另一方面，第三部门需要动员社会各界的志愿者参与到志愿活动中。在获取维系组织持续发展的社会资源的过程中，第三部门很重要的一项工作就是向社会表达它们致力于社会公共利益的宗旨和理念，向社会告知组织的社会资源需求。如今的时代早已不是"酒香不怕巷子深"的时代。在这个信息爆炸的时代，如果第三部门不能拥有自己的话语权、尽可能地发声，再正确、美好的理念都只会是无米之炊、无源之水。

具体到第三部门实践中，动员社会资源本质上就是促成人们的行

---

① 周宪：《视觉文化的转向》，北京大学出版社，2008，第118页。

动——或亲身参与公益行为或捐款捐物支持公益行为，需要第三部门和相关利益主体之间首先是事实共同体、信任共同体，才有可能是行动共同体。基于前文的分析，视觉符号在传递信息、搭建信任上具有文字符号不可比拟的优势，也就是说，运用镜头，第三部门更有可能实现动员社会资源的目标。

案例 4　随手拍照解救乞讨儿童

2011 年 1 月 25 日，中国社会科学院农村发展研究所教授于建嵘发起了"随手拍照解救乞讨儿童"（简称"随手拍"）活动。促使于建嵘教授萌生解救行乞儿童的想法最初来自 2011 年 1 月 17 日他收到的一封求援信，信中讲述了 5 岁福建泉州男孩被拐并致残的悲惨故事。于建嵘教授起初建议网友，遇到 10 岁以下伤残儿童在街头行乞，立刻拨打 110，并将出警情况发送到微博。此后，该计划又被几度调整，最终成为"随手拍"模式，即：呼吁网友发现乞儿时随手拍照，连同拍照时间、省市、街道等信息一同发送微博并"@随手拍照解救乞讨儿童"。活动吸引了大量的"大 V"人士加入，王小山、薛蛮子、邓飞、陈岚等名人或媒体记者陆续加入。通过"转发"与"@"两项功能，"随手拍"活动几乎成为一场全民运动。借助网络自媒体的平台和图片的直观视觉效果，"随手拍"成功地引起了公众和政府对"被拐儿童"的关注。

2015 年上映的两部电影《失孤》和《亲爱的》均取材于打拐案例。2015 年 8 月 29 日，全国人大常委会通过《刑法（修正案九）》，2015 年 11 月 1 日起正式实施，凡是收买被拐卖妇女、儿童的，一律追究刑事责任。2016 年 5 月 15 日，公安部启动了儿童失踪信息紧急发布平台，建立了儿童失踪信息发布的官方渠道。

3. 拓展公共领域

镜头作为大众传播的重要手段和方式，具有拓展公共领域的功能。讨论公共领域，我们绕不开哈贝马斯。哈贝马斯意义上的公共领域是介于国家（公共权力领域）和公民私人领域之间的一个张力场，亦即一个向所有公民开放、以对话为基本运作方式、以大众媒介为主要运作工具、旨在形成公共舆论、体现公共理性精神的批判空间。① 根据这一定义,我们可以提炼出公共领域的若干特征:多元主体参与、公共性、对话、交往理性等。当公共领域中的公众达到较大规模时,公众交往就需要一定的传播和影响手段,事实上,伴随着新媒介技术的发展,大众媒介已经成为公众交往的平台和中介,可以说,新媒介技术已经改变了现代社会公众互动的模式。

案例 5 柴静的《穹顶之下》

2015 年 2 月 28 日,人民网发布了《柴静调查:穹顶之下》的专题和专访柴静的文章,立即引发了广泛关注和讨论。中午时分,《穹顶之下》在腾讯视频、优酷、乐视网等各大视频网站播放。据统计,截至当日 20 点 30 分,《穹顶之下》在各网络平台已累计播放超过 2500 万次。截至 2015 年 3 月 1 日 12 时,这一长达 103 分钟 56 秒的纪录片在网络视频平台的播放量迅速突破 1.17 亿次。

学者认为《穹顶之下》爆红的原因有很多方面,包括其关注的议题敏感性、与普通公众息息相关,柴静作为公众人物本身具备的传播资源和优势,等等。而该纪录片对视觉符号的精心使用无疑提高了说服力和分享动力。整个纪录片是柴静站在巨大的屏幕前,结合屏幕上的一张张视觉冲击力非常强的图片,为台下的观众娓娓道来,讲述自己的经历,讲自己的所见、所闻、所感、所想、所惧、所忧……中间穿插台下的观众被感染、被打动的面部表情,极富煽情性。②

结合公共领域的特征和传播实践,镜头对公共领域的拓展体现在以下三个方面。

一是镜头使用的便捷性有利于保障多元主体的参与。影像技术发展到今天,已经不再是需要较高专业知识才能驾驭的技术。在人人都有手机的时代,我们很容易便利地进行视觉符号的生产,并通过社交网络进行分享。而视觉符号与文字符号、语言符号相比,更不要求那么高的理解力,更容

---

① 胡百精、杨奕:《公共传播研究的基本问题与传播学范式创新》,《国际新闻界》2016 年第 3 期。
② 康乐、王勇、熊炼:《〈穹顶之下〉爆红的传播学分析》,《时代文学(上半月)》2015 第 12 期。

易被公众接收。以往传统的传播格局是传者向受者自上而下的灌输,受众是被动地接收,他们并没有太多的自主权。而媒介技术的发展使得特定传者的主体性让位于主体间性,即不再有明确的传者和受者,公众不再是被动的接收者,而成为主动的表达者和参与者。

二是镜头下的公益传播关注公共议题,增强了大众传播的公共性。公益传播只是大众传播的一部分,但其关注的议题多为涉及社会绝大多数人的公共议题,诸如环境保护、扶贫救灾等。在大众媒介已经成为公众交往的平台和中介的今天,我们尤其需要珍视公共议题和公共精神。

三是基于镜头在传播效果上的独特优势,它已成为引发公共讨论的导火索。镜头具有真实可感、情感传达、视觉冲击力强等传播优势,容易引起公众的关注、参与和分享。在某些公共事件中,视觉化的表现形式已经成为引发公共讨论的导火索和催化剂。

临终关怀，路在何方？

"愿逝者安详"是每个人追求的，也是大家所认同的。但是，当我们真正面对正在走向生命终点的人时，大多看到的却令我们痛苦并沮丧。越来越复杂的人工设备可以将越来越多的临终者滞留在生死之间①，病人被一次次推上手术台，只是为了暂时延长临终弥留的时间，有的苦不堪言，食管被切开，身上插满管子，一次次地化疗，见不到亲人，大多数时间处于苦苦追杀病菌的焦灼中……病人和家属饱受折磨，生命在走向终点的时候带着痛苦和屈辱。

每年身患各种疾病离世的小朋友，大多是带着恐惧和孤独离开了他们的爸爸妈妈。而生命相对长的中老年人面对死亡时同样不轻松。

巴金曾说过，"长寿是一种惩罚"，大致是对生命末期的由衷感言。他受到的折磨长达六年，昼夜不停！1999 年，巴金因病重入院就再也没有离开过医院。在长达六年的时间里，他先是被切开气管，后来只能靠喂食管和呼吸机维持生命。周围的人都对他说，每一个爱他的人都希望他活着，巴金不得不强打精神表示再痛苦也要配合治疗。但巨大的病痛使巴金多次提到安乐死，还不止一次无奈地说：我是为你们而活……②

每年的 10 月 8 日是世界临终关怀及舒缓治疗日，2016 年的主题是"无痛的人生旅程"。然而，在国家统计局显示的每年约 700 万人走向生命终点的人群中，有多少人在走向终点时是无痛的甚至是有尊严且快乐的？

美国老年病学会制定的临终关怀有八个要素：

---

① 罗点点等：《我的生死谁做主》，作家出版社，2011。
② 罗点点等：《我的生死谁做主》，作家出版社，2011。

- 减轻病人肉体和精神症状，以减少痛苦；
- 采取能让病人表现自己愿望的治疗手段，以维护病人的尊严；
- 避免不适当的、有创伤的治疗；
- 在病人还能与人交流时，给病人和家属提供充分的时间相聚；
- 给予病人尽可能好的生命质量；
- 将家属的医疗经济负担减少到最小程度；
- 所花医疗费用时要告知病人；
- 给死者家庭提供治丧方面的帮助。

然而，临终关怀的理念及行动在中国尽管已推行了30年之久，我们看到的情况却仍然是悲观的。在生命的尽头，仍然是无谓的努力和延长死亡的过程，是亲人对死亡的避讳甚至向病人本人隐瞒实情，让病人在猜疑和焦虑中失去了与亲人沟通和交代的最后机会，抱憾离去；仍然使病人自己感觉临了却成了家庭的负担和拖累，在面对死亡时自责、痛苦，难以享受最后的温情；仍然遭受着身体与心灵的折磨，没有了尊严，没有了生活的意义，只剩下活着……

说实话，作为作者，在我提笔写这篇文章时，我扪心自问：如果让我自己选择，我一定会选择临终关怀。然而，当我面对的是我的至亲好友和家人时，我相信，我一定会面临压力，会有所顾虑而迟疑的，上述的场景想必会同样上演。可以说，临终关怀是个美丽的神话，它的的确确在中国的今天仍是难解的人生命题。

一　临终关怀为死亡带来福音

生命的诞生，带来的是喜悦和憧憬，而生命的离去，却伴随着悲痛与绝望。作为命定的结局，死亡或许算不上悲剧，但如果因死亡而剥夺人的尊严，却是一种沉重的悲剧。在现代社会，当人们的基本生活需求和基本医疗需求都能得到满足的时候，心灵的愉快在很大程度上取决于生命的自由感和尊严感。[①] 尊严不仅仅意味着健康的、生活能够自理的、神志清醒时人们所享有的权利，它还贯穿于生命的全过程，包括人生的最后一程，甚

---

① 〔美〕乔安娜·丽莲·布朗：《最后的陪伴》，董燕译，华夏出版社，2016，第49页。

至离去之后。

临终的过程因人而异,但绝大多数人都需要一根"拐杖",才能走得更平稳、更安详、更有尊严。这根"拐杖",可以是家人的细心照料,也可以是政府、医疗机构、公益组织等社会力量的支持与关爱。

不难发现,在当今社会中,人们的终老模式发生了根本性的变化——原先,临终者大多在家中度过最后一段时光;而如今,临终者,无论是因高龄老衰还是晚期病患,基本都在医院中结束生命的历程。发生这种转变的原因有多方面:随着医疗水平的不断提高,人们普遍对当前医疗的起死回生能力抱有希望;社会经济的发展使得人们有了一定的经济能力顾及临终生命的延续;受文化观念的影响,如"好死不如赖活着",使人们难以坦然地接受死亡的现实;而国人对"孝"的重视以及舆论的压力,往往会对生命"不择手段"地进行抢救式延续。

不可否认,现代发达的医疗水平提高了人们普遍的健康状况,人们的平均寿命得到了极大的延长,更增强了人们对生命的渴求。但是,正如乔安娜·丽莲·布朗在《最后的陪伴》一书中反复强调的:针对临终者的一些抢救式医疗措施,究竟是延长了他们的生命,还是延长了他们痛苦的死亡过程?①

如何提高生命最后一程的质量,让人们在最后阶段活得体面、温暖、无憾、无惧,而后平静且有尊严地离开,是当前困扰国人的重要社会问题。

2015年,我国老年人口数量已突破2亿,占总人口数的15%之多,我国社会老龄化问题日趋严峻,老年终末期疾病、高龄老衰临终者也随之增高,而且20世纪七八十年代计划生育政策催生出的核心家庭模式,使得当前大批独生子女在照顾父辈方面力不从心,加之社会"空巢老人"、"失独老人"问题逐渐凸显,使得老年临终照料问题越发紧迫。据统计,恶性肿瘤、心血管疾病和脑血管疾病已成为我国城市居民的主要病因,且目前治疗方法有限,死亡率较高,我国现有癌症病人700万人,每年新发癌症病人350万人,每天就有8000多人得癌症,预计到2020年,中国癌症死亡人数将达400万人。每个晚期恶性肿瘤病人都在做最后的生命挣扎。② 无论是高

---

① 〔美〕乔安娜·丽莲·布朗:《最后的陪伴》,董燕译,华夏出版社,2016,第124页。
② 苏永刚:《中国城市临终关怀服务现状、问题及政策建议——"中国城市临终关怀服务现状与政策研究"》总报告。

龄老衰还是绝症晚期,他们都在生命的最后一程经历着相似的痛苦。

因此,如何保障生命最后阶段的质量已然超越了医学领域问题,成为社会公共问题。如何让临终者享受精神上的快乐、有尊严的生活,提高他们的生命质量,而不仅仅是生命长度,仅依靠现代医学显然远远不够。

《中国新闻周刊》报道的一位身患白血病的山东男孩小安,走到生命尽头时向爸爸妈妈说了三声"感谢爸爸妈妈给了我生命",然后自己拔掉氧气管,三分钟后平静地离开了……①

64岁的闫先生因患肺癌脑转移、急性左心衰竭、胆囊炎等症,手术等各种治疗疗效甚微,医生表示其生存期不超过一周。家属将他送到天津市职业病防治院宁养院进行临终关怀。家里有些人表示不理解,认为"孩子不孝顺"才主动放弃治疗。"当时我跟着去把病人接到医院来的,病人喘得很厉害,家属只好搭着椅子把他从楼上抬下来,病症的疼痛几乎让他不成人形。"宁养院主任回忆说。在宁养院,医生针对闫先生的病情开展了相应的缓和治疗,根据疼痛情况施用止疼药,缓解其病痛,但不再实施对身体无益的创伤性治疗,同时医护人员与病人及其家属交流多了,帮助他缓解心理问题,增强互相信任和尊重,给予生命最后的支持。经过努力,这名原本被宣判生存期仅有数天的患者,快乐地生活了几年后才去世。②

相信,不是每位临终者都像闫先生一样幸运,可以通过这种方式延长生命的长度。但是,有一点是肯定的,更多的临终者可以通过这种临终关怀的方式提高生命最后一程的生活质量。虽然死亡是人类生命必然的、不可避免的,但是与疾病和死亡相关的痛苦却是可以减轻甚至避免的。

临终阶段指逝世前的几周甚至几个月的时间,通常情况下指经医学诊断认为临终者剩余生命时间不超过6个月。临终关怀能够为处于生命临终阶段的人提供前所未有的关怀,也能对其家属进行心理安抚。临终关怀所持的理念是对生命的敬畏与深沉热爱,它希望每位患者都能享受到最优质的照料,让每位患者安然地度过生命直至最后一刻,通过高质量的临终关怀服务,尽可能地减少患者及其家人的痛苦。正是出于这样的关照,临终关怀的重点是从治愈疾病转向为临终的人们在自然死亡之前提供一个舒适、关怀、有尊严和无痛苦的生活环境,将临终者的精神幸福和自主意愿作为

---

① 陈薇:"中国新闻周刊"公众号,2016年6月18日。
② 姜凝:《天津临终关怀服务调查:让生命谢幕有更多尊严》,《天津日报》2014年10月14日。

护理的首要任务。① 可以说，临终关怀是现代社会对工具理性和现代性反思的产物，也是社会成熟与文明的标志。

二 临终关怀的呵护体系

临终关怀不只是对临终者的慰问与照料，它包含着一套从生前预嘱、心理疏导、医疗护理、政策支持等完备的制度体系。

健全且被社会接纳的生前预嘱制度是临终关怀取得良好效果的必要前提。西方当前流行的"生前预嘱"，就是一个人在健康且神志清晰时签署一个文件，说明当自己处于不可治愈的伤病末期或临终时，需要或不需要哪种医疗护理，希望在什么样的环境中（医院还是家中）度过最后一段时光，等等。生前预嘱使人们从容地考虑和安排自己的身后事，以实现在生命最终阶段能按照自我意志度过、有尊严地死亡。也正是出于这样的目的和考虑，2013年6月北京生前预嘱推广协会成立，旨在使人们在临终阶段，即使处于弥留甚至无意识状态时，仍然可以按照自己的意志有尊严地度过最后一程。

专业且成体系的心理疏导是临终关怀的重要辅助。对于临终者的心理疏导是有专门的知识与沟通技巧的，而非简单的聊天。如"十方缘"开发了临终老人心灵呵护的十大技术，包括祥和注视、用心倾听、同频呼吸、经典诵读、抚触沟通、音乐沟通、动态沟通、"三不"技术、零极限技术、同频共振。如心理疏导需由临终关怀志愿者来提供，志愿者们需要获得系统的培训，他们将依据不同临终者的特点选择不同的心理疏导方法，从而保障临终关怀的有效实施。此外，对于临终者家属的宽慰也有不同的要求和方式。例如，上海手牵手生命关爱发展中心通常先引入志愿者探访、特色活动。在与临终者及其家属建立信任后，再做一些针对性的评估，评估病人及家属的需求点，进而针对临终者及其家属的需求，进行安慰性探望及知识普及（包括护理角度、心理角度、对家属沟通角度等）。

专业的医疗护理对于一些病患临终者（尤其是癌症患者）是必要的。虽然临终关怀不提倡在临终阶段实施不必要的治疗，以免给临终者带来更

---

① 〔美〕乔安娜·丽莲·布朗：《最后的陪伴》，董燕译，华夏出版社，2016，第124页。

大的痛苦，且在一定程度上造成医疗资源的浪费。但是临终关怀的宗旨在于尽量缓解临终者的痛苦，包括心理上的和身体上的。对于像癌症晚期患者，通过特殊的止痛药及按摩方法缓解其癌痛是十分必要的。因此，临终关怀者会依据特定的医疗护理知识，来判断一些药物的用法用量，采用特定的护理方法提供生命支持。

制定支持临终关怀的相关政策对临终者及推动临终关怀的行动是关键保障。无论是生前预嘱的法律效力、临终状态的界定、临终关怀作为一项基本权利，还是财政支持、教育宣传，等等，都需要相关政策予以支持和保障。

新加坡在临终关怀方面做得比较成熟。该国认为，提高病人的临终生活质量是临终关怀的重心，它通过医生、护士、心理师、社工和义工等多方人员组成的团队提供特殊的缓和医疗服务，也包括对临终者家属提供身心慰藉和支持，将精神上、社会上的志愿同时延伸到家人，许多原本医生预测只有一年寿命的人，结果三四年之后还活动正常。新加坡从政策到服务者的工作（通常包括三类：上门访问的家居式护理、到护理中心的病人的日间护理、护理人员住家看护服务），使人们在减轻痛苦和折磨的同时，感受到社会的温暖。从创办于1989年的新加坡HCA慈怀护理机构（HCA Hospice Care）的经费运作可略见新加坡在临终关怀方面的发展。HCA为新加坡非营利组织，该机构60%~70%的费用由新加坡卫生部提供，20%~30%的费用由病患者及其家人捐助，其他费用来自一些私人企业的捐款。该机构也会主办一些筹款活动以筹集经费。

三 被排斥的临终关怀

尽管临终关怀为生命尽头之路提供了一种安详、有尊严的选择，但是由于社会对临终关怀普遍存在误解甚至排斥，使得临终关怀本身需要被"关怀"。

1. 难以突破的观念

死亡本身是国人所避讳的，它渗透在我们生活的方方面面。我在访谈"十方缘"发起人方树功先生时，他提到了一个极为普遍的现象："我们常用的手机号中带4的号码不受欢迎。多年前，我买手机号的时候，遇到一个尾号1494，谐音'要死就死'，这号就没人要。这种号往往免费，我就要了。中国人的观念中很忌讳谈死亡，进行临终关怀肯定会提到死亡的，因此，我们的工作往往很难推进，这是文化上的一大挑战。"①

康晓光认为，在中国的传统社会中，各类宗教信仰和传统哲学都对生命和死亡的关系做出了一定的解释，帮助人们认识死亡、从容面对死亡。例如，儒家为世人提供了超越死亡的三条路径：家族生命的延续、惠泽千秋的功业、天人合一。通过这套哲学体系支持人们面对死亡、超越死亡。然而，这套体系被一个半世纪的现代变迁摧毁了，取而代之的是一套革命死亡体系。但是，改革开放又摧毁了这一革命死亡体系，于是，今天思考死亡问题的人们，四顾茫茫。②

同样，很多患者和家属从心底里不愿看到"临终关怀"的字眼，有些地方的临终关怀机构不得不更名，搞得很喜气，如"宁养院"。而建立生前预嘱这样的倡议行动在中国推行何其困难可想而知。北京生前预嘱推广协会成立时即引发了社会的广泛争议，相当一部分人认为"生前预嘱"是安乐死的一种方式，不应该被支持。实际上，生前预嘱只是保障临终者在生命最后一程按照自己的意愿度过，使其有选择自然死亡的自由，而非像安乐死一样帮助其死亡。

而临终关怀所倡导的让人们"接纳死亡"同样难以被人们所理解和接受。"好死不如赖活着"的俗语道出了人们"重生轻死"的观念，即便医院告知临终者已无治愈希望，人们一样不愿意面对和承认。

的确，我们几乎没有接触过有关死亡的教育，更没有任何心理准备和价值支持。当人们被建议对临终者开展临终关怀护理时，人们会认为放弃治疗有悖于良知，几乎等同于"见死不救"和"等死"，是"不孝"，是"大逆不道"，因此，出现排斥是正常的。尽管事实上临终关怀意味着一套系统、完善、积极的治疗方式，意味着中西医手段对无法进行放疗、化疗和手术的晚期肿瘤、心力衰竭等慢性病患者进行包括止痛、营养辅助、抗肿瘤治疗、并发症对症处理、心理疏导等措施，可改善这些患者的生存质

---

① 引自对十方缘老人心灵呵护中心发起人之一方树功的访谈。
② 康晓光：《最后的陪伴》序言，载〔美〕乔安娜·丽莲·布朗《最后的陪伴》，董燕译，华夏出版社，2016。

量，帮助临终者减轻痛苦，走得更有尊严，但推动临终关怀的行动者往往看到的却是令人遗憾的质疑和他们内心的矛盾。

2. 处于困境中的医疗伦理

"临终关怀"自20世纪80年代引入中国，其理念不仅给社会公众带来了巨大的冲击，也引发了医疗工作者新的思考。当确定依靠现有的医疗技术已经回天乏术的时候，医生应不应该主动建议放弃积极治疗，转为临终关怀，以避免过度医疗给临终者带来的更大痛苦？

应不应该的问题通常属伦理范畴。然而，此时医生最难面对的苛责是"见死不救"。尽管现代医疗技术得到了前所未有的发展，众多过去的疑难杂症在今天得到了有效控制甚至治愈，但仍有一些病症是目前医疗水平无能为力的，如晚期癌症等。因此，专家认为，现代社会卫生保健体系中应该包括三个相互关联的基本组成部分，即预防、治疗和临终关怀。无病则防，有病则治，治不好则临终关怀。① 在这个体系里，旧的医疗伦理遇到了障碍，医生需坦承有些疾病"治不好"，并不是自己放弃治病救人的职责。而患者本人及其家属，也需承认有些病"治不好"不是医生主观上见死不救。当然，在临终关怀中，判定一个人是否已经没有治愈的希望而进入临终期，需要一套科学的诊断体系，医生须慎之又慎。特别是在中国的今天医患矛盾重重，甚至不断升级，医疗工作者与患者及其家属之间建立起互信关系至关重要，这也是推动临终关怀的要件之一。目前，由于整个社会对临终关怀存疑，更难达成共识，对医疗伦理的质疑不绝于耳，医疗工作者在诊断并建议患者实施临终关怀而非创伤性治疗时仍面临着巨大的困难。

3. 医院的难言之隐

临终关怀一直未能在中国广泛应用，也源于医院本身在排斥。其中包括主动排斥和被动排斥。

"趋利"是医院主动排斥的诱因。医院对那些尚"有利可图"的临终者，实施过度治疗相当普遍。比如，ICU（重症加强护理病房）一天意味着不少于1万元的支出，其中绝大多数病人都是确定的临终者，他们用昂贵的医疗技术维持着生命体征，与此同时却为医院创了收。对那些只能接受保

---

① 肖蓉、郑兰香、邓云龙：《临终关怀的伦理问题思考》，《实用预防医学》2004年第2期。

守治疗的临终病人，医院大多会放弃治疗，而此时病人在医院待得越久，越影响医院治愈率的考核，并且还占据医院有限的医疗资源，直接影响医院创收。

当然，的确存在医院对临终关怀的被动排斥。中国的今天，尽管经济有所增长，但医疗资源匮乏，分布不均，而老龄医疗、保健需求巨大，这无疑会对医疗卫生工作造成巨大的压力。比如，大医院的床位通常相当紧张，病情稳定的终末期患者，可能会影响床位的周转率。而一些有医保结算限额的病患者，往往反复入、出院，患者和家属折腾在出入院路上[①]，搞得医院也不"待见"。

四 善待死亡离我们还很远

由于上述原因，遭遇排斥的临终关怀事业在我国可谓举步维艰。但是，我们必须认识到，临终关怀越来越成为每个人的基本需求，其公共物品属性日渐凸显，而从我国目前临终关怀服务的供给角度看，善待死亡离我们还很远。

1. 临终关怀的公共物品属性

尽管生老病死是每个个体的私事，属私人领域的事务，一般情况下，由个人或其家属自行解决。但是，当这类私人事务解决不好或不当，且成为社会普遍性困局和问题时，便成为社会公共问题，需要政府及社会力量的介入。可以说，临终关怀是一种准公共物品。

那么，谁是临终关怀的供给主体呢？这实际上与基本养老服务类似（如前文所述，并不是只有老人才会面临死亡，各个年龄段的人均会面临死亡），需整合家庭、政府、市场、社会公益等多元主体，依据临终关怀需求的不同而进行差别供给。例如，当有些家庭有能力进行临终关怀，且临终者并不饱受病痛折磨且希望由家人来照顾时，家庭为主体的临终关怀模式是较为理想的模式。另有一些商业化临终关怀模式，它通常建立有公寓式临终关怀场所，提供24小时医疗、护理服务，生活环境舒适便捷，该模式

---

① 何雪华：《临终关怀服务何其缺》，《广州日报》2016年3月31日。

较适合于消费水平较高,经济能力强,喜欢得到针对性且周到服务的临终者。社会公益机构提供的模式具有公益性质,作为家庭及市场供给不足的补充,该模式较适合于对临终者的家庭提供补充支持,由经过培训上岗的志愿者为临终者提供特殊关怀。这些主体之外,如前所述,政府是临终关怀服务的重要政策供给者,它可以将临终关怀纳入医保服务范畴,同时在政策上保障公立医院、社区卫生室等医疗单位为临终者提供接受照料的服务,使临终者享受到基本的临终生存权利。在美国等发达国家,临终关怀内容已被纳入医疗保险计划的范围,并将其作为一项基本公共卫生服务内容,为临终者享受临终关怀福利提供财政支持。

无论哪类主体,他们所做的是一致的:使临终者在踏上生命最后一段旅程时"无憾、无惧、无痛",这才是临终关怀的终极目标。①

2. 临终关怀供给严重不足

我国临终关怀领域供需严重失衡。以目前临终关怀工作走在全国最前列的上海地区为例,2015年上海癌症死亡4万人,占上海死亡人口的30.69%,总死亡人口是12.42万人;2015年上海老衰死亡5.9万人,占总死亡人口的47.5%。2015年上海已成立临终关怀科的医院有76家,但住院床位只有860张,家庭病床800张,共计1660张病床,仅占临终总需求量的1.68%。

目前,医院开设临终关怀主要有三种形式:大型医院的"临终关怀病区"(或称宁养病房等)、专门的临终关怀医院、家庭临终关怀病房(指临终者在自己家中,相关服务人员上门服务的形式)。

(1) 由医院提供的临终关怀

国内独立运作的专门临终关怀机构开始增多,如南京的鼓楼安怀医院、北京的松堂医院、上海的南汇护理院、义乌市关怀护理医院等,但增速不容乐观。独立临终关怀医院,既有商业性质的,也有公益性质的。这些医院虽具有专门为临终者量身打造的安宁环境,也具有较好的心理照护条件,但整体上数量不足,医疗护理水平受限,容易使患者家属产生"送进宁养

---

① 何雪华:《临终关怀服务何其缺》,《广州日报》2016年3月31日。

院等于放弃治疗"的错觉。[①]

附属于大型医院的临终关怀区在医院属非主流,且被边缘化。较为成熟的大型医院附属的临终关怀区,如天津医学院临终关怀研究中心附属的临终关怀病房,上海肿瘤医院、北京朝阳门医院"临终关怀"病区等。这类附属于大医院的关怀病房或医院在医疗硬件方面基本不存在问题,但是由于临终关怀赢利甚微,医院对资源投入积极性不高,比如欠缺心理照护,环境不佳,对家属关怀尚存空白,真正的"关怀"实现不足,有的甚至存在忽略"医学标准的优先原则"现象。

(2) 家庭临终关怀

家庭临终关怀病房这一形式目前在国内还鲜有开展,尚处于起步阶段,无论在人员配备还是资源配备上都远不能满足现实需求。尽管理论上讲,这种形式可充分利用家庭的资源,缓解我国当前公共医疗资源,尤其是临终关怀床位的紧张状况,同时还能满足临终者对家人陪伴的需求和专业护理的需求,但这一模式并未得到一定的重视。

(3) 非营利组织提供的临终关怀

非营利组织开辟的临终关怀机构往往离医院较远,他们希望能给临终者以舒缓的环境。已创办6年的蝴蝶之家,就在距离北京儿童医院1.5公里的金都假日酒店里一处商务套间内设置了一个小小的活动中心,中心内有各种拼插玩具、儿童图书,有跑步机和运动器械,还有电脑、音响、投影仪,也有可以举办小型讲座和会议的空间。创办者认为,孩子和家长都需要一个离开医院环境、不考虑病情只供玩耍和交流的地方。[②] 为中老年人服务的临终关怀机构也开始增多。但是,非营利组织提供的临终关怀面临的最现实问题是经费来源少,筹资困难。最初创办时,志愿者是主要的支持者。

(4) 政策保障

在我国,覆盖全国层面的政策支持机制尚未建立,临终关怀无法可依、无章可循。在2016年全国"两会"上,全国政协委员戴秀英依据长期从事医疗卫生工作的经验提出了《关于推进我国老年人临终关怀医疗服务的建

[①] 柯劭梅:《我国现代"临终关怀"现状及应对》,《长沙民政职业技术学院学报》2012年第1期。
[②] 陈薇:"中国新闻周刊"公众号,2016年6月18日。

议》的提案，希望能借鉴发达国家经验，全面发展临终关怀医疗服务，为生命画上圆满的句号。但时至今日，政府在这一领域的投资，以及相关政策优惠、相应的规则和服务体系还远远不够。有专家建议，急需切实落实政府在制度、规划、筹资、服务等方面的责任，维护基本医疗服务的公益性，并参照全科医学人才培养模式对临终关怀医学人才进行培养、培训。有计划、有步骤地在医疗机构设立临终关怀病区，以满足不同群体对临终关怀服务的需求。①

五 未来怎么办？

尽管不同的人对"善终"有不同的理解，有的人期许临走的时候能与所爱的人相惜相伴，有的人希望回一次自己魂牵梦萦的故乡，有的人希望吹吹海风，有的人希望听听音乐，有的人希望能够对没有机会说爱的人说一句"我爱你"，有的人希望结束与某人的纷争，有的人希望能在家中离世，有的人则希望独自离开……无论如何，作为生者，作为临终者，都需清楚，临终者都有自我选择的权利，应该让临终者的临终愿望得到满足，并带着尊严死去。

即将离世的人之所需看似并不复杂：身体舒适、精神舒缓、平静，然而，如此"简单"的需求在中国的今天却变得复杂、难行！

1. 生命教育

假如人们能深度理解一生的意义和价值，无论生命有多久，人们从心灵深处将不惧怕死亡，则是人生的幸运。

细数人们对临终关怀的种种质疑、不解与排斥，究其根本原因还是观念意识的问题。而社会整体之所以形成"对生的重视、对死的避讳"这种不完整的生命观，就在于生命教育的缺失。因此，普及生命教育，是推动社会意识转变的最根本途径。

所谓生命教育，不仅是让人们接受与认识生命的意义，尊重与珍惜生命的价值，也要让人们认识生命的有限与边界；不仅了解幼儿、青少年、

---

① 袁浩：《临终关怀的首义是政府关怀》，2016年4月2日。

中年、老年阶段的身心变化，也要了解临终阶段的变化与需求。一个从未想过"死亡"的人与一个认真思考过"死亡"的人相比，在死亡来临时必然更加恐惧与慌张，且后者能够更加珍惜和热爱生命的每一天，正如对一个重返光明的盲人来说，会更加珍惜和热爱这五彩缤纷的世界。

普及生命教育的方式与途径是多样的，且不是只对临终者及其家属的。

家庭无疑是生命教育最基础的课堂，每个人都要经历亲人的离世，或近或远，或早或晚，通过家庭（尤其是透过亲人的离世）培养生命观、死亡观，尤其是孩子，这是最直接、最感同身受的方式。

学校也是重要的理念培育基地，学校可依据学生各个成长阶段的身心特点设计生命教育体系，这不仅可以使他们对生命、对临终有深刻的认识，也能在相当程度上解决当前学校高发的自杀行为。

社会组织在生命教育中的作用更加灵活，同时在当前其他教育主体尚不能或不愿承担起生命教育的角色和作用时，往往需要社会组织发挥"领头羊"的作用，自下而上，通过多种途径和形式，特别是借助各种媒介，包括家庭、社区、学校、医院、公共媒体、自媒体推广生命教育，逐渐带动整个社会的思考和参与。例如，十方缘老人心灵呵护中心，通过"十方缘大学项目"，把服务记录凝练成临终关怀教育课程，通过互联网、移动客户端以及面对面等多种途径进行免费传播和扩散。越来越多的社会组织意识到，在临终期对临终者及其家属开展生命教育只能是"亡羊补牢"，因此，服务对象需从临终者及其家属拓展到普通大众，服务渠道可从医院扩展到日常生活的家庭、学校、社区等。

2. 临终关怀服务

政府是临终关怀服务的直接提供者，也是间接提供者。作为一种准公共物品，政府理应承担起供给责任，同时通过相关政策引导并协调其他主体的行动与合作。例如，将临终关怀内容纳入相应的医疗保险和养老保险之中，保障生命末期的生命质量；在全国范围内推广建设公立医院的临终关怀病房，匹配相应的人力及资金支持，以解决重病临终者的临终关怀护理；针对高龄老衰型临终者，支持公立养老机构的临终关怀服务；探索医养结合型养老机构；等等。

尽管商业机构是营利性的、趋利的，但不能否认其在服务供给方面的针对性、多样性与高效性。当市场能够并愿意介入临终关怀领域时，可以针对相对中高端的人群提供临终关怀服务，为能够购买得起的"消费者"突破专业医疗条件的限制，突破过度趋利的诱惑，做货真价实的事情，这是每个"消费者"愿意看到的，也是愿意购买的。目前一些以房养老模式的房地产企业已经开始探索将临终关怀服务作为其特色项目来宣传。此外，市场还可以在商业保险方面拓展临终关怀项目，将其作为投保内容，既满足社会需求，也满足市场的赢利需求，实现双赢。

从逻辑上讲，公益组织是可以做得更好的临终关怀的服务供给者，但囿于发展滞后，经验不足，再加上社会大众对临终关怀的意义和价值理解不够，筹资艰难，服务提供仍在缓慢探索中。果壳网在总结域外经验时提到临终者的需求：身体舒适（大多却面临呼吸困难、皮肤刺激、消化问题、对温度敏感、疲惫、疼痛等）、心理和情绪安慰（大多却感觉糟糕、沮丧、无助、隔离感、焦虑、压抑等）、精神需求（大多却害怕死亡，遗憾自己的生命短暂、遗憾有太多的事没做、为自己的过去后悔等）、实际事务（大多却在临终时想把没做完的事做完，对很多事放心不下等）①，公益组织可借鉴成熟的经验及中国国情，特别是中国特有的文化，开发有效的服务方式、内容和渠道。例如，随着独生子女政策实行下的独生子女一代的成长，"421"结构家庭模式会相当普遍。1个年轻人最多要照顾6个老人，还要面对巨大的生活和工作压力。即使政府在养老保险方面增大了扶持力度，以缓解其经济压力，但老年人普遍的心理陪伴需求仍不能被有效解决。公益组织可整合志愿者的时间，甚至整合初老群体（60～70岁）中有精力、有意愿的人们，为临终老人提供关怀和帮扶，弥补社会运行快节奏下家人对临终者陪伴的不足。同时，公益力量的加入为社会增加了更为人性的温暖，以仁爱之心而非私利之图为低经济条件或其他困境家庭的临终者保障生命最后一程的尊严。

3. 立法

法律既可规范人们的社会生活，又是人们开展社会活动的依据。无法可依，是目前临终关怀推行过程中的一大障碍。"人在最后阶段选择临终关怀的时候会遇到很多伦理性的障碍，立法之后，可以让医生在推动临终关

---

① "社工观察"公众号，2015年1月14日。

怀时有法可依。"① 法律制定后，不仅有利于相关主体推行临终关怀，而且有助于规范各主体的具体行为。

当前，在临终关怀事业发展相对成熟的国家和地区，相关立法也相对完备。美国国会于 1982 年颁布法令，在医疗保险计划（老年人的卫生保健计划）中加入临终关怀的内容。② 在英国，由于实行全民免费医疗，临终关怀作为公民基本医疗服务被纳入国民医疗保险体系。日本则从 2000 年起出台实施了《长期护理服务保险法》，为需长期护理服务的人提供经济上的支持。③ 德国政府在 2005 年正式出台了第一部《临终关怀法》，该法详细地规定了医生对临终患者的资质认定、临终患者在清醒时的最后决定权、临终患者的支配权、临终患者住院费用的支付等内容。④ 我国台湾地区率先在 2000 年出台了亚洲第一个临终关怀法案——《安宁缓和医疗条例》⑤，这些法案及相关政策的制定为临终关怀事业的发展奠定了基础。在医患关系紧张、临终关怀相对敏感但又需求巨大的今天，临终关怀相关立法的需求变得更加迫切。

4. 政策支持

由于政府掌握了绝大多数的社会资源，且以自上而下的官僚制体系为运作特点，因此，政府自上而下的政策引导在社会事业的发展中至关重要。具体到临终关怀领域，如果有明确的政策支持，政府与社会之间的合作，尤其是医疗卫生体系与临终关怀社会组织之间的合作与协调便会十分顺利。

但是，由于目前我国尚无全国性的临终关怀政策支持和引导，各地在开展临终关怀工作时，完全依靠当地政府或机构负责人的偏好，主观性、随机性明显，同时造成了地区之间发展的严重不平衡。例如，临终关怀在上海的推动一定程度上也是"机缘巧合"：上海肿瘤医院的一位医生和院长出国考察，了解到国外医院针对晚期癌症患者的临终关怀，非常震撼，回

---

① 引自对上海手牵手生命关爱发展中心发起人之一王莹的访谈。
② 徐勤：《美国临终关怀的发展及启示》，《人口学刊》2000 年第 3 期。
③ 上海市老龄科学研究中心：《国外长期护理保险简介》，2016 年 6 月 15 日，http://www.shrca.org.cn/5760.html。
④ 方嘉珂：《德国养老新动向——公司化保险化法制化外籍化》，《社会福利》2009 年第 7 期。
⑤ 陈钒、张欢：《台湾地区姑息医学制度的建立及法律实践》，《医学与哲学（临床决策论坛版）》2011 年第 3 期。

国后提议并建立了这样一个科室。又如，临汾医院1998年即提出建立姑息治疗科室，幸运的是，尽管国人对此所知甚少，时任临汾市江北区卫生局局长却很认同这个建议，所以很支持这项工作。我们（上海手牵手生命关爱发展中心）在开展工作时也一样，如果合作机构或部门的领导认同，工作开展就会很顺利，否则就会步履维艰。也正是得到了时任上海市委书记俞正声等领导的支持，相关政策得以相继出台，我们的临终关怀工作才有现在的成绩。①

因此，完善相关政策支持，是推动临终关怀有序、稳定、全面发展的重要前提。

六 写在最后

临终关怀不仅直接面对临终者及其家属，更涉及整个社会的生命哲学与死亡哲学。它不仅仅是一种专业服务，更是一项社会教育；不仅仅是对临终者的身心呵护，更是我们每个人的人生必修课。

中国目前在临终关怀方面的供给缺口巨大，且未来对临终关怀的需求将持续增长，供需之间的失衡将造成不可估量的社会影响。

本文鉴于目前我国临终关怀的发展现状，提出了三点建议：一是观念意识层面。二是法律政策方面，应出台对于"临终期"在医学上的鉴定标准、临终者权利等相关法律规定，并需有配套的制度保障这种特殊的医疗服务，形成医院、社区、家庭的联动机制，形成一个照顾和关怀临终病人的体系，来弥补目前临终关怀工作的不足。三是具体实施层面，政府、公立医院、民营医院、慈善机构等应多方努力。

然而，同众多建议者一样，我有时也持悲观态度：建议容易，实现难！做一个"宅"在屋里用笔头呼吁的人，难免惭愧，也难免沮丧，变化哪里那么容易？变化怎么会那么快？但是，当我看到一个个心安的临终者能够平静、安详地离世的故事时，当我看到有大量的媒介、公益界、学术界、医院在发声、在行动（如《中国医学论坛报》以及北京大学首钢医院共同发起的"追问生命尊严：医学的使命与关怀"研讨会，如蝴蝶之家又开了

---

① 引自对上海手牵手生命关爱发展中心发起人之一王莹的访谈。

第二家……），我感觉到了变化，感到了一点欣慰，哪怕是那么微妙、微小。

　　让我们想象一下，假如未来某一天真能实现临终关怀所追寻的理想境界，那么，每个步入终点的人将带着微笑和平静离开这个世界，我们的人生不就很完美了吗？

　　这是可以期待的，尽管路漫漫其修远兮！

留守儿童与中国发展代价

2012年11月16日，贵州毕节5名男童被发现死于街头垃圾箱内。他们在冷雨夜躲进垃圾箱生火取暖，结果因一氧化碳中毒死亡。其中最大的13岁，最小的9岁。孩子们家庭都很困难，平时无人看管，伙食就是稀饭加点盐巴。2013年6月26日，江西南昌兄妹3人在村子附近的池塘溺水身亡。兄妹3人平时由奶奶照顾，事发时奶奶不在家。2013年12月13日，贵州毕节5名儿童在放学路上被农用车撞死。2014年4月21日，贵州毕节男教师强奸小学生案件被曝光，至少涉及12名女生，最小者仅8岁，时间跨度为2012~2014年。受害女生大部分是留守儿童。2015年6月9日晚，贵州毕节4名儿童在家集体服农药自杀身亡。最大的哥哥13岁，最小的妹妹仅5岁。他们的父亲长年在外打工，母亲被人拐跑。

经媒体曝光的留守儿童的悲惨命运比比皆是！引发舆论的同情和忧虑，社会各界纷纷采取补救措施。政府出台的关爱留守儿童的"通知"和"意见"接踵而来，从物质关怀到心理关怀；公益组织采取了一系列行动；媒体对留守儿童议题越来越重视，多家全国性媒体大幅报道留守儿童在家庭、学习、生活、教育、心理等方面面临的问题。

今天，留守儿童问题已成为全社会的重大问题。然而，当我们稍加分析，便清醒地知道，这不仅仅是留守儿童问题，而是一个综合性的社会问题，它有着更为令人痛心的深层痼疾，那就是我们中国发展的代价。

一 代价的初因

1. 源于计划经济向市场经济转型时的应急措施

农民工，是中国在特殊的历史时期出现的一个特殊的社会群体。20世纪80年代初,为适应当时中国社会生产力发展的需要,本来只许从事农业劳动的农民可以从事非农业生产了,虽然冲破了计划经济框框的某种束缚,但又还在计划经济体制的大框架里面——户籍身份不变。在当时一段时间里,人们对这样的安排赞誉甚高,有人认为这是建设中国特色社会主义的一种创造,是消除工农差别、城乡差别的有益方式,是解决大城市病的探索。

随着市场经济的深入,工业化的发展,农民工成为我国工人阶级队伍的重要组成部分,逐渐演变为工人阶级的主力军。从各地的发展趋势看,一方面是城镇工业化,经济发展需要劳动力,有了强大的拉力;另一方面,农村有数以亿计的农业剩余劳动力,城乡存在巨大差别,农民要增加收入,特别是青年农民要寻找出路,有巨大的推力,农民进城打工是他们最好的选择。城市里最累、最苦、最脏、最险的工作大多是进城农民工在干,他们已经"融入"工业化、城市化过程中的方方面面,成为各行各业不可缺少的劳动力。每到年关,农民工多数要返乡过年,不少餐饮、服务行业不得不歇业,许多城市到春节出现了无人送煤、送奶,老年人无人照料,早点铺无人服务的窘境,一些重要工地和要完成订单的工厂就想方设法挽留农民工,城市已经离不开农民工了。①

2. 源于城市对农村的掠夺

这种特殊时期的应急措施,在国家的经济社会体制进行改革后,各方面的条件改变了,而围绕农民工的制度和体制因种种原因却逐渐被固化。

多数情况下,工业化国家的经济发展都伴随着农村人口和经济活动向城市的转移。随着产业扩张,城市中大量就业机会在召唤着农村身强力壮的劳动力,同时技术进步为农业现代化提供了降低劳动力需求的可能。在许多国家的发展战略中,乡村大量人口向城市进行转移,农民成为市民是促进其发展的重要因素之一。然而,我国的情况则不同,我国的农民进入城市务工却未成为市民,他们仍带着农民的身份在城里干活,他们是无法居留下来,居无定所、飘摇的临时外来务工者。

"农民工"一词的发明太准确了!它精准地呈现了中国独一无二的发展特色——唯有中国叫"农民工"。改革开放30多年来,中国处于工业化、城市化的高潮期,工厂呈几何级数增加,城市的数量和规模成倍扩大。当

---

① 陆学艺:《农民工问题要从根本上治理》,《特区理论与实践》2003年第7期。

现代工业需要大量廉价劳动力时，政府即出台一些放松和取消限制人口流动的政策，将农村劳动力引向城市，以使城市以廉价的工资水平获得大量的劳动力。说穿了，中国的工业化、城市化要的只是农村劳动力，用的是劳动力，不用人。

他们被作为劳动力使用，但他们和城市正式工人同工不能同酬，同工不能同时，同工不能同权，农民工付出的劳动很多，而他们的所得却很少。工资不仅很低，还常常受到企业主的克扣和拖欠。有的农民工干了几个月甚至一年，到头来，企业主、包工头赖账或跑了，而他们得不到分文。"拖欠农民工工资现象严重""农民工讨薪难"多年来一直广泛存在，甚至发生严重的暴力冲突。逢年过节，国家为了社会安定，为了来年还有农民工愿意进城务工，为了农民工过个安稳节，会提提这些问题，也会出台一些应急性的措施。

进城务工的农民工不仅得不到市民的身份，连工人的身份——职工，都得不到。通常，决定重大事项的职工大会，他们是无权参加的，他们更不能在自己日日夜夜劳作的工厂享有应有的民主权利，农民身份决定了他们永远只是临时工。有时，他们还被称为民工、外来工。在工厂，他们也被称为劳务工、轮换工、建勤工、合同工等等。

他们因没有城镇居民户籍，在城市打工多年，却始终是城市的边缘人群。进入城市名义上是做工人，但还是农村人，包括户口、社会保障等还是在农村，他们和城市的唯一联系只是一个"工"字。城市没他们的位置，城市用工的时候，才有他们的机会。他们只因这个"工"字，游走于城市与农村之间，非工非农，又亦工亦农。中国学者将其称为"半城市化"或"准城市化"，一只脚迈出了门槛，另一只仍然停留在门内；抑或处于"留不下城市"，又"回不去乡村"的尴尬境地。更不要说他们的父母和孩子，更进入不了城市，与城市无缘。这就造成了家和人的分离，老人没有儿女，孩子没有父母，把农村最基本的生活单元——家庭给摧毁了。而农村的青壮年劳动力被廉价抢夺（常言"爱干干，不爱干滚回农村去"），老人和儿童被扔在农村。当他们干不动的时候，城市并没有可以接受他们的空间，他们如被城市抛弃一般回到农村。

表面上看，农民工有了流动的自由，是城市解放了他们，而事实是，他们被做了一个局：法律上说人人平等，劳动力市场供需都是自愿的，双方是平等的契约关系。但是，农民工有什么选择？他们有选择权吗？

二 代价仍在持续

1. 越不过去的墙

农民工群体在社会主义现代化事业中做出了巨大贡献,创造了一个又一个奇迹。但这个社会对他们一直是不公正、不公平的,他们的家庭、他们的子女同样难以获得公正、公平。

1977年11月,国务院第一次正式提出严格控制"农转非",全国城乡严格对立的户籍制度进一步强化。改革开放后,中国城市化进程的推进要求劳动力通畅流动,越来越多的农民有了进城务工的机会,劳动力流动本身对户籍制度形成了冲击。2001年3月30日国务院批转公安部《关于推进小城镇户籍管理制度改革的意见》,小城镇户籍制度改革全面推进。2004年,为进一步满足城市劳动力需求,促进农民有序进城就业,国务院办公厅颁发《关于进一步做好改善农民进城就业环境工作的通知》。10年后,2014年,《国务院关于进一步推进户籍制度改革的意见》(以下简称《户籍制度改革的意见》)指出,合理引导农业人口有序向城镇转移,有序推进农业转移人口市民化。但从各地城市户籍制度改革的结果来看,城市只对有特殊贡献的农民工解决了落户问题,对于大部分农民工而言,进入门槛较高,农民工户籍迁入城市所占的比例仍然很低。在这样的政策面前,农民工本身又面对着极为残酷的现实拉扯。《户籍制度改革的意见》看似对农民工进城落户开了口子,但农民的产权不明晰、收益分配权缺位、参与权不足,使得农民权益遭受侵害,"被上楼"却无法承担城市生活成本,陷入贫困是他们可能会面对的前景。政府表示,《户籍制度改革的意见》出台,是现阶段根据我国目前经济发展水平、社会成熟程度作出的科学判断。当时的调查显示,46%的失地农民失地后生活水平下降,部分失地农民成为"种田无地、就业无岗、保障无份、创业无钱"的群体。城市户籍内涵与市民的理解完全不同,其含金量低,且风险高。《户籍制度改革的意见》出台两年后,调查显示,很大比例的农民工不愿意在城市落户。我们试问:这又是农民工的自愿选择吗?

户籍制度看似松动了,但是影响农民工市民化的"隐性户籍墙"却依然高不可越。摆在他们面前的命运将是,就业机会不平等且稳定性差、劳动报酬不公平、缺少社会福利、权益缺乏保障、社会保障无着落、子女教育及自身培训缺失、城市住房无保障等方面,其核心是基于户籍制度的种种制度安排把农民工排斥在城市资源配置体系之外,这也更多地反映了城市对农民工的歧视与剥夺。

在农民工劳动力充裕、城市承受能力有限的情况下,城市市民因拥有城市户籍,享受着相对较高的就业、教育、医疗和社会保障等公共资源,他们是城市户籍制度的既得利益者,自然不愿放弃眼前的利益,而城市政府作为城市的管理者,也不希望城市内既有的社会资源被不属于"城市区域"的外来人所分享,便采取了与城市居民利益趋向一致的本位主义政策导向,通常不为农民工提供或有效提供诸如社会保障、教育、公共资源及其他方面的社会服务。在意识形态上,城里人对农村人口的污名化和低俗化从来都是不遗余力,在小品节目中农民往往是愚昧的、无知的活宝、小丑、笑料。农民不但被城里人抢地、抢劳动力,还成为城里人茶余饭后取乐的对象。

在城乡人口流通和互动中,工业和农业、工人和农民,甚至城市与村庄的界限都开始模糊起来。关键的事实是,我们是一个流动社会,但同时又存在着大量的静止社会的法律。① 例如,最初的那些年,农民工们还需要向城市的一些临时工管理者们缴纳近乎讹诈的各种费用,接受各种屈辱的盘查、驱逐和囚禁。若非孙志刚事件,悍不畏死挑战整个收容制度,最终以生命的代价,促成了该法的废除,他们还要付出随时可能被拘禁的代价。②

"隐性户籍墙"不但把农民工排斥在现有体制之外,使他们很难获得体制内的资源,而且对农民工本人也形成了一种惯性与心理约束,造成了农民工群体普遍的自我身份认同,把自己仅仅作为城市的"局外人""过客"。反过来,这种身份的自我认同又进一步固化了"隐形户籍墙",即面对这些不公平的制度安排,农民工大多采取"默认"态度,因此陷入了自我身份认同强化——"隐形户籍墙"——"固化"的循环之中,不但强化了身份的不平等,在一定程度上也支持了不平等的分配、惯性与利益刚性,进而决定了"隐性户籍墙"将会长期存在于我国的经济社会体制之中。③

---

① 盛洪、何力、茅于轼等:《人是否应该拥有自由迁徙权?——"将迁徙自由重新写入宪法"研讨会》,《社会科学论坛》2002年第7期。
② 陈岚:《一个农民的原罪》,http://blog.sina.com.cn/s/blog_573e68a70102dzih.html。
③ 刘传江、程建林:《双重"户籍墙"对农民工市民化的影响》,《经济学家》2009年第10期。

2. 跨不过去的鸿沟

近些年,城乡收入差距持续拉大,农民工仍不得不"自愿"进城打工。

城市对乡村的剥削导致城乡之间收入差距巨大,这种差距直到今天依然没有缩小,反而在进一步扩大,这也是农民自愿或不得不继续外出打工的主要原因。根据《中国统计年鉴2016》的数据,2015年,城镇居民人均可支配收入为31194.8元,农村居民人均可支配收入为11421.7元,城乡绝对差距为19773.1元,城乡收入比为2.73∶1。欠发达地区更显严峻,很多农村依然是深入骨髓的穷。为了增加经济收入,亿万农民背井离乡,去城市、去沿海地区,追求更多的机会、更高的收入与更好的生活。根据国家统计局《2015年农民工监测调查报告》的数据,2015年农民工总量为27747万人,其中,外出农民工16884万人,占农民工总量的60.8%。外出农民工中,跨省流动农民工7745万人,占外出农民工总量的45.9%。英国媒体《每日电讯报》曾经到贵州省毕节市下面的一个小乡村——茨竹村采访,当地人告诉他们,这里大部分人种植青椒、核桃和玉米,年收入在1000元左右;但单单是送孩子上学,每个学期就要花掉1700元。这里的年轻人大多数去外省打工,比如夫妻俩都去江苏,一个在电子配件工厂,一个去工地,这样两人每个月都能寄回2000元。① 女演员马伊琍在《哪有父母愿意离开孩子》一文中提到了自家阿姨家乡的贫困状况:"我们老家几乎没有年轻人愿意在家乡喂鱼,因为一年到头全家没有多少收入。剩下不多的农田基本都是棉花地里套种西瓜,即便这样也挣不到多少钱。况且靠天吃饭,若遇上不好的天,那真的就不行了。"②

现行的农民工制度是农村把青壮年劳力输送到城市,而城市却把劳动后伤残病弱者退回农村,把抚育子女、赡养老人等社会负担都抛给农村,这是一种城乡不等价、不合理的交换形式,也是城乡差距日益扩大的重要原因之一。由此形成恶性循环,城乡的不等价交换—城乡差距持续扩大—源源不断的农民工不得不来到城市打工,造成了越来越多的农民工来为城市做贡献——农村却越来越衰败。

---

① 吴静宜:《不是父母不管,大城市从来没给留守儿童留过位置》,http://view.163.com/16/0714/21/BRVESHOC00015AAR.html。

② 马伊琍:《哪有父母愿意离开孩子》,载南方周末《在一起——中国留守儿童报告》,中信出版社,2016,第112页。

不可否认，在过去的30年间，大批到城镇打工的农民工寄回家的工资有助于改善农村地区的贫困状况。根据2010年贫困标准，1978年，我国农村贫困人口为77039万人，贫困发生率为97.5%。到2015年，我国农村贫困人口为5575万人，贫困发生率为5.7%。但是，贫困的缓解却付出了高昂的代价，那就是数以万计的留守儿童，这些孩子本身成为成本和代价直接的、主要的承担者乃至受害者，他们注定和父母分离，无法享受父母庇护下的亲情、安全和教育。

三 代价下的留守儿童

中国30多年工业化、城市化的发展伴随着农村最基本的生活单元——家庭的肢解，伴随着与家人之间情感联系的割裂，老人缺乏儿女陪伴，孩子缺乏父母关爱。

上亿农民工外出打工，留下长期"一个人"生活在农村的孩子。他们是中国的留守儿童。

中国留守儿童规模之巨大，是古今中外绝无仅有的。留守儿童具有哪些现实的问题？潜在的影响？对整个国家和民族的未来发展和命运又会造成什么样的影响？虽然迄今我们难以全面地回答，但其中的伤害已经显现，恶果也已昭示。更可怕的恶果将在这一代因中国发展代价而被迫成为留守儿童的他们，成长起来成为社会发展进程中不可或缺的力量时表征出来。可以肯定的是，这种打破几千年人类基本生存模式的巨大变化，一定会带来种种不利影响。①

1. 数量庞大

全国妇联课题组2013年发布的数据显示，根据《中国2010年第六次人口普查资料》样本数据推算，全国农村现有留守儿童约6102.55万，占农村儿童总数的37.7%，占全国儿童总数的21.88%。②与2005年的同类调查数

---

① 段成荣：《我国流动和留守儿童的几个基本问题》，《中国农业大学学报》（社会科学版），2015年第2期。
② 该数据是依据2010年第六次人口普查样本，抽取其中的126万人口样本数据，对其进行分析测算出来的。当时对留守儿童的定义是"父母一方外出务工、不满十八周岁"。

据相比，5 年间增加约 242 万人。也就是说，从全国范围来看，每 22 名儿童中就有一名处于没有父母监护的状态。① 2016 年 2 月 15 日《国务院关于加强农村留守儿童关爱保护工作的意见》出台，将留守儿童的定义由之前的"父母一方外出务工、不满十八周岁"改为"父母双方外出务工或一方外出务工另一方无监护能力、不满十六周岁"，为此，中国留守儿童数量大幅"缩水"。截至 2016 年 11 月，不满 16 周岁的农村留守儿童数量为 902 万人。其中，由（外）祖父母监护的为 805 万人，占 89.2%；由亲戚朋友监护的为 30 万人，占 3.3%；一方外出务工另一方无监护能力的为 31 万人，占 3.4%；有 36 万农村留守儿童无人监护，占 4.0%。

2. 问题重重

在留守儿童面临的诸多问题中，尤以亲情缺失、意外伤害、教育问题最为突出。

（1）亲情缺失

父母外出务工虽然在一定程度上改善了家庭收入水平，但家庭生活的变动对留守儿童的内心情感产生了深远影响，其性格和心理也发生了深刻变化。大量研究发现，留守儿童普遍表现出对在外父母的强烈思念，内心孤独、缺乏安全感，由于共同生活经历与情感交流的缺乏，很多留守儿童与父母之间亲情疏离，性格孤僻、脆弱、焦虑，渴望亲情已成为留守儿童最大的心理问题。其中一些留守儿童自卑心理加剧、抑郁、喜欢自我封闭、为人处事孤僻不合群，还有一些留守儿童因长期与父母分离，心理和生理的需求得不到满足，被消极情绪困扰，部分留守儿童甚至产生了憎恨、仇视的畸形心态或出现问题行为和暴力倾向。宋石男在《北大法律信息网》2015 年 6 月 14 日撰写的文章中提到，无论在城市还是农村，他们都不能拥有一个完整而温暖的家。尽管联合国《儿童权利公约》明确规定，儿童"享有拥有家庭的权利"、"与家人团聚的权利"、"有权受到父母良好的照料"，而中国加入该项公约已有 23 年。

亲情是人类社会最基本的情感之一，是维系人类社会世代相传的根本动力。在人的自然属性中，亲情与饮食需求等最基本的生物本能共同构成

---

① 《留守儿童调查专题：留守儿童问题谁之过？》，http://news.sina.com.cn/zhiku/zjgd/2015-09-28/doc-ifxieymu0915876.shtml。

人的生物基础。人之所以不同于动物就在于亲情在人的社会属性中扮演着更加重要的角色，它不仅仅是血缘关系的延续，更重要的是体现一种社会责任，一种引导儿童顺利进行社会化的责任。社会学理论认为，从婴幼儿期到儿童期、青春期，儿童一般要完成人在社会化过程中最重要的阶段——初始社会化阶段。初始社会化是个体整个社会化的基础，在此阶段儿童通过学习各种生活规范、社会规范从而内化社会角色，完成由自然人向社会人的转变。家庭是个人社会化的重要社会主体之一。对一般儿童而言，从出生到完全独立进入社会，有2/3的时间都在家庭中度过。家庭的教育和影响对个人早期社会化甚至一生的社会化都具有重要意义。儿童要在父母的亲情呵护下，享受最基本的物质生活照顾，促进身体成长；通过与父母进行感情交流和互动，感受爱与被爱；接受父母的教导和传授，习得基本的生活规范、社会规范，树立正确的生活目标；在父母的帮助和督促下，学习科学文化知识；感受父母的权威形象，形成自己独立、健全的人格和个性。也就是说，在儿童与其父母的互动过程中，儿童不仅仅在集体和情感方面有所发展，而且他们也正在成为一个社会意义上的人，同时还在形成自己的人格。特别是父母对孩子的情感和陪伴，在孩子的儿童期发挥着极其重要的作用。有证据表明，一个缺乏亲情关怀的孩子，其身体、智力、情感的成长以及其社会发展都会受到损害。①

儿童健康成长的需求是方方面面的，其中最大的需求是：和父母在一起。由于父母长期在外务工，留守儿童无法拥有完整的家庭，无法享受正常的亲情。正是由于亲情缺失，留守儿童在日常生活中无法得到父母最基本的照顾和关怀，导致生活质量下降，对生活的满意度降低；亲情缺失不但影响留守儿童在家庭中正常地学习各种生活和社会规范，而且父母监督作用的减弱也使其学习动力不足，学习退步。最关键的是亲情的缺失导致留守儿童在儿童早期与父母的情感交流受阻，不利于其形成健全的人格和个性，进而诱发青少年犯罪，影响其一生的发展。

为什么外出务工不带上孩子？对于大部分农民工来说，一是经济上难以负担，二是没有时间照料子女，最为严峻的考验则是：孩子可能根本无学可上！

暂不论上述重重障碍，也不论农民工子女进城就读面临的就学障碍，

---

① 李娜、张林雨：《留守儿童的核心问题及其对策研究》，《当代青年研究》2011年第11期。

农民工的家庭难以往城市流动最直接、最现实的限制是经济问题。《2015年农民工监测调查报告》显示，外出农民工人均月收入（不包括包吃包住）3359元，人均支出1012元，基于这样的收入支出状况，农民工想要在城市立足并带上子女，难度较大。此外，除了经济上难以负担，无法腾出时间来照顾孩子也是一个问题。外出农民工每个月从业时间平均为25.2天，日从业时间平均为8.7个小时，一周从业时间超过44个小时的农民工占85%。如果夫妻两个人都外出工作，就没有时间照看孩子；如果只有一方出去工作，经济上又难以承担。在福建省打工的安徽人赵彦君（音译）在接受英国媒体《经济学人》采访时说："我也被这些事搞得筋疲力尽。我可以回安徽啊，但这样我就没有了（福建这边的）机会和人脉。如果我把老婆儿子都带来福建，我们中肯定有一个人要待在家里照看孩子，或者我们要请个保姆，或者把老人接过来带孩子。不管哪种选择，对我们来说都是一个沉重的负担。"① 在照料子女与生计之间权衡，只好两害相权取其生存压力之轻。父母双方外出务工将子女留在老家由祖父母或亲戚照看，或父亲出去打工，母亲留在家里照看子女，或者，索性无人照看。

(2) 意外伤害

全国妇联研究报告显示，留守儿童犯罪案件一度占未成年人犯罪案件的70%，且有逐年上升趋势。据统计，中国每年有近5万名儿童死于意外伤害，其中大部分是留守儿童；2014年一份调查数据显示，49.2%的留守儿童在过去一年中遭遇过不同程度的意外伤害。曾有公益组织报告指出，2015年全年媒体公开曝光的性侵儿童（14岁以下）案例340起，平均每天曝光0.95起。2014年同期，全年被媒体曝光的同类案件数量高达503起，平均每天曝光1.38起。②

仅在2015年，有49.2%的留守儿童遭遇过意外伤害，比非留守儿童高7.9个百分点，遭遇割伤、烧伤烫伤、被猫狗抓伤咬伤、坠落摔伤、蛇虫咬伤、车祸、溺水、触电、中毒、火灾、自然灾害等各种意外伤害的留守儿童比例都高于非留守儿童，其中前四项分别高5.3、1.6、3.9和3.1个百

---

① 吴静宜：《不是父母不管，大城市从来没给留守儿童留过位置》，http://view.163.com/16/0714/21/BRVESHOC00015AAR.html。
② 中国少年儿童文化艺术基金会女童保护基金：《2015年性侵儿童案件及儿童防性侵教育统计报告》。

分点。①

（3）教育问题

户籍壁垒限制农民工子女在城市就读。

中国的宪法和《义务教育法》规定，所有儿童平等享有义务教育的权利，但现实中，这样的平等却有着诸多不可言状的限制。农村户籍儿童如想在城市接受教育，一要办证，二得交钱。在北京，非京籍学龄儿童要想上北京公立学校，首先要跨的门槛是提供令人沮丧的"五证"：在京务工就业证明、在京实际住所居住证明、全家户口簿、暂住证、户籍所在地出具的在当地没有监护条件的证明。在实际操作中，"五证"背后另有门槛。比如，北京市石景山区租房者的"居住证明"连带的证件，还有租房合同、房主身份证原件、房产证原件及复印件。②浙江则预计在2017年推行积分入学的政策，在公立学校招满了本地户籍学生后，如果有多余名额才会对外放开，然后按照家长积分排名顺序入学。积分的评判标准包括父母的工作经验、居住情况、纳税投资、个人信用、违法记录等。这其实是一种政策上对随迁子女入学的收紧。③比起"五证"要求的高门槛，打工子弟学校是随迁子女可以接受教育的唯一选择。但是，打工子弟学校因办学不规范等问题纷纷被叫停。2006年以来，北京先后爆发过两轮"关闭潮"。从2013年至今，虽不见旋风式的关停，但打工子弟学校在教育政策、经济环境等多重因素影响下，开始自然萎缩。"新公民计划"的一份调研显示，截至2014年9月，北京市打工子弟学校已从高峰时期的400多所下滑至130所。

2014年，新华社发布了《国家新型城镇化规划（2014—2020年）》，要求严格控制500万人口以上的特大城市的人口规模。"教育控人"是非常有效的手段之一，通过提高学生的入学门槛逼迫家长们移向其他城市。农民工这么多年往返于城乡之间，依然没能成为市民。每当城市人口达到了一定的量，城市经济不能吸纳新增就业人口的时候，就会有一次向外迁移，不是靠向内工业发展来带动，而是靠向外排解城市过剩人口。当然土地还

---

① 引自中国青少年研究中心与中国青年政治学院及全国省级团委、团校和相关研究机构于2013~2014年，联合开展的"全国六类重点青少年群体研究"。
② 南方周末：《在一起——中国留守儿童报告》，中信出版社，2016，第254页。
③ 吴静宜：《不是父母不管，大城市从来没给留守儿童留过位置》，http://view.163.com/16/0714/21/BRVESHOC00015AAR.html。

是他们的社会保障。①

中国900多万的留守儿童,并不是父母不想把他们带在身边。农民工父母不仅没有时间,也没有经济能力负担一个孩子在城市里的开销;更重要的是,大城市通过严苛的入学政策控制人口,从来没给留守儿童留过位置。②

即便是让留守儿童在农村就读,政府提供的教育服务城乡差距巨大。城市儿童毫无疑问地享受了政策倾斜,留守儿童被隔绝在现代文明福利之外。在公共教育方面,国家财政性教育经费在城市和农村中的分配极度不均衡。根据《2015年全国教育经费执行情况统计公告》的数据,2015年,全国普通小学生均公共财政预算教育事业费支出为8838.44元,其中,农村小学生均为8576.75元,城市小学生均为9402.68元;全国普通初中生均公共财政预算教育事业费支出为12105.08元,其中,农村初中生均为11348.79元,城市初中生均为13611.89元。可见,农村中、小学人均享有的财政教育事业费低于城市中、小学人均享有的数额。这些还仅仅是硬数据,更大的差距还体现在软性师资差距上。

留守儿童问题不仅是政策问题、制度问题,更是文化问题。我们应当看到现代文明冲击传统文化,使乡村传统文化遭到否定、歧视这样的深层原因。在制度上进行探讨,寻求制度变革之道是必要的,但我们还应该关注乡村文化的衰微、家庭结构的变化等问题。当前,面对现代文化的冲击,现实中的农村文化与他们原本的传统文化、乡村历史记忆出现了断裂,而外来的城市文化对于农村来说是无根的文化,农村由此陷入较为严重的文化危机、伦理与秩序危机。农村文化的边缘化、没落化直接带来的是农村儿童精神世界的荒芜,加剧了他们身上所表现出的问题的严重性。其后果是,儿童不仅从时间上,也从空间上开始脱离了原本属于他们的具体而完整、父母均在场的生活世界,直接进入到抽象系统的封闭式学校规训之中,而这可能会导致他们在认知和人格发展上出现先天不足的情况。而教育从根本上来说是与生活世界、社会经验密切相关,无法与之剥离开来的。农村儿童的教育是无法脱离于他们原初的生活世界及其背后所承载的文化的。③

---

① 盛洪、何力、茅于轼等:《人是否应该拥有自由迁徙权?——"将迁徙自由重新写入宪法"研讨会》,《社会科学论坛》2002年第7期。
② 吴静宜:《不是父母不管,大城市从来没给留守儿童留过位置》,http://view.163.com/16/0714/21/BRVESHOC00015AAR.html。
③ 江立华:《留守儿童问题的建构与研究反思》,《人文杂志》2011年第3期。

四 逃避还是正视？

全社会已形成共识：留守儿童问题是中国现代化进程中不可回避的社会问题，必须要面对，要解决。不论是政府、NGO还是媒体都已经采取了补救措施。然而，这些补救措施显得苍白无力，代价仍在付出。

1. 政府

在留守儿童问题出现之初，政府主要将留守儿童推给学校，政府向学校施加了过多的职能和责任。比如，农村寄宿制学校。寄宿制学校虽然解决了留守儿童的部分问题，却又引出了新的问题。留守儿童问题不仅仅是一个教育的问题，学校和整个教育系统是无法独自承担这一社会责任的。

在越来越大的压力面前，中央政府开始将解决留守儿童问题提到重要议程上。2004年5月，教育部基础教育司在北京举办"中国农村留守儿童问题研究研讨会"，这标志着国家开始介入留守儿童问题。2005年5月，全国妇联和中国家庭文化研究会召开了"中国农村留守儿童社会支援行动研讨会"，认为农村留守儿童问题将是一个在较长时期内存在的问题，必须纳入到社会经济发展的总体规划中加以解决。2006年9月，召开了全国农村留守儿童工作电视电话会议，会议要求各有关部门采取措施，扎实有效地推进农村留守儿童各项工作。同年10月，国务院农村留守儿童专题工作组成立，由教育部、公安部、民政部、财政部等13个部门联合组成。日常工作是通过深入开展调查研究，及时掌握农村留守儿童状况，逐步建立和完善保护留守儿童合法权益的法律法规体系和政策措施。

2014年《户籍制度改革的意见》中提到，保障农业转移人口及其他常住人口随迁子女平等享有受教育权利；将随迁子女义务教育纳入各级政府教育发展规划和财政保障范畴；逐步完善并落实随迁子女在流入地接受中等职业教育免学费和普惠性学前教育的政策以及接受义务教育后参加升学考试的实施办法。

2016年2月，国务院《关于加强农村留守儿童关爱保护工作的意见》颁布，首次提出解决农村留守儿童问题的顶层设计。这份文件给出了解决农村留守儿童问题的总体思路，并首次明确了责任部门。民政部就此已专门成立"未成年人(留守儿童)保护处",承担全国留守儿童摸底排查等工作。

2016年11月,民政部、中央综治办等八部委决定,从2016年11月至2017年底,在全国联合开展农村留守儿童"合力监护、相伴成长"关爱保护专项行动。留守儿童关爱保护专项行动的指向和重点,还停留于"让爸妈返乡",督促外出务工父母依法履行监护责任。显然,这是一种违背经济规律的做法,让留守儿童的父母返乡,说起来轻松,但回去之后的工作和工资如何解决?返乡后或许能防止贵州毕节4名儿童喝农药自杀的悲剧,但是否可能会多一些像甘肃杨改兰那样的悲剧?难道这类悲剧真的只是极端个案?另外,如果农民工都返乡了,大城市还能够正常运转吗?[1]

地方政府在解决留守儿童问题方面似乎也下了大力气。例如,自从2012年5名留守儿童在垃圾箱取暖窒息死亡的事件发生后,毕节市政府出台了一系列政策不断加大对留守儿童的救助对策和应急机制,可以说采取了一套由市政府和市教育局牵头,由镇政府及镇教育中心负责,再具体落实到村委会及其监护人、学校的全方位24小时应急监护体制。不仅以户为单位建立起详尽的留守儿童档案对症管理,而且在学校对留守儿童无论其有无户籍(毕节市很多儿童因超生无户籍)一律免学杂费,并提供营养午餐等,同时提供心理健康教师,采取一对一的走访扶助措施。

显然,在留守儿童问题上政府足够尽责,但方式不仅不可持续,而且很难从根本上解决留守儿童的问题。因为,在这个问题上,政府的责任尽管重要,但终究不能替代家庭,家庭才是主体。造成留守儿童问题的主因在于家庭的解体,在于造成家庭解体的更为沉痛的中国事实。政府最主要的职责是治本,而不是政府化身为保姆,以行政动员方式代替父母进行监管。[2]

2. 公益组织

公益组织是解决留守儿童问题的重要力量。从解决温饱到心理矫正,从辅助教育到亲情连线,从政策倡导到公众倡导,我们都可以看到公益组

---

[1] 韩青:《解决留守儿童问题不能靠统计:让爸妈返乡不如让孩子进城》,http://mp.weixin.qq.com/s/Gm7uAnje5xh3yVG7s8R9Og。

[2] 《留守儿童、空巢老人与家殇》,http://gongyi.sohu.com/20160214/n437355845.shtml。

织在行动。基金会中心网的数据显示，截至 2015 年 6 月 12 日，关注领域或项目涉及留守儿童的基金会已超过 170 家。善款主要用于资助留守儿童、留守儿童夏令营、爱心图书室、儿童大病救助等方向。公益组织有针对性地、细分领域地为留守儿童提供了帮助。如，中国青少年发展基金会的希望工程（希望社区）、中国儿童少年基金会的春蕾计划（关爱留守儿童特别行动）、中国红十字基金会的"鲁冰花"关爱留守儿童公益计划、中国社会福利基金会的父母心公益基金、中国少年儿童文化艺术基金会的关爱农村留守儿童专项基金、壹基金的壹乐园、温暖包，等等。这些公益项目虽然无法解决"让爸妈回家"和"跟爸妈离开"的大问题，但从不同的角度切入，不同方面发力，促进了留守儿童基本需求的解决。①

如，中国扶贫基金会牵手共青团、四川省委、中国公益研究院、加多宝集团，开展"童伴计划"，关注留守儿童。这是一个饱含苦心的公益项目，它企盼用有组织的服务，通过招聘"妈妈"，来填补留守儿童陪伴上的空白，弥补留守儿童亲情上的缺憾。但是，它也意识到，留守儿童是一个经济发展产生的社会问题，一时是解决不了的。②《光明日报》时评认为，"童伴妈妈"毕竟不是妈妈，事实上，任何人都不可能完全替代亲生父母的作用。解决留守儿童问题的根本方法，在于让他们能够随着父母搬到城市中一起去生活并接受教育。然而，森严的户籍壁垒以及严格排斥外乡人的教育制度，是挡在他们与父母之间的最大鸿沟。这个问题解决不了，"童伴妈妈"存在的意义不会很大。③

3. 媒体

2002 年以后国内主流媒体开始关注和报道农村留守儿童问题。此后，几乎每隔一段时间，留守儿童就会成为媒体关注的焦点。2012 年 12 月 6 日，《南方周末》刊发《从留守到流浪：他们的"好"生活》，侧面描述留守儿童普遍无望的生活前景。2013 年春节期间，央视《新闻联播》分别在 2 月 3 日头条和 2 月 16 日报道了"新春走基层"系列之《谁陪伴我长大：

---

① 《发挥公益组织力量 解决留守儿童问题》，http://www.ccafc.org.cn/templates/T_Common/index.aspx? nodeid = 125&page = ContentPage&contentid = 5463。
② 南方周末：《在一起——中国留守儿童报告》，中信出版社，2016，第 120 页。
③ 《惟愿"童伴妈妈"能够缓解留守之痛》，http://guancha.gmw.cn/2015 - 10/31/content_17555578.htm。

爸爸妈妈我想你》《吾老吾幼：留守儿童的新年愿望》，从留守儿童的角度和社会角度报道了农村留守儿童这一群体。腾讯网推出的《中国人的一天》也多次将镜头对准农村留守儿童，展现农村留守儿童的真实生活。

从报道内容上讲，报道的主题包括"生活环境呈现""身心伤害的个案""社会关爱"等，其中，"社会关爱"类的报道内容多为赞扬个人、社会群体、政府、公益组织等对留守儿童的帮助，比如《教育部：让留守儿童有学校寄宿，上下学方便》《五部委发文促留守儿童父母常回家》等。

但是，媒体对农村留守儿童群体的报道存在报道模式化、片面化的问题，特别是剥夺了留守儿童的话语权。留守儿童经历的生活和受到的伤害被煽情化处理，让留守儿童群体感觉自身处于弱势地位，同时也造成二次伤害。此外，留守儿童已经被媒体贴上了"弱势""可怜"的标签。几乎所有关于留守儿童的报道都是悲惨的、无奈的、令人遗憾的，所有关注的眼神都流露着同情的味道。然而，留守儿童问题背后产生的根源是什么？如何才能解决留守儿童问题？这些问题都鲜有深度报道和评论。因为话语权真正掌握在拥有政治和经济权利的人的手里，媒体也只是他们的传声筒。①

媒体理应承担起守护公平与正义的责任，为留守儿童问题鼓与呼。

五 都在逃避

今天，我们的劳动力流动越来越获得了政府的默认和城市人民的肯定。在城市的各个角落里，农民工透支着健康、青春、安全、体力，让一座座城市日长夜大，让一条条新路伸向远方，让中国的 GDP 一年又一年地不断跃升，创造了高额的税收，为发达地区的经济发展做出了很大的贡献。但是，城市和发达地区政府对流入人口却持限制和歧视的态度。② 温铁军曾说，"现在的制度是允许劳动力流动，不许劳动力落户。自由流动是劳动力的自由流动，人口迁徙是社会权利，这一条是必须做到的。"③

---

① 张海娟：《农村留守儿童报道的媒体社会责任研究》，硕士学位论文，山西大学文学院，2013，第18页。
② 盛洪、何力、茅于轼等：《人是否应该拥有自由迁徙权？——"将迁徙自由重新写入宪法"研讨会》，《社会科学论坛》2002年第7期。
③ 盛洪、何力、茅于轼等：《人是否应该拥有自由迁徙权？——"将迁徙自由重新写入宪法"研讨会》，《社会科学论坛》2002年第7期。

多年来，中国一直为自己没有贫民窟而感到自豪。然而，中国城市化没有"城市伤疤"这一伟大成就，细致推理分析，极其不同寻常。首先，中国尽管没有贫民窟，但是有棚户区、有"城中村"，有"胶囊公寓"，有拥挤不堪、暗无天日的地下室。中国的城市化过程将城市居住群体逐渐分流为三个层次，即"天上人间"的富贵市民层、地表的普通市民层，以及地下的农民工层。在诸多光鲜临街大楼的背后隐藏的"城中村"与"棚户小屋"，消失在媒体报道的视线中，也近乎处于地下状态。其次，中国城市化没有贫民窟，除了"得益于"强大、无坚不摧的"城市管理"力量外，还有一个重要因素是，中国农民工在农村有田地，就业生活仍有很大伸缩性，城市失业可以回到农村，拿起锄头，重操旧业。农村的那一小块田地不仅是农民工眷恋的故土，更是农民工安身立命的最后防线。如今，随着畸形城市化不断推进，资本下乡，土地流转，城市扩张，农民纷纷失地，赖以安身立命的那一小块土地也在逐渐丧失。①

对留守儿童问题不能回避，城乡之间的这条鸿沟若不填平，所有人都将为之付出沉重代价。尽管从政府，到媒体，到 NGO，以及大众和企业，纷纷向留守儿童伸出了援助之手，但这是大家眼睁睁看着问题出现后的补救。也许在城市发展速度及 GDP 上我们看到了令人兴奋的数字，而社会为此付出的代价也是惨痛的。城市人口和外来人口之间的地域歧视、文化冲突，人心之间的猜忌、戾气、恶意，陌生人社会中的无序、冷漠、自私，都在重创这个社会，也在重创未来。②

---

① 《城市化的歧途还能走多远？》，http://blog.163.com/xinhong_2649/blog/static/2085759201112113111603/。

② 陈岚：《一个农民的原罪》，http://www.360doc.com/content/12/0924/14/94827_237901641.shtml。

问题青少年,被遗忘的青春

当今,随着经济体制的深入改革和社会文化生活的变化,道德和价值体系不断受到冲击,在道德和价值重构的过程中,对世界观尚未形成的青少年影响很大,一些青少年受多种因素影响产生了不良思想并导致行为偏差,成为问题青少年。

2016年12月,"北京市中关村第二小学'欺凌'事件"引发公众关注,将校园欺凌相关话题再次推向舆论风口。而在当下的中国,校园欺凌事件只暴露了问题青少年的冰山一角。心理障碍、性格孤僻、厌学、逃学、网瘾、酗酒、吸毒、性行为泛滥、少女怀孕、暴力行为、自杀、犯罪等问题层出不穷。今天,问题青少年类型及比例呈增长趋势。

问题青少年分为亲社会型和反社会型,其中青少年反社会行为与犯罪现象不容忽视。比如,犯罪率增加,青少年犯罪在整个刑事犯罪案犯中的比例越来越大;犯罪年龄呈下降趋势;犯罪在性别上女性增多;闲散青少年等群体违法犯罪凸显;家庭问题、失学和辍学问题严重;未成年人作案日益暴力化、犯罪化,集中于抢劫、强奸、盗窃、吸毒等。然而,无论哪种类型,并非不可干预。但是,一般而言,问题青少年集中在所谓的"差生"中。在功利化教育模式下,以及功利化社会的大环境中,无论是家长、学校还是整个社会,对于差生,往往或多或少存有歧视,他们自然会成为被抛弃的一群人。

而且,目前社会的关注更多趋于表面,关注不足,不仅从数量上缺乏控制,而且问题的严重程度也并未得到缓减。再加上,社会普遍将问题青少年视为"问题",对其进行排斥、抛弃。而这样的青少年大多也自暴自弃。的确,从行为本身来看,他们的行为可能是危险的、违规的、失常的,或是混乱的，但它毕竟还在显示生命的力量。

联合国将年龄介于 10~19 岁的那些人定义为青少年。青少年是人生发展的一个重要时期，问题青少年是任何一个国家和社会都存在的现实，不同的国家和社会对待问题青少年有不同的态度和举措。家庭及社会各界往往对问题青少年本身对他人或社会造成的影响更为关注并给予较多的辅助和关怀，如对校园欺凌事件的受害者，而对问题青少年的关注或者很少，或者歧视和排斥。发达国家在回应问题青少年这一议题探索较多，有纯公益模式，也有公私合作模式。例如，美国高盛集团启动的"社会影响债券"项目，以纽约市赖克斯岛监狱为项目主体，向年龄 6~18 岁的囚犯提供教育、培训和辅导。例如，英国万花筒戒毒康复中心的创始人艾瑞克·布莱克布鲁牧师至金斯敦社区赴任时，为频繁发生的年轻人斗殴事件伤透脑筋，尝试建立吸引年轻人喜爱的俱乐部，播放他们热爱的音乐，慢慢地他们不再打架。因年轻人吸毒现象严重，他将工作拓展到毒品治疗领域，由教堂工作者和志愿者为吸毒者提供服务。

由于中国对问题青少年关注甚少，非营利组织及政府等探索缺乏，该议题仍属较为前瞻性的议题，本文期望借助本年度观察报告引起社会各界的重视。问题青少年的出现与家庭因素、同伴因素、青少年自身因素、学校因素、媒体因素、社会因素等均有关，社会需要对问题青少年的"问题"采取积极的态度进行解决，为他们营造出一个安全温和、友善互助的学校、家庭、社区环境。

一 异样的青春

2014 年 4 月，国家禁毒委发布的数据显示，我国登记吸毒人数为 258 万人。仅 5 年时间，我国登记吸毒人数翻了近一番。青少年涉毒者比例明显上升。

2015 年 10 月 18 日下午，湖南省邵阳市邵东县发生一起"未成年人杀死女教师"恶性事件，震惊全国。沉迷网络的中小学生刘某（13 岁）、赵某（12 岁）、孙某（12 岁）三人预谋去新廉小学对在校教师实施抢劫。当日 12 时许，三人至新廉小学宿舍楼入室抢劫，持木棒殴打一名 52 岁女教师，并用布条堵住其嘴巴，终致女教师死亡。后刘某、赵某、孙某将女教师的手机及2000余元现金抢走。三人将尸体藏匿在卧室床底,并将现场血迹清理后逃离现场。10月19日,办案民警分别在邵东县城和廉桥镇将3人抓获。涉案3名未成年人是同村,刘某、赵某就读于同一所中学,一人初三,一人初二,孙某仅上六年级。三人中,刘某父母虽在家务农,但亲生母亲多年前已离家出走;赵某父母因诈骗目前在服刑;孙某父母常年在外打工。邵东县委宣传部一负责人称,三人均有网瘾。另据老师反映,3人经常出入网吧,甚至夜不归宿,作案后,他们仍然没事一样在网吧玩。① 因三人均不满14岁,为无刑事行为能力人,不负刑事责任,刘某等3名未成年嫌疑人被免于起诉,移送工读学校。

中国青年政治学院、中国儿童中心对大陆西南某地区援交状况的一项调查发现,从事援助交际的女性,从年龄看,主要集中在17~20岁,未成年人比例占了33%;从在校情况看,初中生比例为5.56%,高中生为44.44%,中专生为27.78%,大专生、本科生均为11.11%。从城乡地域看,44.4%来自农村,其余均来自省会城市。②

据法制舆情网监测中心统计,2013年1月至2015年5月,有关校园欺凌事件的公开报道量总体上呈上升趋势。2014~2015年,媒体曝光的校园欺凌事件共43起,发生地从大型城市北京、上海,到欠发达地区的广西、云南,从东北辽宁,到南端省份海南。③ 2015年,中国青少年研究中心针对10个省市的5864名中小学生调查显示,有32.5%的受访者表示自己在校时会"偶尔被欺负",另有6.1%的受访者表示,在校"经常被高年级同学欺负"。鲁瑶、徐子涵、袁昌佑开展的《校园欺凌受害者生存状况调查》显示,在校园欺凌中,精神暴力和身体暴力是最为普遍的形式。从数据来看,88位校园欺凌受害者中,超九成(高达94.32%)的受害者都曾在校园里遭受过同学的辱骂、讽刺、挖苦、孤立、冷漠、威胁、恐吓等精神暴力,近七成受害者遭受过身体伤害(主要表现为打、踢、踏、踩、掐、拧、推、扇耳光、扯头发、烫、烧等)。更严峻的是,半数以上的受害者曾遭受1年以上反复的、长时间的欺凌。④

世界卫生组织2014年5月14日发布《全球青少年健康问题》的报告显

---

① 《三名劫杀教师少年送工读学校》,《新京报》2015年10月21日,焦点A19版。
② 童小军:《青少年援助交际行为访谈报告》,《当代青年研究》2010年第8期。
③ 马婧:《应对校园欺凌,中国的意识远未系统化》,《中国新闻周刊》总第715期。
④ 鲁瑶、徐子涵、袁昌佑:《校园欺凌受害者生存状况调查》,http://dwz.cn/3Ank4d。

示,在10~19岁的男孩和女孩中,抑郁症是致病和致残的主要原因。①

从以上事例和统计数据可以看出,问题青少年已成为一个庞大的群体,一个个青少年遇到的问题,正发展为日益严重的社会问题。青少年成长问题不仅关系着家庭幸福的微观层面,同样关系着民族命运的宏观政治层面。② 如果这一群体的需求得不到有效的关注和满足,社会共同体的和谐运行就会出现裂痕。更为严重的是,如果这一群体在成年期前始终难以进入健康和健全状态,有许多人可能最终将触犯法律并危及社会的安宁。

缺少爱与归属感是这些问题青少年共同的特征。他们大多被团伙所吸引,转而寻求同龄人对自己的关注;为使自己获得安全感,他们有的用暴力保护自己,并确立自己在团伙中的地位;有的企图从性和毒品中寻求快乐,以消除自己的烦恼。在今天,对于这些青少年的关爱,不能止步于物质上的帮扶,精神与心理健康上的介入同样不可或缺。

当然,问题青少年议题十分复杂,许多问题互相交织,难以找到解决良策。例如,缺乏父母关心的青少年常常会出现心理和行为上的一些问题,青少年被忽略和受虐待的现象更是屡见不鲜。除明显的虐待行为之外,青少年的身体需要和情感需要也经常遭到忽略,这对他们产生的影响与遭受殴打没什么大的区别,有时甚至更为严重。而与一般青少年相比,被虐待和被忽略的青少年也更可能以同样的方式对待他人,更有可能接触性和毒品,而具有性行为的青少年又很可能成为未婚父母,使用毒品则更可能使青少年产生犯罪行为。逃学、沉迷网络、滥用毒品、过早性行为、打架斗殴、暴力行为交织在一起,很难说出谁是因,谁是果,更不要说解决对策。但是,不能因为问题的复杂性就回避,甚至抛弃他们。

与大多数青少年不同的是,他们有着不一样的青春,这样的青春是异样的,缺乏阳光,缺乏爱和关怀。谁来关注?谁有责任和义务?人们在进行任何一项工作时,肯定会进行各种权衡,某项工作是否有价值、是否有意义、是否值得、是否划算等。问题青少年需求的满足,对关注者的能力和资源有较高的要求,而且投入后见效慢,不会立竿见影。政府、学校、营利组织、媒体、NGO分别采取了不同的行动来关注问题青少年群体,但

---

① 《研究数据触目惊心,儿童与青少年也要警惕抑郁症》,http://life.ijntv.cn/health/fanghu/2014-09-11/413483.html。
② 〔法〕让-查尔斯·拉葛雷主编《青年与全球化:现代性及其挑战》,陈玉生、冯跃译,社会科学文献出版社,2007,第46页。

这些关注更像是蜻蜓点水。当然,相对那些普遍被关注的需求,比如,资助失学儿童、资助困难家庭等,问题青少年群体分散,需求表现分散、信息分散,他们的需求尚被认为是小众需求。

二 政府重视不足

客观上讲,政府在解决问题青少年的问题上的确能力有限。政府是公共服务责无旁贷的提供者。但是,由于自身财政资源有限,政府提供公共服务是有优先级的,首先回应的是社会最突出的矛盾,提供保障个人基本生活和发展权利所必不可少的底线公共服务,比如建立社会保障制度、义务教育制度、公共卫生和医疗救助制度等。[①]

其次,政府在解决社会难题方面有其固有的局限,尤其存在"抓大而难以抓小"的弱点,很难依据具体情况满足每一个特定的个体或特定群体的特殊要求。问题青少年这一群体个体差异大,需求千差万别,提供能覆盖这些千差万别的需求的公共产品,单靠政府的力量是难以胜任的。[②]

最后,政府基于维护政治稳定、社会稳定的意图,即便是关注问题青少年也主要将精力放在挽救有"严重不良行为影响到社会和谐稳定"的失足未成年人群体身上。"小错不管,养肥了再管"已成为政府在面向问题青少年工作中难以回避的尴尬。

政府出台专门的法律法规来保护青少年的身心健康,但执法无力。如,政府出台的《预防未成年人犯罪法》虽然规定了要立足于教育和保护,"从小抓起",对未成年人的不良行为及时进行预防和矫治,但并没有规定明确的负责部门和有效的措施。该法律只规定父母(其他监护人)和学校应当"严加管教",工读学校"应当严格管理和教育",并"应当加强法制教育的内容"。至于不满14周岁或者情节特别轻微免于处罚的未成年人,公安机关"可以予以训诫";不满16周岁不予刑事处罚的,责令父母"严加管教",必要时,可以由政府依法收容教养。这种不具操作性的法律使得在实践中,防微杜渐的预防工作常常难以发挥应有的作用。北京师范大学刑事法律科学研究院副教授何挺说,"很多时候,民警只能把这些孩子说一顿、

---

① 杨宏山:《论政府在公共服务领域的底线责任》,《学习与实践》2007年第5期。
② 中国现代国际关系研究院课题组:《外国非政府组织概况》,时事出版社,2009,第9页。

批评一阵就放出来,没别的办法。"① 又如,据统计,我国已制定和实施涉及未成年人网络保护的全国性法律、法规、部门规章与司法解释共53部。② 但屡屡有媒体触碰红线却不了了之,折射出执法的疏漏与无力。

在问题青少年的行为矫治方面,政府主要通过所举办的工读学校负责对严重不良行为但未达到违法犯罪程度的未成年人进行矫治和教育。目前,全国仅有67所工读学校且绝大多数"门可罗雀"。对于全国数目庞大的问题青少年群体,所起的作用微乎其微。更为重要的是,工读学校会给青少年贴上不良少年的标签,对青少年造成心理伤害。

当然,我们也看到了政府的"通知"和"意见"不断接踵而来。例如,2016年以来,政府陆续出台多项政策应对校园欺凌。2016年5月9日,国务院教育督导委员会办公室向各地印发《关于开展校园欺凌专项治理的通知》,要求各地各中小学校针对发生在学生之间,蓄意或恶意通过肢体、语言及网络等手段,实施欺负、侮辱造成伤害的校园欺凌进行专项治理。专项整治期间的整治措施包括展开批评教育、心理疏导,涉嫌违法犯罪行为的将立案查处。2016年11月,教育部等九部门印发《关于防治中小学生欺凌和暴力的指导意见》(以下简称《意见》)。该《意见》强调,对屡教不改、多次实施欺凌和暴力的学生,应登记在案并将其表现记入学生综合素质评价,必要时转入专门学校就读。对实施欺凌和暴力的学生必须依法依规采取适当矫治措施予以教育惩戒。对犯罪性质和情节恶劣、手段残忍、后果严重的,必须坚决依法惩处。但是,从实际情况看,即使出台了政策,校园欺凌依然屡禁不止。

除了国务院、教育部,最高人民法院也在为治理校园暴力而忙碌。他们的工作主要是梳理和调研过去几年校园暴力案件。6月初,最高人民法院公布了一份调研报告。报告直接指出,应该"加大对严重校园暴力违法犯罪的惩治力度"。

此外,个别地方的政府开始通过向社会组织购买服务的方式来关注问题青少年群体的需求。例如,从2011年开始,佛山南海桂城已出资130多万元向专业社工机构购买服务,在桂江二中、平洲四中、叠滘中学、罗村

---

① 李丽、张轶婷:《法律专家:挽救问题青少年,政府要向民间组织借力》,《中国青年报》2013年3月8日,第4版。
② 《网络立法保护青少年依然任重道远》,http://news.youth.cn/wztt/201404/t20140429_5112588.htm。

一中等学校试点"社工驻校",尝试的是"一校一社工"模式。但由于人才梯队青黄不接,优秀社工并不多,该模式还未在佛山南海大面积铺开。

令人欣慰的是,青少年问题已引起总理李克强的关注。2016年6月12日,中国政府网发了一条简短的消息,该消息称:"李克强对近期校园暴力频发作出重要批示。批示指出:校园应是最阳光、最安全的地方。校园暴力频发,不仅伤害未成年人身心健康,也冲击社会道德底线。教育部要会同相关方面多措并举,特别是要完善法律法规、加强对学生的法制教育,坚决遏制漠视人的尊严与生命的行为。"我们知道,国家领导人经常会针对某一突发的重大事件作出重要指示或批示。反过来说,如果某一事件接到过这样的指示或批示,那也就说明它已经是相当严重、需要引起高度重视。

三 教育系统采取措施不力

我国学校教育正处于由应试教育向素质教育转变的历史时期,应试教育的最大弊端是忽视学生思维力、创造力及个性的发展,忽略学生思想品德的培养,忽略问题青少年的教育,因而出现一系列道德教育衰退现象。

尽管政府一定程度上已认识到加强对青少年德育教育、心理健康教育的重要性,教育部也出台了相关政策,如2012年教育部印发的《中小学心理健康教育指导纲要(2012年修订)》及2014年教育部印发的《关于培育和践行社会主义核心价值观进一步加强中小学德育工作的意见》。然而,由于受到经济条件的限制、落后观念以及制度建设滞后等因素的影响,迄今为止,学校德育教育以及心理健康教育政策仍存在相当多的问题。特别是,心理教育经费政策、心理健康教育人员编制、上岗资格认定、心理教育教师职称评聘、教师心理教育工作评价、心理健康教育人员的继续教育、心理健康教育科研保障等,以及相应的开展好坏的责任等问题均缺乏相关的明确政策规定或硬性执行规定。[①] 具体体现在以下几个方面。

首先,学校教育观念陈旧、落后,形式主义严重。有些学校即便是名义上开展了一些活动,如开设了心理健康教育课程,建立了心理辅导室,举办了学生心理健康教育讲座等,但由于忽视了教育者自身思想观念的转

---

① 孟四清:《国外心理健康政策特点及其启示》,《天津教育》2014年第13期。

变和更新，缺乏正确的认识，最终只能流于形式。而有些学校，为应付检查、评比或达标，甚至不惜弄虚作假，名不符实地开展一些心理健康教育活动，形式主义极为严重。而现行教材中有关内容与青少年的心理诉求脱节，如"让小学生形成道德价值观、人生观"，在教学中成了空谈，没有实际效果。具体操作时也缺乏实效性，有的只是纸上谈兵，甚至由于所授内容与青少年的生理、心理相悖，使其"逆反心理"滋长，结果教师讲得越多，学生逆反情绪越强，严重影响思想品德教育工作的效应。

其次，师资队伍薄弱，专业人才匮乏。在美国，学校心理健康教育工作者与学生的比例是1:1500。据国家统计局发布的统计信息，2013年全国普通小学在校学生9360.5478万人，初中阶段在校学生4488.3526万人，高中阶段在校学生4369.9228万人，① 按照美国的比例，以全国1.8亿中小学生来计算，至少也要12万名从事学校心理健康教育的专业人才，而目前我国所有的心理学工作者总数远远达不到这个数目，况且也不都从事心理健康教育。另据调查，当前从事学校心理健康教育的教师大多数是半路出家，有团队干部、班主任、校医、政治课教师等，对心理学知识尤其是心理健康教育的基本知识缺乏必要的了解和掌握，使得学校心理健康教育空乏无力。②

最后，总体看来，大中城市、经济发达地区、东南沿海等地区重视程度高，普及面广，发展速度快。而小城镇、中西部经济不发达地区，特别是广大农村的中小学，无论是重视程度、普及面还是发展水平都很不理想，两者差距十分显著，特别是占人口多数的农村中小学几乎还是空白，地区差异大，整体水平偏低。

当出现问题青少年引发的事件时，学校的处理方式往往也不甚妥当。以校园欺凌为例，学校往往视校园欺凌为"家丑"，生怕张扬出去"有损颜面"，因此极力淡化。"中关村二小校园欺凌"事件，校方始终不认为此事件是欺凌。鲁瑶、徐子涵、袁昌佑开展的"校园欺凌受害者生存状况调查"显示，老师（校方）对该事件的处理方式，排名前三位的选项依次为"认为一个巴掌拍不响，受害者也有责任，不深加追究""没有处理"与"息事

---

① 国家统计局编《中国统计年鉴2014》，中国统计出版社，2014；俞国良：《中小学心理健康教育的发展》，《教育情报参考》2001年第3期。
② 姚本先：《我国学校心理健康教育：现状、问题、展望》，《课程·教材·教法》2003年第2期。

宁人"。①

另外，有一些专门为问题青少年开办的学校，已经形成了颇具规模的针对"差生"或者有不良行为的青少年进行教育的市场。主要包括：行走学校、拯救训练营、治疗网瘾学校之类。但是，这些曾被寄予厚望，本应为缓解问题青少年问题做出重要贡献的学校，却因其高盈利，以及学生人身权利难以保障、办学资质等问题，再加上连续曝光的"学生跳楼"、体罚致死，而声名狼藉，甚至被称作魔鬼学校。

四　媒体注重吸引眼球

无论媒体自身如何定位，其产品生产必须将社会效益放在第一位。然而，我们大部分媒体将商业利益放在首位，自我利益最大化。而且，尽管大多数媒体也配合政府进行舆论宣传和引导，但是我们经常看到的却是，当媒体关注问题青少年的时候，更多以吸引眼球、赚取广告费为目的，以社会热点、焦点来报道，而不是从应有的社会公器的角度去关注和引导。有时，媒体产品中所呈现的语境和价值观表达的倾向性甚至有误。比如，针对青少年暴力事件，某新闻以"三少年劫杀女教师，不负刑事责任将送工读学校"为标题，微妙语气上借"杀人却不用负刑事责任"的强烈反差吸引眼球。更为严重的是，观看媒体暴力是促使青少年攻击行为发展的一个因素，研究发现，过多地观看电视暴力可能会增加青少年攻击性行为的倾向性，且攻击性行为与观看电视暴力引起的情绪反应有很大程度的相关。②

青少年是媒体信息的重要消费者，他们除了上学和睡眠外，花在媒体上的时间比其他任何活动都多。然而，现代媒体在商业利益的驱使下，充斥着暴力、色情、炫富等不良信息，对青少年思想道德与价值观、青少年犯罪心理和行为方面产生了不利影响。研究表明，传媒暴力不但会对攻击行为产生明显的影响，同时还明显地影响着青少年的攻击性思想和情感。③

---

① 鲁瑶、徐子涵、袁昌佑：《校园欺凌受害者生存状况调查》，http://dwz.cn/3Ank4d。
② 曾凡林、戴巧云等：《观看电视暴力对青少年攻击行为的影响》，《中国临床心理学杂志》2004年第1期。
③ 李婧洁、聂衍刚、张卫：《媒体与青少年暴力》，《华南师范大学学报》（社会科学版）2004年第5期。

媒体色情内容导致性犯罪数量上升，媒介色情内容最直接的效果就是性唤起，然后影响青少年性态度和性价值观，导致婚前性行为和婚外性行为。①将"财富""豪奢""奢华"等核心概念作为一种主流价值观进行传播的炫富性新闻更容易导致青少年价值观向金钱倾斜。当金钱和财富至上、享乐至上的观念不同程度地进入青少年的个人生活价值领域时，他们的基本观念和行为就会出现背离社会规范要求的畸变。严重时还会引发不择手段获利以满足物质需要的行为，导致他们走上犯罪道路。②

与此同时，随着数字技术和通信技术的发展，以实时传播、双向互动、超链接等为优势的网络、手机媒体、移动电视、数字杂志等新媒体逐渐成为青少年获取和交流信息的重要渠道，青少年可以根据自己的时间、地点、兴趣、主动搜索、选择自己需要的信息。新媒体在带给人们惊喜和方便的同时，也成了人性弱点的展示平台，③传播者的平民化、传媒机构的企业化、网络环境的虚拟性和匿名性，导致监管相对困难，各种暴力、色情、假新闻、垃圾信息等充斥其中，④进一步强化了媒体所带来的负效应。

尽管政府出台了一系列政策法规整顿媒体行业，但实际上却屡现媒体频频触碰红线，折射出执法的疏漏与无力。据统计，自1994年国务院制定《计算机信息系统安全保护条例》以来，截至2014年4月，我国已制定和实施涉及未成年人网络保护的全国性法律、法规、部门规章与司法解释共53部⑤，但实际规范效果却很差。又如，2011年10月，国家广电总局下发《关于进一步加强电视上星综合频道节目管理的意见》，要求各广播电视播出机构要坚持把社会效益放在首位，不得搞节目收视率排名，不得单纯以收视率排名衡量播出机构和电视节目的优劣，但利益驱动下的盈利模式却使各种规定变成纸上谈兵。

另外，媒体报道以社会热点为导向，很难进行深入、系统性舆论引导。比如2014年5月27日，《新闻1+1》栏目曾对奶西村少年暴力事件进行解读，对事件原因进行反思，呼吁全社会要有所行动。但是，这种一次性的

---

① 雷代利：《媒体对青少年犯罪的影响研究综述》，《传播与版权》2014年第9期。
② 董娅、石雪：《拜金主义对青少年思想的影响及抵御对策》，《中国青年研究》2006年第7期。
③ 林三芳：《新媒体的责任缺失与责任担当》，《四川师范大学学报》（社会科学版）2010年第6期。
④ 郑建林：《青少年网络犯罪心理研究与防范》，《渤海大学学报》（哲学社会科学版）2011年第1期。
⑤ http://news.youth.cn/wztt/201404/t20140429_5112588.htm，中国青年网。

报道更多的是为观众呈现出当前的热点时事话题，并不能持续推动问题的解决。

五 家庭无奈

尽管很多理论和研究都认为，个体进入青少年阶段后其重心开始从家庭和父母转向同伴，但家庭依然对青少年的成长有着深远的影响。[1] 不良的家庭结构、家庭经济状况、家庭功能、家庭教养方式等因素与青少年问题行为的发生关系密切。

客观上讲，家庭的结构与问题青少年的出现有直接关联。不完整的家庭或父母长期不在身边，将影响对子女的教育。随着改革开放步伐的加快，这一问题愈加明显。一方面，农村剩余劳动力向城市转移的规模在不断扩大，出现了大量农村留守青少年。他们由于缺少家庭的亲情关怀和父母的有力监管，很容易走上违法犯罪之路。[2] 另一方面，日益开放的生活观念和宽松的婚姻观使得离异家庭增多。离异家庭子女因缺少父爱或母爱，而易产生不安全感、自卑，甚至产生偏差行为。

许多家长也缺乏科学的教育观念，往往站在个人的立场上来教育子女，凭自己的个人意愿安排子女的命运，父母对孩子的理解往往"一厢情愿"，有些家长把子女看成是光宗耀祖、出人头地的工具，在孩子身上相互攀比，比考试分数，逼着孩子学习钢琴、美术、舞蹈……子女并没有作为具有独立生存价值的个体受到尊重。有些家庭忙于事业工作，忙于赚钱，忙于玩乐，从不过问子女的学习生活，思想发展变化；或借口自己工作忙，把养育孩子的责任交给老人。由于祖辈容易娇惯、溺爱孙儿，易使孩子养成自私、为所欲为等不健康的性格和品行。[3]

而不良的教养方式与儿童青少年问题行为的发展有实质性的联系，家庭对待子女过分严厉或过分放任都会产生不良后果。现今青少年大多是独生子女，有些家长过于溺爱子女，使他们养成了骄横、任性、乖戾、唯我

---

[1] 胡宁等：《家庭功能与青少年问题行为关系的追踪研究》，《心理发展与教育》2009年第4期。

[2] 疏仁华、郝梅梅：《农村家庭"空巢"与留守青少年犯罪——以G市为例》，《山东省青年管理干部学院学报》2009年第5期。

[3] 付敏：《家庭教育缺失现状分析及对策》，《科技信息》2009年第7期。

独尊的性格；有些家长对待孩子严而出格，动辄脾气暴躁，火冒三丈，或不问缘由非打即骂，严重伤害子女的自尊心，容易使其产生逆反心理。家庭氛围紧张会使青少年感到不安全和不满，长期的家庭紧张会削弱家庭的凝聚力并影响家长营造教育青少年的氛围和解决问题的能力。与父母存在沟通问题或与父母沟通较少的儿童青少年更有可能出现问题行为。[1]

当恶性事件在青少年身上发生时，往往得不到家庭妥当的处理。以校园欺凌事件为例，从鲁瑶、徐子涵、袁昌佑开展的"校园欺凌受害者生存状况调查"来看，家长的处理方式呈现三种倾向：第一类家长"不作为"，即"认为受害者无病呻吟""反应淡漠""息事宁人"，占35.23%；第二类家长"有作为"，方式通常为"直接找到施暴者解决""协同校方解决"或"以暴制暴"，这类家长占32.95%。第三类家长则毫不知情，未能处理。[2]

在面对问题青少年的时候，有的家长病急乱投医，盲目为孩子找心理医生或将孩子送入所谓特殊教育学校、矫正训练中心等问题少年的"魔鬼训练营"。或者，有的家长束手无策，选择放弃。比如，对待青少年早恋问题，家长既不敢轻易"审查"孩子的日记、手机短信、QQ聊天记录，又惶惶不可终日。家长往往面对子女厌学、逃学、早恋、酗酒、网瘾、吸毒等叛逆行为和违法违纪行为时，几经折腾，开始持悲观态度，对子女失去信心，放任自流。

六 教育 NGO 在哪里

面对问题青少年，NGO 可以发挥很大的作用。比如开展针对青少年的青春期健康教育、开展针对家长的"沟通之道"项目，帮助家长建立起沟通的技能，就敏感问题、社交安全问题、跟什么人交往、遇到紧急情况怎么处理、怎么和同伴建立和谐友好的关系、怎么建立亲密关系与孩子进行沟通。与此同时，NGO 还可以呼吁政府、媒体、学校作为。

但是，我们看到的现实又是什么？大量教育 NGO 扎堆，包括资助者和

---

[1] 蒋索、何姗姗、邹泓：《家庭因素与青少年犯罪的关系研究述评》，《心理科学进展》2006年第3期。
[2] 鲁瑶、徐子涵、袁昌佑：《校园欺凌受害者生存状况调查》，http://dwz.cn/3Ank4d。

实操者！而问题青少年精神与心理健康以及就业等发展需求如此之迫切，却被忽视。可以说，这样的需求已不是"蓝海"了，但被置于"蓝海"，且置于几乎不被开发的"蓝海"，这一事实是否是教育NGO领域的痛点？

今天，我们期望以问题青少年为例，揭一揭NGO领域的痛点。为什么？不是因为教育NGO领域不优秀，而是因为它不够优秀，因为它一定程度上满足现状，故步自封，忽视或漠视新问题的出现，不去啃硬骨头！

的确，一些NGO在关注问题青少年这一群体，为他们提供公益产品。北京市海淀区睿博社会工作事务所的"深宵外展"项目，由专业社工组成小组，夜晚定期到网吧、台球厅、夜餐店等24小时营业场所，帮助和引导需要救助的青少年。项目的根本目的是防止再犯罪，或者说预防犯罪的发生。东莞市普惠社会工作服务中心的"蓝天"行动——东莞市重点青少年群体成长促进计划，主要为6~25周岁有不良行为或严重不良行为的青少年提供专业服务。2002年，由上海浦东新区社会发展基金支持的"简易小学"项目开始尝试社工参与青少年教育，项目派驻了5名社工到6所民办的外来务工人员子弟小学，做精神支持、行为辅导等工作。2007年前后，南都公益基金会在北京尝试开展驻校社工项目，将"一校一社工"制度引进北京的新公民学校即打工子弟学校。

但是，令人遗憾的是，目前关注问题青少年这一群体需求的NGO少之又少，且大多数分布在北京、上海、广东等经济发达地区，无法解决大部分地区，尤其是边远地区、贫困地区的问题。

今天的公益领域存在着这样的矛盾，一方面大量NGO"扎堆"，比如资助失学儿童，资助困难家庭等；另一方面，其他人群的需求又得不到满足，比如对问题青少年的关注很少。NGO缺乏公益市场细分意识，不愿或无力进行新公益产品的开发与"生产"。

每个NGO需要关注的需求有很多，它需要在众多细分需求中找到自己可以回应的需求，即组织的所作所为需要"量力而行"，发挥其长处，规避其短处。很多教育NGO有能力超越所进行的传统需求的干预，而需时时保留一点空间和精力不断地挖掘新需求，进行新的探索，为其他NGO及整个教育NGO领域做出表率。的确，小型组织可能受限于视野、专业性、资源拓展的限制。但是，众所周知，大型NGO在今天完全具备关注和开发这片"蓝海"的能力。1992年初，希望工程的善款额度只有1111万元，截至2014年12月31日，中国青少年发展基金会的总资产已经超过10亿元。在这20多年间，中国的公益市场也从希望工程"一骑绝尘"发展至如今的"万马奔腾"。①

1. 数量及所占资源并不少

公益市场越来越成熟，NGO 的规模和涉足领域均较过去有所扩大。根据民政部发布的《2015 年社会服务发展统计公报》，全国共有社会团体 32.9 万个，比上年增长 6.1%。其中：工商服务业类 3.7 万个，科技研究类 1.7 万个，教育类 1.0 万个，卫生类 1.0 万个，社会服务类 4.8 万个，文化类 3.3 万个，体育类 2.3 万个，生态环境类 0.7 万个，法律类 0.3 万个，宗教类 0.5 万个，农业及农村发展类 6.2 万个，职业及从业组织类 2.1 万个，其他 5.3 万个。全国共有各类基金会 4784 个，比上年增加 667 个，增长 16.2%，其中：公募基金会 1548 个，非公募基金会 3198 个；民政部登记的基金会 202 个、涉外基金会 9 个、境外基金会代表机构 29 个。公募基金会和非公募基金会共接收社会各界捐赠 439.3 亿元。全国共有民办非企业单位 32.9 万个。其中：科技服务类 1.6 万个，生态环境类 433 个，教育类 18.3 万个，卫生类 2.4 万个，社会服务类 4.9 万个，文化类 1.7 万个，体育类 1.4 万个，商务服务类 3355 个，宗教类 114 个，国际及其他涉外组织类 7 个，其他 1.9 万个。②

教育公益行业在组织总量和活跃机构数量上均出现了较大比例的增加。教育公益组织的工作重心从城市向西部、偏远和经济落后地区转移的趋势非常明显。某项调研显示，2009~2013 年是教育公益行业迅速发展的时期，这一时期由于政策、环境等的影响形成了一批发展较为稳定的教育公益机构。机构规模稳中扩大，出现了一些 21 人以上的实操类教育公益组织，行业不稳定状态得到了一定的改善。尽管从运作经费来看，教育公益组织的规模，特别是资金规模还不大，4 年时间里具有 50 万元以下运作经费的机构仍是主体，但每年运作经费在 50 万元以上的机构比例有较为明显的增加。整体而言，教育公益组织和教育公益行业呈现出稳步上升的趋势。③

---

① 《"万马奔腾"中，公益机构何处去？》，《人民政协报》，http://news.xinhuanet.com/gongyi/2015-08/05/c_128095013.htm。
② 中华人民共和国民政部：《2015 年社会服务发展统计公报》，http://www.mca.gov.cn/article/zwgk/mzyw/201607/20160700001136.shtml。
③ 刘胡权、刘叶：《我国教育公益组织的新变化及未来发展（2009—2013）》，《中国教师》2014 年第 9 期。

2. 应弥补政府不足

对于问题青少年这个议题，政府与市场存在明显的失灵或缺失。第三部门的功能是在政府和市场失灵的时候，发挥拾遗补阙的作用，这正是它存在的价值。① 第三部门是提供公共产品的部门，面对社会多样化需求，在同等条件下，对政府提供的公共产品不满意的群体数量越大，第三部门提供公共产品的规模就应越大。②

面对多样化的需求如何满足？借助市场营销学中市场细分的概念可以回答这个问题，即 NGO 依据受益群体需求的差异性和类似性，把整体受益群体按一定标准划分为若干个不同的受益群体，再根据自身能力及所拥有的资源从中选择一个或几个需求作为自己公益产品瞄准的目标。一家 NGO 不可能解决所有社会问题，所谓术业有专攻，需要不同的 NGO 占领不同的细分市场，分别解决不同的社会问题，从而满足多样化的社会需求。

目前，教育产品供给单一化，并且教育 NGO 领域重复"开发"现象严重，与政府提供的公共服务重叠，致力于问题青少年的专业化 NGO 寥寥无几。而且教育 NGO 联盟、平台和资源整合并不多，不仅造成资源浪费，也限制了行业整体的发展。

教育 NGO 在改善教育品质方面独具优势，由于它的主体性和灵活性，应能够更加注重满足青少年的真实需求，也应据此开发和提供更为多元的教育公益产品。当然，我们也看到，开发和提供基础类多元教育资源的公益组织正在成为教育公益组织数量增长较快的一个群体，它们提供的课程内容更为广泛，教育手段和方法更为灵活，多元性明显增强。例如，真爱梦想的"梦想课程"、爱聚公益的"一公斤盒子"、歌路营的"新一千零一夜"、西部阳光的"儿童社会化综合课程"、彩蝶计划的"乡土童谣"、亲近母语的"系列阅读课程"等。

3. 需具有挑战精神

随着社会的发展，物质匮乏的需求减少了，公益组织需要用发展的眼

---

① 中国现代国际关系研究院课题组：《外国非政府组织概况》，时事出版社，2009，第 12 页。
② 冯叶：《社会救助中政府与非营利组织互动关系研究》，硕士学位论文，湖南大学政治与公共管理学院，2010。

光发现、解决更深层次的社会问题，需要瞄准前瞻性的需求。与政府相比，教育 NGO 的行为较少受到政治和其他人事等因素的干扰，相对来说，主动性较大。在前瞻性的议题上可以大胆尝试，不要害怕风险。

当然，并不是谁都愿意去承担风险的。教育 NGO 关注那些具有前瞻性的议题，要在追求公益项目上有所突破、有所尝试、有所创新，往往存在一些风险。如这些 NGO 以具体项目来进行资金筹集时，就有义务尊重捐赠人的意愿将资金用于筹资承诺时的领域和目的，此时一般不能进行风险高的实验性项目，一旦项目失败，捐赠人会对其作为和能力产生怀疑。另外，自主创新本身也不易，再加上政府对创新类公益组织控制较多，而通常众多公益组织也想"搭便车"，且自我组织能力有限，这是一个无奈的现实。在这种情况下，需要有一些领先的 NGO 来扮演先导者、先锋者的角色，承担探索和开拓的风险。

面对这种情况，一些大型公募基金会或非公募基金会可以拿出一部分非定向捐赠或者通过投资增值获得的资金进行一些风险性资助，推动 NGO 进行项目创新和开发，这对基金会来说是必要的，也很重要，它能够为基金会自身发展以及为进一步解决社会问题和筹集更多的资金进行准备。对于非公募基金会而言，它们可以进行风险资助的余地也相对更大，尝试新的探索将推动社会变革和深层发展。①

4. 进行专业储备

问题青少年的议题非常复杂，需要有 NGO 在理念与需求间开辟出可行路径。例如，香港建立了较完善的社会服务体系用于当事人（受害者及欺凌者）的社会心理康复。就青少年服务而言，每个学校都会配备至少一名学校社工，对于一般的青少年每个社区都设有综合青少年服务中心，对于边缘青少年也配备了区域性的青少年外展服务队；另外针对不同需要的群体，会有违法者服务、夜场少女服务、吸毒者服务、性侵害受害者服务等常规设置或者项目性的服务。可以这么说，当青少年遇到任何问题时，总有一个专项服务是可供寻求帮助的。当一个学校出现了欺凌事件，学校社工会首先评估介入，对受害者的心理进行辅导，若情况较严重，可转介给专门的青少年心理辅导服务中心或临床心理学家，对欺凌者进行心理辅导

---

① 《做不一样的资助型基金会：公域合力管理咨询的价值创造 6 条资助建议》，第 74 页。

及行为矫正；若其行为问题较严重或有街头童党情况，可转介给专门的青少年心理辅导服务中心、地区青少年外展队等；对学校一般同学进行教育及预防性介入；对家长管教方式进行辅导，若情况严重，可转介给地区家庭综合服务中心。①

目前来看，中国内地针对问题青少年提供服务的 NGO 在专业性方面的短板较为明显。教育 NGO 的现实实践呼唤着专业化本土机构尽快成长。随着外在环境的逐步改善，教育 NGO 资源与人才短缺的情况将有所改变，规范化和透明化程度会大大加强，专业化水平也会逐步提升。外在环境变化和多方力量介入使教育公益组织必须将自身建设提上日程。这种"倒逼"有助于改善组织专业能力。

5. 以行动推动变化

在公益领域发展的链条当中，基金会更重要的角色是资源的提供者和引领者。中国的基金会，一部分是 GONGO，在很大程度上受政府的影响，自然更多关注政府关心的诸如"上不起学"、"吃不饱饭"等需求，很少关心学生心理健康、精神层面以及职业就业和道德层面的事情。还有一部分是非 GONGO 基金会（大部分是原称的非公募基金会），其中有些发展得还不成熟，基金会的使命和战略定位不清晰，因此对于资助什么样的项目不了解，只能跟着 GONGO 走，学习成本低、风险小，导致单纯低端散财项目扎堆。面对问题青少年这个比较新且比较复杂的议题，没有什么经验可借鉴、可复制、风险大，自然会被该类基金会屏蔽。有些优秀的基金会尽管关注到了这个议题，却苦于找不到可以资助的具体做事的专业性强的 NGO 而作罢。

优秀的资助型基金会需担当引领变革的重任，探索新领域，开展一些非常规的公益项目。尽管有风险，但这是必须承受的代价。这样的基金会可通过资金引导作用，激励 NGO 投入该领域，探索该议题的解决。这样做的好处很多，如 NGO 在新的领域开发新的公益产品，将激发更多的主体参与、驱动创新，引领公益变革，最终通过潜移默化的过程，以及自身的实际行动来感化其他的 NGO 加入。

---

① 赵钰：《香港社工如何处理校园欺凌：受害者、欺凌者都需要帮助》，http://dwz.cn/3B5oNF。

七　结语

需求市场会不断升级，需求也会越来越细化。随着匮乏性需求的逐步满足和社会公众对理想教育的追求逐步明确，教育 NGO 的格局将会发生显著变化，重视发展性需求问题的教育 NGO，会成为教育公益领域未来重要的增长类型。

在经济快速发展的今天，实际上不只是问题青少年这一问题需要被公益领域提到重要日程上来，其他需求也越来越强烈，比如单亲妈妈、未婚妈妈等特殊群体的需求，又如家庭暴力中受害妇女的需求，还有犯罪父母的子女监护需求……种种特殊需求难以通过普适性的政府福利保障体系予以保障。对于这些很少被关注且议题复杂的被边缘化的特殊群体，NGO 应当关注该类细分群体的需求，发挥自己的能力和优势，开发满足这些群体需求的产品和服务。

中国的教育处在一个呼唤变革的时代，需要很多政策支持、公众倡导、社会参与，在这个过程中公益组织能够起到很大的作用。令人欣慰的是，致力于细分市场的 NGO 正在增多。如公共政策和政策影响类教育 NGO，它们一是关注教育政策和公众话题，扩大媒体传播，推动公众参与；二是以调查研究传播带动行动，致力于改善教育的宏观环境。尽管这类组织刚刚萌芽，能力相当不足，但这类组织所面对的潜在需求巨大。又如，开发和提供多元教育资源的教育 NGO，它们的方向是关注和实践教育的多元价值，从不同的知识、学科、关怀，从不同的背景出发，提供多元的教育资源。他们所关注的内容有：传统经典文化传承；乡土文化与地方性知识、社会意识与公民精神、艺术欣赏与体验，开发教育的艺术价值；人格养成与心理健康；阅读与自主学习；经济自立、生活自立的常识、科学兴趣与尝试；生命教育与性别意识。尽管它们在正规教育体系内被边缘化，很难成为教育主流，而且对教育品质的提升短期影响有限，且从数量来说也太少，但难能可贵的是，它们都在坚持自己非常细小的一个细分方向默默地耕耘着。

最后，需要指出的是，虽然 NGO 在解决问题青少年这类议题方面有其独特的功能与价值，但面对问题青少年这类分布广泛的群体，单靠 NGO 的力量来解决这类议题是很难的。对问题青少年这一社会性议题，还需要得到政府的有力支持以及媒体的关注来共同面对。

第三部分
典型案例

▶ 典型机构
典型项目
典型事件

现三册合代

例案望典

国际狮子会如何做大做强？

狮子俱乐部国际协会（The International Associaton of Lions Clubs），简称国际狮子会。创建于1917年，总部位于美国伊利诺伊州芝加哥城外的橡树溪。目前拥有46000多个服务队[①]，遍布全球210个国家和地区，会员人数140多万。[②] 是迄今为止，历史最悠久、会员人数最庞大、服务范围最广泛，不分国家、民族、种族、性别和宗教的志愿服务团体。

国际狮子会始于芝加哥一位从事保险业的企业家茂文钟士（Melvin Jones）先生的理想，他认为当地的商业俱乐部会员应该关注商业议题以外的事物，并为达成美好的社区与世界而尽心尽力。他的想法很快得到芝加哥企业圈的呼应。在联系全美性质相近的团体后，于1917年6月7日在美国伊利诺伊州芝加哥召开了组织会议。这个新组织以其中一个小团体的名字命名为"狮子协会"，国际狮子会的故事就此展开。

国际狮子会在成立早期呈爆炸式增长，尤其是最初3年，会员人数平均每年以100.53%的增长率递增。1917年末，国际狮子会成立3个月即拥有25个服务队，会员800名。1年后，服务队达到28个，会员1526名。1919年，拥有42个服务队，2364名会员。到了1920年，拥有服务队113个，会员6451名。[③] 1920年，国际狮子会在加拿大成立第一个服务队，从此登上国际舞台，国际狮子会开始了全球扩张之路。1926~1927年，墨西哥、中华民国（天津青岛）、古巴陆续加入。1927年，共有1183个服务队，60000

---

① 英文是Club，直译"俱乐部"，在港澳译作"属会"，在台湾译作"分会"。在中国大陆，根据国情和民政部门的要求，称为"服务队"。
② http://www.lionsclubs.org/TC/who-we-are/index.php.
③ 《国际狮子会的会员发展历程（一）》，http://blog.sina.com.cn/s/blog_54d530d30102vujm.html.

名会员，与 1920 年相比，会员人数增长了近 10 倍。20 世纪 50～60 年代因欧亚非三洲的服务队相继成立，国际狮子会的国际范围越扩越大。近 100 年来，国际狮子会成为全球最大的服务团体组织。

国际狮子会通过服务产生广泛的影响力。服务活动类型多样，包括社区服务、灾难援助、环保、卫生健康等。随着会员扩展到全世界，为了放大会员的服务力量，1968 年，成立国际狮子会基金会（LCIF）作为国际狮子会的慈善机构，通过人道服务、国际灾难救助和职业训练等活动，来支持全球会员服务当地和全球社区。国际狮子会基金会的资金主要来源于全球各地会员的捐款，仅 2014 年 7 月 1 日至 2015 年 6 月 30 日一年时间，全球狮子会向国际狮子会基金会捐款总额达 24805974.98 美元。视力第一项目是基金会最突出的成就，1999 年以来，国际狮子会基金会通过与前美国总统吉米·卡特的非营利组织卡特中心高规格的合作，提供超过 2 亿 7100 万人次的治疗，挽救了数百万人的视力。2007 年 LCIF 被英国《金融时报》评为"全球最佳 NGO"。

国际狮子会在地区的发展有一定规律，一般成立初期为会员人数高速发展阶段，在发展到一定程度后会员人数则趋于稳定甚至下降。在国际狮子会发源地的美国，国际狮子会就面临着会员人数下降和会员老龄化的趋势。① 例如，美国伊利诺伊州芝加哥地区 2010～2014 年会员发展趋势报告显示，会员年均退会 238 人，年均增加 190 人，年均净减少 48 人。又如，位于美国的泰勒服务队于 2015 年 2 月在 Youtube 发布了一则"狮子俱乐部寻找年轻会员"的视频，泰勒服务队最多时曾有 100 位会员，但是在过去的 20 年里会员人数迅速下降，这个有着 80 年历史的服务队目前仅有 33 位活跃会员。②

但令人振奋的是，国际狮子会有一套包容各个国家的共性和差异性的组织构架、文化、制度和机制，能够在全球各个国家落地生根、发展壮大，始终吸引着更多的新鲜血液补充进来，使得整个国际狮子会越做越大、越做越强。改革开放以来，中国民营经济的蓬勃发展，催生了以私营企业主为主体的首批中产阶级，为国际狮子会进入中国创造了条件。2002 年，国

---

① 朱健刚、景燕春：《国际慈善组织的嵌入：以狮子会为例》，《中山大学学报》（社会科学版）2013 年第 4 期。

② http://www.tylerpaper.com/TP-My + Generation/212993/lions-club-seeking-younger-membership.

际狮子会正式进入中国大陆，直到今天依然处于高速发展阶段。中国狮子联会 2015～2016 年度工作报告显示，截至 2016 年 4 月 30 日，会员总数为 37486 人，增长率为 44.34%，会员保留率为 79.32%。服务队 1049 支，增长率为 26.42%。

国际狮子会的会员与一般互益型营利俱乐部或非营利俱乐部的会员有着巨大的差异，他们一方面是会员，同时其最重要的身份是志愿者。会员身份的双重性，使得国际狮子会在经营和运营时有着完全不同的理念、文化、制度和机制，这些有效地吸引着新的会员加入进来。

志愿者是任何志愿服务组织非常重要的资本，如何吸引、凝聚志愿者是每个志愿服务组织都必须潜心探究的问题。1917～2017 年，国际狮子会走过 100 年，称得上是一家"百年老店"了。100 年中，多少人抱着各种想法走进来，又有多少人因各种原因离开，但国际狮子会依旧健康地发展着，青春常驻，几乎没有任何丑闻，这是个奇迹。其中，必有其独特的发展魅力。可以说，其发展魅力在于国际狮子会深知会员的价值远远超过会员缴纳的会费和各类捐赠本身，因此，国际狮子会在会员身上做足"文章"，会员也清楚并体悟到他们在国际狮子会的收获也远远超过缴纳会费和各类捐赠本身的价值。

历经百年而不衰的国际狮子会是如何吸引、凝聚一批目标会员开展志愿服务的？它是如何推动会员持续参与、激发其领导力，并使日益庞大的志愿者组织有效运转的？对这些问题的回答，对现在中国不断崛起的志愿者群体及其组织具有参考和借鉴意义。

一　国际狮子会锁定的目标会员

任何组织在吸纳会员时都有特定对象，只有明确地知道了目标群体的特征及需求，进行针对性强的沟通，更好地触动受众，才能吸纳更多的会员，国际狮子会也不例外。从国际狮子会官方网站公布的会员入会条件来看，凡是在社区有良好的品德和德高望重的人才可以成为国际狮子会成员。这些条件看似宽松，并没有明确说明锁定的是哪类目标群体，但实际上，国际狮子会的入会门槛非常有讲究。为此，国际狮子会建立了极有讲究的入会门槛，以精确吸引目标会员——中产阶级。

首先，国际狮子会要求会员具有较高的收入水平。国际狮子会规定会员的义务之一是"缴纳会费"，新会员需缴 25 美元的入会费，每年需缴 43 美元的国际会费，另支付复合区、区及服务队会费。实际上，会员所缴纳的费用远不只此。每次例会，会员餐费自理，还要积极捐款资助国际狮子会的服务活动，参加各种庆祝活动，总花销不是一笔小数目。

其次，出钱、出心、出力、出席，是国际狮子会对会员的核心要求，只有经济状况较佳的人才有较多的可支配时间及心力参与国际狮子会活动。孙茹在《〈国际非政府组织〉专题之五：国际狮子会》一文中指出，国际狮子会成员来自各行各业，但多数为"社会精英、工商俊杰"，主要由企业家、经理、医生、律师、政府官员、教师和热心公益事业的社会活动家组成，也就是我们所说的"中产阶级"。

值得注意的是，在不同的国家和地区，狮子会锁定的"中产阶级"有着不同的内涵，具有极强的包容性。例如，在美国，狮子会的会员构成包括官员、校长、警察等社区领袖，医生、会计师、律师、银行家等当地专业人士，以及企业主等工商界人士。在中国，狮子会的会员主体为私营企业管理者。[①]

1. 有钱有"闲"

财务自由是狮子会会员的特征之一。国际狮子会会刊《狮子杂志》2016 年 7 月统计的全球狮子会成员的人口变量显示，狮子会会员家庭年收入的平均数为 99600 美元，中位数为 76300 美元。[②] 而美国联邦人口调查局公布的 2014 年度全美各州家庭收入情况显示，2014 年美国家庭年中位收入为 53657 美元。由此可见，狮子会会员的收入水平普遍较高。

狮子会会员必须有较充足的空闲时间以参与志愿服务和会员活动。狮子会期望会员能利用他们空闲的时间和精力投入到狮子会事务中，他们必须出席会议、亲身参与志愿服务活动。朱健刚团队开展的"2014 年中国狮子联会全国会员调查"显示，几乎一半以上的会员年度志愿服务时间超过 100 个小时，有 15.6% 的会员志愿服务时间在 300 个小时以上，这就意味

---

① 夏循祥、景燕春、刘艺非：《志愿组织的专业转型：以中国狮子联会为例》，载朱健刚主编《中国公益慈善发展报告（2014）》，社会科学文献出版社，2016。
② http://dwz.cn/3SplRH.

着,有近 1/6 的会员,每天至少有 1 小时在为狮子会的各种事务忙碌着。①对一些会员而言,狮子会事务已成为他们的"主业",而自己的本职工作则变成了"副业"。而一旦担任了服务队的会(队)长和区会的总监,更是需要将 90%以上的时间投入到狮子会的事务之中。例如,2013~2014 年度哈尔滨狮子会主席许武顺身为哈尔滨顺达实业发展有限公司董事长,企业发展稳定,不需要亲自打理,使他从常规性的工作中解脱出来,有较充足的时间与精力投入狮子会的事务中。

2. 服务社会的情怀

国际狮子会吸引的会员追求"自我实现"的满足。荣誉和认同是财富之后和财富之上的需求。作为中产阶级,他们低层次的"生理需求和安全需求"得到满足,且中等层次的"感情需求和尊重需求"也得到了较好满足,开始追求高层次的"自我实现需求"。慈善消费成为他们重要的消费方式。随着财富的增长,如何消费金钱成了很多城市精英和富人头疼的问题。满足感官享乐欲望的消费在一定时期的膨胀之后很快让人感到厌倦,并且这种消费如果过度,会给自己带来身体健康、家庭关系以及社会声望上潜在的破坏。一种追求健康快乐、环境友好以及文化品位提升的消费观在富人群体中兴起,慈善正是在这样一种新的消费主义影响下成为富人重要的消费方式。对他们来说,慈善捐助和志愿服务可以让自己体验感动、舒缓心情、获得尊重、建立友谊,因为看到慈善行为带来的这么多益处,他们会在自己用于消费的财富中调整支出比例,力图在慈善消费中,得到从其他消费行为中很难得到的精神上的快乐。② 他们需要通过服务社会来提高自己的道德水准,提升社会形象,获得自我实现。作为一个以开展志愿服务为宗旨的志愿服务组织,国际狮子会恰恰满足了中产阶级贡献社会的责任、获得尊重感、追求自我实现的精神需求。广东狮子会 2009~2010 年会长雷建威说,"在狮子会最大的成就感来自自己的精神层面,感觉最大化实现了自己的人生价值,借助狮子会平台服务了社会,让世界更美好!"③

---

① 朱健刚、景燕春:《国际慈善组织的嵌入:以狮子会为例》,《中山大学学报》(社会科学版)2013 年第 4 期。
② 朱健刚:《反思富人慈善》,《文化纵横》2010 年第 12 期。
③ 引自本报告撰写团队对受访者的访谈记录。

3. 一定的专业性、领导力和影响力

中产阶级本身具有一定的专业性、领导力和影响力，这与国际狮子会这个平台可谓相得益彰。一方面，他们本身具有一定的专业性和领导力，他们了解社区的需要，在组织、参与狮子会的各种活动中可以驾轻就熟，如鱼得水，有所作为；另一方面，他们也希望进一步提升自己的领导力，以促进自身事业的进一步成功。而狮子会的平台，恰恰为他们提供了提升领导力的机会，成为他们自身成长的平台。1991～1992 年度的国际狮子会总会长 Donal E. Banker 说，"他们（国际狮子会的会员）成功、有活力、富有前瞻性并具有解决问题的能力。"会员统计数据也证明他们是一群有领导力的人。如，2016 年国际狮子会会刊《狮子杂志》公布的全球会员人口统计概况显示，56.9% 的会员职业为执行/管理职务。[1] 朱健刚团队开展的"2014 年中国狮子联会全国会员调查"显示，在职业上，40.70% 的会员为其所在企业、机关、单位的领导人或负责人，15.41% 的会员为经理或中层管理人员。[2]

二 国际狮子会独特的定位

人有利己和利他的双重本性。单纯互益性组织，难以通过公益活动激发会员的参与热情；单纯公益性组织，又比较松散，会员缺乏足够的参与动力。而以"成为社区和人道服务的全球领导人"为愿景的狮子会，是把人性的利他和利己结合起来的美妙设计。会员在提供服务的过程中获得了双重回报：一方面，使自己的"恻隐之心""爱人之心"得到了充分表达，提升了社会声誉，得到了更加广泛的社会认可；另一方面，在志愿服务过程中收获了即时的快乐，拓宽了事业，结交了朋友。这种双重回报使国际狮子会吸引着以工商界和专门职业界人士为主体的中产阶级的加入。[3] 深圳狮子会高新服务队 2015～2016 年度队长李桦说，"狮子会一方面是俱乐部，

---

[1] http://dwz.cn/3SplRH.
[2] 中山大学中国公益慈善研究院：《2014 年中国狮子联会全国会员调查数据分析报告》。
[3] 朱健刚、景燕春：《国际慈善组织的嵌入：以狮子会为例》，《中山大学学报》（社会科学版）2013 年第 4 期。

另一方面是志愿者组织,两者的结合让他们存留。"①

1. 互益性

满足会员需求作为首要目标是国际狮子会互益性这一定位的体现。从培训、鼓励到嘉奖,狮子会总是想办法满足会员的需要和期望,确保可以为会员不断地带来价值。比如,国际狮子会规定,大多数例会都要有一个让会员们受益的活动。如为企业人士创造结交人际关系的机会,鼓励他们交换名片,并将他们的所在行业记录到服务队的名册中。② 深圳狮子会 2012~2013 年度会长苏泽然说,"狮子会除了强大的社会公益功能之外,还关注狮友个人的发展,让这些中产阶层在个人素质、领导才能、精神层面得到提高和发展,这是组织发展延续的重要工作。"③

狮子会帮助会员获得个人及专业上的成长,并且让他们知道他们所做的是值得并且被感激的。会员在狮子会收获了尊重与成就、乐趣和友谊、领导能力、人际关系、国际交流的机会、家庭亲善。会员们这样描述他们在狮子会中收获的领导能力:"个人发展机会不胜枚举。我得以运用并发展在公开演讲方面的天赋,而且也学习到如何在理事会会议中应对进退。""狮子会给予我成为服务队领导人的机会,这激发我做事更有组织性。如同领导自己的事业一般。"在获得人际关系方面,有会员说,"我们让拥有不同背景的人们齐聚一堂,一同为单一的方案努力。如此我们便得以为社区服务,也为全世界服务。""我们的狮友有医生、教师或工商业者等。就是这些来自各行各业的人们帮助服务队成长,创出一番不同的成果。"④

2. 公益性

国际狮子会确立的"我们服务"的宗旨,提出的"赋予志愿者有能力服务于他们的社区、满足人道主义的需求"的任务宣言很好地诠释了这个组织倡导会员积极投身社会服务的理念,是国际狮子会公益性定位的体现。

首先,国际狮子会深入当地,针对会员生活社区的独特需求提供服务,以公民、文化、社交及社区福祉为主。比如,改善学校,粉刷、维修公用

---

① 引自本报告撰写团队对受访者的访谈记录。
② 《你的服务队,你的方式》,http://www.lionsclubs.org/resources/TC/pdfs/DA-YCYW.pdf。
③ 引自本报告撰写团队对受访者的访谈记录。
④ 《加入狮子会能得到什么》,http://dwz.cn/4c9tht。

公园或游乐场，为需要的人们建造新的社区设施、筹办衣物、书籍或玩具的捐赠，等等。

其次，国际狮子会展望全球，解决跨越国界的挑战。目前，狮子会有四项联合全球狮友共同行动的全球服务运动，包括8月的鼓励青少年参与、10月的与盲人及视障者合作、12月和1月的救济饥饿者、4月的正面影响我们的环境等多种项目。

三　吸引、凝聚会员

国际狮子会有一套独特的吸引、凝聚会员的制度和文化。对待狮友，他们热情周到、彬彬有礼；对待组织，他们执着狂热同时恪守规则，以成为"狮友"为荣，在狮子会的集体活动中，他们经常高声呐喊和歌唱、竭力舞动和张扬、声情并茂地鼓舞和演讲，很多狮子会的会员都会强调他们对这个组织的拥有度非常高，在其中绝对不仅是付出，更有收获，无论是管理能力，还是心灵状态。

第98届国际年会时推出了一个视频，这个视频剪辑自过去几年来国际狮子会的多个视频，记录了狮友们在不同时间和不同地点的谈话中不约而同地流露出来的自豪感。

"作为一名狮友，我感到非常骄傲。这是我生命中非常重要的一部分。如果不是狮子会，我不可能参与这么多事情。"

"如果每个人都为他或她的社区做贡献，我们就能一起让世界变得更好。"

"我想大家都是朋友，因为我们都有相同的服务目标。"

"我们是一个大家庭。"

"三代狮友一起工作，这真的是很有趣的经验。"

"我是青狮我自豪。"

"我觉得既开心又骄傲。"

"我能够给社区带来一些东西，因为我是一名自豪的狮友。"

"我们的努力将让这个世界变得更好。"

"我们帮助，事无巨细，并互相尊重。"

"作为狮友,这是很棒的事情。"

"我是狮友我自豪!"

(一) 文化是关键的凝聚剂

组织文化是组织在长期的经营中形成的特定的文化观念、价值体系、道德规范、传统、风俗、习惯。[①] 组织文化是一个组织中最重要的因素。一个能够永续发展的组织,必定是有文化的。一方面,组织文化对组织成员、组织的内部管理有影响。组织文化为组织成员提供了一种身份感,并由此而增加了他们对组织的认同感和归属感;组织文化对组织成员有强大的感召力,能够把组织成员的行为动机引导到组织目标上来;组织文化像一种黏合剂,通过为组织员工提供规范的行为标准,而把整个组织聚合起来;组织文化中包含着组织隐含的规则,只有表现出符合要求行为的成员才能被组织接纳,同时遵守这些规则是得到奖励和晋升的前提,通过这种方式达到对成员行为和意识进行控制的目的。另一方面,组织文化也影响组织与外部环境的互动。组织文化总是带有本组织的特点,使组织与其他组织区别开来。同时,组织文化鲜明的个性特征,使组织在社会公众面前树立组织的形象,让社会更多地了解组织、认识组织,从而使组织得到社会的认可,使组织得到更好的发展。[②]

国际狮子会之所以能够快速持久地发展,让越来越多的狮友加入进来,参与到社区服务中去,与狮子会建立的一套能够引起中产阶级强烈共鸣的组织文化密不可分。它使"狮友"们具有高度的归属感和凝聚力,激情澎湃、活力迸发,让狮子会生气勃勃、昂扬向上、健康持续地发展。

国际狮子会的组织文化是会员群体创造并共同享有和尊崇的物质实体、制度体系、行为方式和价值观念,是狮子会成员群体的整个生活状态。[③] 包括物质文化、行为文化、制度文化、精神文化四个层面,是系统化和规范化的文化,并且与组织体系有机交融与契合,渗透到组织管理制度、流程的各个局部和细节,与会员的招募、培养、使用、激励相联结,是不流于

[①] 李成彦:《组织文化研究综述》,《学术交流》2006 年第 6 期。

[②] 李成彦:《组织文化对组织效能影响的实证研究》,博士学位论文,华东师范大学,2005,第 44 页。

[③] 中国狮子联会战略发展与研究委员会编《让历史告诉未来》,第 299 页。

形式、落地的文化。这种文化在全球推行，并且被不断地养育滋生。

1. 物质文化

国际狮子会的物质文化主要包括狮子会的象征、标准色、旗帜、服装、纪念物、故事、英雄人物、歌曲、摄影作品、录像等可见的外显物。

（1）以充满贵族气息的"狮子"作为象征符号

狮子是国际狮子会徽章的图腾形象。在动物哲学里，狮子威猛而不残暴，平易而不失雄风，总被冠以王者的称号。而狮子头像与盾牌的结合更是皇室所偏爱的尊严与力量的象征。当这样充满贵族气息的象征符号，合着"International"的字样出现在会员私家车车标上、西服领口、T恤胸前和办公室墙壁上时，无疑，优越感先于责任感在会员心里油然而生。

（2）以高贵的紫色和金色作为色彩形象

在1917年成立时，国际狮子会选择了高贵的紫色和金色作为正式的色彩形象。紫色表示对国家、朋友及自己的忠诚，代表一致的心志，也代表力量、勇敢与坚韧；金色表示诚恳、道德和公正，生活简朴，待人热心和蔼，是团结的标志，代表纯洁。狮子会的色彩形象从视觉识别上、心理上吸引着会员的加入。

（3）用品装备及标志全球统一

国际狮子会网站设有狮子商店，各地服务队可直接在线上订购狮子会用品，比如狮子马甲、徽章、服务队旗帜、会钟、会槌等。统一的用品装备让会员无论身处何地，都能彰显身为国际狮子会成员的荣耀。

国际狮子会网站上提供统一的狮子会官方标志供狮子会会员下载使用。这些标志可以用于网站、电子报、信纸、小型出版物、旗帜、海报和大型印刷品上，以培养会员对组织的认同感。

（4）极具"洗脑"功能的会歌

I've Got That Lion Spirit 为全球狮子会通用会歌，是一首广为传唱、"洗脑"能力极强的歌曲。在结构上有规律地重复同一段旋律，搭配动感的节奏很容易造成"洗脑"效果。歌词简单、朗朗上口，非常容易让人理解和记忆。

我获得狮子精神	深印我脑	深印我脑	深印我脑
我获得狮子精神	深印我脑	深印我脑	今天
我获得狮子精神	永铭我心	永铭我心	永铭我心

| 我获得狮子精神 | 永铭我心 | 永铭我心 | 今天 |
| 我获得狮子精神 | 贯达我足 | 贯达我足 | 贯达我足 |

（5）极具感染力的创始人故事

创始人茂文钟士一生的主要事迹有很好的记录，并且被不断地传颂。会员们知道他鲜明的个性以及成功故事。友善而擅长社交的他，完全改变了商业俱乐部的概念，让不同背景的商业人士团结在一起开展社区服务。茂文钟士非常具有感染力的真实人生，能让狮友们更好地理解他们的角色。他的座右铭"若您未曾帮助他人，您不会有多大的发展"，成为指引全世界热心公益人士的信条。

（6）丰富的沟通载体

国际狮子会十分重视与会员的日常沟通，沟通载体多样。国际狮子会官方网站设有多媒体通信频道，由《狮子杂志》、狮子会季刊《视讯杂志》、社交媒体构成。会员可以通过多媒体通讯频道掌握全球狮子会动态的最新消息。

《狮子杂志》（*The Lion*）是一本月刊杂志，一直是这家全球性组织必不可少的沟通管道。《狮子杂志》提供有关全球狮友特殊贡献的新闻与特别报道，通过分享其服务和友谊的故事，狮友们得以跟上当地及国际上的狮子伙伴们的节奏。通过《狮子杂志》的传播，狮友们为他们的组织感到骄傲并希望其他人理解他们的工作以及成为一名狮友的意义。也正因如此，《狮子杂志》在会员发展上发挥了重要作用。总部版资深编辑 Jay Copp 说："经由通告和激励，《狮子杂志》也为会员增长做了贡献。狮友们从他们的服务中得到的自豪感越强，他们越倾向于帮助组织新的服务队和邀请朋友及商业伙伴加入。"[1] 狮子会季刊《视讯杂志》通过分享一些狮子会如何在全球的社区中实现改变的激励人心的故事，同样发挥着激发会员自豪感的作用。

此外，狮子会有强大的线上社交媒体网络。会员可以在 Facebook、Myspace、Linkedle、YouTube、Twitter 上，连接国际狮子会博客获得狮子会最新消息。甚至可以通过 iPhone 的 Lions APP 及时获取狮子会最新消息。

---

[1] 《国际狮子会的发展历程（三）》，http://www.wtoutiao.com/p/10fEgvJ.html。

2. 行为文化

狮子会的行为文化是指狮子会在运作中形成的成员行为、表现、相互关系以及组织内部氛围等软性文化。

（1）多元与包容的氛围让国际狮子会持久有力而又柔韧灵活

国际狮子会不分国籍、宗教派别、政治倾向、年龄、个性，是少数能够将不同文化背景的人团结在一起的国际组织，多样性和包容是国际狮子会的力量。

国际狮子会招募的会员是多元化的，有商界精英、行业领袖、公务人员。经历不同、学历不等，社会背景也不尽相同。也正因为会员具有多样性，才能带来相互间的互补与互相参照，好多问题包括重大问题也只有在争辩中才能理出头绪，不会有片面性。多样化的会员结构让狮子会一直保持繁荣，并获得新的前景和力量。深圳狮子会2016～2017年度导狮团团长雷高清说："国际狮子会成立的时候，有一句话说提高狮友的工商水准，就是通过不同行业、不同人对商业和社会信息判断的不同理解，在交流中提升自己。"①

狮子会海纳百川，尊重并包容各国文化。在国际狮子总会总体框架下，各个国家和地区有他们自己的理念和想法，有国家制度、历史文化差异，所以狮子会没有总章和总条文，要求在各地保持其一致性。210个国家和地区的每一种文化都为国际狮子会贡献了生机和活力，它们犹如各不相同的绳索结成五彩缤纷的狮子会组织，持久有力而又柔韧灵活。如，日本社会崇尚武士精神，武士有积极的一面也有消极的一面，但武士主张稳定和确保和平，其他正面的武士道传统价值观还包括尊重长者、保护弱者、重视公平和荣誉。日本当地的狮子会吸收武士精神的精髓，狮友们在做服务时像武士一样保护弱者。

（2）独特的称呼让会员增加亲密感和归属感

狮友间关系体现的是尊重、平等、亲和。在狮子会，不论年龄大小，相互称呼"狮兄""狮姐"，狮友的配偶称为"狮嫂"或者"狮姐夫"。会员之间互相称呼"狮兄""狮姐"是彼此关系亲昵的表征，狮子会利用人们这种看起来理所当然的潜意识，无形中增加会员们的亲密感。同时，这些

---

① 引自本报告撰写团队对受访者的访谈记录。

只有狮子会内部成员才懂得的词汇的使用能够使会员意识到自己同属于一种组织文化，增加会员的归属感。

（3）嘉许文化让会员充满价值感、荣耀感

狮子会独有的嘉许文化让会员充满价值感、荣耀感、自豪感。"国际狮子总会会长享受总统级礼遇！"深圳狮子会前总监沙海育对于2005年6月在香港举办的国际狮子会年会上，总会会长克莱门特·库夏克入席时万人起立掌声雷动的盛况赞叹不已。[1] 然而这激动人心的荣耀，显然不是一掷千金就能轻易获得的。

国际狮子会设置了花样繁多的奖项赞誉狮友、服务队、区、导狮的成就。比如，邀请新会员可获得会员摇奖；担任狮友10年以上，将有资格领取臂章奖；茂文钟士会员奖是颁发给那些捐赠了1000美元给国际狮子会基金会的个人或以某人名义进行捐赠的个人。茂文钟士会员将会获得国际狮子会基金会颁发的一枚徽章和一个牌匾。并且，他们的名字会被输入国际狮子会的计算机数据库，以方便公众浏览。茂文钟士会员进阶奖是为表彰那些比茂文钟士会员奖的捐款限额多捐出1000美元或以上的个人，或者是以某个茂文钟士会员的名义捐赠的多出1000美元以上的团体。如果会员每年坚持捐1000美元，他将会成为茂文钟士进阶会员。如果连续11年捐款，将会得到一套11枚的茂文钟士会员勋章（1年1枚）。[2] 里程碑年纹奖旨在表扬、奖励长期服务的狮友，从服务满10年开始算起，之后以5年为单位增加，10、15、20、25、30、35、40、45、50、55、60、65、70直到服务年数达75年为止。[3] 2013~2014年度哈尔滨狮子会主席许武顺笑着说："狮子会设置很多奖项，花样繁多，让你捐钱让你付出。"[4]

为了推动服务队的社区服务、会员成长和领导发展，国际狮子会针对性地设置了众多面向服务队的奖项。服务队在年度末时会员发展取得净增长的，可获得"整年会员成长旗帜布章奖"；从2013-2014年度开始，在10月和4月都增加新会员的服务队，将获得"会员成长旗帜布章奖"；从当年的7月1日至次年6月30日保留住90%的服务队会员或者逆转服务队人数流失现象（服务队会员在前两年为负成长，但在本年度截至6月30日，

---

[1] 《狮子会：贵手仁心》，http://dwz.cn/4S0uVb。
[2] http://www.paigu.com/a/130341/44115728.html。
[3] http://sanwen8.cn/p/2d2PTOW.html。
[4] 引自本报告撰写团队对受访者的访谈记录。

实现"零"净损)的服务队将获得"会员满意奖";在狮子年度期间新加入10位或以上新家庭会员的服务队将获得"家庭会员旗帜布章奖";"分会杰出奖"激励服务队扩展他们的服务纲领和目标,强化服务队的有效管理。获奖要素包括:①服务——完成三个或以上的服务方案;②捐款给LCIF——扩大服务队的人道主义影响范围;③会员发展——达到会员净增长或辅导新分会;④沟通——有效宣传分会服务;⑤领导发展——适当的选举、出席干部训练和参加分区会议;⑥服务队活动——服务队必须定期举行有意义的服务队会议并及时提交会员月报表、服务活动报告、服务队干部报告;⑦服务队保持为正常服务队——全面参与狮子会的活动,并在本年度结束时分会必须是正常服务队。①

为了鼓励区团队成员(总监、第一副总监、第二副总监、区GMT协调员等)在任期内为区的社区服务、会员成长、沟通和组织管理等方面奉献智慧和力量,特设立了名目繁多的奖项以表扬其领导与奉献。"总监新会扩展奖"将颁发给在其区内成立一个或以上服务队的总监。"家庭和女性成长奖"将颁发给本会计年度内在其区增加新家庭及女性会员的总监。"创始者会员发展奖"旨在表扬与承认区总监与区GMT协调员对会员成长的贡献,总监如果在任期结束时使该区会员数净增长达2%,便可获得"总监创始者金徽章"。区GMT协调员在3年会期中若每年使该区会员数净增长达2%,则可得到累进式"区GMT创始者奖",第一年达成时获区/复合区创始人铜奖章,第二年达成时获区/复合区创始人银奖章,第三年达成时获区/复合区创始人金奖章。当区在社区服务、会员成长、沟通和组织管理等方面表现突出时,该区团队成员均符合"总监团队杰出奖"颁奖资格,分区主席、专区主席可收到精美的奖章,而总监、第一副总监、第二副总监可收到重要的勋章以表扬其领导与奉献,以下五项条件是总监团队得奖的必要条件:①服务——区内90%的服务队必须执行服务方案;②会员发展——区必须达成会员净增加或授证新服务队;③沟通——总监团队成员访问一个服务队会议或多个服务队联合活动并与干部会面;④领导发展——区提供服务队干部、现任及准领导人训练与指导;⑤服务队发展——区内90%或以上的服务队为正常服务队。②

---

① http://sanwen8.cn/p/2d2PTOW.html.
② 引自国际狮子会网站。

新服务队成立的前两年非常关键，国际狮子会设立了"总会长认证导狮奖"以鼓励导狮（认证导狮）尽力指导新服务队前两年的营运、指导与训练新服务队干部、激励与支援新服务队成长。若要获得总会长认证导狮奖牌，认证导狮必须完成为期两年的季报告并达到以下条件：认证导狮、新服务队、辅导服务队在过去两年中会定期按时交半年报告至总会；完成认证导狮训练班；与新服务队有良好的工作关系；出席新服务队的一般会议与理事会例会；服务队领导干部稳定；会员人数有增加；新服务队会举办服务与筹款活动；新服务队会参与区活动；新服务队不欠会费或欠款不超过60天；对区干部，包括区会员扩展、新服务队发展、领导能力、会员保留等方面，主席均接到新服务队的进展概要。①

（4）"四出"文化让会员有参与感

狮子文化里面非常重要的就是"四出"，即：出钱、出力、出席、出心。出钱就是要交会费和捐赠；出力，就是自己主动去做、付出；出席，就是多参与会务和服务活动；出心，就是要有一颗爱心。会员们既出钱又出力、既出席更出心，发自内心地亲身参与社会服务，直接感受因自己的参与式慈善行为帮助他人改善生活的成果。"四出文化"吸引了全球众多有实力、富爱心、肯奉献的志愿人士。

（5）传承与陪伴文化保证狮子会的连续性和稳定性

国际狮子会通过一代代的老会员把狮子会的理念、文化、模式言传身教给新会员，在传承与陪伴中充满活力。国际狮子会认识到前任区会长（主席）、前任服务队队长是狮子会最宝贵的财产之一，他们曾面对过各种挑战、问题及困难，积累了一笔宝贵的经验，狮子会善用他们的经验来帮助狮子会发展壮大。比如，前会长（主席）可以担任导狮、委员会主席、新会筹组人、就职典礼发言人等职位。大连狮子会张艳说，"我们的毕业队长都进入了导狮团，指导服务队一系列的工作。不是干预现任队长的工作，只是提一些建议。"②

（6）交流分享文化巩固会员友谊

国际狮子会通过理事会、例会、联谊会、不同区域的跨国年会等多种形式的交流分享活动密切会员联系，增进感情。广东狮子会2009~2010年

---

① 引自国际狮子会网站。
② 引自本报告撰写团队对受访者的访谈记录。

度会长雷建威说,"狮子会每年有很多的联合服务活动,我们可以结交其他服务队的朋友;每年还有很多整个广东狮子会的大型服务活动或会务活动,我们可以结交全广东狮子会的朋友;我们经常跟中国狮子联会、深圳狮子会、大连狮子会、港澳狮子会、台湾狮子会、韩国狮子会等海内外狮友联谊;我们甚至每年都参加国际狮子年会和东南亚狮子大会,在那里与来自全世界的狮友狂欢,共聚狮谊,共享人间真情。"①

3. 制度文化

狮子会的制度文化是狮子会会员应该遵循的活动准则及风俗习惯。包括人事制度、财务制度、培训制度,以及约定俗成的典礼、仪式等狮子会风俗。

(1) 民主竞岗文化激发会员参与的积极性、主动性

从国际总会到各个服务队每年都要通过选举的方式选出下一届领导狮友。初次进入领导层的狮友,如国际狮子会第二副职领导人、地区第二副职领导人、服务队第三副职领导人,接受符合条件的会员报名,以差额选举方式选出,民主竞岗,票多者得。

一方面,民主竞岗文化激发了志在成为领袖的会员的积极性。为了赢得选票,参选人需要不计报酬地付出,对狮子会的会员发展、会务管理和社会服务做出突出贡献;需要展现个人魅力;需要在会员中树立较高威信。所以狮子会的领袖大多有如下特征:①事业成功。自己名下拥有企业、私家车、房产。②熟悉法律。了解社会组织管理相关法律及其执行办法,与相关管理部门保持良好关系。③富有个人魅力。思辨能力强、演说能力强、社交能力强、性格坚强。④拥有声望。不计报酬地付出。深圳狮子会的高洲说,"在狮子会,级别越高付出越多,时间和金钱上的贡献就很多。"②

另一方面,民主竞岗文化激发了广大会员参与的积极性。因为众多参选人的报名参选,对于广大会员来说,投票结果可以真正代表多数选举人的意志和选择,每一位投票人手中的选票均能直接影响选举的结果,激发会员的主人翁意识,形成一种强烈的归属感。

(2) "轮庄"文化提供会员成长机会

在俱乐部型组织中,资历是关键因素,年龄和经验都至关重要。"轮

---

① 雷建威:《谈狮子会的平台作用》,引自中国狮子联会网站,http://www.cclions.orq.cn。
② 引自本报告撰写团队对受访者的访谈记录。

庄"文化是这一特点的突出体现。"轮庄"即轮流坐庄,有两大特征。

一是一年一届,无论干得出色与否、无论是否还有意愿,都只能担任一届。2013~2014年度哈尔滨狮子会主席许武顺说,"狮子会采用轮庄制,卸任后戴长方形的牌,在任时戴椭圆形的牌,椭圆形就是个不倒翁,方形你就'靠边站',把空间让给现任的人。不断为这个组织培养人才。"①

二是当选副职领导人后每年经承诺、选举程序后,依次往前轮庄(调整岗位),直至担任正职届满后一年卸任。如国际狮子会的总监、第一副总监,区会的会长(主席)、第一副会长(第一副主席)的产生,服务队的会长、第一副会长、第二副会长称为"轮庄领导人"。"轮庄领导人"必须从最底层做起,在晋升十分顺利、理想的情况下,从普通会员到服务队第三副队长、第二副队长、第一副队长、队长,再到区会第二副会长(第二副主席)、第一副会长(第一副主席)、会长(主席),再到国际狮子会总会第二副总监、第一副总监、总监,整个过程至少需要11年。这个过程实际上是自下而上培养领导人的过程,为会员成长提供更多机会,让狮友通过承担更重责任的领导人岗位,加速个人在能力、思维、素质、品格等方面的成长。2013~2014年度哈尔滨狮子会主席许武顺说,"参加狮子会扩大了我的视野,过去我只是单纯做民营企业,现在全职做公益,提高了我的格局和胸怀。从我做一个会员到队长到区会会长,再做组织建设委员会主席,今年再做中国狮子联会副会长,负责的领域不断扩大,接触面在扩大,视野也在不断扩大。"②

(3) 学习与成长文化提高会员对组织的认同度

狮子会是学习型组织,在鼓励狮友付出的同时,更注重打造会员成长的氛围。每年都会有各个层级、有针对性内容的培训,如团队合作、解决冲突、公众演讲、时间管理方面的培训课程。一方面,学习可提高会员的技巧、知识,以确保会员尽可能地提供最有效的服务;另一方面,会员有收获,更加认同这个组织。

(4) 固定化、程式化、规范化的仪式活动熏陶狮友言行

狮子会有一系列精心设计的固定化、程式化的仪式活动,如新会员入会宣誓典礼、新服务队成立大会、新服务队授证典礼、例会、联合例会、

---

① 引自本报告撰写团队对受访者的访谈记录。
② 引自本报告撰写团队对受访者的访谈记录。

区会会员大会等。而且,这些典礼、会议都有特定的程序、议程来强化仪式感。此外,国际狮子会制定了官方礼仪,对各级别干部向狮友致意的优先顺序、狮友出席活动的座位安排、主持人应如何介绍贵宾等都作出了明确的规定。另外,对进场次序、要穿戴狮子会衣帽场合、佩戴名牌的要求等一般礼仪也做了规定。会员们在各种仪式潜移默化的熏陶中,认同和体验共同信念,强化狮子会的精神理念。

(5) 行政经费与服务经费分开管理提升组织公信力

狮子会的经费支出特点是"行政经费 AA 制,服务经费百分百"。狮子会会员缴纳的会费用于狮子会组织的行政经费,一般承担必要的会议费用,但很多时候会议后的餐费习惯按 AA 制方式由大家各自支付。社会各界及狮子会会员捐赠的服务经费百分之百投入到服务项目中,也就是说,服务活动产生的路费、住宿费由每个参与者自己支出,不是从捐赠款中提取,社会各界及狮子会会员捐赠的爱心款百分之百投入到公益服务项目中。

传统的慈善捐赠,慈善机构可以在捐款中提留不超过 10% 的比例作为管理费,用于开支工作人员工资福利和行政办公支出等,而狮子会把服务经费和行政经费分开管理,所有善款均用作慈善用途,行政经费则全部由会员以会费和参与者的 AA 制分摊方式解决。这样的经费开支模式极大地提升了狮子会的社会公信力。

4. 精神文化

国际狮子会的精神文化是狮子会成员共同信守的基本信念、价值观念。其英文名称中的 Lions 的每个字母分别代表自由、智慧、我们的、民族的、安全,除了被译为"狮子"外,其分别代表的含义具有精神感召力。

国际狮子会有一句口号,一句座右铭:我们服务(We Serve)。这句四字口号短小而清晰,现实而不华丽,易被翻译而跨越国界,很好地诠释了国际狮子会倡导会员积极投身社区服务的理念。如春风化雨般落入会员的心灵,让人记忆深刻,具有较强的感召力。

(二)规范、有效的制度、机制

1. 简洁、包容的全球组织架构和网络

好的组织架构,可以让组织充分利用各种内部或外部的积极因素,较好地实现其使命，从而赢得组织自身生存和发展的权利。反之，如果架构庞大而臃肿，可能会人为地造成组织的大政方针得不到正确的贯彻实施，上下各级的资源和会务得不到高效有序的调配运营，其结果是削弱了管理和治理的有效性。① 国际狮子会作为迄今为止全球最大的志愿服务组织，在全世界210个国家和地区拥有46000多个服务队，会员人数超过137万人。要让如此庞大的一个系统像一台机器一样有效地运转，正是因为有一个实用、简洁且包容的全球组织架构和网络支持。

（1）垂直领导系统

国际狮子会的全球组织架构是由国际狮子会总会、区和服务队②构成"三级架构"。③ 从总会到区再到服务队，在文化、制度建设、社区服务、品牌管理、领导力培训方面是一个垂直的领导系统，而该领导系统，最终可落实到会员，实现服务会员的目的。但是，基本不涉及直接的会员招募和管理。

国际狮子会允许各区、服务队根据自己的实际情况在与国际狮子会宪章及附则不冲突的前提下根据当地的法律、制度、文化自行草拟制定自己的章程等规范性文件。为了保证整个系统的有效运作，国际狮子会为区、服务队的内部组织架构搭建作了标准而科学的规定。在国际狮子会的官方网站上提供了"标准区宪章及附则"、"服务队宪章及附则"供下载和参考。理事会的构成、区干部及职能委员会的设置和职能都井井有条、有章可循。它的基本组织架构在世界上的任何一个地方都是相同的，不论是在美国、西班牙还是中国。同时，这套规则又是灵活的，易于本土化的。标准版服务队宪章及附则的第九章提供了修改服务队附则的指南。深圳狮子会2009～2010年度会长张国筠说，"国际狮子会的核心精髓中有一条是遵守当地国家的法律法规和制度，非常多元和包容。"④ 2013-2014年度哈尔滨狮子会主席许武顺说，"国际狮子会让地区根据自己的情况搭建组织架构，独立运作，自己办会。我们有会员代表大会，大会还有主席团，这是中国特色。"⑤

为了便于呈现国际狮子会全球组织架构的实用和简洁，我们把国际狮

---

① 雷建威：《谈狮子会的全球治理体系》。
② 服务队由英文Club翻译而来，直译"俱乐部"，在中国大陆，根据国情和民政部门的要求，称为"服务队"。国际狮子会的标准中文翻译文本沿用了台湾的翻译方法译作"分会"。
③ 雷建威：《谈狮子会的全球治理体系》，引自大连狮子会微信公众号，发布日期：2014年4月20日。
④ 引自本报告撰写团队对受访者的访谈记录。
⑤ 引自本报告撰写团队对受访者的访谈记录。

子会总会比喻为"司令部",把区比喻为"兵团",把服务队比喻为一线作战的"连队"。由司令部负责总体战略并发号施令,由兵团根据上级战略而部署连队在区域内开展大面积的战术组织活动,连队则是具体战术的实施者。为了保证整个系统的运作,司令部和兵团的指挥及参谋人员、机构、粮草和管理的配备是最齐全的,连队则必须保持一支合格团队基本要素的完整性和足够的机动性。①

①国际狮子会总会:专业化的"司令部"

国际狮子会总会是全球狮子会组织的行政和资源中心,是一个专业化运作的机构。其特征是:高度的专门化、部门化、正规化。

国际狮子会总会是专业化的行政中心,其行政职员均为受薪全职工作人员,并非志愿者。资深执行长、财务长、秘书长由国际狮子会的理事会指派②,各司其职。此外,还约有290位全职工作人员,分属于不同的部门,负责全球狮子会和基金会的行政工作,服务全球会员。国际狮子会总会部门众多,分工细致,包括服务队用品及分发司、年会司、区与服务队行政司、新会发展及会员发展司、财政司、信息科技司、领导司、法律司、国际狮子会基金会、公关及沟通司、服务活动司。这11个司功能定位明确,各司其职,各司日常业务有其自身的专业要求,如必要,它们会外聘咨询专家或咨询公司提供专业技术支持。

国际狮子会总会还是专业化的资源中心,为全球狮子会提供各类资源。国际狮子总会建立的国际狮子会的网站,涉及有关狮子会的丰富资料及其活动,包含了国际狮子会活动、干部和服务队的通信簿及刊物等的数据,涵盖法律、手册、报告、公关等内容的区/服务队资源,为会员和领导发展提供发展资源指南,以及领导能力及培训资源。通信稿、新闻稿和其他资料被特别训练的职员翻译成各种语言,包括西班牙语、法语、德语、意大利语、芬兰语、日语、中文、葡萄牙语、瑞典语、韩语和印度语,方便世界各地会员使用。

②区:架构完整、职能完善的"兵团"

"区",英文是District,每个狮子会的"区",至少拥有35支服务队、

---

① 雷建威:《谈狮子会的全球治理体系》,引自大连狮子会微信公众号,发布日期:2014年4月20日。
② 雷建威:《谈狮子会的全球治理体系》,引自大连狮子会微信公众号,发布日期:2014年4月20日。

1250 名会员，是连接国际狮子会和服务队的重要层级。国际狮子会总会下达的政策和其他文件，都是直接下发给区这个层面的，国际狮子会对服务队的一系列管理工作，如会籍管理、收取会费、组织国际年会、经费报销、奖励批核等都直接联络到区。从区与服务队的关系来看，区会主要是支持服务队，上传下达。

狮子会的"区"拥有一个架构比较完整、职能比较完善的运作组织体系，统筹数十甚至上百支服务队开展会务和服务活动。它由一个被选举或指派而形成的"理事会"（英文是 Cabinet，港台均直译为"内阁"，境外很多区理事会并不通过选举，而由区总监直接指派组成）负责管理，理事会的成员除了区总监、第一副总监、第二副总监的主要负责人外，还包括秘书长、财务长、分区主席和分域主席等。此外，区通常都设有多个职能委员会，整合区域内的各种资源，推进整个区域性组织的良性发展。如 2009～2010 年度广东狮子会就下设新服务队发展委员会、宣传委员会、讲师团、《南粤狮声》编撰委员会、"视觉第一"统筹委员会、灾后重建委员会和助残委员会等 30 多个委员会。为更好地处理一些琐碎的日常事务，各区还会根据需要聘请一些受薪的行政职员，负责文档、联络等辅助性工作。①

"区"具备一定的自治空间。区一级拥有独立的财务体系。区层面的营运经费，包括区的办公场地租金水电费、行政人员工资、宣传费、培训费、会议费、接待费等，均依靠服务队上缴的会员会费支持。区可以制定自己的章程等规范性文件。国际狮子会虽然在它的官方网站上提供了一个"区宪章及附则"样板供随意下载和参考，但允许各区根据自己的实际情况在与国际狮子会宪章及附则不冲突的前提下自行草拟制定。

③服务队：架构完整、自主性强的"连队"

狮子会所有的会务和服务都是以服务队为单位开展的。按要求，一支服务队的人数最低不得少于 20 名会员。也就是说，一个新成立的服务队，必须达到或超过 20 人才会被批准成立。

服务队本身是一个非常完整的工作团队，有自己的组织架构。除了设有"队长"，还设第一、第二、第三副队长协助其管理服务队。此外，还设有议事的理事会，有执行不同分工的秘书长、司库、总务、纠察和各个职

---

① 雷建威：《谈狮子会的全球治理体系》，引自大连狮子会微信公众号，发布日期：2014 年 4 月 20 日。

能委员会的主席。

服务队具备自主性和灵活性，可独立地制订自己的愿景、使命、价值观体系（前提是与上级体系不冲突），独立地吸收自己的团队成员，独立地筹集自己的服务经费和会费，独立地决定自己的经费如何开支使用，独立地开展各种社会服务活动，独立地召开服务队的各种理事会会议和会员大会，以服务队为单位参加更高层级单位的会议和活动。

国际狮子会在中国大陆的组织架构就是国际狮子会组织架构本土化的一个例证。国际狮子会在中国的注册和现行的法律法规是相冲突的，例如，广东狮子会等①作为地方性社团，按照狮子会章程可以直接和国际狮子会总部联系，执行国际狮子会的战略目标，但这是不符合中国国情的。考虑到这种因素，2005年，中国狮子联会成立。中国狮子联会并非一个实体性的会员组织，不直接发展会员，也不开展服务，其主要任务是对内组织引导会员开展形式多样的慈善服务活动，对外统筹中国与国际狮子会的合作关系。各地狮子会都作为中国狮子联会的会员管理机构，无须再独立注册，其合法性完全来自中国狮子联会。在中国狮子联会之前注册成立的深圳、广东狮子会都成为联会的团体会员。中国狮子联会则以团体会员的方式，加入国际狮子会，同时也解决了地方狮子会的涉外权限的问题。②

（2）横向协调系统

"加强会际交流，巩固狮子友谊"是国际狮子会的目的之一，为此，国际狮子会重视各区、各服务队之间的横向联系。通过建立会议制度，分会结盟，举行国际比赛、网络研讨会等活动就有关服务活动、方案和募款等方面进行意见交流，在全球范围内、区范围内、分域范围内建立服务队紧密的交流沟通网络。

①会议制度

为协调全球范围内服务队的横向沟通联系，国际狮子会建立了国际年会制度。通过召开国际年会宣传国际狮子会的原则与目标；训练、教育并鼓励区与服务队干部；提供资讯交换，以及服务活动的讨论，包括合作服务方案的机会等。每个服务队，不管有多少位会员，都可至少派出一位正

---

① 2002年4月，广东狮子会在广东省民间组织管理局登记注册正式成立，业务主管单位是广东省残疾人联合会，具有独立的社团法人资格，其在国际狮子会的地区编号为 D-381。
② 朱健刚、景燕春：《国际慈善组织的嵌入：以狮子会为例》，《中山大学学报》（社会科学版）2013年第4期。

代表和一位副代表到国际年会投票。

为协调区范围内服务队的横向沟通联系，国际狮子会建立了区年会制度（中国大陆称区会员代表大会）。规定各区应在国际年会举行30天之前召开区年会。通过召开区年会，发展区内狮友间的友谊，处理一般区务，通过提案，选举下一任总监、第一及第二副总监、其他区干部等。

为协调各分域内服务队的横向沟通联系，国际狮子会规定每个分域①每年至少应召开三次"分域工作会议"（英文是 District Governor's Advisory Committee Meeting，港台译"总监顾问委员会会议"），由分域主席组织和主持，交流沟通各服务队关于服务活动的想法，激发会员成长、领导发展和有效的服务队运作等内容，整合各自资源，取长补短，酝酿分域内的联合会务或服务活动。

②分会（服务队）结盟

"国际分会结盟活动"是促进服务队横向联系的方式，同时也是一个让狮友将其服务使命拓展至本国及本国之外的绝佳机会。分会结盟是两个分会之间的自愿共同协议。通过这个活动，分会有机会与其他国家的分会巩固友谊、认识不同文化、交换身为狮友的经验及想法，以及为其服务使命带来国际视野。国际狮子会鼓励结盟分会寻找共同服务的机会。借助社交媒体及通信工具，服务队便可规划共同活动、报告结果以及与其他狮友分享相片和故事。

③国际比赛

国际狮子会通过举行一系列的国际比赛加强服务队之间的横向沟通交流。如和平海报比赛、论文比赛等。世界各地的服务队每年都会赞助当地学校和青少年团体举办国家狮子会和平海报比赛，海报必须通过层层评审：服务队、区、复合区及国际，让狮子会在比赛中建立起相互紧密联系的网络。

④网络研讨会

网络研讨会是在网络上即时呈现的线上演讲或训练课程，可让全球各地的狮友了解并讨论有助于改善服务队并发挥影响力的主题。网络研讨会包括新服务队发展研讨会、会员发展网络研讨会、服务活动网络研讨会等。网络研讨会为全球各地的狮友提供互动机会，建立紧密的交流沟通网络。

---

① 分域的英文是 Zone，分域架构从属于狮子会的区域架构之中。分域通常由 4~8 支服务队组合而成，负责人称"分域主席"（英文是 Zone Chairperson）。

2. 激发会员积极参与的制度

从设计志愿服务的形式，到会员的个人发展，国际狮子会想方设法建立了多项制度激发会员积极参与。

（1）便于全球开展服务且立足本地社区改善

国际狮子会在全球主要推行的服务类型包括：社区和环境活动、儿童和青少年活动、青少狮会活动、青少年营和交换活动、和平海报比赛、论文比赛、灾难救助、健康活动、视力活动、听力服务活动、糖尿病防治教育等，这些服务类型不受政治、经济、文化、宗教信仰所限，并且，健康、救灾、青少年发展几乎是"永恒"的议题，这些服务类型的开发与设计也便于在全球范围内复制、推广。

参与志愿服务，是让会员体验自己的捐款是如何发挥作用的最直接的方式。而参与志愿服务过程中直接的感动和成就感也成为激发会员不断地参与志愿服务的动力。研究显示，会员加入狮子会的原因各不相同，但服务他们所在的社区、参与特定的服务是最普遍的原因之一。

尽管国际狮子会会员遍布全球，而且有全球资源可用，但是他们将重点都放在本地社区的改善上。全球各地的服务队通过评估本地社区需求，制订服务方案。为了协助服务队筹划简便、创新和高影响力的方案，国际狮子会拟定了"100个服务方案构思"工具，各服务队可以根据自己的情况选择适合其会员生活模式以及对他们的社区最有益的方案和活动。值得一提的是，狮子会始终宣扬社团的非政治性，任何涉及政治敏感的活动概不涉及。

相比距离远、周期短的服务活动，社区服务更能让会员们在开展服务时亲力亲为，也能长期跟踪服务对象、服务的效果及社区变化，很重要的一点是，投入低且效率高。此外，社区还是传播狮子会精神最有效的载体，而这种传播不仅仅是通过宣传活动或者宣传栏，更多的是来自身穿狮子会服装的会员们长期的服务，不断的言传身教，将会吸引到更多旁观者——准狮子会成员。例如，社区清扫是狮子会推行的一种服务方案，包括清除马路、水沟、人行道或火车站的垃圾，清除公共建筑上的涂鸦等。此项服务活动不仅能够改善社区环境，还是一个高曝光率的服务方案。会员穿上有狮子会标志的服饰，可以向民众展示狮子会会员是一群友善且乐于服务的人们。

（2）倡导全程参与

倡导会员参与服务活动全程是会员高参与度的保证。从会员自主寻找要开展的项目，对相关资助项目进行筛选、分析和决策，到组织会员捐赠或募集社会捐赠，然后由会员对项目进行自主实施，并由会员对项目资金（或实物）的使用行使监督权，直到项目执行完毕后组织会员验收或回访。其间，尤其鼓励会员直接参与一线的社会服务，与受助对象接触，亲身感受受助对象的状况在服务活动前后所发生的重大改善。这样的参与，主观上让会员感受到助人为乐的喜悦，在参与中产生心灵的震撼和精神的收获；客观上又能使慈善项目的组织、实施与监督置于会员的参与和操控之下，保障捐款的使用效率，提高慈善运作的透明度，杜绝腐败发生的可能性。而在服务活动的组织过程中，也得到了宝贵的领导经验。① 2013～2014年度哈尔滨狮子会主席许武顺说，"过去（做公益）捐钱就结束了，但是参与才会有收获，才会有感受，越参与越愿意去参与，狮子会是一个修炼和修行的平台。"② 广东狮子会2016～2017年度第一副会长傅穗文说，"会员参与度高，最主要的是筹备、决策的参与。前期参与度越深，会员保留概率越大。"③

（3）提供晋升空间

当会员加入一个组织过久，或者长期位居同一职务时，通常会感觉枯燥乏味，容易失去兴趣和减少参与。为此，狮子会开发了充分的领导岗位为会员安排职务。领导方面的经验，可以提升会员的自尊及保持他们参与活动的积极性。这些领导角色包括领导服务活动，或担任委员会主席、服务队干部等。

以一个25人的服务队来说，除了有队长和3个副队长之外，还需要设立秘书长、司库（财务主管）、纠察长，还设有理事会，由核心会员组织议事；另外，服务队还会依据地区狮子会的年度安排设置相应的服务项目的委员会，委员会的主席也要从会员当中产生。在服务队中表现突出的会员，则可以到区担任领导职位。区会领导岗位的设置与服务队的领导岗位是对应设置的，设有会长、副会长、副秘书长、区会理事会成员以及专业委员

---

① 雷建威：《谈狮子会的参与式慈善》，中国狮子联会网站。
② 引自本报告撰写团队对受访者的访谈记录。
③ 引自本报告撰写团队对受访者的访谈记录。

会的主席和副主席等岗位。2010 年的调查数据显示,有超过 60% 的会员在会内担任过领导职务。①

尽管岗位繁多,但各岗位均有明确的职责分工,没有交叉。深圳狮子会大地服务队会员万朔林说,"一个会,三个副队长,每个人分管哪一块,理事会也有分工,每个人做什么很清楚。"②

(4) 赋予会员民主权利和自主权

国际狮子会无论是组织形式、决策方式,抑或是选举方式,处处体现着民主的风格,大大增加了会员的拥有感和主人翁意识。

狮子会的组织形式体现民主。国际狮子会的所有服务队都拥有庞大的委员会结构,各种委员会分别处理会籍、领导发展、接待、联谊、社区服务等事宜。会长根据会员的兴趣和能力指派委员会委员。所有会员都有被推举为各委员会委员的机会。

狮子会的决策方式体现民主。例如,每个狮子会会员都可以向服务队提出具体服务项目的动议,由服务队理事会表决是否采纳动议和实施该服务项目,服务队理事会往往会根据本队的客观情况以及项目实施的必要性和可行性等因素进行表决。

狮子会的选举方式体现民主。狮子会的民主选举,包括差额选举和等额选举两种情形。初次进入领导层的狮友,如国际狮子会第二副职领导人、地区第二副职领导人、服务队第三副职领导人,接受符合条件的会员报名,以差额选举方式选出。候选人需提前 30 天向选举委员会提交书面申请,选举委员会进行资格审核和公示,符合程序及宪章资格规定的候选人提交会员大会以无记名书面投票方式产生。在会员(代表)③ 大会上,发表 5~8 分钟的竞选演说,获得有效票数一半以上的多数票者当选。当票数相同时,继续投票至有人当选为止。国际狮子会的总监、第一副职领导人,区会的总监、第一副总监的产生,服务队的队长、第一副队长、第二副队长为"轮庄领导人",以无记名投票、等额选举的方式进行选举,获得会员(代表)超过 1/2 赞成票的即当选。

民主让每个会员感觉自己很重要,可以激发出会员更大的活力和认同

---

① 朱健刚、景燕春:《国际慈善组织的嵌入:以狮子会为例》,《中山大学学报》(社会科学版)2013 年第 4 期。
② 引自本报告撰写团队对受访者的访谈记录。
③ 在中国大陆,服务队的选举机构是会员大会,区的选举机构是会员代表大会。

感，让他们体会到这是他们自己的组织。民主的治理模式无疑是受中产阶级欢迎的，置身于这样的社团文化之中，可谓如鱼得水。相应地，基于民主建立起开放的会员自主参与的空间，成为狮子会凝聚会员的一个重要方面。

（5）开展国际交流

国际狮子会是一个跨越全球的 NGO，国际背景自带荣耀光环对中产阶级产生强大的吸引力，使得会员有强烈的自豪感和新鲜感，也能够帮助会员拓展视野。美国一位会员这样说，"舍弃其他团体加入狮子会的原因是其国际性深深吸引我。狮子会是一个受到世界认可的团队，也是我梦寐以求的目标。"[①] 国际狮子会开展广泛的国际关系活动确保所有狮友彻底了解并为他们是全世界最大、最有效的服务组织的一员感到欣慰，每位会员都能分享将世界一个又一个社区打造得更美好的自豪感。一方面，加强跨国会际交流，增进国际了解，巩固狮子友谊；另一方面，与各国政府、非政府组织建立关系，提高狮子会的全球知名度和影响力。

国际年会是狮子会重大的国际庆祝活动，可以帮助会员了解国际狮子会的国际特质，让狮友产生与全球狮友联系的感觉。每一年，来自世界各地超过 30000 名的会员以及狮友家属集中在一座大城市共襄盛举。来自不同语言区域的狮友们相互问候、互相交流，讨论狮子会的精神，分享活动经验，商讨设立服务项目，也有胸章和纪念品的交换，通过这种交流活动不断提升自己并开阔自己的视野。他们参加会员大会选出干部和理事，对章程事务投票；参加壮观盛大的国际游行以及范围广泛的、多种多样的、富有创意的研讨会，堪称"狮子会精神大联欢"！2015 年第 98 届国际狮子会年会在夏威夷檀香山举行，在国际游行活动中，伴随着乐队以及色彩缤纷的花车，各国狮友们身着传统民族服装，沿着檀香山市中心的 Waikiki 区的 Kalakaua 大道游行。来自中国狮子联会 12 个代表团的千名狮友及家人们身穿统一的红色龙绣图案 T 恤，按照各代表团方阵队伍列队前行，一路上，一会儿欢乐且骄傲地唱着《歌唱祖国》，一会儿齐声高呼"China，China！We serve，We serve！"的口号，向全球展示中国狮友的风采和精神面貌。"China，你好！"口号过后，行进中的狮友们听到了来自国际狮友及社会人士的热情回应。道路两边的游客和居民，也与广东狮子会狮友热情互动，

---

① 《加入狮子会我能得到什么》，http://www.wtoutiao.com/p/3134MVy.html。

击掌、拍照,有中国的游客更兴奋喊道:"中国加油!"这一切,让狮友们的内心由衷感到自豪!①

如前所述,国际狮子会还通过举行国际比赛加强会际交流。比如,世界各地的服务队每年都会赞助当地学校和青少年团体举办国际狮子会和平海报比赛,鼓励全球青少年展现他们对和平的愿景。狮子会环保照片竞赛的作品则在于展现自然之美,决赛的作品将会在国际年会上展示。

国际狮子会服务活动司专门设置政府与伙伴关系部门管理及支持国际狮子会与各国政府、非政府实体/机构的关系,并努力建立和加强联盟,以提高国际狮子会在主要政策的决策者和全球各地政府机构间的知名度。国际狮子会与联合国长久以来的合作关系就是最佳范例。一直以来,国际狮子会支持联合国的世界和平理想,成为联合国的顾问组织,对联合国的工作有咨询地位。国际狮子会把两者的关系限定在人道活动上,与联合国的经济社会理事会建立合作关系,不参与联合国的政治或安全事务。为了表彰国际狮子会对联合国的帮助,以及国际狮子会全球的慈善服务的贡献和影响,联合国每年在2月、3月间选定一天举行"联合国狮子日"纪念活动,活动的信息会提前在国际狮子会的网站上发布,邀请会员参加。在这一天,全球的目光都聚集在狮子会身上,令会员感到无比自豪和荣光。②

3. 保留会员的制度

(1) 有趣又有效的例会,提升会员黏性

例会是国际狮子会基本的活动形式,通过例会,让会员们见面、问候,可以很好地拉近会员之间的距离,提高会员黏性。为了鼓励会员参与和出席例会,国际狮子会十分注重例会的趣味性和有效性。

为了让会员享受伙伴友谊和乐趣,狮子会早期在20世纪20年代及30年代,服务队会议包括恶作剧和广泛的幽默。第二次世界大战后,狮友扩展到全世界,接受了许多文化。80年代女性开始加入狮子会,会议变得精简,很少涉及胡闹的环节,但它们仍然充满歌声、社交、游戏的特色。各服务队按需制定自己的例会方式,融入当地的风俗习惯,聚餐、晚宴和高

---

① 《今天,全球狮友向我们欢呼:"China,你好!"》,http://www.aiweibang.com/yuedu/34640399.html。

② http://blog.sina.com.cn/s/blog_5942ce720101gom8.html。

尔夫球会都可以成为例会的形式。洛威尔的马萨诸塞大学心理学名誉教授威廉·博克维兹接受《狮子杂志》采访时说:"狮友在一天上班的忙碌时间之后去参加狮子会会议,因为会议提供一种归属感,他们连接到比自己更大的某些东西"。①

尽管例会的形式灵活,但是每次例会都规划会议议程并严格遵守以保证会议的有效性。比如,例会上有时会举行新会员入会仪式。仪式的程序分为宣布新会员的名单、介绍国际狮子会的历史和服务队的历史、宣誓、颁发狮子徽章四部分,庄严隆重而又意义重大。通过回顾狮子会在世界的发展历程,刻意营造并渲染组织的历史感;通过宣誓,阐释狮子会宗旨,向新会员灌输组织的价值观。事实上,宣誓不仅针对新会员,同时也在唤起老会员的回忆和认知,以强化老会员对狮子会章程的理解。狮子徽章则是新会员身份得以承认的象征物。整个入会仪式,从视觉、听觉和感官上,更新旧的联系,复兴深层次的集体承诺,维系着狮子会内的团结。

(2) 广泛的赞誉活动,维持会员士气

对会员的认可和赞誉是维持会员士气的很好方式。国际狮子会有广泛的赞誉活动,以奖励狮友的特殊成就。从简单的"谢谢您"、请吃午餐、举办感谢晚餐、寄感谢卡、以他们的名字命名服务队活动的名称,服务队领导人有创意地想出各种"将感谢表达出来"的方法,让会员知道他们的辛勤工作是受重视而且宝贵的。

同时,国际狮子会总会设置了各种会员奖项活动表彰狮友及服务队的成就。例如,会员钥奖是用来表扬邀请新会员的各个狮友。狮友只要邀请两位新会员,即可获得第一把会员钥,最多可获得17把会员钥。各个服务队、区、复合区也可以自己设计奖项来表扬表现优越的狮友。2013~2014年度哈尔滨狮子会主席许武顺说,"狮友们付出就可以得到认可,有奖牌,有奖章,各种层出不穷的奖励,从服务队的奖励到区会的奖励再到联会的奖励,到国际总会的奖励,它有各种各样的奖励,给你足够多的荣誉。"②

(3) 有效的培训体系,促进会员个人成长

国际狮子会非常重视对会员的培训,其有效的培训体系为会员提供了极好的成长空间,也为会员带来了凝聚力。对会员愿意留在狮子会的根本

---

① 《我们开会,我们相聚》,http://qoofan.com/read/P8K04eadne.html。
② 引自本报告撰写团队对受访者的访谈记录。

原因的抽样调查表明，会员之所以愿意留在狮子会是他们最终发现自己在狮子会这个平台获得了领导力的成长。① 深圳狮子会 2016 - 2017 年度导狮团团长雷高清说，"一个正常的狮友做到服务队队长要六年时间，做到区会理事要八年，之所以愿意留下来一定是认可组织的很多方面内容，其中最主要的提升就是领导能力的提升。"②

狮子会有一个由国际狮子会、地区狮子会两级构成的培训体系，为会员提供线下培训。狮子会的地区培训课程体系包括地区会员培训（新狮友培训会、志愿者领导力训练课程）、地区服务队干部（服务队队长、秘书、司库）培训、认证导狮课程③、地区会员发展培训课程、服务队杰出程序④、分区主席训练计划、地方讲师发展学院⑤、地方狮友领导学院⑥。国际狮子会层面的培训包括第一副会长/第一副主席培训⑦、第二副会长/第二副主席培训⑧、LCI 讲师发展学院⑨、LCI 资深狮友领导学院⑩、LCI 潜能狮友领导学院⑪。此外，还有"逢 X 约定你"⑫ 的常态培训；针对分区、分域、服务队的个性化培训；针对特殊需求设计的培训，如创队队长特训营、主持人培训等。2009 年加入狮子会的林达说，"狮子会真是一所大学，每年都有各个层级、各种有针对性内容的培训。比如，队长、司库、秘书等各个角色都有具体的指导；还有针对队长上任的领导力培训，等等。使你在这所大学里可以汲取丰富的知识，运用到日后的服务对管理和团队的建设之中。2011~2012 年度，我参加'新准狮友说明会'、'骨干狮友培训'、'领导力

---

① 傅穗文：《狮子会的培训体系》，http://dwz.cn/4cIAZm。
② 引自本报告撰写团队对受访者的访问纪要。
③ 旨在为狮子会培养更多导狮，以指导新服务队的创立及服务队的重建。通常以毕业队长、现任队长为主。
④ 办学目标是使弱队变强，强队更强。只要是会员即可参训。
⑤ 为地区狮子会培养讲师人才。学员以毕业队长为主。
⑥ 为地区狮子会培养讲师人才。学员为现任队长。
⑦ 使第一副会长/第一副主席清晰任期内的所有工作内容、方法和技巧。
⑧ 使第二副会长清晰任期内的所有工作内容、方法和技巧。
⑨ 办学目标是训练培训者，学员学成后返回地方讲师发展学院培训讲师。学员以地区讲师团骨干为主。
⑩ 培养全球各地区狮子会未来的领导人。以第二副会长/第二副主席为主，若第二副会长/第二副主席已受训过，则选派未来有望担任第二副会长/第二副主席的资深领导狮友。
⑪ 培养服务队的未来领导人。学员为准备接任队长的狮友或刚创队的队长。
⑫ 指服务队自定的会员培训日，如"逢十约定你"即每个月的 10 日组织会员培训。

培训"、'讲师团培训'等培训近 20 次，受益匪浅。"①

培训内容丰富实用、有章可循。由国际狮子会领导司统一开发教材，保证方向。领导司开发的教材均由讲师手册、学员手册、PPT 组成一个完整的课件包，分发给全球各地的全球会员发展团队，由全球会员发展团队的区协调员改编教材以适应当地需要。教材内容涵盖组织文化（多元化、团队合作、解决冲突……）、会务（队长、秘书、司库培训，认证导狮培训、会员发展培训……）、基础能力提升（设定目标、时间管理、有效会议……）、领导力提升（领导的根本、改变领导力、公众演讲……）。② 这些内容帮助会员学习到成功担任狮子会领导人的广泛的领导技巧、有效地建立和维护人际关系的技巧、设定和实现个人和专业上的目标的技巧、提高人际沟通及成功发表公开演讲的技巧。2005 年加入狮子会的黄炜说，"回味自己的狮子生涯，没有一个地方比狮子会更加让我被激励和迅速成长。"③

培训讲师由会员担任，讲师既是实践者又是培训者。虽然培训教材由国际狮子会领导司统一开发，但是培训讲师却全部由会员担任。通常，只要担任过服务队队长的会员就有资格成为讲师。由在一线亲力亲为的会员给其他会员培训，针对性特别强，这种培训也容易落地。因为讲师们都是过来人，有丰富的经验，理解狮子会的理念和文化，而且也清楚什么样的培训方式更易被会员接受，这是专业的培训师做不到的。例如，专门为地区狮子会培养讲师人才的地方讲师发展学院和地方狮友领导学院的学员分别以毕业队长和现任队长为主。此外，讲师有一套晋升体系。地区讲师团的骨干有机会参加 LCI 讲师发展学院的培训课程，学成后返回各地区通过举办地方讲师发展学院来完成培训讲师的任务，简言之，就是成为培训者的培训者。

会员培训机会不胜枚举。除了线下的一整套培训体系，国际狮子会为提升狮友领导力，专门在国际狮子会网站开设了"狮子会学习中心"为会员提供在线学习机会，任何一个在籍会员均可凭国际会员号在网上学习中心注册学习。课程分为领导发展、管理他人、取得成果和沟通四项关键领导技巧。

---

① 中国狮子联会战略发展与研究委员会编《让历史告诉未来》，第 35 页。
② 傅穗文：《狮子会的培训体系》，http://dwz.cn/4cIAZm。
③ 中国狮子联会战略发展与研究委员会编《让历史告诉未来》，内部资料，2015，第 243 页。

国际狮子会的培训体系是非常有效的，把职业化和志愿性两者完美结合。顶层有职业化支撑，根据实际情况不断研发课件，由会员志愿执行。培训体系充分体现了参与性，会员个人的表达技巧、公众演说等领导力在讲课的过程中得到了提升。

4. 维护组织声誉的制度

缺乏声誉的组织难以取得会员的忠诚。国际狮子会把声誉看成是组织的生命，像爱护眼睛一样，不允许有半粒沙子。

（1）出发点唯一

狮子会的出发点是服务他人，这是唯一和排他的。《国际狮子会宪章及附则》里明确规定会员不可利用其狮子会会籍作为其个人、政治或其他方面的渔利工具，也不可参与任何与本会的目的及信条相违背的活动。同时规定，不在狮子会聚会中辩论政见或宗教信仰。如果会员行为违反《国际狮子会宪章及附则》以及理事会政策，服务队必须撤销该会员，否则该服务队将面临解散。

服务社会的组织定位，正是国际狮子会吸引工商业者和专门职业人士、激发会员集体荣誉感、提升组织威望的金字招牌，进而成功地与其他联谊俱乐部区别开来。

（2）财务制度公开透明

国际狮子会被评为全世界最具公信力的公益服务组织，好口碑除了狮友们的热情付出外，财务公开透明也是重要因素之一。

国际狮子会的财务清晰，管理严格。各服务队财务严格遵守服务经费与行政经费区分管理的原则。大多数服务队使用财务预算系统。服务队的年度财政预算分为行政预算和活动预算两个。行政预算是服务队运作资金，大多来自服务队会费。活动预算是服务队活动和方案的资金，其收入来自服务队为特别方案向社区募集的款项。方案筹款的收入不能用于服务队的行政费用，也不能用于宣传募款的支出，然而服务费用可以直接从募集资金中扣除开支。①

每个服务队都有一个银行账户用来存入会费和其他筹款，每个服务队

---

① 《中国狮子联会财务管理制度》规定，服务队设立"司库"作为核算员负责服务队的财务核算，并以报账的方式向所属代表机构的财务部门或财务结算中心进行资金收支结算。

设有财务,每月及每半年一次向该服务队理事会作财务报告。财务报告让狮友们了解每笔捐款的去向,保证财务公开透明。报告需包含自上次财务报告后到现在的收入及支出明细、有关预算的支出、本次财务报告期间的开始和结束的资产净额、将本年与前一年同期服务队服务方案的支出作比较等内容。

(3) 入会制度严格

严格的入会制度,保证了会员质量,一方面避免了劣币驱逐良币的情况出现;另一方面,也吸引着更多的工商俊杰、社会精英加入。

国际狮子会开放给所有品德高尚有声望者加入,但实际上会员的入会程序是十分严格的,以确保那些志愿提供服务的会员是真正、严肃和坚定地将改善自己的社区和帮助有需要的人作为专一目标的人。

会员须经过层层审核且经邀请才能加入。依照《国际狮子会宪章及附则》第一条的规定,首先,提名人选须填写国际狮子会所规定的邀请表格,并须由具有正常会员资格的狮友推荐签署后提交会员发展主席或服务队秘书,经会员发展委员会调查核准后提交理事会,并在理事会多数核准下,才可邀请该准会员加入狮子会。2013~2014 年度哈尔滨狮子会主席许武顺说,"一个会员入会需要经过入会动机访谈,入会动机纯正的会员才可获得邀请加入。"[1]

(4) 退会制度严明

国际狮子会《标准服务队宪章及附则》规定,任何会员因故在全体理事会 2/3 赞成票下被撤销。会员被撤销后丧失其使用"狮友"称号、服务队及国际狮子会标志、标记的权利。如果会员行为违反《国际狮子会宪章及附则》以及理事会政策,并经国际办公室认为不得成为狮友,比如违反国际狮子会商标政策,服务队必须开除该会员,否则该服务队将面临解散。

各区会也制定了严明的规定规范狮友行为。例如,哈尔滨狮子会禁止任何人冒用"中国狮子联会"、"哈尔滨会员管理委员会",以及服务队或狮友的名义,从事一切商业行为或非法经营等。一经发现,区会有权追究其法律责任。[2]《深圳狮子会会员管理制度》规定,会员有"假借本会名义牟利"、"假借本会名义进行不适当商务行为并可能对本会形象造成负面影

---

[1] 引自本报告撰写团队对受访者的访谈记录。
[2] 《关于哈尔滨管委会会员间商业行为的公告》,http://dwz.cn/4Q6sRc。

响"、"代表本会与任何机构、个人进行谈判、签署合同时，收取商业贿赂或者回扣"、"以本会会员身份，在公众平台发表不当言论，可能对本会形象造成负面影响"等行为的，将依法追究该会员的责任，并给予相应的纪律处分。①

四 步步驱动

把会员变成营销者和让服务队不断裂变，是实现狮子会不断繁殖、不断辐射、扩展的主要举措。从1920年在加拿大成立第一个服务队开始，国际狮子会就走上了稳健的全球扩张之路。为了保持世界各地狮子会的健康和活力，专门设立全球会员发展团队（GMT）这一为会员发展提供连接、整体性的全球机构，由狮子会任命的服务特定宪章区或地理区（复合区、单区）的狮子会领导人组成。在复合区与区层面设GMT协调员组建会员和新服务队成长团队，寻找建立新服务队的机会和鼓励拓展新会员。

1. 把会员变成营销者

把每一个会员变成营销者是国际狮子会扩张的关键策略。通过人脉关系，创造一个狮友网络，然后，再由这个网络中的人分别向外推荐给另一批人，构成新的网络。这一层层向外拓展的网络，让国际狮子会成为今天会员人数最多的志愿者组织。

超过40%的会员参加狮子会是因为有一位朋友已经是会员。国际狮子会官方网站提供的《服务队邀募新会员指南》这样写道："在确定招募对象时，要求全部会员思考可能有兴趣参加狮子会的对象，思考的对象包括朋友、亲戚、同事、邻居、教友、当地专业人士、业务往来者、社区领袖等等；在召开会员说明会时，要求每位会员携带一位非狮友参加。招募对象确定后，通过面对面沟通、邀请体验服务活动等方式感召潜在会员加入。在会员感召潜在会员时，也是会员组织认同再生产的过程，潜在会员对狮子会产生认同的同时，老会员对狮子会原有认同也得到加强和巩固。"

按常理，向别人宣传推广一个组织，总是有些不好开口，国际狮子会

---

① 《深圳狮子会会员管理制度》，http://www.szlions.org.cn/index.php?id=4075。

是怎么把会员变成心甘情愿的营销者的呢？如前所述，国际狮子会互益和公益相结合的独特定位，吸引、凝聚会员的组织文化，规范、有效的制度、机制让会员切实感受到了狮子会的魅力，而这些会员在自己获益后，便以喜悦之情推荐给自己的亲友、同事、同学……此外，国际狮子会传递给它的会员一套独特的人生观与价值观，让他们感觉到，他们不是在销售一种产品，而是带给更多人自我成长和做善事的机会。比如，在招募新会员时，向狮友灌输这样的观念："记住，您是提供机会以改变他们的生活，而不是销售一种产品！""作为一位狮友是一种荣誉。这是我们邀请人们加入狮子会的原因。"

2. 激发服务队不断裂变

对国际狮子会而言，每一个服务队都是一个吸引、凝聚会员的小驱动体。合适的服务队人数，通常以 30~50 名会员为宜。所以，当会员人数较多时，往往会培养、鼓励、帮助会中狮龄满一年且有能力的会员创立新的服务队，让他们在社区发挥影响力，引进更多的人加入狮子会，以分拆和孕育出更多的团队。

按要求每个服务队会员人数不少于 20 人，也就是说一旦有 20 名会员，就可以向国际狮子会提出授证申请。授证申请的程序也十分简单，只需提交授证申请书，每名会员一次性缴交 30 美元授证费。服务队会员人数一旦超过 20 人，就必须终止在该服务队内再增加新会员，国际狮子会鼓励通过再创新服务队吸纳新会员实现服务队的裂变。一个个新服务队不断产生，逐步推进，从而实现高增长蔓延态势。

服务队的不断裂变需要具备两个关键要素，一是会员创会动机，二是保障服务队健康发展的支持体系。创队会员即成为创队队长，而成为队长则意味着有机会成为区会领导人，这让会员有了创队动机。但是，创队不是那么容易的。因此，为了保证创队成功率，国际狮子会设有导狮制度，毕业队长、现任队长参加认证导狮课程后成为认证导狮。在新服务队成立的前两年，区总监（会长）指派两位导狮指导新服务队前两年的运营，将标准规范的狮子会"组织结构、管理体系"复制到新成立的服务队。导狮要有奉献精神，需在新服务队成立的前两年出席任何新服务队的会议，指导与训练新服务队干部、激励与支援新服务队成长，必要时，提出建议与忠告。深圳狮子会的高洲说，"导狮团的培训辅导很关键，好的服务队都是因为有好的导狮培训。基本规范需要在业余培训中不断成长。狮子会有几次规范的培训步骤,从一张白纸到慢慢了解狮子会,辅导过程就是形成合作的过程。"①

此外,还有专门的创队培训会指导会员创队。哈尔滨狮子会的许武顺说,"通过感召,启发他们的创队梦想。我们有专门的创队培训会,通过培训,搭建服务队架构,让他们不再担心。"②

五 结语

康晓光认为,国际狮子会能在全球范围内成功扩张的奥秘在于:国际狮子会只是在中性、现代性方面做文章,在通用的形式和架构上做文章,不涉及民族的核心价值,不触及统治者核心的政治利益,也不讨论政治、宗教、经济制度。因此,国际狮子会与任何大文化没有冲突,可以在各国、各地落地生根。

国际狮子会1917年创办时,创始人茂文钟士一定清楚地知道以工商界和专门职业界人士为主体的中产阶级所蕴含的价值有多大。会员是国际狮子会的核心竞争力、重要资本,国际狮子会借助会员制的形式,通过组织文化、制度机制把以工商业界和专门职业界人士为主体的中产阶级吸引进来,带动单个会员自身社会资源的投入。同时,通过培训等机制不断"经营"会员的价值,让会员发挥最大的智慧潜能,撬动更多的资源,吸引更多的人加入,这使国际狮子会历经百年依然充满活力。在这个过程中,会员在狮子会平台上不断维护和"经营"自己的价值,由此,国际狮子会和会员实现良性循环。

我们相信国际狮子会会走得更远,影响也会更加深远。

---

① 引自本报告撰写团队对受访者的访谈记录。
② 引自本报告撰写团队对受访者的访谈记录。

自然之友的故事

1994年3月31日，自然之友成立，成为中国最早成立的全国性民间环保组织。它的成立被视为中国民间环境保护运动的一个关键起点，是当时民间声音、民间立场的典范。

自然之友自创办以来，通过丰富的环境教育活动，倡导公众环境意识，提升公众行动能力，选择绿色生活。在倡导和推动环境领域公众参与机制的形成、反映和代言弱势群体的利益、影响环境公共政策方面有着不可忽视的地位。

自然之友的多个行动被载入史册。从发起引领全民环保意识的观鸟行动到保护云南德钦滇金丝猴和可可西里藏羚羊等行动，到推动中国政府信息公开的守护长江鱼，推动政府合法行政的德钦县非法砍伐天然林抗议、都江堰杨柳湖大坝工程下马、怒江建坝和西部水电开发之争、环评风暴、圆明园铺设防渗膜事件，再到问询企业责任的云南曲靖铬渣污染事件和福建南平生态破坏公益诉讼案。

国际社会将其视为中国从计划经济向市场经济转型后，民间自发、结社并代表民间力量挑战市场暴力的标志，对推动中国公民社会发育与发展起着不可估量的作用。20世纪90年代，自然之友在国际上获得的认可超过其在国内获得的认可，前后获得各类奖项，如"亚洲环境奖""地球奖""大熊猫奖""雷蒙·麦格赛赛奖"等。

自然之友从1994年以全国性社团二级单位的身份正式注册，至2010年独立注册为民办非企业单位（名称为"北京市朝阳区自然之友环境研究所"），一直以会员制形式运营，会员需缴纳一定数额的会费。至2008年，自然之友在全国发展会员1万余人，团体会员近30家。目前，在全国拥有会员①累计超过3万人,在北京拥有三个工作实体,在全国分布着24个行动小组,并依托具体业务推动建立了多个跨机构的行动平台。

然而,由于注册身份等原因,自然之友从创办至今,实际上一直不算是严格意义上的会员制组织,一直未按严格的会员制进行治理,普通会员基本不行使选举权和被选举权,他们更类似于普通公益组织吸收的志愿者,他们可以以会员的身份进行捐赠,参与组织的各类活动,提供面向社会的服务。自然之友本身也未按严格的互益型会员制来运作组织,与会员的互动、对会员提供的服务欠缺,所成立的会员中心类似于志愿者发展支持中心,主要以公益型组织运作。

自然之友是中国第一批民间环保组织的代表,是当时的"先行者"和"领航者"。历经20余年,自然之友进行了组织治理、管理、业务模式和战略等层面的一系列转型,也经历了很多动荡和波折,起起伏伏,纷纷争争。早期,社会对它的关注和讨论很多,中间曾几乎从公众眼中消失,后来又"恢复元气",成长为具备良好公信力、影响力和感召力的专业性环保组织。自然之友到底发生了哪些故事,本文以记录事实的方式把其中一些内容简单呈现出来,不过度赞誉,也不苛责,以此来见证一家中国民间组织的自我成长与阵痛,见证中国公益领域的变迁。

一 初创期创始人治理模式

1993年6月5日,几十名各界人士齐聚北京西郊玲珑塔下,探讨共同关注的环境与发展议题。这次会议被称为"玲珑园会议"。会议一致同意通过非营利民间组织的方式推动环境保护和社会进步。1994年3月31日,自然之友以全国性社团二级单位的身份正式注册,中文注册名为"中国文化书院绿色文化分院",英文全称"Friends of Nature"。机构创始人是梁从诫、杨东平、梁晓燕和王力雄。其中,全国政协委员、中国文化书院导师梁从诫教授任会长,社会文化和教育问题专家杨东平教授任副会长。

同中国绝大多数民间公益组织一样,自然之友在初创期就形成了创始人治理模式,这在民间公益组织成立之初具有积极意义。但在后期,风险

---

① 会员是自然之友注册志愿者和捐赠人的统称。

逐渐显现。

尽管当时也设置了名义上的理事会，但当时自然之友的最高决策权、管理权、执行权、监督权高度集中于创始人梁从诫先生身上，组织的发展高度依赖于创始人，创始人的意志、能力等基本上决定了组织的发展。理事会已有 30 多人，也有外地的。理事会下面有一个工作小组，相当于常务理事。会员来自各行各业，有家庭妇女、退休工人、下岗人员、个体户、出租司机等，有门卫也申请入会。[①]

自然之友创始成立后，主要通过会员的志愿服务推动工作。主要工作形式为：环境宣讲、野生动物保护、环境教育、政策决策倡议以及民间外交等。早期的自然之友推动了滇金丝猴保护、四川洪雅长江上游天然林保护、可可西里藏羚羊保护等一系列珍稀物种及栖息地保护事件，同时通过中国报纸环境意识调查及环境记者奖、呼吁首钢搬迁等工作，持续推动社会环境意识提升。

作为一个会员制组织，随着自然之友社会知名度的提高，会员数量也有所增长，至 1999 年个人会员达到 600 名，团体会员（以大学社团为主）21 个。同时，随着中国第一个公众观鸟组织——自然之友观鸟组以及湖北武汉会员小组的成立，自然之友开始通过会员自组织的志愿者集群方式推动各地行动。但会员流动性比较大，曾经注册过的会员有好几千。很多会员入会想参加活动，但是自然之友为大家组织的活动很有限。主要是一些环保活动，如种树、捡垃圾、大街上摆个桌子搞宣传等形式。在实际操作中，会员通常没有入会条件，当然，慢慢沉淀下来的是非常坚定的骨干。自然之友提倡"真心实意，身体力行"，不主张审查想入会的人员，相信申请入会的人都是想为保护环境做点实事。[②]

初创期的民间公益组织，组织成员中普遍存在着对组织定位和价值的不确定性，他们从内心深处在寻找一位具有魅力的领导，并愿意接受他对组织使命和价值的描述以及对组织未来的设想。在当时，梁从诫先生是组织的领袖和灵魂人物，对外其个人形象代表了组织，自然之友的成员对梁从诫先生高度认同和信任，相信梁从诫先生决策、信念等的正确性，对梁

[①] 邹晶：《不唱"绿色高调"的自然之友——"自然之友"会长梁从诫接受本刊独家专访》，《环境教育》2001 年第 6 期。

[②] 邹晶：《不唱"绿色高调"的自然之友——"自然之友"会长梁从诫接受本刊独家专访》，《环境教育》2001 年第 6 期。

从诚先生产生敬佩、崇拜等情感，自愿地追随，服从其领导。创始人的个人素质、社会资源（包括人际关系网络、声望）和物质资源情况直接影响着组织目标的实现和组织自身的运作。利用"符号资本"，即梁从诚的知名度来加强公民社会组织在那些对政府权威存有依恋的公众心中的合法性地位，从而赢得支持，而且还可以通过关系资源从政府那里获得基本的信任。因此，对于诸多公民社会组织而言"符号资本"确实是一种拓展组织衍生空间、增强组织社会影响力的重要策略选择。① 自然之友在最初阶段这一点表现得非常明显。

因此，自然之友初创期自然形成了创始人治理模式，这也是中国公益组织在特定环境和特定发展阶段的产物，具有其必要性与现实性，并在特定的时期发挥了积极的作用。创始人的魅力发挥着提高组织凝聚力、联结组织成员纽带的作用，从而使草根公益组织有更大的动力和能力去追求公益理想、完成使命。

虽然是会员制，并建立有非常完整的决策机制和组织结构，规定全体会员拥有选举权、被选举权和表决权，对自然之友工作进行监督并提出批评的权利，但是，会员往往只在具体服务方面行使会员权利，另外的发起人也以尊重梁从诚而主动"放弃"并基本以默认支持梁从诚的方式"授权治理"。如，自然之友规定，由会员推举产生理事及正副会长，任期两年，可以连任；理事可互推若干人为常务理事以负责自然之友的日常工作。一定程度地说，会员制的建立严格而言是空架子，实际上是由发起人决定组织做什么，不做什么。

如，20世纪90年代中期，一家大型央企准备在海南三亚市建设亚洲最大的化肥厂，要把三亚变成一座"大型化工旅游城市"。1996年，这个项目的反对者托人找到梁从诚，希望借助他作为名门之后的声望和渠道，向政府高层传递意见。梁从诚婉拒了，他说："我们只管得了金丝猴，管不了大化肥。"后来，十几位专家、学者起草了给全国人大常委会的建议书，分析了三亚大化肥项目将会产生的严重环境问题。时任全国人大常委会委员长万里批示："应转有关部门制止。"此后，三亚大化肥项目全线停止。梁从诚出于保护自然之友的目的，拒绝了项目反对者希望他出面的请求。但他

---

① 齐久恒、刘国栋：《中国特色公民社会组织自主性发展的智慧觉察——基于"自然之友"的个案分析》，《科技管理研究》2015年第7期。

后来同意在建议书上签名，表示了个人支持的态度。可以说，梁从诫当时这样决定是可以理解的，当时环保 NGO（非政府组织）处于一个初期的形态，遇上的又是一个国家级特大工程。如果介入，受到的压力可想而知。但是，这的确是一个考验自然之友是否能参与更大的社会事件、回应社会需求的时刻，自然之友没有积极介入，是个遗憾。

2000 年前后，自然之友加大环境教育工作力度，启动了一系列相关项目，如以乡村青少年为主要目标对象的绿色希望行动，以城市中小学为主的美境行动，推广流动环境教学的羚羊车、野马车等，吸引和培育了中国一批优秀的环境教育工作者，并引进和自主开发了一系列教材和教学体系。在此阶段，自然之友逐渐确立了中国环境教育领域先行者和推动者的角色。在耕耘环境教育事业的同时，自然之友承办了全球环境基金中国民间组织论坛，并和多家环保组织联合介入怒江水电开发问题。会员方面，随着环境教育工作的深入和组织影响力进一步扩大，自然之友会员人数达到 4000 人，各地会员小组 8 个。

在民间外交方面，机构创始人利用自己的声望和声誉为组织带来了重大的社会影响。梁从诫、杨东平等代表自然之友多次出访北美、欧洲、东南亚等地，参与多次国际会议。1998 年，梁从诫与时任美国总统克林顿在广西会谈；英国首相托尼·布莱尔也曾就藏羚羊联合保护事宜回信梁从诫。当然，梁从诫本人并不据此邀功，他曾说，"这几年我之所以在社会上能够产生一点影响，只不过是组织了自然之友，没有其他人辛辛苦苦做大量的具体事情，我怎么可能获奖？我们获奖是社会对自然之友的承认，这对我来说是最大的利益。至于名人效应，对这几个奖来说，好像跟这个家庭没什么关系。"[①]

二 治理层主动求变

初创期的自然之友规模较小，组织结构简单，业务较为单纯，创始人治理模式在组织发展初期发挥了较大的作用，但是随着时间的推移和组织的成长，这一模式的弊端日益显现，并成为组织发展的障碍，向现代治理

---

① 邹晶：《不唱"绿色高调"的自然之友——"自然之友"会长梁从诫接受本刊独家专访》，《环境教育》2001 年第 6 期。

模式转型已成为内在要求。

2004年6月5日，自然之友理事会决定启动组织转型计划，由原先的以创始人为主的领袖治理型组织，转型为理事会治理下的总干事负责制，并面向全国招聘总干事。

2005年，薛野作为自然之友第一任总干事走马上任，在其任期内确定了工作团队的职业化发展路径，并制定和推行了初步的管理规章制度和项目工作机制。通过建立各部门主管与总干事的"联席会"，形成了随后十年的集体议事决策机制，让自然之友开始逐渐消除"家长制"的风格。

然而，2004~2008年，由于内部治理及管理等方面的不足以及缺乏处置不同意见的经验，自然之友四年内更换了四任总干事（代理总干事），也引发了工作上的一系列动荡。

2006年，自然之友经历了第一任总干事及部分工作团队成员的离职，组织架构也有了一定的变化。这其中比较突出的有两点：由于原调研部工作团队大部分人员离职，这个部门被解散，原有的法律类项目也随之停止，"中国环境绿皮书"项目转由编辑部运作；原项目中心的环境教育类项目组成了环境教育部，在此领域进行专业发展运作。当时，自然之友的组织架构是：理事会、总干事、副总干事、会员部、编辑部、公共合作部、环境教育部、行政部。

治理改革及管理上的调整，推动了自然之友的变化。

2007年，自然之友理事会由原先的几十位理事+5位常务理事的规模缩减为17人理事会，梁从诫也正式卸任会长，由当时的副会长杨东平接任理事长。这样的变化使得理事会的议事效率和参与度明显提升，也正是在这样的背景下，理事会通过了进行战略规划的决议。

在业务方面，随着第一任总干事薛野的上任，自然之友拓展了环境法治以及政策倡导领域的工作，通过成立调研部、启动环境绿皮书项目、筹备发起环境律师团等方式，加强以法律与研究为基础的行动。同时，自然之友在环境教育领域继续开拓，启动了"自然体验营""绿地图"等项目，并开发和引进"卡通营地""地球守护者"等一系列新型环境教育方法/产品。在国际环境议题上，自然之友积极介入气候变化领域，于2007年牵头多家国内外环保组织启动研究项目，在巴厘岛气候大会上发布首份《中国公民社会应对气候变化立场》，并多次参加相关谈判、会议；并于2007年成为中国世贸网（China WTO Network）的环境领域指导委员单位。

这个阶段，最初创始人设立的自然之友"生存"原则并未改变。首先，对组织规模进行自我控制。自然之友自成立以来，会员人数一直没有太大的突破。之所以如此，并不是该组织缺乏吸引力，而是自然之友有意而为之，以杜绝因规模扩张而引发政府的猜疑或招致不必要的麻烦。其次，对组织活动领域和方式进行有效限定。几乎从来不涉及或主动突破政府设定的"底线"，并将自己的活动范围定格为政府"欢迎的"环保领域。这种"自我矮化"的活动行为，特别是在环保领域，在很多国外同行看来似乎不能理解，但在中国的政治生态中，却可保全自身，为自己的生存提供有效的庇护，也增加了其成功的可能性。

近十年来，自然之友治理结构有着持续的演进，虽然理事会治理下的总干事负责制一直没有变化，但理事会的规模和功能有着多次的改变，也对组织发展起到了重要的影响。

自然之友主动从"领袖型"治理向"现代治理与管理"转型，进行组织化变革，为自然之友的持续转型奠定了重要基础。

三　战略规划

自然之友经历着组织变革的"阵痛期"：专职工作团队不稳定，筹资和项目创新遇到阻力，核心能力尚未形成，会员、理事会、领导人、工作团队之间未形成共识和有机整体，对机构使命和工作方向把握含混不清，甚至不断变动。与此同时，本土环保组织涌现，国际环保组织也纷纷进入中国工作，"市场竞争"环境越发严峻。

理事会看到自然之友会员大量流失，社会影响力下降，治理转型必须列入机构重要议程上。然而，自然之友往哪里走？怎么走？这是治理转型深入思考的核心问题。

1. 首次战略规划

痛定思痛，自然之友理事会看到，组织战略的缺失是很多问题出现的根源。理事会决定于2007年11月开始进行为期半年的机构战略规划，这也是这家环保组织成立以来的第一次。

第一轮战略规划从2007年11月开始，至2008年5月结束，共经历了半年时间。此次战略规划的执行方协作伙伴为倍能组织能力建设与评估中心（以下简称倍能中心）。其间共经历了以下四个步骤。

（1）分析与评估

2007年底，全体员工、部分理事和部分前理事、前员工共同对自然之友当前的工作方向和工作状况进行了分析评估。讨论发现，工作团队与理事会沟通不通畅，对于项目工作、组织发展的概念难以达成共识等。因此特别增加了"非营利组织核心管理能力"培训，推动所有参与者正视目前组织和工作团队面临的问题和缺陷，达成了较高的共识。

（2）内部评估

第二个步骤是内部评估，共花了6天时间。首先由10名员工代表在倍能中心的指导下，通过两天讨论建立了自然之友内部能力评估的工具框架，共含11大类147个指标。随后全体员工和部分理事进行参与式分析评估打分，并通过内部评估分数结果讨论机构改革的大方向。

在此过程中，自然之友工作团队和理事会对明确组织使命、愿景、制定战略规划及其相关计划、资源动员、规范工作流程等方面表现出了特别的重视；但同时，通过投票分数的统计也反映出，此时的工作团队和理事会对于同样指标所打的分数具有一定程度的差异，反映出二者的共识有待提高。

（3）外部信息收集分析

第三个步骤是外部信息收集分析。工作团队面向11个相关群体（包括会员、理事会成员、离开的老员工、志愿者、政府部门、媒体、研究者、基金会、企业、服务群体、环境NGO）收集与自然之友的发展相关的外部信息，包括相关政策、环境保护领域的现状、对自然之友工作的评价、未来方向的建议等。对于来自各利益相关方的信息和意见，工作团队进行了充分的辨析和讨论，并形成"外部相关方信息收集"报告，为修订组织的愿景、使命、工作方向和策略提供了思考的依据。

（4）形成愿景使命与重点行动领域

第四个步骤是形成愿景使命与重点行动领域。全体参与者通过小组讨论和集体投票的方式得出机构的强弱势分析结果，所有参与者共同就自然之友的愿景、使命、未来3~5年的优先工作领域、与此相适应的人力及资源调整等问题畅所欲言，并逐步凝聚共识，形成最终结果。

· 愿景：在人与自然和谐的社会中，每个人都能分享安全的资源和美好的环境。

·使命：建设公众参与环境保护的平台，让环境保护的意识深入人心并转化成自觉的行动。

·核心价值观：与大自然为友，尊重自然万物的生命权利；真心实意，身体力行；公民社会的发展与健全是环境保护的重要保证。

·战略目标：倡导和推动环境领域公众参与机制的形成；反映和代言弱势的呼声，影响环境公共政策。通过丰富的环境教育活动，倡导更多公众增强环境意识，提升行动意愿和能力，选择绿色生活方式。促进环境NGO的合作交流，形成合力；支持草根环保力量的发展，扶持其成长。建立良好的会员机制，稳步发展会员；构建定位明确、机制合理、团队能力较强、拥有良好的社会公信力、优势渐成的民间环保组织。

2. 落实战略规划

此轮战略规划对自然之友来说，是一次直面问题的过程，工作团队和理事会在几次会议中都有着激烈的争论甚至争吵，但最终达成了较高的共识，也为组织的进一步发展起到了基础性的铺垫作用。

基于规划，自然之友根据工作目标对当时的机构进行了调整，按照功能划分工作团队，进一步明确了工作领域的进入机制，特别强调了"工作内容要和社会现实需求紧密嵌合，对一些重要议题要深度去做"。战略规划结束后，李波作为新任总干事，带领自然之友以"宜居城市"为切入点推动专业环境行动。

在此期间，组织身份也有了重大变化。2010年，基于原挂靠单位（中国文化书院）的意见以及对于法人主体的考虑等原因，自然之友重新独立注册为北京市的区级民办非企业单位，全称"北京市朝阳区自然之友环境研究所"，原有"中国文化书院绿色文化分院"的身份取消。这次变更对自然之友最大的影响有二：第一，失去了原有的社团身份，"会员制"面临尴尬的存留问题；第二，拥有了独立法人资格，为通过法律手段介入环境问题提供了基础。治理方面，由于注册为民办非企业单位，自然之友理事会在2010年进一步缩小，变为9人理事会。虽然理事人数减少，但理事会在治理中的作用进一步提升，不仅成立了一系列专题小组，还在战略把握、支持和监督总干事工作以及提升社会影响力等领域更加有效，成为守护自然之友使命和支持工作团队的关键力量。

会员方面，虽然面临独立注册为民办非企业单位后，会员能否保留的争论与挑战，但依然保持了会员制的工作方法，改以"注册志愿者"称呼。通过蒲公英小额资助和学习网络的方式，各地会员小组数量和活跃程度显著上升，数量达到 13 个。

2008 年，经历了战略规划后，基于确定的几项战略目标，对组织架构做了新的设定：重新组建调研部，回应战略目标中的第一条"倡导和推动环境领域公众参与机制的形成；反映和代言弱势的呼声，影响环境公共政策"，并逐渐增强介入重大环境事件的能力；发展合作部在服务会员的基础上，逐渐发展支持与培育各地会员小组和草根 NGO 力量的功能；教育与活动部除了既有环境教育项目外，更要策划、组织其他活动以及公众层面的行为倡导活动；公共关系与传播部以原有编辑部职责为基础，加上机构营销的内容，如公共关系、非限定性筹款工作的前期沟通等。这样的变化，使得自然之友的战略目标逐渐凝聚为部门和项目/行动的能力，也帮助战略规划的内容得以落地。

然而，当我们今天再次回顾当时走过的十年，仍有不足。特别是在机构稳定、团队建设、专业性建构方面，自然之友一直处于"风雨飘摇"之中，理事会在建立秘书处方面投入的精力仍显不够。

四 社会质疑和创始会长离世

2010 年，一篇名为《环保 NGO "自然之友"的转型迷茫》的文章激起了自然之友内外的广泛关注，文中对自然之友的发展现状和社会影响提出了直接且尖锐的批评："经过 16 年的努力，自然之友在各个方面都对中国民间环保组织有所创新，比如注册的方式、会员制、理事会制度、公开招聘总干事，还有它的筹资底线、社会资源合作的模式、制定机构战略规划等。不过与 2004 年之前的声名鹊起相比，自然之友近几年的平淡、迟钝显而易见。十多年来，自然之友真正主导过的公众环保事件，似乎不多，影响力大的更是稀少。""如果经常无法担当公众的期望，不敢积极呼应现实中的环境问题，自然之友这一中国环境 NGO 的先行者形势危矣。"

同时，文章对自然之友的转型也做了一系列批评，包括对会员制发展的摇摆、环境教育出路的不明确以及对战略规划效果的质疑，如文中所说：

"自然之友经常说自己要转型,但自然之友似乎一直没有转型。"

对于这些评论,自然之友并没有进行公开回应和解释,而是将其编入"员工阅读材料"中,使之成为一个重要的提醒,以敦促工作团队更加聚焦于战略落地工作。

的确,战略规划如果只是一纸文本,并没有什么真正的意义。真正将战略规划落地,才是最为重要的工作内容。在随后的两年里,面对垃圾焚烧引发的风起云涌的社会争议,自然之友予以直接回应,并采取了长期行动,如对垃圾政策的研究、对垃圾分类减量的社区实践与政策推动、对垃圾处理链条的环境社会影响评估等,逐步发展出新的业务与能力增长点,并推动成立了专注于垃圾问题解决的行业性组织"中国零废弃联盟";在具有重大生态风险的小南海水电站选址长江上游珍稀特有鱼类国家级自然保护区事件中,自然之友也作为核心推动者,持续参与环境决策的博弈,最终让这一关键物种栖息地得以保存;在法律和政策领域,自然之友开拓了公益诉讼的议题领域,并在多次尝试后,终于随着云南曲靖铬渣污染案的立案,取得了环境诉讼业务的重大进展。

就在外界质疑声中推动战略落地之时,又一个沉重的事件发生了:自然之友的创始人之一、首任会长梁从诫先生于2010年10月25日逝世,永远地告别了环保事业。这个消息既让自然之友团队和会员感到悲痛,也引发了又一轮各界对自然之友的担心和关注——没了梁从诫的自然之友,是否还能"活"下去?这也是创始人治理的最大问题——过度依赖个人,一旦创始人离开,组织会面临可持续性发展等一系列问题。

梁从诫先生去世当天下午,多家媒体记者赶到位于北京东城的自然之友办公室,看到的景象是:部分理事、工作人员和会员第一时间组成了临时小组,繁忙地处理梁从诫去世事宜;每个人脸上都写满悲伤,但临时应急小组之外的大多数人都在继续做着既定的事务。一位工作人员说:"此时此刻自然之友依然保持着行动的步伐,并且会继续走下去,这是对梁从诫先生最好的告慰。"

回顾自然之友在转型初期(2004年),理事会曾抱着坚定的决心和动力持续推动组织治理和管理结构的进化;创始会长梁从诫先生也曾:"自然之友不能成为梁从诫的自然之友,也不应重复上演人亡政息的一幕。"6年之后,自然之友依然保持有效运转和前进,从某种角度来说,这是治理层面转型效果的一种体现。

2011年初，自然之友做了第一阶段战略期的中期调整，将"宜居城市"确立为核心战略议题，工作团队的专业化也被提上重要的议事日程。基于此，组织架构做了进一步的变化，重点是从之前基于"回应战略目标"的部门划分，转变为以议题方向为主导的部门划分。因此，原调研部的部分项目整合为城市垃圾议题组，原调研部的法律类项目与会员类工作整合为公众参与议题组，增加了低碳家庭和绿色出行两个回应"宜居城市"主题的议题组。

至此，组织架构调整为：理事会、总干事、副总干事、城市垃圾议题组、低碳家庭议题组、公众参与议题组、绿色出行议题组、公共关系与传播部、环境教育议题组、行政部。

五 开启"二次创业"

经过2008～2012年战略的落实过程，经历了各界的质疑、战略落地的艰难以及创始会长逝世，自然之友在2013年启动了第二轮战略规划。基于第一轮战略规划积累的经验，理事会和工作团队齐心协力，逐步确定了2014～2018年核心战略目标和战略业务板块。

基于愿景、使命和核心价值观，自然之友将新的战略目标确定为："发现、培育、支持更多的绿色公民，推动更多的自组织环保行动"。并强化打造三个核心业务板块：法律行动与政策倡导、公众参与、环境教育。

在法律行动与政策倡导领域，自然之友打造了一支专业有力的环境法律工作团队，并发起了面向广大环保组织的"环境公益诉讼支持网络"和"环境公益诉讼支持基金"。几年内累计参与了《环境保护法》等几十部法律政策制定过程，发起和支持了30余起环境公益诉讼案件，其中的福建南平生态破坏案是新环保法后"公益诉讼第一案"，位列2015年最高人民法院环境司法审判典型案例第一位。

在公众参与领域，自然之友整合了大气、低碳、垃圾等多个公众参与类项目团队，成立了全新的"公众行动中心"，正在由议题型的环保工作转向动员组织型、启发型的环保工作，并通过开发一系列行动产品来构建具备可持续发展理念与特色的生活网和有环境监督意识与能力的社区网，基于此建立以会员为核心的积极绿色公民成长机制，影响并发动更多人。几年来，已经有"蓝天实验室"、"废弃物与生命"、"零废弃赛会"等一系列品牌产品逐渐出炉，被越来越多人所知所用；各地的会员志愿者小组也延展至21个城市。

在环境教育领域，自然之友整合20年的经验和资源，成立了全新的自然教育机构——盖娅自然学校，旨在更专业、更可持续地推动环境教育事业，通过课程、师资和基地三方面的不断建设，培育更多绿色公民。在盖娅自然学校建立后，创业团队开发了全新的师资培训课程，自主建设了第一个自然教育基地，形成了面向3~16岁青少年及其家庭的各年龄段自然体验产品，同时培养了近千名各类自然教育讲师，激发支持了10余家全新自然教育机构的成立发展。经过3年创业发展，已经初步形成了社会企业的业务模式和核心产品，并于2016年实现了盈亏平衡。

2015年初，为了配合第二期战略规划的进一步落地，自然之友组织架构进行了又一轮调整，此次调整的主要特点是分拆、明确与整合。原有的"环境教育"部门被分拆出组织架构，以社会企业（即盖娅自然学校）方式运营，盖娅自然学校并不受自然之友直接管理，自然之友总干事和副总干事是盖娅自然学校的理事，团队管理、财务和业务运营都相对独立；原"公众参与议题组"中法律诉讼、政策倡导和参与环境决策的业务被单独整合为法律与政策倡导部门，以此作为核心能力发展的基础；原"公众参与议题组"中另外一块会员的业务被重新组建为会员中心，承担了会员（注册志愿者和捐赠人）发展的使命，并对接各地24个志愿者小组，提供持续的陪伴支持；原有的低碳家庭、垃圾等议题组整合成为公众行动中心，以此来发展公众行动产品的研发推广，以及回应社会对于公众环保行动入口的需求。

三年时间，自然之友更加深刻地感到有效战略和管理对于一个组织的重要性。如今的自然之友，正处于"二次创业"的关键阶段，即管理水平进一步上台阶以及"平台型"战略有效落地的时期，这也将决定自然之友能否真正实现组织的战略转型。

六 后记

民间公益组织内部治理问题的实质是组织的成长问题，由个体精英治理向制度化治理模式的转型是民间公益组织成长的标志，也是其走向成熟的必然趋势和必经路径。自然之友的历程表明，民间公益组织从个体精英治理模式向制度化治理模式转型的过程中面临种种障碍，需要草根公益组织和外界共同解决。

近年来，很多本土NGO已经进入了"成立十余年，建立一定工作团队，形成有一定影响力的工作领域"的阶段，但同时也陷入了"工作方向愈发不明确、资源筹集为了满足组织运营而不是解决问题、创始领导人长期占据组织主导地位、管理能力制约机构发展"等发展瓶颈之中。如何面对这样的瓶颈，并形成有效转型突破？中国第三部门需要直面问题，需要不断总结经验教训，需要形成突破。

对于自然之友未来的发展，依然有着各种挑战，任重而道远：治理层面，需要进一步发挥理事会的战略推动和资源动员能量；管理层面，需要形成有效的集体战略能力，并把战略逐渐落实到流程当中；社会影响力方面，也需要有针对性地在不同人群和社会治理不同层面形成更可持续的影响力与合力。

组织的治理结构是转型的基础支撑。战略规划则是转型方向的重要依据。治理结构和战略规划不仅仅是一张议事规则或发展蓝图，更应是让组织团队增加共识与理解、形成真实变化的重要过程；而战略落地，则考验着组织的内部管理能力、外部环境洞察力和执行的有效性。自然之友十年的转型历程，恰恰在这方面，提供了一个可供剖析的案例。

2013年，自然之友成立了自然之友基金会，加大对更多草根环保组织的资助力度。同时，这家"老牌"环保组织也将核心业务之一——环境教育部门独立出来，成立了专业的环境教育机构——盖娅自然学校，以社会企业的模式创业发展。今后，可能会有更多新生力量在这个平台上生根发芽，不断成长。

第三部分
典型案例

典型机构
▶ **典型项目**
典型事件

小营巷社区"变形记"

在杭州马市街中段有条通往直大方伯的巷子,据《杭州与西湖史话》记载,清咸丰十一年(1861年)十二月三十一日,太平军第二次攻克杭州后,镇守杭州的太平军主将听王陈炳文,在此设指挥部,俗称听王府,该巷因曾为太平军营地而得名"小营巷"。今天的小营巷61号正是太平天国时期听王陈炳文的军事指挥机构——听王府。小营巷的闻名遐迩远不止于此。小营巷是浙江省第一个中共地方组织的诞生地;小营巷56号是纪念毛泽东1958年视察小营巷卫生工作而开辟的陈列馆;方谷园2号是钱学森的祖宅旧居;1991年小营巷社区成为世界卫生组织亚太地区的一个联系点;1995年,被民政部命名为"全国模范居委会";2011年7月,时任中央政治局常委、国家副主席的习近平,给杭州市小营巷社区党委复信,对社区发生的新的可喜变化给予了充分肯定。

处于杭州上城区东北角的这个巷子,实际占地面积0.3平方公里,现有居民3661户、常住人口10750人。巷子南侧面积达2640平方米的四季如春的小营社区公园古色古香,园内一座飞檐翘角、回廊绕庭、古色古香的小营花厅是社区居民休闲娱乐、活动聚会的主要场所。小营巷社区有着杭州老社区的典型特点,绝大部分住户是杭州本地人,有的一家三代都居住在这里,对社区怀有离不开的惯性。

同中国大多数发达城市的老社区一样,小营巷社区经历了三轮改革:"两级政府、三级管理"、"理顺政府与社区关系"、"社区治理创新"。今天,小营巷社区治理理念主要遵照习近平总书记关于加强和创新社会治理的"四个全面"的战略布局展开:"必须自觉地将改革信念和创新思维贯穿于推进基层社会治理服务的全过程,冲破思想观念的束缚,突破利益固化的藩篱,在更大范围更广领域,增强群众自治能力,扩大公众参与,激发社会活力,发挥社会协同作用,从根本上解决长期以来重政府、轻服务,重事后处置、轻源头治理的问题","在推进基层社会治理创新的过程中,要切实发挥基层党组织的战斗堡垒作用,密切党同群众的血肉联系,把党的路线方针贯彻好,把全面建成小康社会的目标实现好,把全面深化改革的各项任务落实好,把广大人民群众的根本利益维护好。"①

笔者通过对小营巷社区的观察发现,小营巷社区的今天仍然留有这三轮改革的痕迹:前两轮的改革并不彻底,第三轮改革仍在进行中。特别是,如何真正实现群众自治、扩大居民参与,长期来看仍是最为严峻的社区发展中的重大课题。

一 昔日小营巷

1. 居民心病

改革开放后,伴随着经济的高速增长与社会的飞速进步,居民生活水平日益提高,人们对日常生活环境的期望与要求亦不断提升。当年,小营巷社区的基础设施已远远达不到居民的要求,甚至连居民基本的生活利益都无法保证。此番种种,居民对社区居委会与政府的不满情绪持续升温,无论是居民与政府,抑或是与邻里,关系都很紧张,在杭州市政府每年进行的社区居民满意度测评中,小营巷社区居民的满意度总会"榜上有名","高居"倒数不下。

小营巷社区的建筑均是白墙黑瓦的平房,由于年代久远,诸多基础设施不完善,许多居民家中没有卫生间,夜晚需要去马路边的公共卫生间,生活非常不便。一些居民的卧室还是传统的上下铺,居住空间狭窄、拥挤。居民都希望拆除旧建筑,盖上高大宽敞的现代楼房。但小营巷的这些传统建筑属于杭州市的旅游资源和文化遗址,不允许拆除。渐渐地,居民对居住环境的不满与日俱增。此外,小营巷社区门口的道路只能单行,行车非常不便,许多买车的居民苦于没有停车位,开车反而成为负担和累赘。

---

① 顾朝曦:《在"四个全面"战备布局中把握和推进基层社会治理创新》,《求是》2016年第4期。

而社区内固定地点摆放的垃圾桶，虽有保洁工人定期收拾，但小营巷社区附近有浙江省最大的医院——浙江大学医学院附属第二医院（简称"浙二医院"），还有小营卫生院，带来了周边一定数量的流动人口，增加了大量生活垃圾。"以前，楼下有两个垃圾桶，夏天一到，一开窗就能闻到酸臭味，一出门就看见脏兮兮的垃圾桶，很不舒服。晚上，苍蝇蚊子乱飞，生活受到严重影响。"①

与此同时，小营巷社区中的部分宅院是许多户居民合住，一户宅院中的许多家庭要共用厨房、卫生间，资源的抢夺与占用、生活习惯的冲突等，导致社区中的邻里关系十分紧张，争吵不断。"低头不见抬头见"的邻居比陌生人还要生疏，邻里矛盾的导火索随时可能被点燃进而爆发不同程度的争执，古朴的社区"埋伏"着大大小小的"炸药包"，不知何时便会引发激烈的矛盾冲突。

小营巷社区由于公共空间缺乏、个人空间拥挤，居民茶余饭后几乎"无地可去"。匮乏的社区活动无法为居民提供消遣和娱乐的机会，居民下班回家的生活显得无聊和乏味。居民自身的生活空间窄小，一部分还需要与其他家庭"共处一室"；走出拥挤的房间却又不知"去向何方"，只在小路上、院子里散散步罢了。如此一来，邻里之间的冲突倒成了居民发泄的途径，填充了乏味的生活内容，实在是别有滋味。

面对老旧而拥挤的居住环境，茶余饭后无处可去的尴尬，单调乏味的社区活动，冷漠淡薄的社区人情氛围……小营巷社区居民对社区与政府的满意度日益下降，居民急切地希望社区中的问题得到解决、生活有所改善，但其行动又仅局限于发牢骚、抱怨、"给差评"。

2. 政府心患

随着时间的推移，小营巷社区中的诸多问题没有得到解决，社区中的矛盾也一直累积，给这个老旧的社区蒙上了日益沉重的阴影。一方面，居民与政府、邻里之间的关系愈加紧张，社区居民对政府的不满意、不信任情绪与日俱增，居民抱怨政府、抱怨居委会"不干正事"、效率低下，对政府的评价大打折扣。同时，在社会发展、社会组织遍地开花的今天，居民

---

① 《小营巷民居试水"垃圾不落地"》，杭州网，http://hznews.hangzhou.com.cn/shehui/content/2011-05/16/content_3727107.htm。

并没有足够的意识与能力对社区事务进行自我管理和自我服务,社区的社会资本积累少,绝大多数居民只希望做"守门员",即使触及自身利益也不希望独自出头来解决。居民内心默认的逻辑便是,有问题找政府,解决不好怪政府。

另一方面,居民通过上网发帖、网上讨论等宣泄对政府的不满意,每年"倒数"的居民满意度评价给上城区政府带来了很大的压力。同时,在社区建设、政社互动方兴未艾的地方政府创新实践背景下,如何创新性地解决老旧社区面临的问题,进行社区建设模式的探索是政府亟待突破的关卡。上城区的经济发展基础较好,但其发展水平相较于杭州市的萧山区、余杭区存在一定差距,因此其亦希望以民生、社区建设为突破口,以此作为本区发展的亮点,提高政绩,打造本区的品牌与特色。以上这些都倒逼着上城区政府进行社区建设的思索,并力图通过自身主导来实现社区建设创新的探索与实践。

二 改造小营巷

1. 改善生活环境

几年前,小营巷社区便开始着手改善社区状况,探索社区管理的新方式,打造令小营人满意的社区。小营巷社区针对社区住宅老旧、环境拥挤等问题进行了社区的改造建设,首先在社区内部住宅附近修建了一批公共卫生间以便利居民;其次,在推进社区改造与建设的过程中,积极听取居民的意见。如在小营巷的皮市巷庭院改善工程中,有四栋楼房因遗留问题导致工程迟迟无法完结,小营巷社区便邀请设计单位的相关人员和居民代表进行商议,为居民提供与设计单位直接沟通的条件,听取居民的意见,以此来推进工程的进一步实施,改善居民的住房环境。同时,小营巷社区同积极参与社区事务的居民多次进行沟通,商议解决社区停车难的问题,并最终采用了合适的措施改善了社区停车难的现状。

2011年,小营巷社区在小营民居中进行杭州"垃圾不落地"的试点,小营民居内平时不放垃圾桶,每天上午6:00~8:30及晚上18:30~20:30,社区保洁员会在小区指定地点摆放垃圾桶,以摇铃的方式通知居民统一出来扔垃圾。为使"垃圾不落地"综合整治活动不流于形式,社区还向小区内的116户居民发放了"垃圾不落地积分卡",制订了实施方案及达到每月正确投放天数后的奖励机制,居民只要定时投放垃圾,保洁员就在卡上盖章。每月集满25个章,便可到社区换领诸如肥皂、洗衣粉等小礼品。在小营民居定时定点投放垃圾的同时段,小营巷周围进行着"站台式垃圾投放",小营巷、小营公园、方谷园、银枪班四个点,保洁员周建中每个点要停留15分钟,每天早晚各走两圈。每天早、晚8:30,"清洁直运"垃圾车都会开到小区门口,这样一来,垃圾真正做到了不落地、不暴露,从居民家中直接运送到了垃圾填埋场和焚烧厂。至2014年,"垃圾不落地"模式已试行3年,社区居民的环保意识不断增强,社区垃圾的分类率保持在80%以上,实现了垃圾减量。①

2. 搭建社区公共空间

2012年,上城区政府针对小营巷社区存在的既有问题展开讨论,初步拟定了改建公共场馆建立老年人服务中心的方案,希望由此来解决小营巷社区中存在的诸多问题与矛盾。明德公益事业发展中心通过前期对社区环境、人口情况及分布等多方面的调查,提出建立整体规划的方案,即不止局限于做老年人服务中心,而应规划整片区域,纳入分散在周边的场地,最终构建成居民的公共"客厅",以此吸引和促进居民从家里走出来,参与到社区的建设之中,并逐步培养居民的参与感、认同感和责任感,最终形成居民自主参与的良性模式。对于明德公益事业发展中心提出的方案,政府进行了仔细考量,这一方案最终获得了政府的高度认可。由此,建立公共空间、进行整体规划的方案被拟定为小营巷社区的规划方案。可以说,在小营巷社区的转变中,关键亮点之一即是公共空间的建立与维护。政府将一栋闲置的自有旅馆进行改建,并将周边分散的展馆统一规划,进行功能布局、室内的装修、软装与设施配置。该栋建筑共有3栋相连的楼盘,面积有5000多平方米,加上周边的展馆景区共有26000多平方米。最终,这一承载社区生活共同体作用的公共空间改装完成,并被命名为"红巷生活广场"。

红巷生活广场作为小营巷社区的公共空间,其存在的功能不仅是为居

---

① 马悦、陈惠琴、徐溶:《杭州小营巷试行垃圾不落地三年,定时投放垃圾减量》,http://zjnews.zjol.com.cn/system/2014/06/11/020074735.shtml。

民提供活动、休闲娱乐的场所，更重要的在于它是地方政府进行社区建设与发展的平台。在这一平台之上，居民得到所需要的服务，组织或参与文体活动，社区生活得以丰富起来，同时也增强了居民意识，对社区的归属感和荣誉感都有所提高；社会组织得到所需要的培训，在课程中学习，在实际活动中操练，从"有一搭没一搭"的自我娱乐成长为有组织、有管理的一套系统，更好地践行服务自我、服务他人、服务社区的理念；与此同时，这些落地的服务项目，孵化的社区社会组织，管理与运作模式，都是社区建设的成果，是小营巷社区建设的真实写照，也就成为上城区社区建设成果的展示厅，每年都吸引大批的地方政府官员前来参观考察。

红巷生活广场从正式运营至今，每年开展的大型社区活动上百场，涵盖了养老论坛、敬老服务、残疾人运动会及音乐会等敬老助残活动，剪纸、书画、国学等青少年培训课程，医疗卫生、食品安全等社区讲座，音乐会、社区派对、戏曲、舞蹈等歌舞曲艺活动。这一公共空间，真正成了社区居民的"大客厅"，居民从家里走出来，体验参与其中的活动，享受丰富多彩的社区服务。有的居民每天早早地来到生活广场，待上一整天，晚上才回去。居民在健身房健身后可以洗澡冲凉，妇女可以做B超检查，青少年可以参与航天体验游戏，喜爱文娱活动的居民可以参与歌舞节目的排练，各种公益性的讲座与培训为居民提供"充电"的机会……一个公共空间点亮了整个社区，激活了社区管理与服务的传统模式，拉开了小营巷社区的"变形"大幕，为小营巷社区的居民带来了切身的改变。

在党的十八届三中全会"创新社会治理模式、激励社会组织活力"以及"政社合作、社会平台"的社会组织发展的整体环境下，小营街道采取"政府出资、定向委托、合同管理、评估兑现"的政府购买社会服务的机制，以专项基金招投标的方式，委托第三方运营机构——明德公益事业发展中心来管理、运营红巷生活广场。2013年12月1日，小营街道正式与明德公益事业发展中心签约，这也是杭州市第一家具有引领性、示范性的社区综合服务平台以政府购买社会服务的创新形式委托第三方机构管理。

3. 提供综合性社区服务

红巷生活广场由3栋楼房组成，1号楼是社区综合服务中心，主要针对老年人、青少年、外来人口以及特殊群体等，为他们提供相应的各种服务；2号楼名为仁爱家园，主要是为精神康复人士、智障群体提供所需的特殊服务；3号楼是长青颐养园，即主要是为老年人提供养老服务，包括老年食堂与活动中心等。

（1）功能分区涵盖面广

由于小营巷社区中人口老龄化问题较为突出，养老服务无疑是红巷生活广场提供的重点服务；同时，小营巷社区的人群结构比较全面，儿童、青少年、妇女、老年人、残障人士、新杭州人等多种人群聚集，又因其邻近浙二医院及城市商业中心，流动人口也较多，因此红巷生活广场中的服务尽量涵盖这些人群及所需的具体内容。在红巷生活广场中，梦剧场、梦工场、支点驿站等为社区全人群提供文娱服务；老来乐会馆、市民讲堂、书画社等主要为社区老年人提供休闲娱乐、科普等相关服务；姐妹沙龙、幸福家、亲子会馆等为社区女性提供咨询、休闲等相关服务；此外，还有钱学森航天科普图书馆、棋弈书画社、居家养老服务照料中心等功能分区。

（2）多种方式开展服务

在整个红巷生活广场中，主要开展的有社区社会工作服务、社会组织专业性服务以及其他社区组织、团体提供的为民服务等内容。

明德公益事业发展中心通过依托红巷生活广场项目组团队的专业社会工作师，依托个案、小组、社区活动等专业方法，为社区居民和群体开展了各类服务。

红巷生活广场中有很大一部分的服务都是通过社区社会组织的入驻、外来社会组织的引进来提供多种服务，这些社会组织在提供社区服务方面的专业性提高了服务的质量与效果。其中，仁爱社区家庭教育中心、风动力青少年中心、益优社区互助中心、绿花园社区环境营造中心、颐康社区健康服务中心、无障碍艺途等社会组织在红巷生活广场中以项目落地的方式开展驻场性服务。社区爱心妈妈团、求是书画社、高校创行团队等社会组织在红巷生活广场中提供临时性服务。服务主要包括五大类，分别是为老服务类、助残服务类、青少年服务类、救助帮困类以及其他公益类。具体而言，为老服务类主要涉及为老年人提供助洁、助浴、助行、助医、助急等居家养老服务，关爱老年人心理健康，丰富老年人的文化活动以及其他满足老年人实际需要的服务；助残服务类主要包括孤残儿童照料服务、残障人士康复服务、技能培训和就业扶助、社会融入辅导以及残障人士家庭支持、文化娱乐团队建设等服务；青少年服务类包括社区志愿者服务、社区青少年帮教、社区少年儿童课外教育以及新杭州子女助学帮困等服务；救助帮困类涉及对支出性贫困家庭和流浪乞讨人员的救助帮扶，以及为其他生活困难的居民家庭提供帮扶支援和志愿者服务等；此外，还有为环境保护、劳动就业、教育培训、科学技术、文化、体育、卫生事业提供资助和公益性服务，以及其他有助于宣扬公益理念、促进社会发展进步的公益项目。①

除了上述的两类服务提供方式，还有一类便是引进其他社区组织、团体等在红巷生活广场开展相关服务，如兴趣小组、技能学习、讲座培训、文化娱乐等多种多样的社区公益服务。

小营巷社区开放了多个场馆为居民提供可消遣娱乐的公共场所，吸引居民走出房间，走入社区。同时，社区举办多种多样的社区活动丰富居民的生活。热闹活泼的社区演出，安静惬意的阅读书吧，满载关怀的义仓义集，自导自演的社区文艺演出，新潮时髦的竞技比赛，温馨全面的养老服务，专业细致的医疗咨询，健康便捷的社区送餐，其乐融融的社区嘉年华……丰富多彩的社区活动为古香古色的小营巷增添了久违的生命力，全面专业的社区服务为淳朴率真的小营人提升了生活的质感。

小营巷社区开放了多个历史场馆，打造了多种多样的文化活动。如在钱学森旧居的所在地，着力打造"科学"这一主题氛围，包括定期举办以科普为主题的相关活动，无论是邀请老师讲授科普课，还是举办青少年科技比赛，都为社区增添了科学和先进的色彩。同时，小营巷社区也是雨巷诗人戴望舒故居的所在地，因此社区定期举办"戴望舒诗歌节"，评选最美的诗歌朗诵者，该活动每一年都有新意和亮点，其中的中英文朗诵比赛更是吸引了诸多目光。此外，小营巷社区注重青少年的国学教育，如举办"学习《弟子规》，争做文明人"为主题的朗诵演讲比赛，或是邀请浙江大学国学经典读书会的老师为社区青少年讲授国学课，希望在青少年中重燃对国学的兴趣和喜爱。另一个不容小觑的亮点是小营巷社区的"红色"文化，在"七一"建党九十周年的90天里，小营巷社区设计了一系列庆祝建党九十周年的活动，一是制作一本回顾画册，二是举行"中国最健康社区专家论坛"和"区域化党建工作与创新社会管理论坛"，三是对雨露家政服务队、健康博士、红线帮帮团等15支共享服务团队进行梳理、组建三类岗位，四是举行国学、健康、劳动维权、就业帮扶、志愿服务、文明礼仪、

---

① 《红巷生活广场2014结题报告》。

结对帮扶、诗歌朗诵、理财、交友、红色之旅、知识竞赛等十二大主题服务周活动。自2014年以来，小营巷社区成功申请为3A级旅游景区并对外开放，自此，"小营·江南红巷"的红色文化愈加浓厚与鲜活。

(3) 扶贫济困

首先，小营巷社区对社区内的弱势群体进行定期的调研与慰问，如对社区内的困难残疾人、党员、优抚对象、孤寡老人和退休工人定期进行逐户的上门慰问，了解社情民意特别是他们的需求；社区的工作人员和网格管理服务团队定期为离休干部送上保温杯等生活物品；在腊八节，社区为高龄老人和劳动模范送去工作人员和离休妇女熬制的腊八粥，让他们感受节日的喜庆氛围；社区还为外来流动人口育龄妇女发放慰问信，提供计划生育服务，包括在社区内做B超检查、购买基础的药物等相关服务。其次，小营巷社区为弱势群体举办募捐活动，如定期开展的"春风行动"，为贫困家庭进行募捐，其中，社区会定期发布募捐名单光荣榜，激励社区中的企业、民众、NGO帮扶贫困家庭的热情；小营街道帮扶救助站在三八妇女节举行"小营街道三八妇女节定向捐赠活动"，为持有困难家庭救助证的困难单亲妇女送去节日的祝福。最后，小营巷社区中的老人比例很高，因此一系列的敬老、爱老、助老的活动层出不穷，如社区内的志愿者定期在公园里为老人义务理发，对那些行动不便的老人，社区志愿者会上门提供理发的服务；逢年过节慰问老人，送去生活用品；社区定期举行老年人环境诉求专项调查，了解老年人的需求并给予回应；举办关爱空巢老人系列活动，由社工带领空巢老人共游西湖；在重阳节为老人举办联欢会，与他们共度佳节。诸此种种，小营巷社区对弱势群体的关注与帮扶也无疑带动了社区的帮扶氛围，温暖流动在居民之间，社区中弥漫的是浓浓的、久违的人情味。

4. 鼓励居民参与

在社区居住环境改良及公共事务中，除了居委会的主动推进，许多居民也开始关注社区事务，愿意为了社区公共利益而努力。如社区中的一些积极分子站了出来，他们对于改变社区现状的诉求非常强烈，他们以自己的行动影响着"沉默的大多数"。

社区中的这些积极分子在日常生活中就是经常助人的热心人，他们会代表居民向居委会反映问题，也会将居委会的想法、举措传达给居民，这一"桥梁"连通了居民与居委会，实现了问题反馈与解决的柔性化处理。同时，来到社区中调研的 NGO 也得到了这些社区积极分子的支持与帮助，对其提出的问题耐心解答，反馈问题，也真诚地说出了自己的想法和意见。

在皮市巷庭院的改善工程中，一些居民积极跟进工程的进度，与社区其他居民沟通，听取他们的想法，并将这些想法反映给居委会及工程队，使工程的设计、推进、完善更贴近居民需求。针对社区中的停车位总是被外部车辆停占、导致社区内居民停车难的问题，社区采取给车主发锁和钥匙来"锁住"车位的方法来解决，而这些锁和钥匙的分发、管理、维修等都是社区热心居民来负责的。在推行这一方法的过程中，许多居民觉得开车还要下去锁车位很麻烦，因此经常不配合，甚至埋怨管理车位锁的热心居民。但时间久了，在热心居民不断地坚持、督促下，这一方法取得了明显的成效，车主们也乐呵呵地感谢热心居民的帮助，谁的锁坏了、钥匙丢了，都找热心居民解决。此外，在社区活动的开展和社区组织的发育中，居民的身影开始纷纷出现，如一些喜爱打腰鼓的居民组成了"腰鼓队"，平时自发组织排练，还时常为社区居民奉上热闹优质的演出；还有一些居民自发成立了"红巷老舅妈"这一社区自组织，听取居民的意见，调节邻里矛盾和纠纷，帮助居民解决问题。随着夏季到来，很多居民向"红巷老舅妈"反映自家的空调滴水漏水，于是这些热心的"老舅妈们"就联系维修工人前来维修。

5. 培育社区社会组织

（1）引导社区社会组织成长

在小营巷社区中，一些居民自发成立了社区社会组织，但由于理念、发展目标及获取资源等诸多方面的缺陷而无法实现自我成长与发展，阻碍了其提供服务、发挥公益功能的作用。因此，红巷生活广场通过一系列的方式培育其发展壮大。首先，通过对这些社区社会组织的调查、了解，整合相关资源，引导其探索自身发展目标；其次，通过开展相关培训、社区活动等助力其发展组织的管理及成长机制，培育其自我组织、管理、专业化发展的能力，实现其良性运作及发展。

（2）培育孵化社区社会组织

在社区及红巷生活广场中开展的各类社区服务及文体活动中，许多居民对此非常感兴趣、热情积极地参与其中。在红巷生活广场中，社区居民的兴趣、需求被挖掘和引导出来，他们组织起来，创立与其兴趣相符、满足其需求且价值相互适应的社区社会组织。在这里，他们可以得到能力建设与管理方面的培训，以推动其发展。红巷生活广场中对社区社会组织提供的培训主要通过课程来实现，具体包括"财务管理"、"宣传营销"、"志愿者管理"、"利益相关方管理"、"项目管理"、"组织定位"、"社会资源整合"、"档案管理"、"项目评估"等，这些促使其科学化运营、服务和管理，助力社区社会组织的可持续发展。

小营巷社区在不断推进居住环境改善的过程中，也为社区中邻里居民的关系带来了新气象。居民的居住环境变好了，活动场所也有了更多选择，更重要的是，居民的社区意识、互助精神在不断萌发、成长，邻里之间能够更好地相互体谅和包容。也因为热心居民的关切和帮助，耐心的沟通、劝导、协调，许多邻里矛盾被"扼杀在摇篮里"。

小营巷社区先后三次被评为"全国卫生先进单位"，获得"全国模范居委会"、"全国未成年人思想道德工作先进单位"、"全国文化先进社区"、"全国青年文明社区"、"全国优秀青少年维权岗"、"全国妇联基层组织建设示范社区"、"2012基层科普行动"先进单位等省、市、区荣誉称号200余项。在近几年来的社区居民满意度调查中，小营巷社区的居民满意度也攀升至前列。小营巷社区也成为明星社区，吸引着许多人前去参观和学习。

三 改造小营巷的主角与配角

1. 政府主导，推进社区建设

近年来，我国逐步、稳健地推进社区建设，激发社会管理体制的创新。在我国推行社区建设的过程中，杭州市一直走在改革与实践的前列。2008年，杭州市委、市政府在《关于进一步推进和谐社区建设的若干意见》中提到通过高标准建设社区、高效能管理社区、高质量服务社区，设立了建设和谐社区的总体目标，包括居民自治、管理有序、服务完善、治安良好、环境优美、文明祥和。此外，在管理创新上提出强化社区党组织建设、加强社区居委会和其他自治组织建设、探索建立社区公共服务工作站、发挥辖区单位和群团组织作用以及推进社区民间组织建设。2011年，杭州市委在《关于加强社会建设、创新社会管理、提高社会文明水平的决定》中指出:"把社会建设和社会管理工作摆在更加突出的位置,切实抓紧抓好,使杭州的社会建设、社会管理、社会文明迈上新台阶"。"建立健全以城乡社区(村)党组织为核心、以群众自治组织为主体、社会各方广泛参与的新型城乡社区(村)管理服务机制,全面开展城市社区建设,积极推进农村社区建设,把社区建设成为政府社会管理的平台、居民日常生活的依托、社会和谐稳定的基础,成为管理有序、服务完善、文明祥和的社会生活共同体"。

(1)党政主导下的社区管理与服务体系

①"三位一体"的社区管理体系。

2008年12月,上城区委、区政府下发了《关于设立社区公共服务工作站创新社区管理体制的实施意见》(上委〔2008〕46号文件),2009年4月,又相继下发了《关于深化和谐社区建设的若干意见》(上委〔2009〕16号文件)等文件,明确提出:社区党组织是社区各类组织和各项工作的领导核心,在街道党工委的领导下开展工作;社区居委会是社区居民自治组织,由社区居民选举产生,接受社区党组织的领导,承担社区居民会议闭会期间的社区事务协商、决策、执行、监督等职能;社区公共服务工作站是社区行政事务的执行主体,是社区居民的服务机构,接受社区党组织和社区居委会的领导。社区党组织、社区居委会、社区公共服务工作站"三位一体、实行交叉任职、合署办公(也就是同一个班子,挂三个牌子),社区公共服务工作站站长由社区党组织书记兼任,副站长由社区居委会主任兼任,书记、主任"一肩挑"的社区,副站长由社区党组织副书记或社区居委会副主任兼任。①

可以说,在"三位一体"的社区管理体制下,党的执政领导垂直下移到了城市社区最基层,社区党组织在社区中具有绝对的领导地位,而社区中其他组织,如居委会、公共服务工作站以及其他社会组织也都在党组织的领导下开展工作。

②"333+X"的社区大服务体系。

上城区在社区建设的实践中大力推进社区服务方面的建设,由此,社区中各类组织的资源和力量很大程度上运用于提供诸种社区服务上。上城

---

① 吴咨桦:《社区建设中的"国家-社会"互动:互补与镶嵌——基于行动者的视角》,博士学位论文,上海大学社会学系,2014,第41页。

区政府构建了"333+X"的社区大服务体系,以政府、社区与社会为三大服务主体,分别提供公共服务、自助互助服务(公益性服务)及便民利民服务(商业性服务)这三类服务,并依靠社区公共服务站、居民委员会、社区其他各类组织这三类载体,提供与社区生活密切相关的吃、住、行、游、娱、健等X个服务项目。

(2)探索购买公共服务

政府购买公共服务在我国尚处于初步阶段,其作为政府提供社会福利服务的一种创新形式,无疑代表着我国政府推进行政管理体制改革的一种积极探索,也是发挥社会力量参与社会治理的理性选择,对于提高社会福利服务效益具有重要意义。[1]

上城区政府在购买公共服务方面制定了相关政策与规定,在《关于政府购买社会组织服务和绩效评估的实施意见》中提到,"要加快上城区推进服务型政府建设,通过'政府主导、项目委托、合同管理、评估兑现'运行机制的建立,推进和扩大社会组织参与公共服务供给的范围,提升社会组织参与社会服务的效力和质量,推动社会组织在社会管理和公共服务中发挥更大作用"。其中,上城区主要推进以下领域的政府购买社会组织服务工作,包括公共卫生服务、公共就业服务、社会保障服务、法律援助服务、公共文化服务、居家养老服务、社区便民服务等。

小营巷社区的红巷生活广场即采取了政府购买社会服务的机制,委托第三方运营机构来管理和运营,同时对于整个生活广场的安保、物业、水电、绿化等,也是以招标方式委托物业来日常运营。上城区政府走出政府大包大揽的传统窠臼,创新形式,运用专业的社会力量提供社会服务、解决社会问题,无疑在理念与实际效果上都有较好的成绩。

(3)创新社区考核办法

"过去,杭州市政府对社区的考核偏向于数量、结果,很大程度上忽略了社区建设的实际质量和效果。这样导致政府工作人员竞争数量,如每月走访了多少户居民。"[2] 对此,上城区政府制定了"四评一结合"和谐(满意)社区评价体系,促进社区管理与服务体系的建设。具体来说,该评价

---

[1] 许芸:《从政府包办到政府购买——中国社会福利服务供给的新路径》,《南京社会科学》2009年第7期。

[2] 受访者叙述。

体系包括社区居民满意度问卷调查、公共服务星级社区考核、政府民生项目配合情况测评、社区社会组织培育绩效评估以及社区民情民意采集与反馈调查。其中，公共服务星级社区考核主要由区相关部门对社区公共服务项目完成情况进行考核，占总评分权重的10%；社区居民满意度问卷调查的对象为社区普通居民和重点服务居民，采取招标产生第三方机构运作的方式进行，主要对社区工作者为居民服务的情况进行调查，占总评分权重的35%；政府民生项目配合情况测评主要考核在民生工程项目实施中社区的配合力度，占总评分权重的10%；社区社会组织培育绩效评估主要包括开展年度社区社会组织公益项目、社区能人（特色）工作室绩效评估，占总评分权重的30%；社区民情民意采集与反馈调查是根据上城区社区服务信息处理中心中的社工责任网格事件上报、处理及服务情况进行测评，占总评分权重的15%。可以看到，社区考核中的相当一部分是关于促进社区社会组织培育、提高"三社联动"水平的，这就促使社区下大力气进行社会组织落地、运行的工作。

（4）促进社会组织发展

上城区政府在《上城区社会组织发展三年规划（2013－2015年）》中规定，要加强政府扶持，扩大社会参与，推进社会组织规范化建设，培育社会组织品牌，充分发挥社会组织在社会管理和公共服务中应有的作用。在上城区委、区政府颁布的《关于加快推进社会组织培育发展和规范管理的指导意见》（以下简称《指导意见》）中，重点培育和扶持五类社会组织，包括行业协会商会类社会组织、慈善公益类社会组织、专业性服务类社会公益组织、公益类社区备案组织以及职业类社会团体，此外，在管理体制方面也提出进行深化改革。

首先，实行直接登记制。在上城区委、区政府颁布的《指导意见》中规定，除依据法律法规需前置行政审批及政治与法律类、宗教类、境外的社会组织外，其他社会团体、民办非企业单位均可直接向登记管理机关申请登记。对不具备注册资格的社会组织，则采取备案制，实行街道层面的备案，但同样予以多方面支持。

其次，减免开办资金。《指导意见》中规定，社会团体和民办非企业单位申请成立登记时，开办资金可减至1万元；公益慈善类、社会福利类、社会服务类和社区社会组织申请成立登记的，对开办资金不作要求（法律法规规定的前置行政审批中有开办资金要求的除外）。

再次，放宽登记管理限制。为了鼓励社会组织能够承担起更多的社区服务，上城区政府放宽了登记管理限制，实行"一业多会"机制。即在同一区域内，业务范围相同或相似的公益慈善类、社会福利类、社会服务类、文化体育类和行业协会类社会团体的数量放宽到两个以上。

最后，上城区政府对于提供社区服务的社会组织，在资金方面予以大力扶持。《指导意见》中提到，区政府出资 200 万元成立社会组织发展基金会，通过募捐活动组织和动员社会力量参与社会建设，主要用于街道社区社会组织服务平台建设、辖区内社会组织的规范化管理和指导、公益创投和社区社会组织能力建设等，其中用于公益创投或政府购买社会组织服务的资金在 50 万元以上；小营街道社区社会组织服务中心和社区社会组织联合会日常运行资金在 30 万元以上。此外，财政每年安排 3000 万元专项资金，按照项目购买、补贴、奖励等形式，支持社会影响力广、公信力强、信誉度高的社会组织参与社会服务。

除此之外，上城区政府强调要为社区社会组织提供场地保障，区级层面建设 1000 平方米以上的社区社会组织展示、活动场地；各街道建设 1000 平方米以上的综合性社区社会组织服务中心，并提供 2000 平方米以上的社区社会组织活动场地；每个社区都要有 600 平方米以上的社区社会组织办公场所和活动场地。

（5）探索居民参与新方法

小营街道将社区居民议事会的工作规程进行规范，规定其按照"坚持党的领导、公开公平公正、依法依规和民主议事"的原则，在社区党组织的领导下，以社区居委会为主导，开展以民主提事、议事、协商等为主要内容的社区议事活动。

社区居民议事会一般由 13~27 人组成，人员数量为单数（人数达不到或超过的，应事先由街道办事处审核后报区民政部门备案）。社区居民议事会设主召集人一人、副召集人一人，主召集人由社区党组织书记或居委会主任兼任，副召集人由居委会副主任或委员兼任。其他成员主要从社区党组织、居委会、工作站、业委会、物业管理公司、农城化股份公司、驻社区单位、社区社会组织、人大代表、政协委员、党代表、居民或居民代表、社区民警、外来建设者、楼（栋）长、辖区企业等单位推选产生。但在社区党组织、居委会、工作站任职的成员人数相加不得超过社区居民议事会成员总数的 1/2。非户籍居民较多的社区，居民议事会成员中应有一定比例的非户籍居民。社区居民议事会成员采取自愿报名的方式，通过居民（代表）会议（或户代表会议）推选产生。社区居委会可提出社区居民议事会成员建议名单。

社区居民议事会的议事范围由社区居民（代表）会议确定，具体包括：（一）对涉及本辖区的社区建设规划提出意见建议，商议解决居民关于加强社区公共服务事务的意见建议；（二）对本社区环境、卫生、文化、体育、治安、安全等社区公共事务工作等方面提出意见建议，审议"民生微实事"项目；（三）对涉及驻社区单位、物业公司、社区社会组织、社区商户等社区各类组织参与社区建设事务进行商议；（四）对本社区各类组织的管理、服务及作风等方面存在的问题提出意见和建议；（五）收集反映社情民意和居民的需求；（六）经社区居民（代表）会议授权，商议与社区居民利益相关的事务；（七）其他与本辖区社区建设相关的意见和建议。

在小营巷社区中，社区居民议事会也被称为"红巷议事会"，其具体架构见图1。

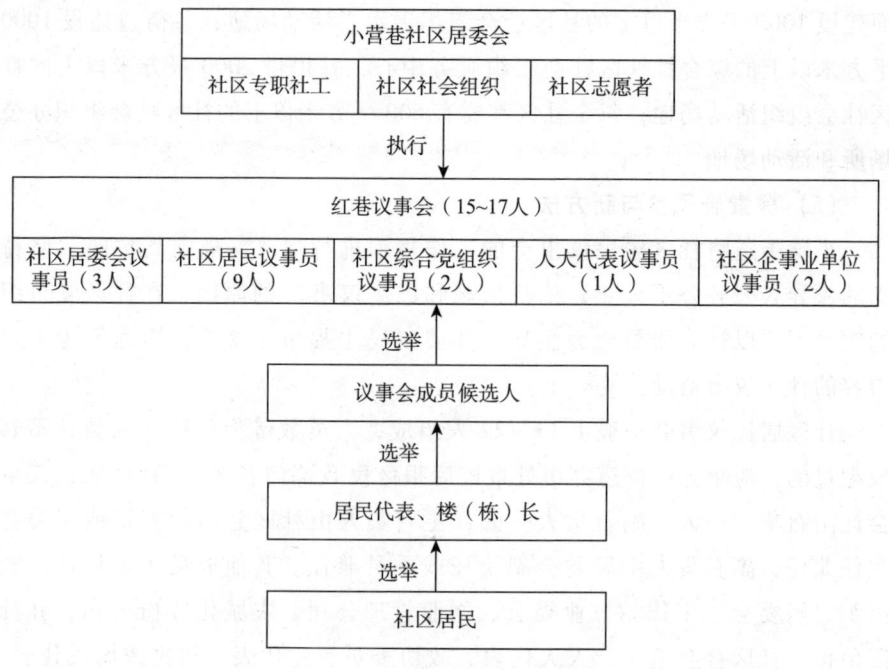

图1　社区居民议事会架构

由于"红巷议事会"处于起步阶段，因此其社区居民议事员一般来自社区中的楼（栋）长，且均为老年人，即社区中的"居民骨干"；同时，其成立时间较短,还未真正就关键议题进行讨论或对社区公共事务产生影响。

2. 强化社区党组织的地位与功能

在"三位一体"的社区组织管理架构中,党组织是代表上级党委和政府进行统筹全局、规划协调的社区事务管理核心,其领导全局的地位、积极介入社区也反映出小营巷所在上城区社区建设中的一个特色。

在社会组织的培育与发展中也凸显了党组织的功能,如在社会组织成立之初,上城区政府规定在申请成立登记时已具备建立党组织条件的社会组织,应同步成立党组织;正式党员在3人以下的社会组织应加入联合支部;在社会组织等级评估中,未建立党组织的,原则上不得参加4A以上等级评估。在社会组织成长的过程中,社区党组织也在扮演着监管的角色。

与过去党组织只停留于社区内党务和党员管理的印象不同,小营街道社区党组织积极整合社区资源,提供社区服务,其中较为典型的是小营巷等社区试点推出的党建促民生"三行动三共享"服务机制①,其具体工作步骤如下。

第一步,敲门行动(寻梦):社区党委在街道党工委的倡议下,组织委员组成敲门行动小组,上门了解辖区单位党组织、在册党员、在职党员在生活中存在的困难,听取他们对社区的建议和意见,帮助他们解决实际生活问题。

第二步,邀约行动(追梦):社区党委组织辖区单位党组织走进社区、了解社情民意,与居民进行互动性活动,辖区单位党组织就辖区单位特色初拟服务民生的可行性方案。

第三步,携手行动(圆梦):社区党委邀请辖区单位和在职党员参与社区活动,并在庭院改善、社会救助、街道准物业管理、帮扶就业等问题上听取意见,并据此制定解决方案。

3. 居委会职能"转型"

针对社区管理体制中居委会定位不清、行政事务过重、行政化倾向等问题,杭州市委办下发《关于社区公共服务工作站建设的若干意见》,明确

---

① 吴咨桦:《社区建设中的"国家-社会"互动:互补与镶嵌——基于行动者的视角》,博士学位论文,上海大学社会学系,2014,第45~46页。

了社区公共服务站主要承担政府向社区延伸所涉及的工作，政府交由社区办理的工作应落实准入机制和"人随事转、费随事转、权随事转"；社区居委会主要承担居民自治职能，社区居委会回归基层群众性自治组织，主要功能是引导居民自治，带领社区居民自我管理与服务。

机构定位转变后的居委会，其自治形式主要分为党组织领导下的有限、有序自治和进行民主制度层面的实践这两种，其中具体包括居委会选举、对社区居民代表大会（一年召开一次）负责并承担其闭会期间社区事务、实施四会制度和居务公开制度等协商会议制度。但同时，杭州市委规定居委会要接受社区党组织和街道党工委的领导，另外，进行全方位的党建，在楼道、两新组织、流动群体中拓展党支部。

由此而来，社区中的行政事务由社区公共服务站承担，政府对进入社区的事务实行严格的准入制，这就使得居委会对于上级部门的资源与权力依赖相对减少。但居委会在人员和机构上与社区党组织、公共服务站是交叉合署办公，承担政府行政事务和执行政府决策仍然是居委会人员的日常工作。因此，居委会的转变并非实质性转变，而是一种符号的转变，其目的更多在于明确其自治与利益引导功能，同时使社区工作者能够以"非政府"的身份与居民进行更深入的接触。

4. 支持型社会组织专业化运营

在政府为小营巷社区的问题苦恼之时，杭州市上城区明德公益事业发展中心恰在小营巷社区进行调研活动。

（1）前期调研介入

杭州市上城区明德公益事业发展中心作为红巷生活广场的运营机构，早在 2013 年初就介入到红巷生活广场这一项目中，而当时整个项目还处在筹备期。明德公益事业发展中心深入到小营巷社区进行调研，通过访问社区居民、社区组织，了解他们的需求及面对的问题，掌握小营巷社区人口的数量、结构、社区组织的发展情况等重要信息，熟悉社区中的基本情况。同时，明德公益事业发展中心也参与协助小营街道制定符合需求并能实现目标效果的场馆功能布局和运营规划等相关方案，这些都为后续顺利进行托管、完善相关制度等打下了坚实的基础。

（2）创新工作方法

在红巷生活广场的运营中，明德公益事业发展中心依托"嵌入—建构—增能"的专业社区服务理论,并结合当地社区的人口、结构、资源、文化等现实情况,创立了一套工作方法——"城市社区五步工作法",其具体内容为"沟通—管理—服务—自治—参与"。

"沟通"这一步骤在项目筹备阶段使用得最多,也是整个工作方法中的亮点。明德公益事业发展中心在与社区社会组织服务中心的沟通中,在分析社区需求、场馆功能设置、软装设计、硬件测试等方面逐渐达成共识。其在社区社会组织服务中心、政府、物业单位和社会组织之间搭建了沟通机制,召开联席会议和内部会议,并就各项事务的进展、存在的问题等与各方及时沟通。随着各方的沟通协调和制度的不断完善,沟通愈加顺畅,这无疑提高了红巷生活广场的运营效率。明德公益事业发展中心与红巷生活广场周围的12个社区居委会进行了频繁沟通,主要针对社区结构、社区组织和社区活动进行沟通,从而了解居民需求、初步筛选可能进入生活广场的社会组织,并确定生活广场可协助社区完成的部分工作,从而合理规划生活广场的功能。在与社会组织及社区团体的沟通中,根据组织提供的服务、落地的可行性,筛选出24家社会组织进入生活广场提供服务;同时与有申请场地使用意向开展各种文娱活动的社区团队进行沟通,筛选出较为成熟优质的,为其提供固定或临时的活动场地。另外,明德公益事业发展中心不断深入与居民的沟通,通过多种方式宣传生活广场,并依托社区定向组织居民参加生活广场的各种活动,从而推进居民的了解和认可,也听取居民的意见反馈,不断进行调整和改进。此外,与企业、高校等外部资源的沟通也为生活广场的宣传、发展提供了不小的帮助。

(3)日常管理制度化

明德项目组确定了场馆运营最基本的规定和准则,其中包括场馆的开放时间、各个功能室的使用制度、场地的安全管理告知书、场馆安保巡查标准、物业管理规定、物资管理标准等一系列的场馆运营管理制度,在这些制度和文件的背后也设计出一整套的具体操作流程和表格,促使在具体的场馆运营中能够实现条理化、系统化。此外,针对驻场性社会组织的入驻标准、流程、权利与义务,针对临时性组织场地的使用流程和标准都以文件和制度的形式进行管理和规定。同时,明德项目组也为自身制定了一套内部管理的规范,涉及人事管理架构、财务制度、考勤制度、汇报制度、档案管理制度、义工管理机制以及接待讲解机制等多方面内容。规范化、制度化的管理为红巷生活广场的良性运转提供了清晰的框架和支撑,实际运转情况又促使这些制度不断进行调整和完善，真正实现科学、精细的管理。

(4) 更新制度与实践

① "志愿时"服务体系

随着红巷生活广场中志愿者的多元与壮大，志愿者的组织化管理和发展面临挑战。与此同时，在红巷生活广场活跃着各类社区文娱团体，这些团体无偿使用生活广场中的场地设备，随着生活广场中的团队剧增，场地安排越来越紧张，团队之间也经常发生冲突。因此，生活广场中的社工们考虑将场地使用与志愿服务挂钩，提高场地使用门槛，让文娱团队提供志愿服务后才可以使用场地。这样，在不违背公益性的原则下，让居民在享受服务的同时能够提供服务，形成社区互助。为此，红巷生活广场自2015年5月1日起实行以"志愿时"命名的一套志愿管理服务指引体系。"志愿时"是依据引进市场管理体系的概念，周边居民通过登记为注册志愿者，参与各类志愿岗位和志愿服务，获取面额不等的"志愿时券"，并以"志愿时券"兑换并享受红巷生活广场中各类如场馆使用、服务体验、星级评比等服务以及其他的社区服务或物资酬劳等。

具体来说，红巷生活广场中的志愿者主要有三类，分别是注册志愿者、星级志愿者和志愿服务队。志愿服务的内容分为四种，分别是岗位志愿者服务、活动志愿者服务、轮值管理者服务和志愿团体服务。凡是注册志愿者均可报名参加岗位志愿者服务项目，在红巷生活广场内的固定一个岗位上开展相关的志愿服务，不同岗位获得的志愿时均为3个志愿时/半天。在红巷生活广场各活动预告中都会张贴招募志愿者及其人数，凡是拥有活动开展所需技能的注册志愿者都可报名参加活动志愿者服务项目，主要参与协助红巷生活广场开展的一些公益活动，包括活动策划、活动宣传、场地布置、过程协助等内容，参与协助志愿活动每次获得4个志愿时。轮值管理者服务主要是每天一名志愿者轮流管理整个场馆的志愿服务，其中星级志愿者可以竞选担任轮值管理者，两个月竞选调整一次；主要服务内容包括指导监督志愿者工作，配合社工统筹、协调全楼志愿服务，了解全楼志愿者服务情况及考勤，协调每周志愿者报名，组织志愿者阶段性的培训，轮值管理者服务一天获得8个志愿时。志愿团体服务则是针对登记在册的志愿服务团队，主要进行社区各类文体组织以团体的形式参与志愿服务项目，包括一些较高质量的公益性文艺演出、社区活动等团体志愿服务，每次服务可获得10~50个志愿时。

记录志愿时间的是"志愿时券",分为1、5、10三个时间币种,直接通过志愿时券的发放来统计志愿者的服务时数以及活跃度,也通过志愿时券的发放形式来直观地激励志愿者,并方便兑换相关服务。志愿时券主要用于志愿者自身的升级与红巷生活广场的场馆兑换使用,如不同的志愿时数可升级为不同星级的志愿者,并获得推荐参加优秀志愿者评选等激励机会;对于有申请红巷生活广场场馆作为排练活动场地使用需求的团队,可以使用相应的"志愿时"兑换相应的场地使用资格。

截至2015年11月底,已登记的注册志愿者有140名,志愿者参与各类志愿服务所获志愿时总计6165小时,平均服务时间44.04小时。在注册志愿者中,有15名一直热心参与的志愿者叔叔阿姨通过坚持不懈的无私付出,成功由注册志愿者升级为红巷生活广场的星级志愿者。

"志愿时"管理体系的推广,一方面可以完善志愿管理制度,为志愿者提供一个积极有效的服务平台,从而促使更多的志愿者加入其中,这为红巷生活广场培育和发展志愿服务类的社区社会组织奠定了坚实的基础;另一方面,该体系激励当前一些享受服务的居民、场地使用的社区团体能够加入到志愿服务中来,通过激励方式,让社区中唱歌跳舞的文娱团队这类自益性、互益性的社区社会组织向为社区服务、参与社区建设的公益性的社区社会组织进行有效的转型;此外,也将带动更多的社区居民关注社区事务、参与社区事务、管理社区事务,从而提高整个社区的互助氛围、服务质量。

② "义仓义集"参与式互助平台

2015年3月,在"义仓全国培训交流会"的直观感受及启发下,红巷生活广场运营组织——明德公益事业发展中心结合杭州社区的特色,与"爱有戏"沟通交流,并签署了"义仓义集"参与式社区互助平台的推广合作协议书,通过引进较为成熟的"义仓义集"参与式社区互助服务体系,结合杭州社区的具体情况,搭建起一个杭州本土化、特色化的社区爱心互助平台。从而激活基层社会参与社区建设的活力,推动社区互助,助力城市社区的可持续发展。

义仓是一个爱心仓库,接收定期现金或非现金的小额捐赠,包括旧物资、食品、洗化品等。无论贫富,无论捐赠物品多少、价值大小,只要有一颗友爱之心,都能成为义仓的捐赠者。而义仓的捐赠所得,将为社区困难家庭或处于贫困边缘的居民提供有力的物资保障。从而,义仓也是促进人与人之间平等互助、搭建人际关系网络的平台,它利用社区的资源解决社区内部的问题,承载着平等、尊重、良善,以及人们对美好社区的向往,是促进居民参与、激发居民内生动力的重要力量。义集则是基于对义仓物资的最大化的思考而产生的,立足社区,用定期集市的形式,将得到的钱买成生活必需品或爱心款项捐赠给义仓,由义仓统一兑换成爱心物资,派送到义仓帮扶家庭,从而建立诚信互助、友爱的城市社区。

明德公益事业发展中心与小营巷社区建立合作关系,依托小营巷社区资源以及红巷生活广场的场地优势,在红巷景区纪念品商店建立了义仓窗口,引进义仓志愿者进行管理,包括接受日常居民的物资捐赠、清点和管理,同时,走访社区困难家庭,将义仓物资发放给生活困难的居民,搭建社区互助平台。

同时,依托小营公园的场地优势,联合明德红巷梦工场、益优社区互助中心等社会组织,特美刻、九芝斋等爱心企业以及各类社区爱心家庭开展了几期小营巷义集,包括2016年4月18日的"爱从此扎营"小营首期义集,筹得爱心款项1262元;5月16日的"让爱在社区流动"小营义集第二期,筹得爱心款项1008元;7月18日的小营义集早市专场,筹得爱心款项1016元;9月19日的小营义集亲子专场,筹得爱心款项471.2元;10月15日的"点亮微心愿,义集献爱心"小营义集党建专场,筹得爱心款项3861.9元。义集中的义卖所得全部或者部分捐赠给义仓,扩大了义仓的爱心基金与物资来源。5期义集下来,义仓爱心基金已有7619.1元,而这些爱心基金,也会在义仓管委会的多方决策下,运用特色的个性化帮扶形式,为社区有需求的居民带去一丝温暖,实现利用社区的资源解决社区内部问题的目的,真正让社区动起来。

(5) 注重品牌建设

在红巷生活广场的规划初期,明德公益事业发展中心便提出创建社区品牌这一理念。在实际运作中,红巷生活广场目前已成功打造了"居民生活共同体"、"三社联动社区治理模式"这类大的品牌模式,同时其所规划的"社区综合服务中心"、"社会组织培育中心"、"成果展示中心"、"三社联动研究中心"、"社区建设创新中心"、"区域化大党建服务中心"以及"社区科普宣教中心"这些品牌也十分鲜亮。这些品牌无疑成为红巷生活广场的典型标签,在媒体与居民的宣传下,获得了政府、专家学者、居民群众的认可,也成为热门的参观"景点"。据统计,2014年4~10月,红巷生活广场共接待浙江省内外的国家级、省部级、市县级的参观团 111 次，人数 2862 人。

杭州市上城区明德公益事业发展中心创立时间并不长，2012 年该中心在民政部门正式登记注册为民办非企业单位，致力于通过承接政府委托的公共服务项目以及社会创新领域的实践和探索，助力城市社区发展和社区服务领域的专业化、职业化建设，提升本土公益性社会组织可持续发展能力。明德公益事业发展中心目前的业务主要包括：承接政府委托的公共服务项目；开展社会组织能力建设培训、评估和咨询服务；为公益活动的策划和实施提供专业指导；组织社会组织的专题研讨、交流合作、参访考察等。① 明德公益事业发展中心将自身的理念设定为"立足本土社区、满足社会需求、创新服务模式、构建熟人社会"，面对小营巷社区这一具有代表性的老旧社区，其出现的诸多问题与发展困境也都是社区建设中的典型特征，明德公益事业发展中心希望通过扎实的社区工作来明确问题、发掘深层矛盾，从而寻求适当的途径、方式来改善社区现状、推动社区建设，激发居民的主人翁意识，真正实现社区的良性发展。

明德公益事业发展中心深受政府青睐，这与其自身的专业性、与政府之间顺畅的沟通、合作有关。2012 年 10 月，明德公益事业发展中心承接了上城区民政局委托的社会组织评估项目，较出色地完成了评估工作；明德公益事业发展中心在承接红巷生活广场的管理与运营方面也较好地达到了政府的目标，得到政府的信任。不过，由于明德公益事业发展中心当时不具备公募资格，资源主要来自政府，面向社会筹资及对社会产生影响力不足。其作为支持型社会组织，在我国的现实体制下不可避免地面临对政府的"非制度性依赖"问题②，当然，明德公益事业发展中心也需要通过获取政府资源、承接政府项目，来实现自身的发展壮大，继而提高其知名度与社会影响力，这也正与其所希望和承接的业务相契合。

5. 居民意识——唤醒与激活

在小营巷社区建设的过程中，居民自感较为突出的变化是居民的荣誉

---

① http://www.hznpo.org.cn/about.asp.
② 葛亮、朱力：《非制度性依赖：中国支持型社会组织与政府关系探索》，《学习与实践》2012 年第 12 期。

感、参与感和认同感的建立与提升。小营巷社区的居民自发组织了许多"小队伍",如由50名老人组织形成的"小营巷社区义务巡逻队",每天在社区的大街小巷中维护社区治安,为居民排忧解难;"社区腰鼓队"与中国计量学院共同举办大型文艺演出,奉献了一场场高水准、高品位的文艺盛宴;退休的家庭主妇自发熬制腊八粥,联合社区工作者为50多位90岁高龄的老人和劳动模范送去热气腾腾的腊八粥。在红巷生活广场中,许多场馆由社区中100多名老年志愿者自己管理,这也使得整个广场的管理费用降低、社会组织的工作人员减少,在节约成本的同时,也发挥了居民的智慧和热情,一举两得。还有许多社区居民自发组织服务活动,鲍云仙就是其中的一位。鲍云仙和她的几个姐妹一起,自发掏钱、亲自做面、上门邀请老人们吃长寿面。随着活动的一年年的坚持,也吸引了越来越多的志愿者,如社区工作者、在职党员、乐居合作社的义工、杭州元和文化的志愿者等,队伍日益壮大,受邀老人也日益增多,活动的内容也日益丰富起来。其中有一件很有趣的事,总是被社区的志愿者们提起,小营巷社区中有一位老师,每天早早地就来红巷生活广场"挑毛病",比如说张贴的海报上面字不清楚,或者是海报上的字太小老年人看不清楚等,后来他主动向广场的管理NGO要求有个"身份",给他一个工牌,就算是义工证也可以,后来广场就专门请他做监督员,让他"顺理成章"地继续"挑毛病"。一位社会组织的工作人员这样说,"社区居民对社区的荣誉感、对周边环境的认同感,你随便拉一个志愿者聊聊就能感受得到。当我走进这里,就有居民热情地拉着聊家常,那种幸福你不会懂"。在小营巷社区建设的过程中,社会资本在不断地积累和提升。无论是政府的大力推进,抑或是社会组织的撬动,还是社会工作者的感染,小营巷居民的主体意识和参与意识日益强烈,也感染着每一位来过小营巷社区的人。

四 改造的背后

所谓社区公共事务,包括社区公共物品的生产与供给和社区公共服务的设立与开展。在宏观上,凡是在国家治理范围之内,按照属地原则分担到社区,以社区为单位去组织、协调、运作的公共事务,就属于社区公共事务;在微观上,社区经济、社区教育、社区卫生、社区体育、社区文化五大方面的资源以及社会福利、社会救济是传统的社区公共事务。在当今的市场经济体制下，新独立出来的社区治安、社区服务等也属于社区公共事务。

我们看到，在小营巷社区，公共物品的需求表达主要停留在居民简单的日常生活上，需求表达不够充分。表面上，居民对本社区公共物品的需求拥有相对畅通的表达途径，如定期的评价、不定期的意见征询，以及随时或事件性的意见表达，但是，居民并未能够通过这些途径表达全面真实的需求，有些甚至是居民不知道可以表达的和要求的。社区公共物品的主要供给者仍然是政府，政府及其职能部门出于自身追求的利益及目标考核，一定程度也受制于资源限制，政府所建立的一整套供给制度实际上存在信息不对称问题，致使公共物品供求并不均衡。

最为关键的是，"大党委"是社区的领导层，决定着社区公共事务的供求制度和供求状况；"小政府"和社区社会组织作为执行层，具体提供社区公共物品。前述"红巷议事会"的机制还未广泛实施，笔者难以对其未来走向进行评价，但从现在居民参与的积极性和程度，从现在党政部门在社区拥有的实权和话语权来看，这样的议事会构成彼此之间估计难以形成平等的关系，"主次"应该还是清晰的，真正的"权力下放"和"自治"并非能够在短期内实现。当然，笔者并不否认在今天的社区情境下，这种有"主次"本身所意味着的效率。

除政府机构外，其他的供给主体跟不上来，特别是社区自组织。尽管小营巷的社区自组织相对其他社区而言已经属于比较活跃和"能折腾"的了，但是，它们在扮演自组织的多方位功能方面仍显不足和力不从心，这是小营巷社区的一大特征。一方面受限于政府不够放权、包揽控制公共事务，另一方面受制于政府对各种利益表达的社区自组织的发育和功能发挥的管控，这些社区自组织并未从实质上打破公共物品供给不均衡的现状。

而小营巷的积极居民和主要参与"精英"以离退休党员干部为主，绝大多数居民更愿意"坐享其成"，"他们想怎么干就怎么干，我们支持，只要不影响到我们的利益"是居民的普遍心态。费孝通曾提出的问题，在今天的小营巷仍然是比较突出的："居民作为完整意义上的市民来参与社区管理，其内在条件是否已经具备？不用行政方式，作为个人的居民如何走到一起来？他们是否认同行政意义上的社区这种组织形式？是否认为社区事务是与自己有关的公共事务？"①

1. 党政主导，寓管理于服务，公共物品供求不均衡

在我国的现行体制下，社区建设都是由政府发起并通过行政推动的。小营巷社区这一城市老社区的建设与发展也同样是党和政府主导的结果。如果党和政府不认可，外来社会组织的工作空间便会大大受限。而一旦政府同意，有意向进行社区建设，并主动与社会组织合作，便为社会组织提供了发挥的空间，也激发了社区的活力，社区自组织发育及成长的速度也将大大加快。正如明德公益事业发展中心的创办人所说，"我们这种工作模式只在小营巷社区能推广下去，如果政府是招商引资等经济导向，就不想搞社会组织的发展建设。在我国是没法绕开政府的；相反，如果政府有意向，我们借力借好了，政府的资源来得非常快，会迅速促进社会组织的发展"。因此可见，社会组织在"是"或"否"的问题上没有发言权，政府给出"是"的肯定意见，社会组织才有充分的作用空间。

而社区大党委的职能责任是"板上钉钉"的："社区大党委"是社区工作的领导核心，领导本地区工作，团结和带领党员和群众，决定社区建设与管理等重大问题，领导社区居民自治组织，并监督、协调政府职能部门派驻社区人员的工作。社区建设各主体间的主次自有分晓。

在小营巷社区中，党组织以外的其他社区组织发育程度不高，党组织依然是社区中最重要的权威所在。党组织通过在社区的楼道、社会组织中建设党支部来扩展支部、实现全覆盖，这就使得党组织在不断变化的外界环境中能够掌控社区建设与发展的方向，从而实现对社区的控制。

近年来，社区建设在许多城市积极推进，并在全国范围内不断推广，居委会或街道办设立了服务中心，管理秩序井然，社区服务全面周到，居民对此十分满意。具体观察小营巷社区，与全国其他地区的社区建设情况大致相同，无论是在社区公共空间的平台上为老年人、青年人等各群体提供多种服务，还是为社区文艺团队提供活动场地与支持，都是通过给居民直接提供所需的诸种服务，并在其中赋予管理与控制的方式，推进社区的

---

① 费孝通：《居民自治：中国城市社区建设的新目标》，《江海学刊》2002年第3期。

发展和进步的。从表面上看，社区建设的内容似乎就是服务①，而评价社区建设的标准也多是社区服务提供的数量与质量。诚然，在我国社区建设方兴未艾的阶段，居民所迫切需要的就是社区中的各方面服务，这些是与其关联最紧密、最直接又最强烈的需求，也是党和政府在社区建设实践的探索中容易把握与衡量的，是能够体现地方政府政绩的一个窗口。

在我国，城市社区中的居民和社会组织的自组织能力不够强，这也使得政府的介入具有必然性。一方面，面对日益活跃的居民和社会组织的自组织意愿，这些未知的可能性都隐含着对党和政府的挑战，那么政府主导无疑提供了介入与监管的强有力途径；另一方面，诸多社会组织面临着资源缺乏这一关键性挑战，而政府可以为其提供所需、必要的政策、资金和场地等多方面的支持，这对于社会组织的成长至关重要。总之，党政主导的模式可以通过政府制定政策、拨款、协调各层级政府部门共同推进等方式，高效率地推动社区社会组织发展与社区建设，在满足居民需求与社会组织的部分诉求的同时，又实现了稳定社会的功能，也强化了国家与社会的联系、互动与融合。

2. 社会组织受限，与政府职能边界模糊且缺乏独立性和自主性

1991年，中央政府就已提出社区建设的基本取向是减少政府过度干预，增加居民的社区参与，发展社区服务，逐步实现社区自治。而理论上亦认为社区社会组织是社区组织体系的重要细胞，是社区治理与社区服务的重要支撑要素，如"满足人们的多种需求"、"培育公益理念与公益精神"、"化解社区矛盾"（如通过采用法律、政策、道德、文化、民约等方式，为个体提供利益诉求的机会与平台）、"成为社区民主的重要组织平台，促进社区民主化程度提升"……但在实际操作中，社区社会组织的功能仍然欠缺。

改革开放以来，我国第三部门逐渐起步，社会组织发展迅速，但其活动一般集中于社会服务需求强、公共物品供给"缺位"并且是政策相对宽松的领域。许多社会组织承接了政府的一部分公共服务职能，主要发挥为政府"拾遗补阙"的功能。在小营巷社区中，其社会组织的功能局限于以

---

① 李景鹏：《城市社区建设中的目标选择与"行政推动"》，《北京行政学院学报》2001年第1期。

下几个方面：强化社会组织服务功能，提高服务水平，让社会组织更好地提供就业援助、教育培训、医疗卫生、科技文体、养老助残、慈善帮困等多层次、多样化、高质量的社会服务。引入竞争机制，积极推进行业协会"一业多会"，准予"一址多社"，有效避免行业垄断。充分发挥各类行业协会商会在行业规划、行业标准制定、行业资讯、行业评估认证、行业自律和人才培训等方面的重要作用。建立涉及行业发展的重要政策意见征询相关社会组织意见制度。积极培育发展公益志愿、社工服务、文体娱乐和协调管理类的社区社会组织。实行社区社会组织登记或备案的双轨管理，支持和鼓励社区居民成立形式多样的慈善组织、文体组织、科普组织和为老年人、残疾人、困难群众提供生活服务的组织，不断增强社区社会组织服务功能。

在社会组织参与到社区建设的过程中，无论是前期与社区居民的沟通，还是与党、政府部门打交道，抑或是后续为社区居民提供服务，甚至是游说、宣传与影响其工作理念、文化、规则、方式等诸多方面，都需要具备在社区工作的智慧和能力。如何获取政府的信任进而获得托管社区公共空间的资格，如何与各方力量沟通实现高效的互动协作，如何设计和提供社区服务让居民满意，如何创新方法实现对社区社会组织的孵化培育，如何在不断变化的现实中调整完善工作模式和方法……杭州市上城区明德公益事业发展中心这一社会组织充分体现了这些。

可以说，在小营巷发挥作用的社区社会组织是基层政府基于多种诉求而内源性地建构出来的，社会组织在资源、信息、开展工作的便利方面均依赖于政府，形成对政府的依附及依赖。由于资源使用的效率及效果的评价者是政府，社区社会组织自然明白要对"谁"负责了。在这种情况下，在小营巷社区开展工作的社会组织不易与政府工作边界有清晰划分。如未来边界不清，将会弱化社区社会组织本身特有的功能——居民利益表达、居民诉求传递、对政府职能的监督——最大化地服务于居民利益。

未来，这类社区社会组织能否一方面在资源、信息、开展工作的便利方面依赖于政府，另一方面又将社区居民的利益放在首位，不得而知。至少，在政府提供资源、信息、开展工作的便利的同时，衡量其使用效率、使用效果的评价者不是政府，而是每个居民时，社区社会组织与政府职能的边界就会划分清楚，其独立性和自治性才能体现。也就是说，不是资源来自于政府，社区社会组织就必然不独立、不自治，而是谁到底是评判者，谁具有话语权，才是根本。

3. 居民参与弱且被动，甚至更愿白搭车

小营巷社区的居民在关注公共利益方面相对热心，但整体来看，居民参与仍然是有限的。从参与的人口结构而言，社区中的热心居民都是老年人，多为退休"赋闲"的热心大妈，年轻人一般不会主动参与社区的公益活动。同时，居民参与多是在政府授权的领域进行参与，诸如社区公共服务、公益活动、价值宣传等方面，而涉及社区层面公共事务的决策领域，居民参与是无足轻重甚至被排除在外的。可见，参与的群体、参与的内容、参与的效能均不高①，居民参与的整体水平不高，而这也与我国其他地区的情况大致相符。居民参与的整体水平偏低，这一现实是由我国的政治体制所决定的，党和政府在社区建设的过程中强调服务回避管理，也一直规避居民的政治性参与，因此居民在实施参与行为后对政府和社区公共管理组织的影响非常弱小，②也就在实际中表现出政治性参与少，非政治性参与多；组织化参与少，个体化参与多；主动性参与少，动员式参与多。③且居民参与后对政府与社区管理组织所产生的影响也较为弱小，表达意愿后的实际成效很小。④

随着日益加速化的经济发展进程，居民工作忙碌、生活负担加重，个人、家庭与工作中的诸事种种有些自顾不暇，就更不用说社区公共事务了。大部分居民都在匆匆忙忙的脚步中，忽视了自己与社区中其他居民的交集，只关注自己的利益，漠视社区的发展。实际上，居民并不清楚如何保障自己的利益。居民参与社区政治生活更多是被动的参与，社区选举大多随便选选，投出的票并没那么慎重，更缺神圣性。当然，当发生直接触碰自身经济和生活利益的事情时，居民则会格外关注，主动诉诸解决；而出现损害社区公共利益的事情，居民则"睁一只眼闭一只眼"，有时稍加关注，却都不愿意挺身而出寻求解决办法。"居民有很大一部分是只关心自身利益，

---

① 张大维、陈伟东：《城市社区居民参与的目标模式、现状问题及路径选择》，《中州学刊》2008年第3期。
② 张大维、陈伟东：《城市社区居民参与的目标模式、现状问题及路径选择》，《中州学刊》2008年第3期。
③ 袁方成、邓涛：《我国城市社区建设的新阶段、方向与重点》，《行政论坛》2016年第5期。
④ 黄宗智：《长江三角洲小农家庭与乡村发展》，中华书局，2000，第322~325页。

但又不会站出来自己去做,希望白搭车"——社区党委书记如是说。

党的十七大报告中提到,要把社区建设成为"管理有序、服务完善、文明祥和的社会生活共同体",社区建设的目标是完善基层群众自治制度、推进城乡居民自治。但就我国目前的社区建设实践来看,行政化的倾向影响了社区自治的进程,也就导致了目标的偏离。党政主导的模式使我国的社区建设在短时间内取得了巨大的成效,各地社区建设如雨后春笋般纷纷萌生并势头强劲;强大的行政推动力无疑带来了社区服务的完善、社会管理与稳定的成效,但从长远来看,抑制基层社会的自我组织与管理功能,不利于社区自治力量的发育[1],社区建设也不应仅仅满足于社会控制与稳定的目标。可以说,党政主导的身影无疑在小营巷社区将会仍然清晰,这在可预见的未来也是毋庸置疑的。正如学者在研究"公共空间"时所指出的:"社会又不可避免地被国家涵盖——公共空间的自主性发展必须得到国家的认同、受到国家法律或政策的调节,并以此作为自身存在和延续的保障。因此,现代国家统治下的'社会','即使市民权利具有普遍性,它仍然不存在完全的独立性'。"[2] 在社区建设如火如荼的今天,我们应该更关注内在的逻辑,探寻和谐背后潜藏的问题,思索未来发展的路径,这也是观察报告所希望探讨的内容。

---

[1] 赵光勇、陈邓海:《政府主导下的社区建设困境与出路——以杭州市社区建设为案例的考察》,《中国劳动关系学院学报》2013年第1期,第94页。

[2] 王斯福、王铭铭:《面子的方位——当代中国乡村的公共空间与对公益的说法》,载王铭铭、〔英〕王斯福主编《乡土社会的秩序、公正与权威》,中国政法大学出版社,1997。

美丽乡村：中国扶贫基金会的乡村建设实验

20世纪二三十年代开启的中国乡村建设运动，被称为当时社会运动的"主潮"，是中国农村社会发展史上十分重要的社会运动，其中一个代表作是"海归"晏阳初领导的"定县实验"。当时中国农业生产手段落后，生产水平低下，农民生活不能温饱，无法接受最基本的教育和医疗保健，身体病弱，文化落后，农村"破产"。今天的乡村建设是在不同的基础上、不同的社会文化经济背景下展开的，面临的问题及所要实现的目标全然不同。

今天180多万个自然村中，青壮年农民根本不愿留在村里，稍有文化和门路的大多离开农村外出谋生，留在村里的除了老弱病残就是妇女儿童，或是文化素质差无法在外谋生的，农村劳动力资源严重不足，文化水平整体偏低。

几千年的农业经济，使许多农民的小农经济意识根深蒂固，各自为家的庭园式传统生活无法一下子改变，顾小家而失大家的观念还在一定范围内存在，农村承包责任制解决了农民的吃饭问题，但也助长了小农意识。许多农民对集体缺乏认同，只关心自己家庭的生活如何提高，对搞农村建设并不感冒。

而乡村建设所需的大量资金难以满足。特别是，农村公共设施建设和公共服务方面历史欠账多，道路、医疗、教育文化及环境卫生等方面基础设施不完善。村级及基层政府财力薄弱，上级政府及中央政府投入乡村建设的资金也很有限。

与此同时，在得到少量资源的情况下，很多地方政府为了追求所谓的政绩，随意搞建设，随便改规划，致使部分村落建设古不古、新不新，违背村民意愿，浪费资金人力。大量政府部门直接简单地把补贴款发下去，或者搞的项目根本不关注村民意愿，收效甚微。有的热衷于招商引资，将此作为农村发展的"良方"，放任企业逐利行为，农民利益受到侵害，当地文化和资源被破坏，农民实质成了受害者，农村被改造得不像样，有的对土地造成恶劣的影响，掠夺式的市场手段在农村盛行。

一些公益组织在乡村开展的工作也不理想，它们有些很反感政府、反感市场，认为纯公益可以解决农村问题。众所周知，这并不现实。

村民自身借助市场机制发展自身的同时，也在影响着乡村的发展。但是，在缺乏外力帮助的情况下，大多数村民资源缺乏，害怕担风险，缺知识、缺技能、缺资源，自身发展受限，乡村整体面貌难以改变。

中国农村的这种场景使得乡村建设变得难上加难。城市化席卷全国，大量人口从乡村向城市迁移；乡村生活方式向城市生活方式转变；价值观、态度、行为受城市化影响；人口、资金、土地等大量流入非农产业和城市；农业和乡村出现衰退现象，城乡发展差距日益拉大；环境污染严重影响乡村。

面对乡村持续衰败，党和政府把解决好"三农"问题作为全党工作重中之重。2016年中央一号文件、政府工作报告进一步确定，推进美丽乡村和农民幸福家园建设，鼓励各地因地制宜探索各具特色的美丽宜居乡村建设模式。企业CSR及公益组织也以自身的优势投入乡村建设中。尽管农民群众是村庄的主人，是美丽乡村建设的直接受益者，但受益的程度以及乡村的发展现状仍然不尽如人意。

中国扶贫基金会（以下简称"扶贫基金会"）一直致力于推进中国的农村发展及减贫工作，扶贫基金会意识到撒胡椒面似的扶贫项目不能解决根本问题，而"头痛医头脚痛医脚"的模式也不具持续性，"扶贫"工作永远"扶"不到头，贫困乡村面貌也难以彻底改变。扶贫基金会秘书长刘文奎认为，资源需合理分配，尽可能发挥最大效用，否则每一次投入扶贫的资源量小于堵住漏洞的资源量，贫困漏洞就成了无底洞，投入多少都没有效果，扶贫成了不可能完成的任务，"扶贫漏斗"现象会持续存在。2004年起，扶贫基金会即开始探索新的"减贫+发展"的乡村建设之路，先后在几个村进行项目试点，从注重基础建设的大凉山项目点，到推动发展农村合作社的民乐村、甘达村项目点，再到之后开启的美丽乡村模式的雪山村、邓池沟村项目点。扶贫基金会对其试点实验的美丽乡村建设模式给出了截然不同的理念和建设方案。

回望扶贫基金会的美丽乡村建设实验,我们看到,作为公益组织,其优势不在于向乡村投入了多少资金,而在于以有限的资金去探索,进行供其他公益组织、企业及政府借鉴的社会创新实验,当实验事实证明相对有效时,模式自然而然会被推广。如早期以杜晓山带头的小额信贷试验,茅于轼的龙水头模式,山西教育厅和山西陶行知研究会等机构的乡村教育模式,寨子村的农民协会模式,高战的苏北农会实验以及广西百色华润希望小镇乡村建设实验等①均产生了一定的影响。

一 早期探索

通盘考虑上述问题,扶贫基金会自 2004 年起便开启了长达 12 年的系统性乡村建设实验,集中整合资源在试点村进行全方位探索,将政府、企业、非营利组织和村民各自的优势最大化,劣势最小化,实现了试点村脱贫、重建,推动农村走向自主、自救、自能。

1. 大凉山试水

2000 年左右,企业及公众对改善农民生计,提升农民技能,搞文化活动的乡村建设项目并不感兴趣,大多愿意进行面子工程式捐赠,如建校、挂牌,或进行一对一资金救助。扶贫基金会乡村建设项目很难筹到资金,直到 2004 年资金才真正有了落实。当时扶贫基金会与德国米索尔基金会合作,选定在凉山州昭觉县西洛村和团结村,美姑县的依德阿门村、毛洪觉村和处洪觉村五个彝族村庄,实施农村社区综合发展项目,德国米索尔基金会和当地政府各投三四百万元,以参与式方法为基础、以能力建设为重点,从村庄的基础设施建设、环境治理和可持续产业发展等多个方面操作,推动村庄的脱贫与发展。项目内容较为复杂,既有基础设施建设项目,如帮农民改造房屋、修整土地,又有生物多样性保护、传统文化保护,如建彝族区、保护毕摩文化、建传统文化博物馆等,还有能力建设和生计项目,如买一些牛、羊并培训农民饲养技术,对农民进行传统手工艺培训等。

---

① 王伟强、丁国胜:《中国乡村建设实验演变及其特征考察》,《城市规划学刊》2010 年第 2 期。

多方力量共同合作使得此次试点取得了一定的成效。试点村庄基础设施建设得到了很大程度的改善，包括民居改造，后来政府借鉴这种模式改善其他村的居住环境，村民的经济收入得到提高。德国米索尔基金会作为资助机构为项目提供资金并对项目进行指导和监督，中国扶贫基金会是项目的管理者，四川扶贫办是项目的执行者，凉山州政府、县扶贫办是具体执行单位。现在人们到县里去开展项目时，大家还会提到当时扶贫基金会的做法转变了政府扶贫理念和扶贫方式。

但是，此次试点扶贫基金会的教训也颇多。比如，项目尽管采用了看似先进的参与式方法，带着农民做调研，让农民说需求，但大部分项目涉及的方向实际上还是由专家制定的，外力占主导，而没有体现农民的真实需求。由于对当地情况了解不深，特别是农民如何看待生物多样性和当地文化，项目组并没有进行深入探究和分析。的确，开展工作时项目组看到的是农民日常更关注衣食住行，子女教育、学习，采用的参与式方法并没能使项目组将村民利益与生物多样性及文化保护关联起来，农民的意愿并没有被真正考虑进去。结果可想而知，项目结束后，项目人员撤出，很多前面花力气投资的项目不能持续，在乡村留下的主要是基础设施建设成果。

2. 民乐村再尝试

带着大凉山的经验和教训，扶贫基金会认为，在民乐村同时进行的农村社区灾后重建不是原有村庄的简单恢复，而是新农村建设的机遇要抓好。新农村建设不仅是把老房子变成新房子，更应包括生产方式和生活方式的进步。扶贫基金会希望将贫困村的重建作为一个整体来规划，是系统工程。项目不仅有房屋援建、基础设施修筑、村民生活生计恢复和发展，更要帮助灾区农民提高自身的素质和能力，使他们成为乡村的真正建设者，这需要与村民互动，共同探索农村扶贫和可持续发展的道路。

扶贫基金会在思考"怎么才能把农民组织起来"的时候，做了更为深入的分析：农村为什么贫困？为什么老是发展不起来？近代社会重大创新之一——法律规范和契约精神护航下的现代企业制度给了扶贫基金会以启发。这套制度的核心是把所有权和经营权分开，一方面让原来一个一个的个体进行合作，把不同人的钱凑在一起，建立信任，村民不用担心把钱放在别人手里会消失；另一方面，由善于经营的人来经营，财富管理的效率可大大提高。原本村民谁都不信，既不信任村干部，也不信任邻居，甚至不信任亲戚，钱攥在自己手里才放心，不会合作，但单家独户的生产形不成规模，就没有效率。但是，让村民的钱凑在一起带来了新的问题，企业税负太高，而合作社形式可以免税，甚至有补贴优惠。所建立的机构虽叫合作社，但运作机制可以与企业一样。扶贫基金会可以把捐赠资金按人口均分到每个村民并折算为股本作为合作社的初始资本，然后以合作社为载体成立公司，选择适合村里条件、有市场前景的项目发展当地农业产业，公司按现代企业制度经营管理，聘用专业管理人员，所有权与经营权分离，利润按股分红。村民通过分红、打工和土地出租的方式从中获得收益。

带着重建与扶贫的新思路，扶贫基金会经历了大凉山的试点。试点给扶贫基金会以信心，扶贫基金会一直期待再有机会进行乡村实验。2008年汶川地震后，扶贫基金会接受捐赠超3亿元。扶贫基金会寻求企业支持乡村建设探索，诺基亚公司愿意将其捐赠资金中的500万元用于整村重建工作，探索乡村建设的路径。刘文奎说，"可用的资金大约每户平均有1万元，按这个标准衡量，我们觉得能干出点事儿。"扶贫基金会为试点村选择设立了四个标准：第一，地震中受灾严重；第二，地震前经济条件较差，属于贫困村或者贫困县下的村庄，无集体经济任何特殊资源；第三，人口规模约500户，900~1200人（主要是考虑捐赠资金的规模）；第四，村"两委"组织机构健全，有组织力和号召力，试点村所属地上级政府可以提供项目发展必要的基础设施配备，政府和当地干部的配合支持是扶贫基金会看重的一个重要方面。最终扶贫基金会在汶川地震重灾区选择德阳市绵竹市土门镇民乐村作为项目点。

扶贫基金会带着自己的想法和思路进入乡村，但具体的重建规划和项目选择是在实地调研论证和征求村民意愿的基础上做出的。因此，民乐村重建思路相对之前在其他项目地的实验更加清晰，也初步形成了重建的整体框架，最终实施时也基本照此实施的。

扶贫基金会在民乐村的工作主要集中于民房重建和生计发展两个方面。具体任务有三个。

第一，为民房建设提供资金和技术支持。这包括三项工作：（1）请专家规划设计，共设计了12种房屋建设方案，让农民自己选择认为最好看、最实用的方案。（2）扶贫基金会执行建房补助金每人1200元的发放工作，帮助民乐村建房，与政府补助（3人以下每户1.6万元，3~5人每户1.9万元，5人以上每户2.2万元）捆绑发放。（3）对村民进行培训，告诉他们在签合同中及施工队建造时需要注意的问题,请来自美国的 Build Change 组织合作,为房屋建造提供监理方面的服务,以保证施工质量和进度。

第二,开展生计恢复发展项目。结合民乐村的地缘特点、资源特点、产业结构和人口构成,扶贫基金会为民乐村制定生计恢复发展的总体规划和具体项目,扶贫基金会提供技术和资金支持,为生计项目捐赠初始资本,引入外部力量帮助解决遇到的技术、市场和资金问题,帮助农户与外部市场的信息对接。合作社通过电视台广告、四川大部分有影响的报纸、农业网站论坛等广泛宣传、公开招标,吸引本地或外来有想法、有经验的人带来项目方案和不低于总项目10%的资金竞标,并担任总经理管理经营企业,后来从几十家应标的企业和个人项目中选择可行性强的实地考察,经过层层考核和谈判,合作社最后选定了一个德阳的经理人带来的食用菌项目,另选择了一个养殖兔子项目(因本村已做过类似尝试,有一定基础)。

第三,村民组织能力建设。扶贫基金会通过组建农村专业合作社或协会培养当地人才,提高农民的组织和技术能力,保证项目结束扶贫基金会人员和外来专家以及其他项目人员都撤出后,民乐村能够自我管理、自我发展。建设合作社是实现村民自我管理、自我发展的重中之重。首先,经约两个月的村民动员筹备,合作社召开全体村民大会,由村民投票海选合作社代表。在全体村民共7个村民小组中选出了28人组成合作社社员代表大会,进而在代表大会内部投票产生合作社理事会和监事会,得票最多者分别为理事长和监事长。扶贫基金会代表进入理事会但不担任理事长,村党支部书记自动进入监事会。2009年5月31日合作社正式挂牌,名为"民乐种养专业合作社",8月底合作社注册完成,并确定管理制度和财务会计制度等。2009年底,扶贫基金会完成了260万元的捐赠"入资"工作,为每位村民发放了股权证,每人一股,平均每股1900元。为保证试点项目稳定进行不出现大问题,扶贫基金会在合作社中保留一股"金股",必要时可行使一票否决权。股份收益的设计是,总利润的50%将用于全体社员的年底分红,30%用于合作社产业发展,15%用于捐赠扶贫基金会资助其他贫困村项目的公益金,5%用于村集体福利金,如村公共设施修理、组织节庆活动或捐赠给村扶贫人员。

最终,民乐村的建房及村民能力建设效果很好。扶贫基金会在生计项目中把援助资金一次性投入到合作社中,让村民成为项目的主人,扶贫基金会扮演指导者、协作者和合作者的角色,协作村民一起管理。虽然不是每个村民都直接参与管理，但由于股权均分，大家都认为自己是企业的主人，有知情权和发言权，这无形中把每个村民都带入项目之中。原来没有合作社的时候，建筑公司很强势，成立合作社之后，村民有了话语权，抱团监督挑毛病，使建筑商不敢搞猫腻。

但遗憾的是，民乐村试点在生计项目上却失败了。扶贫基金会总结出失败的三个原因：第一，农村社区客观环境恶劣，道路差，影响运输；第二，外来的大户缺乏与农民打交道的经验，而农民自己既不了解经营要求，又缺乏合作精神，随意性强，原来种蘑菇只需要10个人，但村民全来了，说"你不让我打工，我们的地不租给你了"。没办法，经营者只好招了四五十个人来工厂上班，结果，很多钱就白白发了工资了。可惜，当时没经验，没有找村委会主任或合作社理事会协调。第三，市场波动、技术失误，使得种蘑菇项目损失惨重，加上村民"分大户"和"能拿一点是一点"的蛮横心态，很多村民把蘑菇拿回家吃了。养兔子项目由于是本村人经营，没有遇到村民来捣乱，但因遭遇金融危机，兔皮卖不掉，也失败了。

扶贫基金会总结民乐村试点项目时，认为"合作社"本身是成功的，没有问题，该机制在村里形成了相互制衡的信任关系，建立了进退一致的共同利益价值，但由于片面依赖外来能人，又低估村民的非理性，村民"抱团排外"，再加上风险预估和控制不良，使得经营项目不了了之。

3. 甘达村初尝甜头

带着民乐村的经验，扶贫基金会希望将依托合作社为基础的乡村建设实验继续做下去。2010年玉树地震，扶贫基金会筹到了1亿多元，又一个契机出现了，且该想法也得到了当地政府的认可，得到了大捐赠人——加多宝公司的支持。此时的外部环境已发生了很大的变化，原来大部分的捐赠资金都必须用于基础设施建设，如修道路、建桥梁、建学校、建医院。但大的灾害之后，政府基础建设方面的钱根本不缺，农村急需软性建设的资金进入。扶贫基金会筹集的捐赠款就可以进行乡村建设的尝试了。

按照民乐村成立合作社的经验，扶贫基金会在玉树全市开展了成立合作社的项目。与民乐村不同的是，玉树甘达村的投资更大。扶贫基金会认为这个项目试验的主要方面，除了创立合作社的机制外，就是想尝试把分散的资源集中起来交给农民，使其持续获益。村民希望扶贫基金会能捐一批运输车，因为甘达村距离西宁800公里，灾后重建需要大量建材，建材的运输成本很高。扶贫基金会坚持必须全村人受益,最后采用合作社的机制,投了280万元,买了11台车,其中9台是大的运输车,2台是挖掘机、翻斗车。不到一年的时间,成本全部收回。合作社还每年给村民分两次红,有时候分青稞面、分油,有的时候分现金。两年之后,玉树灾后重建基本结束,建材生意慢慢少了,合作社决定留下两台大的运输车到西宁去拉大宗物资到玉树来批发,把其他的运输车卖掉,再到政府相关部门申请客运线路经营权,换成客车,生意很好。

甘达村合作社的运作较为成功。由于合作社选了村里最能干的人担任理事长,由他们来进行系统的管理和经营村里资产,资源利用效率提高,兼顾公平,收益大部分分给村民。

但是,甘达村留下的遗憾却让扶贫基金会感触很深。一次分享会上,有位记者问扶贫基金会,"甘达村是你们的项目点儿?"扶贫基金会以为记者要表扬他们,结果记者说,"哎呀,那个村的村民收入是增加了,但村子太脏了,垃圾遍地,也没公厕。"是啊,甘达村合作社为村民增收立了功,但是,这远远不够。村民有了新房,但整体环境脏乱差,这不是扶贫基金会心目中理想的乡村。

二 开启雪山村的篇章

扶贫基金会的"美丽乡村"不是凭空想象的,带着自2004年以来的思考与亲身实践,加上2013年雅安地震后获得了大笔捐赠,得到加多宝公司1000万元的资助,扶贫基金会开启了美丽乡村计划。

扶贫基金会确立了选择项目地的四个要素:(1)贫困村或灾后重建村;(2)有一定的旅游资源,离城市近,交通相对便利,有独特的景观;(3)当地政府支持;(4)村支部书记能干、有威望。

考虑到四川省宝兴县雪山村的资源现状、村民能力和自身发展需求,扶贫基金会将雪山村作为美丽乡村计划的项目村。邻近的邓池沟村、反排村、南垭村也加入了该计划。

在雪山村,扶贫基金会做了深入的调研,与地方政府部门和社区进行了充分沟通,将政府想法传递给村民,消除村民对政府的怀疑,确定了雪山村的发展规划。与此同时,扶贫基金会确立了在雪山村开展多种形式能力建设和培训,以及提高村民社区意识的培养方案。雪山村项目的基础考虑是:形成相互关联的利益群体,将村民作为项目实施主体,也是项目的最直接受益者,激发他们参与的积极性;引入外援,包括当地政府机构、非政府组织、企业、相关专家和志愿者,使他们以村民为核心发挥自身优势辅助项目的实施;建立村民自治的合作社。

2015年,雪山村完成全村基础设施建设;完成全村82户农房重建;完成雪山福民专业合作社特色民宿客房15套室内装修,全村具备60个床位的接待能力;完成雪山村接待中心、会议中心建设及室内装修;完成雪山村老年儿童活动中心(加多宝之家)、加多宝景观平台、加多宝景观广场、知青房(村史馆)等村庄公共配套设施建设。雪山村旅游项目于2015年9月试营业。

雪山村经过三年的建设已模样大变。村中脏乱环境得到清理,村落环境得到改善和美化,公共基础设施得到完善,如以新江组为基础进行了扩建与改建,形成具有规模的雪山村中心商业、公共、旅游接待功能为一体的重点区域,按照"阳台晒坝、前庭后院,穿斗结构、座脊加盖,鸡犬相闻、圈舍分离,栽瓜种菜、宜居宜业"的风格进行了新村房屋修建。加多宝公司,当地政府,还有在这里度过不眠之夜的一帮来自清华、哈佛、耶鲁等高校的建筑专业高才生志愿者们,回想雪山村的变化不无激动,他们见证了震后重建的熊猫老家宝兴县雪山村的变化。而这一切,源于村民们对这些变化的期盼,源于扶贫基金会一直以来的美丽乡村梦想。

1. 挖掘地方价值,确定乡村建设目标

2013年4月20日芦山地震使原本并不富裕的雪山村雪上加霜,100多户农房大部分受损,家园和产业也遭受重创,可谓百废待兴。9月扶贫基金会进入雪山村,启动了美丽乡村计划之下的"四川雅安雪山——加多宝彩虹乡村项目"。

雪山村有4个村民小组,142户,586人,震前村民年平均纯收入约5000元,主要来自农业、畜牧业和外出打工。地震造成全村118户、400余人受灾,其中重建户82户,维修加固36户,其余农户在县城安置。雪山村遭遇两次大地震后,因灾致贫、因灾返贫现象突出。但雪山村自然环境好,夏季比成都凉爽,有独特的景观资源,距离成都两个多小时的车程,空气质量达国家1级标准,水质质量达国家1级标准,加上雪山村的古迹、古建筑与聚落保护相对完整（如川祖庙），适合搞旅游，村民可以靠发展民宿获得收入。同时，雪山村拥有特色中药，可种植果蔬，具有发展生态农业的基础。雪山村特有的竹林资源也可以发展传统竹编手工业。

在总结以往经验的基础上，扶贫基金会确定了乡村建设目标：一是村民收入稳定，生活富足。二是环境卫生整洁，室内有厨房，有卫生设施，公共服务得到保障。三是人际关系和谐，恢复基本礼节，互尊互爱，包括孝道。四是丰富文化生活，发展乡村文化，包括传统文化、乡村传统活动等。

2. 编制雪山村整体村庄规划方案

扶贫基金会邀请北京绿十字生态文化传播中心（以下简称"北京绿十字"）、营社（北京）建筑规划顾问有限公司等国内优秀的乡村规划建设团队编制雪山村整体村庄规划方案。方案立足于村庄资源优势，结合宝兴县打造熊猫古城的整体规划，并衔接村庄生态资源和县城资源。

在区域布局和房屋设计上，充分利用当地地势风貌，以民宿为特色，发展中高端旅游产品为主要方向，完善各种基础设施和辅助功能。

在房屋规划建设上，以打造川西民居、保持原始风貌、突出雪山村民居特点为主，一方面户型设计注重与环境、地形、道路环线合理布局，另一方面根据游客承受能力，规划设计"购物＋餐饮＋旅游接待"。

在未来产业发展上，突出发展旅游产业，主要结合县城成功申报3A级旅游景区（熊猫古城），打造熊猫古城4A级旅游景区（熊猫古城）和村庄区位优势、资源优势，通过基础设施建设上档升级、生态资源环境合理开发利用、人居环境美化、乡风文明素质提升，使之成为县城旅游业补充接待点，减轻县城旅游高峰期旅游接待能力不足的压力，增加旅游产业收入。

此外，整合新村聚居点和老村资源，依托村庄得天独厚的地理条件和气候条件，突出地方原种原生特色，大力发展有机农业，建设生态观光农业为主、休闲农家为辅的新型农家村落。

整个规划依据"把农村建设得更像农村"的理念，以及在汶川地震重灾区农村灾后住房重建和生计重建经验的基础上，因地制宜结合村庄资源禀赋，让群众走"乡村旅游扶贫模式"的道路，计划以村民为主体，通过生态环境修复、传统文化恢复和地域特色古民居的提升，探索村庄重建发展新模式。

3. 成立合作社

扶贫基金会全程参与雪山村合作社的筹备与成立。

2013年11月，扶贫基金会负责合作社组建的团队开始筹备建立雪山村合作社。在总结扶贫基金会以往合作社经验的基础上，经过数周内部讨论和资料查阅，初步拟定了合作社的组织架构、管理理念。2013年12月初，由扶贫基金会工作人员和北京绿十字专家廖星丞组成的合作社筹备团队前往宝兴县雪山村，与村干部、村民代表以及镇政府代表进行合作社相关事宜的讨论。12月3日，合作社筹备团队到雪山村潘族组，在村民家里与村干部、部分村民进行了讨论，协助村里制作合作社的宣传手册。12月5日，召开协助雪山村成立合作社筹备小组会议，会议明确了筹委会的人员组成与工作分工，确立了合作社筹备的时间进度。2014年初，合作社筹委会在村里张贴公示、开小组会、入户宣传，让村民了解合作社、支持合作社。2014年12月，合作社选出19名社员代表。2015年1月，从19名社员代表中选举产生了理事会成员7人，监事会成员5人，理事长1人，监事长1人。

宝兴县雪山福民专业合作社于2014年6月正式注册，社员为全体村民。社员代表、理事会、监事会人选均由全体村民通过全体社员大会选举产生。合作社的股权结构类似股份合作社，加多宝公司捐赠资金中有200万元作为合作社的产业发展资金，合作社社员平等享有产业资金和合作社固定资产的股权收益权。合作社可以投资下设分社开展产业经营，并投入一部分资金，具体经营产业。总社收入（扣除运营成本）的50%将用于全体社员的年底分红，30%用于合作社产业发展备用金，15%用于捐赠扶贫基金会资助其他贫困村庄的公益金，5%用于村集体的福利金。

目前雪山村已初步组建了旅游分社和餐饮分社，统一经营管理民宿、餐饮。旅游分社实行合作社和社员1∶1投资客房，取得收益后与社员1∶1分红；餐饮分社收取社员10%的营业收入作为运营服务费。

合作社具体运营时有三项职能：（1）对农村产业结构的调整。通过合作社投资、村民集资，结合灾后重建市场需求，合作社先后投资运营了生态景观砖厂、数控机床厂和民宿旅游三个产业，由雪山村村民自主决策、管理和经营。合作社带领村民发展休闲度假村，建了农业观光基地，在征集村民意见的基础上，发展乡村旅游接待、餐饮娱乐，并利用当地独特的自然条件，辐射带动该村其他组发展高山延季果蔬种植、林下养殖、观光旅游等。(2) 负责统一管理经营全村农家乐。当游客前来投宿而无指定选择时，合作社会根据掌握的实时客流量和农家乐入住率，及时协调，为农户和游客提供便利。(3) 整体把控定价、分工、服务标准化，同时也负责整体市场营销，对接宝兴熊猫古城以承接部分客源，并面对潜在消费者做精准化营销。扶贫基金会"美丽乡村"计划负责人汤后虎说，"乡村旅游要基于城市的市场，农村建设要更像农村，实现农民需求和城里人胃口的完美融合。"①

合作社的机制设计既能实现对灾后重建村民进行帮扶的目的，又能调动村民自主发展的积极性，还能让村民共享资源，共同维护整个村庄的信誉，实现村庄的共同富裕。雪山村经营户正在告别传统分散经营"单打独斗"的原始创业模式，向"整盘棋、共富裕、同奔康"的道路发展。

现雪山村依托福民专业合作社成立了旅游协会，所有农户皆为会员，由协会进行统一管理，目前已有一家农家乐、一家茶庄、三家民宿开始营业。② 合作社还成立了旅游接待办、客房管理办、财会办、后勤保障办及监督办等新村管理机构。

4. 合作社为自建委、自管委加力

雪山村于 2013 年 9 月 16 日召开村民大会，由重建工作小组组织，各户长到会参与，推选雪山村新村聚居点自建委成员。自建委主要负责聚居点的重建项目，包括重建基础设施和农房。

当聚居点的重建项目完成后，一系列问题接踵而至：新村建好了，基础设施怎么维护、环境卫生如何保持、如何避免农家乐恶性竞争等。针对"建设容易管理难"的问题，雪山村自管委应运而生。在乡镇干部、村组干部、自建委员会的共同推动下，雪山村自管委于 2015 年 4 月 26 日成立。《自管委管理条例》《村规民约》《卫生保洁》等相关规章制度开始发挥作用。

自管委作为一个长期存在的村民自我服务、自我管理、自我监督的群

---

① 陈岩、李淼：《雪山村震后美丽蜕变》，http://epaper.scdaily.cn/shtml/scrb/20140428/62026.shtml。

② http://baoxing.gov.cn/gov/openview.htm?id=20150827111814917。

众参与机制,其存在与长效运行需要一个良好的法治环境。雪山村结合实际,充分发挥群众在重建中的主体作用,把"村民自治"与"依法治村"有机结合起来。雪山村在灾后深入开展"法律七进"活动和民主法治示范村创建活动,切实增强管理人员和群众学法、遵法、守法、用法意识,不断提升管理人员和群众学法、知法、守法、用法水平,建设法治乡村,维护社会公平正义;进一步夯实法治基础,用法律治村,用法律制约管理人员和群众,保障自管委健康运行。

而自管委的运行需要村民合作社的推力。雪山村新村聚居点自管委成立以后,执行自管委制定的规章制度、监督自管委的运行、提高自管委成员积极性等成为现实棘手的问题,自管委选择依托合作社的运营模式,以合作社为平台,将雪山村自管委与合作社管理层合二为一,使新村管理更加系统化。

自管委原设五个职能系统,分别是监督办、接待办、客房管理办、财务办、行政人事办,每个职能系统各司其职,人员采取择优录用的竞争机制。管理层合并后,自管委管理人员的工资在合作社的盈利中发放;合作社办公场地即为自主管理服务中心办公场地。

5. 注重村民参与并提升村民自主经营管理能力

雪山村建设强调尊重村民意愿、村民参与,并通过培训提升村民自主经营管理能力。

一方面,充分尊重当地人,体现当地人的需求和期望。如,在营造内容的选择上,以社区和农户的需求和愿望为基础,在外来专家的协助下,村民可以提出自己的想法,有权利直接表达自己的意愿,营造内容的最后决定也得到了村民的认可。在基础设施建设中注重农户的参与和贡献。社区的基础设施建设属于公益事业,社区内所有农户都有责任、有义务把它做好。因此,这一类的项目建设十分强调社区户户参与,充分发挥当地潜力。如,在制定相关规则和管理制度方面注重村民参与,实行民主管理。扶贫基金会的项目工作人员与村民一起讨论,村民参与设计和制定相关的管理制度。参与是重要的手段,用以改善项目质量,协助当地群众实施和接受项目;参与又是目的,增加了社区和村民在发展活动中的发言权和决策权,通过参与为当地人赋权。

另一方面,进行能力建设,提升村民能力。为使雪山村(和邓池沟村)

村民完成由种养殖业者、打工者到自主经营者、民宿管家的转变，两年多的彩虹乡村建设过程中，扶贫基金会开展了请进来、走出去，涵盖经营管理、技术技能、文化礼仪和设计建设大大小小上百次培训。先后组织乡村建设和管理考察培训，组织村干部和村民代表近 20 名前往河南郝堂开展乡村建设和发展培训；乡村善行者培训，组织村民代表前往北京参加大型公益活动善行者、拜访捐赠人，了解慈善公益机制和理念，学习京郊现代农业和文创设计；开展乡村会计师培训，学习财务管理、建立财务管理制度；开展民宿管家培训，组织专业技能服务能手进村培训和示范，组织 11 名民宿管家前往杭州学习民宿管理，并在杭州花间堂精品度假酒店接受了 10 天客房服务培训和实习，利用晚间一个小时的系列课程，全村 15 户民宿管家和感兴趣的村民完成了累计不低于 20 个学时的综合培训，含礼仪、经营管理、团队建设、茶艺、插画艺术等方面的系统培训，具备了民宿经营接待的基本技能。

6. 吸引外部专业力量

扶贫基金会在开展美丽乡村项目时，除了与当地政府进行紧密的对话与沟通外，另聘请外部专业力量帮助当地建设。与当地政府开展工作的方式有多种，如穆坪镇和扶贫基金会每周在现场或通过电话、邮件方式沟通项目进展、协调解决项目问题，每个月举行 1~2 次项目对接会；宝兴县和扶贫基金会、规划设计单位平均每个季度对重点工作召开项目沟通协调会。

（1）乡村规划师

外聘乡村规划师在了解村庄发展脉络的基础上逐渐确定、完善村庄未来规划，结合当地村民的需求与希望，进行动态规划，边了解、边规划、边施工、边修改，让规划和实际情况能完整结合，真正将规划落到实处；同时，规划师在进行雪山村乡村规划时还参考了来自五湖四海的设计师的想法，如，由扶贫基金会牵头，联合 AIM（国际建筑设计竞赛）竞赛组委会面向全球发布了以"震后重建·彩虹乡村，熊猫老家——四川雅安雪山村村落复兴"为主题的竞赛，邀请海内外千余名学生及青年设计师参与设计，为雪山村震后重建汇聚了众多的优秀设计方案和创意，如山东建筑大学建筑系大五学生周玉蝉，在参加 2013 年第四届 AIM 国际设计竞赛中表现优异，由 AIM 国际竞赛组委会选拔推荐到扶贫基金会携手加多宝援建的雅安雪山村彩虹乡村计划中成为一名建筑设计专业志愿者，参与了雪山村社区重建设计。

（2）公益大掌柜

为增强雪山村民宿旅游业的运营管理能力，雪山村面向全国选拔公益大掌柜。2015年8月，通过全国海选，招聘到公益大掌柜即职业经理人1名。2015年9月，雪山村招募的大掌柜开启市场化运营新模式。在一个季度的运营中，大掌柜在村里发挥了其在培训、花艺、人脉资源等方面的优势，提升了雪山村民宿经营、餐饮经营的软实力。

7. 强化村落文化与品牌运营

（1）保留本土文化

每个社区都有其独特的文化，社区营造需要保护并发展其自有文化，以凝聚社区居民，增强居民对社区的归属感、认同感与自豪感，这也会增加对外来游客的吸引力。游客来到这里，因这里的文化而进一步加深对当地文化的崇敬，游客除了愿意为当地的自然景观、美食、物品、服务"埋单"，更愿意为独具特色的文化氛围"埋单"。

四川有着极具特色的巴蜀文化，特别是在明清之际的大移民过程中，当地文化与移民文化融合形成了现在独特的地域文化，而雪山村200年前属于藏区，至今部分居民仍保持着藏族生活习惯。雪山村有一座当地比较有名的川祖庙，每到农历初一、十五，村民都会上香祭拜祈福。

挖掘雪山村藏族村落渊源的文化特色，营造村落藏汉文化交融的氛围是雪山村进行社区营造的重点。修复川祖庙，在游客必经之路上增设的入村口、停车场、农产品销售区，这些都能够反映新乡村、村民生活的新元素。

（2）嫁接现代艺术

雪山村有自己的建筑工匠，他们就地取材，与自然融合，建造了大量适合居住的乡村建筑。然而城市化对乡村的建筑造成了巨大冲击，当地年轻人喜欢模仿城市建筑，抛弃本地建筑风格，再加上近些年建筑质量粗糙，大量精湛的传统工艺被抛弃，村庄的建筑与自然环境极不协调。

为了找寻当地建筑的灵魂，恢复传统建筑工艺，并融入现代建筑中的美感、舒适、简洁，项目引入青年设计师，与当地能工巧匠一起，共同工作，设计符合当地风貌、与自然和谐的建筑。"乡村建筑师计划"于2015年启动，先后有来自哈佛大学、清华大学等国内外优秀的高校建筑设计专业的学生 5 个批次 20 余人走进雪山村，他们在雪山村挖掘传统建筑的智慧，从乡村工匠身上学习在学校学不到的知识和技能。他们将城市建筑理念与村庄原有的建筑传统有效融合，简约、舒适，既符合现代审美，又保留了本土建筑特色。

按设计稿正式开工建房时，村民与设计者之间出现意见分歧是常事。新的需求、新的想法不断出现，有的在建造时看不懂图纸细节，造成之前精心设计、反复沟通酝酿的建筑方案在建设中有搁浅的危险。项目引入的第一批志愿者是四川本地人，方便沟通，村里妇联主任田姐负责接待志愿者，田姐家的宅基地特殊，不适宜套用标准户型，志愿者多次往返雪山村，为其设计自有的建筑方案。青年设计师与当地工匠合作创作的作品，既尊重当地地形、地势，又应对场地条件，使雪山村重建之后形成了独特地域空间和传承当地文化的建筑风格。

（3）"互联网＋民宿"营销品牌

2015 年，雪山村和邓池沟村均已提交了商标注册和认证，实现了 VI 识别的统一标准；两村共 23 户客房实现无线网络覆盖，同时装入了智能门锁，实现了民宿客栈入住信息及收益的透明；"美丽乡村"微信公众号已实现客房和餐饮网上预订的基本功能。[①]

雪山村经营刚刚开始，预计随着 2017 年旅游旺季的来临，游客会带着好奇心来到这里，离去的游客也会口口相传，或通过网络点评推动外界对当地品牌的认知。本地合作社的营销工作也会慢慢跟上来。

三　美丽乡村建设的几个关键

美丽乡村如何建设？最悲哀的回答是，"中国的农村没有出路，根本谈不上建设！"但是，扶贫基金会不相信！

扶贫基金会一直在试，尽管碰了太多的壁，走了太多的弯路，经历了太多的失败，但走到今天，从民乐村，到甘达村，到雪山村、邓池沟村，再到南峪村和反排村，扶贫基金会看到，农村建设是有"金钥匙"的，有

[①] 中国扶贫基金会：《2015 年芦山美丽乡村——雪山村、邓池沟 2015 年项目报告》，http://www.cfpa.org.cn/newDetail.cn?articleId=3d94bcde390b45d493d9c70fcb1545a2&p=1c626f8195104222b17f2d4505982ba5。

前景的。

2015年试营业的102天中,雪山村民宿接待营业额和餐饮业营业额为39万多元。截至2016年10月,雪山村营业额超100万元。而国庆节的时候更是"一房难求"。在扶贫基金会看来,"美丽乡村"模式已基本成熟,未来的发展方向不再是尝试,而是做扎实,在此基础上扩大规模。

1. 引入市场化机制

公益组织在开展农村建设项目时,对市场的态度往往有所保留。而雪山村的建设则不同,它大幅度地运用市场,引入市场化机制。

农村发展离不开市场,这是农村可持续发展的机遇。农村拥有市场急需的产品:清洁的环境、自然景观、人文、美食、舒适的节奏,这些是城市消费者所向往的,也是愿意花时间和金钱购买的。如果农村能够提供合格、高质量的产品和服务与市场对接,这样的供需关系会形成良性循环。通过合作社,把农民组织起来,建立共同利益分享机制,让农民通过良好的信誉赚取回报,是非常重要的。国外经验也证明推行合作社的价值。合作社有助于提高农民的组织化程度、保护农民利益、增加农民收入、促进农业发展、加速农业现代化进程。如,瑞典的农家人合作社是欧洲最大的农民合作社,为农民提供市场信息、技术服务、质量检测等多方面的服务,建立农产品收购和销售网络,合作社还有自创的品牌产品,年营业额达31亿欧元。与此类似的综合性合作社还有日本、韩国、印度等国的农协组织,着力于营农指导、资金融通、社会化服务等,涵盖生产、销售和多种业务,是半官半民的组织,与政府关系密切,政府对农协也给予大量的财政和政策支持。再如,印度的牛奶生产者协会属于专业合作社形式,最早成立于1946年,既保证奶农收入、稳定底价供应,又有效地解决了农村贫困问题。农民合作组织成为连接农民与市场和政府的纽带和中间组织,是乡村建设中不可或缺的组织单元。①

市场化机制不仅能够保障村民物质生活、生产条件的恢复与改善,还有助于促进村民行为规则和行为方式的转变,使村民学会尊重市场,学会自我管理、自我发展,深知信任的价值。

谈及乡村建设经验时,扶贫基金会秘书长刘文奎直言,"这个项目最大

---

① 李瑞霞、陈烈、沈静:《国外乡村建设的路径分析及启示》,《城市问题》2008年第5期。

的产出是村民自立了,有了自己的组织,学会了合作经营。为什么一定要将他们组织起来?你看,社会的巨大财富,都是企业经营的,它的基本原理就是现代企业制度。通过股份制,产权和经营权分离,这是现代企业制度最核心的东西。农民如果不通过合作的方法,谁也不会把自己的资产拿出来交给别人经营,农民始终是各自经营,一盘散沙,形成不了规模,不能享受社会分工带来的好处,这是农村贫困、农民贫困的本质原因。所以,我们把合作社引进去,其实是把现代企业制度引进去,让所有的农民都有股份,让最有能力的人去经营,有了收益分给大家。通过这个机制,把分散的资源集中起来,把最好的资源整合起来,让农民学会合作经营,这才是最重要的经验。"

2. 不能牺牲乡村文化

随着城市居民消费能力的提升,安静祥和、安全健康的田园牧歌式梦幻已成为都市人的渴望,所谓"望得见山,看得见水,记得住乡愁"。与此同时,乡村也成为资本追逐的目标。然而,乡村被资本盯上后,却往往成为受害者。从地产商到品牌度假酒店,乡村多以一种整体出让的方式让渡给资本,而资本借口对乡村进行整体保护,对乡村恶俗地掠夺、开发与经营。用乡村田园概念吸引都市人群,将乡村空间打包成城市人的第二居所,乡村风貌并没能"原汁原味"保存下来,乡村被经营者和入侵者异化。有的尽管在形式上、在形态和景观上,有乡村风景,但是基本与乡村毫无关系,乡村文化遭到破坏。

乡村建设不能以牺牲乡村文化为代价,类似村头风水树、界碑、栈道、宗祠、山神庙等,是家族、村落的 DNA,而其中的"原始村民"是精神寄托的重要载体,构成了中华民族整体的家园感、归属感。如,战后德国农村的发展,由于片面追求功能的运作,使乡村风貌大受损害。20 世纪 60 年代末,德国开始在全国范围内实施村落更新计划,提出"城乡生活等值化"理念,农村的生态价值、文化价值、旅游价值、休闲价值都被提到与经济价值同等重要的高度上,提出"在农村生活,并不代表可以降低生活质量",甚至提出"村庄就是未来"的口号,这种理念使德国村庄的活力和特色得以保持,也成功地将农民留在了土地上。

当然,我们也需面对一个现实,那就是每个人拥有自由迁徙权,乡村人努力想离开乡村到大城市发展无可厚非。但是,大多数乡村的没落也是其无法吸引乡村人留下的原因。

我们的国家如能改变乡村建设的思维，将乡村按乡村特有的逻辑发展，乡村才会有自身自然的发展前景，乡村人在那里才能实现生存的意义和价值。其中，如德国所推行的村落更新计划所强调的，农村的生态价值、文化价值、旅游价值、休闲价值与经济价值同等重要。

3. 敢于尝试，勇于坚持

扶贫基金会历经 12 年的探索，并没有因一时的失败而放弃努力。我们在访问扶贫基金会的工作人员时，他们向我们传递了一个信号：坚持做好一件事儿，不达目的绝不罢休。

扶贫基金会在乡村建设方面积累了丰富的经验，工作团队深知如何与农民打交道，如何与政府打交道，深知在农村工作需要耐心，需要在村里驻扎，需要从非常细致的工作做起，需要足够的时间。比如，反排村的项目，是扶贫基金会启动最早的美丽乡村项目，但进展最慢。为什么？因为要建一个接待中心，需要征地，有几家农民没有被征地却以会受噪声影响为由向扶贫基金会要钱，但村委会主任说坚决不能给，一旦开了口子，全村人都会来要。仅仅这片地的征用，就花了有两年多的时间。扶贫基金会的工作人员说，"我们是去做公益项目，不能用强拆的手段，需要慢慢做说服工作。遇到不理解，我们通过合作社等，去做说服、动员，最终什么时候能解决，什么时候做，这也是做农村工作急不来的地方。"

当人们质疑、抱怨，我们选择行动。当人们开始怀疑，我们选择信任。当人们选择放弃，我们选择坚持。这是扶贫基金会的格言！

善品公社：营造共生的价值生态系统

传统"公益"似乎从来不曾远离"帮助"与"被帮助"的关系，这种关系在扶贫项目中更加常见。本土的扶贫实践在过去的二三十年中，经历了"授人以鱼"到"授人以渔"，由单纯的物质给予到技术上的培训和支持以及赋能与赋权。但无论是哪种方式，基本上仍然遵循"再分配"的逻辑，只是促进资源和价值由"施助者"向"受助者"单向流动，难以额外增加并创造总价值。就公益组织的经验来看，这种扶贫模式固然能够在短期内为受助者带来一定的帮助，但并不能从根本上解决贫困问题，反而会让受助者形成对施助者的依赖；而对于施助者来说，"扶贫"基本停留在对资源的消耗上，资源被利用的潜力未被挖掘出来。长期而言，这种基于帮扶的扶贫思路遭遇挑战。

公益扶贫的思路在实践中正在发生一些变化。所谓的"受助者"不再被动地接受帮助，也不应是"弱势群体"，而是和其他社会主体一起可贡献各自的资源和能力，在合作和衔接中共同创造出新的自我价值、经济价值和社会价值，将整个蛋糕做大，最终发展的成果由所有主体参与分配。这样，各方主体建立了一种类似"共生"的关系，既相互依赖、相互合作，贡献各自资源，发挥各自优势，又共享价值和利益。通过重新认识扶贫对象和其他社会主体的关系，整合不同的主体和资源，整合公益和商业的逻辑，公益扶贫项目能够超越"单纯"的扶贫，在整个社会范围内创造和分配社会价值和经济价值。中国扶贫基金会（以下简称"扶贫基金会"）发起的公益项目——"善品公社"精彩打造了一个有力的价值生态系统，更新了扶贫性的公益组织做项目的思想和实践方式。

一　善品公社的摸索：从一次性众筹到社会企业

　　扶贫基金会最早自2004年就在四川大凉山州探索产业扶贫，变单一的援建和赠款为探索用产业建设保证农民的生计。在2013年四川雅安地震之后，扶贫基金会开始考虑，是否能够在雅安的灾后重建中有所创新。扶贫基金会基于雅安地区天然的水土环境和良好的水果种植基础，加上互联网和电子商务的飞速发展，计划借助互联网和电子商务的手段、方式将雅安地区的农产品与市场需求做连接，帮助雅安地区的农民通过卖猕猴桃增收。

　　讨论中考虑到对经销猕猴桃的成本和能力要求过高，项目团队否定了自行搭建网络平台进行销售的方案，而是采取支持产业重建的"众筹"方式先行"试水"。2014年的9月10日下午5点，经过阿里巴巴的CSR（企业社会责任）部门引荐，通过阿里旗下"淘宝众筹"页面，将雅安市名山区建山乡飞水村合作社的猕猴桃以"众筹"的方式上线，众筹的目标设定为2万元。扶贫基金会帮合作社注册了淘宝店铺，让消费者通过淘宝网认购雅安猕猴桃。9月11日明星舒淇、Hebe先后转发了扶贫基金会发布的微博再加上随后杨幂的转发，最后实际交易额为115914元，达到了最初设定的众筹目标。2014年10月17日，为了验证这一模式的可行性，扶贫基金会又在阿里旗下聚划算首页资源的支持下做了一次雅安猕猴桃的推广，经过3天核心期的推广，交易额为264159元。

　　两次成功的众筹活动催生了更进一步的探索。2014年12月7日，扶贫基金会在北京总部组织了一次会长和秘书处的联席会议，讨论这两次看似相对独立的农产品营销和推广活动，决定成立一个电商扶贫小组，来探索电商扶贫的新模式。2015年1月29日，扶贫基金会独资注册成立了北京中合农道农业科技有限公司，随后注册"善品公社"品牌商标，致力于探索和推动移动互联网及电子商务时代农村产业扶贫（发展）新模式，倡导"诚信生产实现价值"，以"竞争力扶贫"为基本逻辑，通过市场链及价值链重组链接的方式，提高贫困农村地区核心竞争力及综合发展能力。打造"善品公社"这一品牌，以扶贫基金会的品牌为农产品背书，提高合作社农产品的附加值，帮助农户增加收入。

"善品公社"借助合作社的组织化载体，把农民组织起来，参照"善品公社"规范严格的品控体系、生产规程进行生产，并以统一价格向农民收购产品，与淘宝、京东、苏宁等电商平台以及一条真的有料、下厨房等内容（社群）平台合作，通过自营商城和渠道整合的方式向消费者销售果品。"善品公社"相对于之前的众筹模式来说，能够有效干预农民的生产，保证产品的品质，推行"善品"理念，健康及可信赖农业，既保护农户的利益，又保护消费者的利益，使农户—消费者的关联变得可持续且价值共享。同时，"善品公社"在不同季节持续推出不同品类的水果，也能够更稳定地向市场供应产品，而不是一次性地推广，有效避免了资源浪费，让农户实现持续增收。

二 创造和分配价值，公益的逻辑能做什么？

1. 发挥公益组织的品牌优势

声誉是公益组织最大的财富，也是公益组织能够充分用以创造更多价值的品牌优势，扶贫基金会良好的声誉带来的宝贵信任，为其在推行"善品公社"项目的过程中，争取了来自合作渠道商、消费者和社区农户等多个利益相关方的诸多认同和支持，也是维系这个价值系统的精神纽带。

许多社会企业存在的问题是经营初期很难得到大笔的资金，因为道德风险太大，但"善品公社"背后是扶贫基金会的背书，各大电商平台和供应链中的企业对扶贫基金会这种真正在做事的扶贫机构有着发自内心的认同，也就会给"善品公社"提供更多资源。农产品从生产者手里转到消费者手里的过程中，需要经过仓储、物流、采购、渠道、销售环节等多个供应链环节，"善品公社"仅凭自身的力量无法管理所有环节，就需要同外部的电商平台、物流等企业进行合作。这些合作的性质在一开始是公益性的，淘宝众筹和聚划算在最初的合作中都是用非常优质的资源免费为"善品公社"的产品做广告，申通快递在第一次活动时也免费提供配送服务。苏宁得知扶贫基金会要做电商扶贫，也给了很大的支持，除了开店费之外，装修、流量等都近乎免费。

一般电商企业想跟农民直接建立关系是很难的，因为农户会觉得企业是去赚钱的，而扶贫基金会去了之后他们就知道是去帮助他们的，机构的性质决定了在开展工作的时候，农户对"善品公社"的看法不一样，这是项目在农户中推行时独特的优势。

扶贫基金会的公益背书，无形中增加了消费者对品牌的信任。并且，扶贫基金会能做到信息透明，消费者就会认为产品的品质是可靠的，扶贫基金会也会向消费者输送"消费就是慈善"的理念，虽然"善品公社"销售的部分产品价格略高于市场价，但是由于高出的价格最终大部分都会给农民，消费者的内心感受有所不同，对此认同且愿意支付相对高的价格。

"善品公社"依托于扶贫基金会的良好声誉，社会各方，包括农户、消费者、合作方都愿意相信其中的价值所在，这为"善品公社"提供了整合社会资源的可能。

2. 发挥公益组织的专业优势

"善品公社"顺利运营的根本乃是上游产品品质的保证，而保证品质的路径是通过合作社实行品质控制管理。虽然扶贫基金会做"善品公社"是从2014年下半年开始的，但扶贫基金会探索合作社在农村发展的道路已有十几年的时间，十几年来他们一直在探索一个村庄总体怎么能发展，最后得出来的结论是农村发展需要采用合作社的组织载体，农民只有抱团合作，才能实现生产的规模化，提高效率，抗击风险。"善品公社"致力于建设合作社，把农民组织起来，让农民有动力、有能力生产好东西，然后通过一套生产流程控制产品的质量。而通过合作社把农民组织起来，用合作社的方式形成利益制约机制来控制品质，这是企业很难做到的。

"善品公社"创造了一种利益机制：如果农民遵守诚信原则，农民将因诚信而受到认可和奖励，而一旦背弃诚信原则，农民要承担相应的责任，失去的不仅是自己参与合作生产的机会，还将给一起合作的其他伙伴带来影响，失去在本地的个人信誉和形象。目前，"善品公社"正在开发一套包含果农个人编码和信息的产品追溯系统，希望通过这套系统，消费者能够方便追溯到果农个人。一旦农民的产品质量问题被网络曝光，不仅有可能被剔除出"善品公社"的体系，还可能会丢亲人、长辈的脸面。在"善品公社"的利益机制中，农村熟人社会的特点被充分运用到农村项目的实践中，这是团队多年扎根农村得出的经验。

合作社、品控管理和品牌推广虽然是"善品公社"的几个重要因素，但并不是其独有的，因为商业企业同样可以跟合作社合作，同样可以进行品控管理和品牌推广。然而，一个重要的区别在于，扶贫基金会多年扎根农村，对农民、农村问题有着更为透彻的经验和认知，他们更加注重如何从农民入手，如何调整上游的生产关系。"善品公社"项目首席运营官王光远认为，今天的农民是新型的农民，他们的价值理念、思维方式、合作方式、生产方式跟以前传统的农民不一样，他们会通过其生产劳动让农业更加可持续，而且品质可能会提升且更加高效。农村中的人与人之间的合作方式、组织方式、生产方式、社区服务方式，都发生了很好的变化。如果农业这个大产业环境本身更加健康、可持续的话，那么农村自然就好了，要站在这个层面上来看上游的价值。

关于农民和土地的关系，生产关系的调节，扶贫基金会也有自己独到的见解。"我们的观点是农民在一定范围内不要离开土地，所有权、使用权还是在他们那儿，你要做的其实是调整优化生产关系，这个时候生产关系就是组织关系、生产方式、利益关系调整。你的利益分配机制运行顺畅的时候，农民会有足够的智慧来生产出符合你要求的产品，前提是他们相信我这么做会有更高的市场回报。"① 但如果"善品公社"大规模对合作社投资，或者做强股权介入，进行包揽包办，很可能让农民丧失自主性，最后适得其反。有的企业曾经将土地全部流转过来，结果遭遇了冰雹等自然灾害，造成了很大损失，将农民变成产业工人也造成了更多的问题。

3. 恪守公益目标

（1）以贫困农民利益为先

让好的农产品卖出好价钱，首先获益的是农民。"善品公社"的责任定位是以农民利益为先，"诚信生产实现价值"是善品公社的愿景。"善品公社"最基本的角色是一个扶贫项目，一切利益相关方在价值共享的同时都是以农民能够受益为前提的。如果所有人都受益，唯独农民没有得到好处，就违背了初衷。

评估扶贫项目是否切实达到扶贫目标，相当重要的一条标准就是瞄准贫困人口，针对确实贫困的人进行扶助。在贫困人口的选择上，扶贫基金会选中了震后的雅安地区，以村或合作社为单位组织农民加入"善品公社"体系，致力于扶持因灾致贫、因灾返贫的农民进行产业重建。愿意遵循

---

① 引自对善品公社项目首席运营官王光远的访谈。

"善品公社"规范的村民都可以申请加入,"空巢"老人和家庭尤其困难的成员尤其受到"善品公社"的关注。如樊义珍老人子女不在身边,由于上了年纪,采摘季节不免吃力,加入合作社后,她不再为猕猴桃采摘担忧,其他果农和"善品公社"的工作人员都会去地里帮忙。有了合作社的帮助,这些老人的收入提高了,基本生活也都能得到保障。当贫困户和其他相对富裕的农户的产品都符合要求,如果"善品公社"没有能力把所有产品都卖得更好,"善品公社"会优先选择贫困户的产品。比如,王大叔家因为有人生病经济十分困难,合作社就为他家垫付了1万多元的医药费,2016年秋季猕猴桃上市时也对他家的猕猴桃优先采购。赚钱以后,这个钱会优先向贫困户倾斜,在合作社的利润分配里面合作的利润有一部分是要分给社区里需要帮助的人,一般是3%~5%,这笔钱专门用来帮那些贫困户。在准入方面,合作社设计了两种股份,其中一种是基本股,门槛比较低,经过农户调研最终将出资标准降到了1000元,这时候大多数想加入进来的人都可以加入进来,不会因为这个门槛把那些真正需要帮助的人或者更需要帮助的人排除在外,主要解决公平问题。合作社的一个核心原则就是不让老百姓因自身资源、条件的差异加大贫富差距,合作社有一个财富调整的杠杆作用。

对贫困农民的扶持,第一步是增加他们的收入,帮助农民在物质层面实现脱贫。在传统的市场定价机制下,层层转手加价,往往把给农民的收购价压得很低,农民只能得到最少的收入。在这样的机制下,农民如果想增加收入只能想尽办法降低成本并提高产量,于是各种农药化肥就都用上了。低价低质量,低质更低价,这就使得食品安全问题进入了恶性循环的怪圈。而"善品公社"则通过严格规范的种植标准指导农民提高产品质量,并以高于市场价的价格收购优质果。以黄果柑为例,一般市场价为1.6元/斤,而符合"善品公社"标准的果品能卖到每斤3元,农民的增收比较明显。另外在"善品公社"介入后,传统收购渠道的价格也随之有所提高。由于2016年3月黄果柑的销售效果好,在销售收入之外,85位认证果农还分别额外领到了几十至数百元的"分红",作为鼓励。

《2015年世界发展报告》认为,贫困不仅仅是缺钱的问题,贫困人口面临的艰难选择会消耗他们的精神和社会资源,从而循环往复,导致永久性的贫困。"善品公社"对农民的帮助不限于物质上的增收,还有着更多的层次。第一,"善品公社"有着统一的生产规程和品控体系、监督机制。在规程制定的过程中,不仅考虑了农业科学专家的专业意见,还充分听取了当地农民中"种植能人"的意见,最终作为整个机构的标准,让农民们进行学习和运用,并全程参与见证样品采摘送走检测的全过程,在这一整套流程中,农民的生产能力和组织建设能力有了全方位的提高。第二,在现代市场中,由于农民与经销商的信息、资源是不对等的,在面对经销商时基本上没有议价还价的能力,他们也不清楚消费者的需求,"善品公社"帮助农民脱离贫困的方式,就是通过组织各种社会资源和渠道,帮助农民实现资源、信息、能力与市场环境的对等,就是帮助农民、农村在市场中把自身的价值体现出来。第三,在精神层面激发农民的荣誉感。在加入合作生产之后,"善品公社"同样通过对严格遵守规则的果农以一定的形式进行认证,对种得比较好的果农发给"诚信果农"的证书,来激励他们继续诚信生产。虽说是一张成本仅几元钱的证书,农民却非常在意这份荣誉。2016年4月16日,"善品公社"举办了由所有被认证的"诚信果农"参与的总结会,会后工作人员将每个人在VCR里的原始照片洗出来,精心装裱送给每个果农。有的果农说,"这个照片我可以留给我的孙子孙女看,我们家是很讲诚信的。"农民因坚持按照标准生产高品质的产品,赢得了消费者和其他合作者的信任、尊重、认可,自信心和荣誉感也得到了提高。第四,是整个社区的服务能力。通过合作社这样一个组织载体,沉淀出一笔公共资金,致力于减少"空巢"老人和留守儿童问题,给予农村弱势群体以精神关怀。这就使得扶贫的含义进一步延伸,不仅仅是物质层面的授之以鱼,或者授之以渔,而是更加注重提高农村社区的综合发展能力,从物质、能力到精神方面,着眼于整个农村各个层面的发展。

(2)引导新的消费主义

一个产品连接了两头,一端是农民,另一端就是消费者。"善品公社"既致力于解决贫困问题,也为食品安全问题的解决贡献价值。在"善品公社"的理念中,农民辛辛苦苦按照品控体系和合作方式生产出来的好产品,市场应该买单,而不是置若罔闻,消费者有责任和义务为农民的辛勤劳动支付合理的价格。在得到健康与安全的同时,消费者的购买行为也是对善品公社、对扶贫的支持。当消费者知道每一笔交易都能切实为贫困地区的农民带来收入的增加时,"有德行的消费者"就更愿意购买"善品公社"的产品。"善相传,品自然"是"善品"的字面解释,也代表了消费者对承担社会责任和品质生活的双重期许,带有社会责任意味的消费让消费者在为公益做贡献的同时也得到了精神上的满足。长期以来，由于农产品市场中农药和化肥的滥用，安全、健康、放心的农产品一直供不应求。"善品公社"所销售的农产品价格要略高于一般的市场价，但是由于品质优良，每次上市都会很快销售一空。通过亲身尝试，消费者相信"善品公社"的产品是高品质的，值得自己付出的价格。从而在农民一端解决贫困问题，在消费者一端解决食品安全问题。

在此基础上，"善品公社"希望在更大范围内推动社会诚信体系的建设，通过动用所有人的资源、智慧、兴趣和理想来运营一个优秀的农产品品牌，建立消费者对农民的信任。"善品公社"致力于做"中国最美农产品的推荐者"，让农民自己生产的好产品卖出高价。同时做"中国可信赖农业的推进者"，为农村发展带来新的机遇。用项目首席运营官王光远的话来说，"善品公社"就是要"靠谱"。

"善品公社"最终会以自己的观念和行动真正地塑造一种新的责任消费主义，引导和塑造消费者的消费习惯。另外，控制生产者的生产行为，保证食品安全，成为连接生产者与消费者的标准制造者。

（3）社会企业：具有公益内核的企业

"善品公社"作为一个社会企业，与一般商业企业的区别在于它的公益内核。

首先，中和农道作为扶贫基金会的全资子公司，在股权结构方面采取了扶贫基金会独资的形式，同时不排除未来接受商业资本进入。营业所得除了覆盖正常的成本以外，利润的绝大部分会继续用于支持公益事业的发展，这个支持既可以给农民或社区，也可以返给扶贫基金会继续规划。

另外，追求利润最大化并非社会企业的目标。当企业盈利与公益目标出现冲突时，"善品公社"的选择更能彰显其社会企业的定位。作为社会企业的"善品公社"，在提高农产品的质量，帮助农民改造生产能力和意识之后，可能会面临更多的收购竞争者，挤占其本身的盈利空间。对于这一点，项目首席运营官王光远表示："在整个体系设计里边，我们不把'善品公社'做成一个封闭的系统，而是开放的，可以跟所有人相对开放地合作。'善品公社'想解决的两个问题，一是产业扶贫和发展的问题，二是食品安全的问题，所有的策略和规则设计都是服务于这两个目标的实现。反过来，只要有助于这两个目标的实现，'善品公社'都可以在这个基础上谈合作。"这个观点恰恰证明作为社会企业的"善品公社"在企业经济价值与社会价值孰先孰后的问题上采取的态度和原则。强调以扶贫目标为先，让农民受益，也是"善品公社"作为一个立志于解决社会问题的社会企业，其使命和战略中最为鲜明的题中之意。

三 按照商业逻辑创造和分配价值

1. 以市场反馈刺激农民改进生产

引进市场机制能让农民看到市场对自己的价值回报，引导农民更新观念和习惯。比如，在黄果柑的种植中，要提高果品质量就要"疏果"，要砍掉很多树枝。一开始即使是工作人员告诉农民这样品质会提高，价格会提高，农民也不愿意改变已有的种植习惯，因为不相信优果能卖好价钱。其实更重要的原因是他们没有足够的能力让优果实现优价。而当看到高质量的果品卖出了更高价钱的时候，农民就受到了触动，自动开始做出改变。在卖黄果柑时，农民以前是卖统果，不区分大小，一般是每斤1.4~1.6元，"善品公社"在采购过程中做了一个分级，只要中间范围的，符合要求的是每斤3元，通过合作社的交易额返还补贴了0.1元，相当于是每斤3.1元，对农民的刺激很大。猕猴桃原来的价格是每斤6~7元，"善品公社"的价格一般高出20%。原来在"疏果"上面观念不到位的农民，看到标准果卖出的好价钱，也纷纷转变了观念，积极地掌握"疏果"技术。

在销售结束之后，"善品公社"还会根据各个农户的交易量对农户进行返利，也就是生产的优质产品越多，卖给"善品公社"的就会越多，最后返还的就越多，这就是合作社利益分配里面很重要的一个原则。"善品公社"是通过市场倒逼的方式让农民意识到做品控很重要，而不是通过行政体系或者其他方式。

"善品公社"选项目点虽然是优先选贫困地区，但并不是所有的项目点都是贫困地区，要看项目的可行性、效率的问题，也不是所有的贫困县都有适合的产品、适合的条件来做这个事情，但会优先选择贫困地区。另外在生产环节上，并不因为某户是贫困户，所以本身产品没有达标就默认它达标，而会严格遵守市场准则。

在农村、农业、农民的发展中，物质资助、政策倾斜甚至农民的技术培训都不是最难的，最难的是农民自尊、自主、自强的意识，这种意识不是基于灌输和倡导，而是基于农民、农村本身具备的价值。当供求双方的市场价值达不到一定程度的对等时，与市场的平等对话就无从谈起。要从根本上改变农民的贫困，就要实现农民成为独立、平等的价值主体，真正与市场实现连接，感受到自己是一个有价值的、跟其他主体有平等关系的市场主体。在"善品公社"的角色定位中，农民不仅仅是一个享受价值分配的主体，也同样是一个价值创造的主体。在以往的农村扶贫项目下，农民是被动地接受帮助，而在"善品公社"项目下农民则是主动创造市场价值的贡献者。这种价值是实实在在的价值，是农民通过严格的品控过程生产出来的高品质产品，充分满足了市场对农产品的要求。农民在价值创造中的主体地位和主动性在"善品公社"项目中得到充分的体现。

2. 对消费者负责

获得消费者的信任和认可是项目推进过程中最大的难点之一，是项目持续发展的关键，因此保证产品品质、保护消费者的利益就非常迫切。"善品公社"建立了一套非常严格的生产规程和标准。例如，人工除草，不得使用除草剂；定期检查农田水源和土壤，保证无污染；禁止使用56种超标农药，主要使用农家肥、有机肥。"善品公社"要求加入的农户严格按照规程生产，为每个农户建立了完整的生产者档案，记录其生产过程和生产行为。为了从技术上验证产品质量，"善品公社"还与一家国际权威检测机构合作，要求农民将果品在生长的不同阶段分几次送到这家检测机构进行检测。这些流程的资料被放到了产品的包装中，这样一来消费者就知道产品是如何生产出来的，知道来自哪个农户，真正做到了信息的公开透明。

"善品公社"在保证消费者的售后权益方面也做得非常到位。2016年，"善品公社"的"汉源大樱桃"和"蒙顶山猕猴桃"分别出现了严重的绝收和减产。其中，"汉源大樱桃"是在预售开始后遭遇了严重的大风冰雹天气，灾害发生后，一方面樱桃合作社中的领头人通过"善品公社"的平台向消费者转达他和其他生产者的歉意，另一方面"善品公社"坦诚发布文章《我们的大樱桃没了！》，并为已经支付了预付款的消费者按程序办理了退款手续，保证消费者的合法权益不受损害。"善品公社"希望消费者是基于对品牌、品质的认可产生的购买行为，这就意味着需要按商业的逻辑处理问题，如果下了单没有发货，就应该按照正常程序退款。在这些举措下，消费者没有抱怨，反而有部分消费者表示愿意继续支持农民明年的生产，将预付款留下。但"善品公社"同样没有接受捐款，理由是"善品公社"是一个企业，不具备接受捐款的资格，也不能保证明年的收成，不能滥用自己的信誉。

在"善品公社"运营初期，很多消费者出于对灾区的支持购买"善品公社"的产品，其实是非产品化的情感因素在起作用，但"善品公社"运营团队认为，长期而言，仅靠这种机制是不可持续的。如果产品质量不能持续OK的话，消费者就不会买第二次了，"善品公社"运营团队希望产品在物理上是安全的、优质的。当"善品公社"的主张能够得到越来越多的消费者认可的时候，"善品公社"作为一个农业品牌可以被消费者信任的程度就会越高，以后消费者会因为"善品公社"这个品牌来买产品，而不是因为扶贫基金会，不是因为某个小孩、某个农户贫困的故事来打动。一个好的趋势是，在2016年下半年猕猴桃的推广过程中有几万个消费者来买的主要原因是上半年买过黄果柑，品质特别好，这次也信任"善品公社"。当"善品公社"用户的体量能够从几万人到几十万人甚至到上百万人，这个品牌的知名度和公信力就会越来越强。

3. 在商业原则下达成合作

农产品从收获到送到消费者手中，经过供应链的诸多环节。"善品公社"没有自己来做这些环节，而是选择把这些环节交给更擅长的企业去运作，比如"善品公社"自己不做销售平台，但苏宁、淘宝、京东、微商等主流线上销售平台及优质线下的实体超市，都是可能的销售渠道。"善品公社"也不做自己的物流，而是与申通等企业合作。企业与"善品公社"的合作带给企业的不仅是短期的利润，还有长期的受益。农村电商是一片蓝海，随着农村基础设施的完善，互联网、物流等渠道在农村的下沉，"农产品进城"和"工业品下乡"将在未来给相关企业带来可观的收益。另外，企业跟扶贫基金会或"善品公社"的合作，由于跟扶贫相挂钩，会提高企业本身的社会声誉，彰显企业的社会责任，在长期来看必将提升企业的盈利水平。

自项目启动以来，许多企业给予优惠甚至免费的支持，但面向未来，"善品公社"更多地开始与其他企业采取纯商业合作的形式，不以对方企业亏钱为代价。其中体现最明显的是交易佣金，按照交易额的一定比例提给企业做佣金，这样通过一种准市场化的合作方式让合作本身可以持续。品牌推广时该付费也会付费，但是付费的额度会比纯商业的低一点，虽然也会讲是扶贫的，但这个比重比单纯的公益会淡很多，更多地会强调这个产品本身的品质，用这个品牌去赢得信任，而不是打苦情牌。"善品公社"认为，只有让合作企业有所盈利，而不是牺牲，才能谋求合作的持续性，才能真正验证"善品公社"是不是一个可行的社会企业模式。

4. 内部运营中的企业机制

"善品公社"依托的中和农道性质是一家企业，在注册时以公司的形式成立，采取与企业同样的财务机制。之所以将其注册为一家企业，扶贫基金会有以下几个方面的考虑。第一，从业务上经常要跟京东、阿里等进行很多商业上的合作，而扶贫基金会本身不具备独立的商业合作资格，这就需要一个商业主体身份来与外部商业企业进行方便的对接。第二，在财务运营和风险规避上，以交易额的形式计算账务更加简单，但如果是一个公益组织，消费者的钱就可能作为捐款，很难说清其性质。如果消费者因为各种各样的原因不满意、给差评，势必对扶贫基金会的信誉、形象产生影响。为了在体制上解决运营的资质和效度问题，规避运营风险，扶贫基金会最终选择以企业方式运营"善品公社"。

目前从管理上，组织架构、决策机制都是参照企业化的方式在走，初期公益的成分多一点，随着它的发展企业化的成分会越来越多。在业务层面，深耕上游、组建合作社、支持农民抱团、深耕产品品质，这些环节都是基于市场化的方式走，不因为是公益的产品质量就低，反而因为要解决社会问题，标准更高。

目前"善品公社"还是扶贫基金会独资，在未来可能会考虑引入商业资本。一般的非营利组织没有股权的概念，无法吸收商业性的投资。"善品公社"作为扶贫基金会创办的社会企业可以通过扶贫基金会吸收捐款，用于该机构的自身发展，还能吸收商业资金，这样的治理结构就为商业性的融资开辟了条件和渠道。商业资本的引入可以很好地解决非营利组织中所有者天然缺位的问题，解决激励机制的问题，提高整个公司运作的效率，效率提高以后，成本、风险降低，更有助于实现公益目的。现在"善品公社"作为一个公司的运行效率还不够高，还没有达到完全的商业化，商业资本进来以后会加速这个过程。

四 价值系统中的风险共担

由于自然原因和人为原因的影响，价值的创造和分配过程是可能存在风险的，包括生产过程中的自然灾害带来的损失，人为不诚信生产行为对产品品质的损害，以及供应链、品牌环节存在的风险。生产者、消费者、"善品公社"和其他合作者在共同创造价值、分享价值的同时也共同承担着这些潜在的风险。

一是内部的管理风险，包括机制、流程、人员选择、团队管理，这一部分主要由扶贫基金会和"善品公社"来承担。二是"善品公社"对上游的控制，渠道控制和品牌控制中存在的风险，这些风险都是"善品公社"和相关主体双向承担风险。比如，合作社可能想要脱离"善品公社"，但脱离"善品公社"也可能存在运营得不够好的风险；消费者、渠道商可能转而选择其他产品，但他们也不能保证自己拿到的产品是安全的。如果出于理性选择，消费者和渠道商愿意选择好的产品，也就降低了渠道控制和品牌控制环节存在的风险，使整个价值系统运行得更为稳定。

对扶贫基金会来说，"善品公社"就是扶贫基金会为之背书的金字招牌，如果"善品公社"的产品出了问题，受到消费者的质疑，那么扶贫基金会的形象将随之受损。而反过来不诚信生产行为也会给生产者本身带来风险。面对可能出现的不诚信生产行为带来的风险，"善品公社"运用了一种利益捆绑的"连坐"机制，让各个生产者之间共同承担风险。每一个加入"善品公社"体系的农户，都必须经过认证，才能成为"善品公社"的"认证果农"，在加入时，农户除了在登记表上登记自己的基本信息、种植经验、规模、位置等信息，还有非常重要的一条是至少在村里找出10个人愿意为自己签联名信，证明自己是一个诚信的人。每个合作社（村）分为若干个生产小组，如果有人不遵守规则，检测出来产品不合格，代价就是整个生产小组的产品"善品公社"都不要了，当有三个这样的人出现以后，全村的产品"善品公社"都不要了。更进一步，善品公社对违规的果农和合作社保留在互联网上信息披露的权利。并且会将这一结果通报给当地政府，合作社在相应扶持政策方面会受影响。

另一部分重要的风险在于不可控的自然风险，这部分风险通过合作社的形式由农民自己承担,当意外发生时,生产者需要承担起由自然界的风险带来的损失,根据"善品公社"的标准交付产品,不符合标准的不能上市。2016年在"蒙顶山猕猴桃"遭遇冰雹大幅减产的情况下,生产者们仍然坚持严格的筛选标准,只将符合标准的猕猴桃上市。但合作社的利润中会涉及一定比例的风险金,在自然灾害发生时可以发挥调节作用,因此农民抱团增强了集体抗风险能力,相比个人能够更好地对抗自然风险,不至于对个人造成致命的打击。这种方式让农民更加意识到合作很重要,进一步增强了合作意识。

善品公社的实践不仅要面对可能存在的风险,还要克服一些固有的障碍和局限。善品公社模式在农村的发展受到当地地理、物理条件、资源的限制,也同样会存在有些地方基础设施十分落后的障碍。在所有问题中,善品公社最有可能也确实克服了的障碍就是理念问题。当地政府最早的时候不太理解善品公社的理念,而只关心交易量,经过很长时间的沟通和磨合才逐渐接受。农民从只关心销售量到同样重视品控也经过了一个过程。甚至有很大一部分农民认为,善品公社对他们生活的改变最主要的不是收入的增加,而是理念和意识的转变,是新思想的逐渐接受。

目前"善品公社"的模式,被实践证明是可行的,项目模式也趋于成熟,复制的成本随着模式的成熟越来越低。项目目前还处于扩张阶段,对于某些品类来说,"善品公社"收购的比例占当地合作社总产量的比例还不大。下一步,模型和体系还需要进一步成熟化,效率需要进一步提高,风险也要尽量减少。在下一年度,"善品公社"还将从品类和区域着手继续扩大影响力。水果的品类会增加,保证每个月都有产品上市,区域会扩展,除了大凉山、雅安之外,会向西南省份或陕西等贫困地区扩展。一旦业务模型体系非常成熟了,资源量级成熟了,能力跟上了,品牌知名度跟上了,可能下一年度就能扩展十几数十个县。

五 经验与启示

自2015年成立以来,善品公社项目区涉及四川省、陕西省等地15个农村合作社,辐射受益农户4500多户;2016年通过石棉黄果柑和蒙顶山猕猴桃,帮助认证农户通过人均增收700多元。截至2016年底,善品公社共计立项黄果柑、枇杷、大樱桃、苹果、香梨、猕猴桃、杧果和大米等八类产品；累计沉淀消费者近 7 万人。

中和农道在财务上正在接近收支平衡：2015 年总收入 192 万元，总支出 168 万元，利润 24 万元。2016 年总收入 491 万元（含公益转赠资金 150 万元），总支出 482 万元，利润 9 万元。2016 年实现线上销售收入 400 多万元，带动和影响合作社产生线下销售 1500 多万元。善品公社项目获得苏宁云商、摩根大通集团捐赠（含认捐）资金 560 万元，获得政府采购服务资金 181 万元。自成立以来，产生管理费用共计 340 万元，营销费用共计 140 万元，35 万元用于合作社及基地基础设施建设，33 万元用于农村社区服务，44 万元用于农户技术培训、能力提升等。

1. 发挥各方优势，整合资源

"善品公社"建立及运营之初依托于扶贫基金会提供资金，还依托其在公益领域强大的专业能力，尤其是农村发展的探索经验和品牌优势开展工作。在精准扶贫背景下，"善品公社"也受到当地政府的欢迎和配合。政府会根据自身工作经验推荐产品、产区和合作社，帮助协调社区关系，还会根据财政资金安排在物质和资金上给予配套支持和政策倾斜。跟企业合作，要选择优秀的企业，不仅经营能力要强，还要有社会关怀和社会责任。跟合作社合作，也要选择有一定基础，做得比较好的合作社，发展理念要先进，能够接受善品公社的新思路。善品公社要把产品卖出去，还需要相当一批有社会责任意识的消费者来支持，或者至少是有食品安全消费观念的消费者，否则创造价值无从谈起。

"善品公社"构建了一个强有力的生态系统，支持整个价值创造的过程。一个公益项目要像"善品公社"一样能够整合好的资源，发挥各方的优势，就要非常了解公益和商业空间里所有的资源都在哪，怎样才能拿到。项目的经营者必须对商业、公益、公共政策都充分了解，而且要找到强有力的合作者，匹配好各方的优势资源，共同去努力完成这些东西，实际上是非常不容易的。

2. 公益组织的责任：深入研究关键社会问题

作为公益组织，首先要解决社会问题，实现社会价值。"善品公社"成为连接生产与消费两端，解决两端社会问题的引导者。在农民一端，"善品公社"提供科学规范的生产标准,倡导靠诚信生产脱离贫困,为社会提供安全的食品;在消费者一端,"善品公社"则引导了新的消费主义,最终将对社会信任体系产生深远的影响。

如何才能切实解决社会问题,实现社会价值?"公益与社会组织要真正解决社会问题就要专业,你真的要在某个问题上深入下去,你要了解它,你才有可能提出解决问题的方案,所以我们就觉得坚持非常重要。当你找到了真正重要的问题,又提供了解决答案的时候,我觉得资源不是问题。"[①]

在农村电商发展的问题上,"善品公社"最为看重的几个环节是上游合作社实行的农民合作和品质控制,中游供应链渠道的完善,下游品牌知名度和消费者信任的打造。"善品公社"的价值系统中囊括了农民、消费者、渠道商等多方主体,其中每个主体的作用都是不可或缺的。如果农民没有生产好的产品,后面所有的环节都不可能发生,这个链条的闭环没法形成。反过来农民的产品再好,销售渠道再好,消费者不买,价值也无法实现,对于渠道商来说,消费者需要好的产品,农民也有好产品,但是没人去卖,没人来保证供应链的运转也是不行的。这几个环节实际上环环相扣,当深耕上游做扎实了,愿意来合作的渠道商就会越多;品牌知名度越高,公信力越高,愿意来购买产品的消费者就会越多。反过来对市场中其他主体的激励作用越大,对农民的激励作用也会越大。

3. 运用公益逻辑和商业逻辑创造和分配价值

"善品公社"作为社会企业,运用了公益的逻辑,也运用了商业、市场的机制。在公益的运作当中把企业的架构搭建起来,在一个市场的环境中,用企业的组织载体去运行,通过市场环境、企业载体、公益目标,达到所有参与方共赢的局面,所有人都是赢家。"善品公社"在城市的消费者和农村的生产者两个端点之间建立了一个通道,端点的左侧靠近社区农民一端是公益成分多一些,靠近右侧的运营、渠道、推广、交易的一端,则是商业、市场逻辑的成分多一些。

公益逻辑和商业逻辑在价值的创造和分配中是可以并行不悖,甚至相得益彰的。"善品公社"的实践十分精彩地展现了公益逻辑与商业逻辑分别

[①] 引自对中国扶贫基金会秘书长刘文奎的访谈。

擅长的领域及其被运用的场景。例如,"善品公社"既要求生产者自食其力、恪守诚信,又要求实现公平贸易,呼吁社会各方的爱心支持;既要争取企业合作者的支持和优惠,也要尽量不损害合作者的商业利益;既要保持社会企业所有制、股权结构的公益性,又要充分利用企业的经营管理机制。一方面,公益逻辑指引着项目的使命和方向,使得"善品公社"一直坚持以造福社会为己任,也由此获得来自各方的资源支持,促进新价值的创造、促进社会分配的公平。另一方面,商业逻辑和市场机制被充分应用到项目运作当中,提高了价值创造的效率,调动了各个商业主体参与到价值创造与分配中的积极性。公益逻辑与商业逻辑的融合推动着"善品公社"的项目运作方式不断创新,公益逻辑与商业逻辑的拥抱已经产生了"$1+1>2$"的效应,推动着价值在更广泛的范围内被创造出来,实现共享,必将在未来带给公益行业更多的惊喜。

4. 营造共生的价值生态系统

在价值创造和分配的各个环节,"善品公社"既属于这里面的一方,又不属于任何一方。"善品公社"参与里面的所有环节,看似什么都没有做,但它做了最为关键的:整合各方的优势资源,把各方的信息从不对称变成对称,从沟通无效或者低效沟通变成有效沟通,使这个系统在保障农民利益的前提下运转得更快、更好,让各方有这个动力去参与和合作。

在利益分配环节,利益分配的底线是各方的利益都至少不受损,各方都能承受,在此基础上各方都要有所获益,有奉献就有回报。以往的扶贫模式是一个再分配模式,是一个你多我少了的问题,而"善品公社"的模式却是大家都多了,大家都能创造价值并从中获益。

在"善品公社"的价值生态系统中,包括生产者、消费者、公益组织、商业机构、政府在内的多元主体处在一个共生的关系中。一方面,各方要实现自己的生存发展都离不开其他主体,各个主体在平等的基础上进行互动和合作,系统整体要实现最充分的发展就要充分利用各方的资源和优势,在合作中共同去创造价值。另一方面,还要保证在利益分配的过程中,各方都能合理受益,这样价值创造和分配的生态系统才能实现强有力的持续生发。

"善品公社"营造的价值共生系统让我们看到,公益扶贫的实践正在脱离传统中强势的"施助者"与弱势的"受助者"关系,超越了简单救助式的扶贫,甚至也超越了传统的开发式扶贫,正在为未来其他扶贫类公益项目的实践开辟一条全新的道路。

  虽然,不是每个公益组织均具备扶贫基金会所具备的能力、资源、经验、信誉、品牌等优势,其创建和运营的"善品公社"看似不是其他公益组织可以容易复制的,但是,"善品公社"的立意、定位、追求,以及顺应时势,致力于运用公益逻辑和商业逻辑的思路和手段探索如何将服务对象作为价值创造者而不是弱势的被扶助者,确保其利益,又不牺牲各个关键利益相关者的利益,且充分调动其优势,并激发各方价值再造而建立的共生价值生态系统,则是可以借鉴和学习的。这也是未来社会发展的优秀模式。

第三部分
典型案例

典型机构
典型项目
▶ 典型事件

无所不在的问责：对罗尔事件的观察

2011年被称为中国公益元年，网络成就了与传统组织模式有所不同的公民公益。个人发起的公益活动门类繁多，公众参与公益的方式也多种多样。从个人求助—募捐，个人设计公益项目，到公众以捐赠的方式浅层参与公益，以及公众以投入时间、精力、智慧和专业深层参与公益，公益领域得以拓展，公益慈善模式突破传统模式。

网络公益变得纷繁复杂。国家为了规范网络公益行为，2016年9月1日起正式施行的《中华人民共和国慈善法》（以下简称《慈善法》）规定，慈善组织通过互联网开展公开募捐的，应当在国务院民政部门指定的慈善信息平台发布募捐信息，目前这样的平台只有13家。在其他平台进行网络募捐则为非法行为。不具有公开募捐资格的组织或者个人基于慈善目的，可以与具有公开募捐资格的慈善组织合作，由该慈善组织开展公开募捐并管理募得款物。而不具有公开募捐资格的组织或者个人开展公开募捐的，由民政部门予以警告、责令停止募捐活动；对违法募集的财产，责令退还捐赠人；难以退还的，由民政部门予以收缴，转给其他慈善组织用于慈善目的；对有关组织或者个人处2万元以上20万元以下罚款。

2016年接近尾声的时候，罗尔事件爆发。

从11月25日罗尔为5岁女儿罗一笑撰文《罗一笑，你给我站住》，至12月24日清晨6时，罗一笑因急性淋巴细胞白血病合并严重并发症导致多脏器功能衰竭，抢救无效，不幸离世，仅仅一个月的时间，围绕罗尔的行为及其引发的一系列反应，构成震动全国的罗尔事件。该事件，与《慈善法》平行被2016中国公益年会评为"2016年度中国公益十件大事"之一。

罗尔事件的来龙去脉，以及涉及的方方面面，可说是2016年公益领域发生的重大问责事件。在该事件中，普通公众、捐赠者、媒体、意见领袖等成为问责主体，向罗尔、小铜人公司、深圳民政局、深圳儿童医院、社保部门、深圳慈善会、微信平台等展开了积极、广泛而深入的问责，引起一场声势浩大的全民问责风暴。其问责速度之快、影响之广、力度之大、震撼之强也令人无法想象。

问责的目的在于通过一定的问责机制，使利益相关者承担责任，保证人们从事慈善的权利在一个公正、尊重和公平的框架中实施。而问责机制通常包括硬机制和软机制。其中，公众的社会舆论、道德意识、道德观念、价值观属于问责机制中的软机制；而规则、规定、条例、法律、法规属于问责机制中的硬机制。① 对"罗尔事件"的问责，既有软机制在发挥作用，又有硬机制在发挥作用，尽管并不完善，有不足和缺陷，但整个问责过程激起千层浪，该事件中公众对各个利益相关者的问询引发了慈善领域还存疑的一些问题，如个人将如何求助？公众将如何捐款？企业将如何恰当地进行慈善营销？互联网社交平台如何避免成为公募的"灰色地带"？人们从事慈善的权利如何才能得到保障？如U型理论创始人、麻省理工学院教授奥托·夏莫所言，每一个重大事件的发生，其实都是社会的一次进化。而有效的问责是推进社会完成一个好的进化的重要手段。

一 罗尔事件的本质

1. 看似个人求助，实有募捐环节

2016年9月8日，罗尔女儿罗一笑被查出血小板偏低，怀疑是白血病，需要立即住院。9月9日凌晨2点左右，罗尔在自己运营已久的微信公众号"罗尔"（微信号：le20160328）上发表了一篇关于女儿病情的文章《我的世界开始下雪》，语气沮丧，并设置了微信"赞赏"功能。文章发布几分钟后，罗尔收到一笔100元的赞赏资金。罗尔有些惊慌失措，随即将文章删除。9月10日，罗尔把《我的世界开始下雪》改为斗志昂扬的《我们不怕

---

① 康晓光、冯利主编《中国第三部门观察报告（2011）》，社会科学文献出版社，2011，第165页。

讨厌鬼》在微信公众号"罗尔"上重新发表，展现一个父亲含泪的微笑，文章设置了"赞赏"功能。罗尔收到赞赏2930.42元。此时，赞赏者半数以上是罗尔不认识的陌生人。9月11日，罗尔发表新文《〈我们不怕讨厌鬼〉之后》，强调："我写作《我们不怕讨厌鬼》一文，是为了给笑笑祈祷平安，并非筹集医药费，我为笑笑买了少儿医保和商业保险，即使笑笑患的真是白血病，医药费也不会给我造成太大经济压力。"这篇文章，没有设置微信"赞赏"功能。9月12日，罗尔在微信公众号"罗尔"上发表《笑笑版〈嫦娥奔月〉》，文中写道："在笑笑病情结论未出之前，公众号打赏功能暂时取消。《我们不怕讨厌鬼》一文所得赏金，不论笑笑是不是白血病，都将全部用于资助无力支付治疗费用的白血病患儿。"9月13日，罗一笑确诊白血病，罗尔在微信公众号"罗尔"上发表《耶稣，请别让我做你的敌人》，文中写道："前天，一个无钱医治新生儿白血病的母亲，抱着孩子离开了儿童医院。此事促使我决定，将本公众号建成关注白血病患儿群体的平台，所得赏金，用于资助白血病患儿。"9月15日，罗尔在微信公众号"罗尔"上发表《老男人的〈三大纪律八项注意〉》，此后罗尔又恢复了微信"赞赏"功能的设置。直到9月21日下午5时，罗尔在微信公众号"罗尔"上发表的《我的世界开始下雪》《老男人的〈三大纪律八项注意〉》《寻找白血病专家》《公主选拔赛第一关》四篇文章共收到赞赏金额32821.6元。赞赏者显然不是罗尔朋友圈中的"朋友"概念，多数为罗尔不认识的陌生人。

9月22日，罗尔在微信公众号"罗尔"上发表文章《笑笑爸的遗书》，宣布将30000元用于资助有需要的10位白血病患儿，每人3000元，剩下的2821.6元用作笑笑的治疗费；并宣布，本公众号不再以公益的名义诱导读者打赏，读者的自愿赞赏将视为对笑笑个人的资助；同时宣布，因考虑程序烦琐，取消将微信公众号"罗尔"建成一个资助其他白血病患儿平台的计划。

在9月23日至11月22日两个月中，罗尔陆续在微信公众号"罗尔"上发表《笑笑爸的机会》《小萌娃笑傲白血病》《节日不节日，我们都要快乐》《胡思乱想不是好爸爸》《谁能放得下心中的狗》等15篇关于罗一笑和白血病的文章。这些文章都设置了微信"赞赏"功能。

11月23日下午6点，罗一笑再度病危，再次进入重症监护室。11月25日罗尔在微信公众号"罗尔"上撰文《罗一笑，你给我站住》，尽情宣泄了一个父亲的无奈和绝望。从文章的角度来看，这篇文章写得语无伦次，但语无伦次正是真情流露的表现之一，网友因感动纷纷赞赏、转发，连续两天读者赞赏金达到5万元上限。

11月27日傍晚，罗尔与其朋友、小铜人公司的创始人刘侠风商议，由刘侠风在微信公众号"P2P观察"（微信号：p2pguancha）上发表整合后经罗尔确认的文章《耶稣，请别让我做你的敌人》（因文章涉嫌诱导分享，已被微信屏蔽），掀起了微信转发风暴。文中写道："我们通过'P2P观察'公众号转发一篇罗尔微信上的文章，鼓励用户转发，大家每转发一次，小铜人公司向罗尔定向捐赠1元（保底捐赠2万元，上限50万元，截至11月30日零时）。"微信公众号"罗尔"上的文章《罗一笑，你给我站住》一文的赞赏功能在"P2P观察"微信公众号上的《耶稣，请别让我做你的敌人》一文的带动下，再次攀上每天5万元的上限。到11月30日01：20，《罗一笑，你给我站住》一文赞赏金总额达到2416353.56元。其间，因赞赏达到当日上限不能赞赏，有网友找到罗尔的微信号，加他为好友，直接给他转账。截至11月30日24时，"P2P观察"微信公众号上的文章《耶稣，请别让我做你的敌人》转发次数累计达到548432次。12月2日，小铜人公司捐出50万元治疗费，将这笔款项打入罗尔个人账户。

至此，罗尔在微信公众号平台"罗尔"上发表的关于罗一笑和白血病的文章获得的赞赏金、网友微信转账及小铜人公司捐出的50万元，是属于个人求助范畴，还是已经超出个人求助范畴？

根据《慈善法》起草参与者阚珂对个人求助的解释，"个人求助是指为本人、为自己的家庭成员或者自己的近亲属，向他人或社会求助"，罗尔的行为就是"个人求助"，即我女儿生病需要费用治疗，请社会来帮忙。然而，网友是出于对罗尔个人处境的同情，关键是出于对罗一笑病情的救助才对文章打赏，是为了帮助罗尔筹到小铜人的捐款才去转发小铜人的微信，网友也是在这样的氛围下纷纷转发的，而海量的转发，反过来又为罗尔带来新的打赏。这些转发微文的网友扮演了筹款人的角色。

显然，尽管罗尔设置的赞赏功能属于求助行为，他面向社会不特定的人群，在公开进行资源动员，赞赏功能发挥了"筹款"的功能，但他同刘侠风商议的方式，即小铜人行为具有"筹款"的功能。其中直接使用的渠道是微信。而直接进行赞赏的网友，以及通过转发支持的网友，他们在行使一个公民慈善的权利。罗尔事件有募捐环节，网友的行为是慈善自愿捐赠行为。

需要说明的是，这场"募捐"却又不是合法的募捐。2016年8月22日，民政部门公布的首批13家慈善组织互联网募捐信息平台，微信平台并不具备互联网募捐信息平台的资质。

2. 本质却是欺诈

然而，事情的发展很快出现反转。

11月30日中午，"罗尔女儿的治疗费用并没有那么高且大部分都可报销""罗尔家有三套房两辆车，根本不缺钱""利用女儿营销炒作"等质疑经由网络传开。

事实真相像剥洋葱一般被逐渐剥开，"欺诈"本质逐渐显现。

(1) 罗尔未如实公布个人信息及实际医疗费用情况

当个人向公众发出求助信息时，不仅要表明疾病的存在、支出的庞大，还要说明求助人经济窘迫无力支付。这些信息对于资助者判断是否掏钱事关重要。① 但是，罗尔并未公开上述信息。正因如此，在山呼海啸一般的捐助者中，除了少部分了解罗尔真实情况的人，大部分捐助者默认罗尔是在耗尽了私人资源的前提下发起的求助，因而施以援手。但事实是，罗尔确有三套房产，且价值不菲。正是这种偏差导致了舆论的反扑，因为善意感觉遭到了欺骗或者戏弄（尤其当资助者发现自己的生活质量还不如求助者时）。

除了没有公开家庭财务状态等个人信息，罗尔发布的实际医疗费用的信息是片面的，不完整的，公布的只是部分真相，隐瞒了最关键的信息。罗尔在《罗一笑，你给我站住》一文中这样写道："重症室的费用，每天上万块，她悲痛我们花不起这个钱。"他实际是向社会传递付不起医疗费用才向社会求助的信息。重症监护室的费用，每天的确上万块，这没有错。但是，这并不是罗一笑的实际医疗费用。罗尔为女儿买了深圳市儿童医保，医保报销的比例是多少，哪些是医保能报销的，哪些是医保不能报销的，医保报销后的实际花费是多少，这些对于资助者判断是否掏钱至关重要的信息，罗尔并未向公众公开说明。

公众对罗尔捐助的目的在于帮助他解困，而非致富。因此，当罗尔筹

---

① 金锦萍：《限制是唯一的拯救》，http://m.yunfudaily.cn/article/58199。

集到足够的治疗费用时，应该及时终止接受捐赠，并且广而告之这一信息。例如，经《楚天都市报》报道向社会求助的武汉煎饼摊摊主汪天姣在得到67万余元捐款，给丈夫治病的医疗费用基本够用后，及时通过媒体向公众公布不再接受捐款的信息。否则也会因故意隐瞒真实情况而构成欺诈。①
2016年11月30日7点15分，罗尔在个人微信公众号上发表文章《我主耶稣，我向你求告》，呼吁大家暂停打赏。他在文中写道，"笑笑所需要的医疗费用已经足够，请停止公众号赞赏和其他捐助"。根据网友提供的信息，11月30日中午该文章就已被发布者删除。假设该文未被删除，仅从发布时间来看，该文的发布并不及时。虽然，我们无法给出何为治疗费用足够的确切数据，但是，11月29日"P2P观察"微信公众号发布的《不能让一个孩子，因为钱而有所闪失》透露了罗尔表示目前募集金额已足够的信息，文中写道："罗尔表示，按正常的白血病治疗费用在20万元到30万元之间，如果有突发交叉感染状况，医疗费有可能攀升到上百万元。但目前的募捐，已经可以满足笑笑目前正常的医疗费用，希望相关募捐暂告一段落。"以上证据表明，在已筹集到足够资金的情况下，罗尔并未及时广而告之终止接受捐赠的信息。因此，其行为构成欺诈。

（2）小铜人公司未公布罗尔个人信息，夸大实际医疗费用情况

2016年11月27日，小铜人公众号"P2P观察"发布的《耶稣，请别让我做你的敌人》②这篇为罗尔女儿募捐的文章，该文末信息呈现了小铜人公司的募捐行为："大概的想法有三：其一，我们通过'P2P观察'公众号转发一篇罗尔微信上的文章，鼓励用户转发，大家每转发一次，小铜人公司向罗尔定向捐赠1元（保底捐赠2万元，上限50万元，截至11月30日零时）；其二，本文开通打赏功能，所有打赏全部定向捐赠罗尔，用以解决罗一笑的白血病治疗；其三，本次捐赠款项，专款专用，若有结余，委托罗尔定向捐赠家庭困难的白血病儿童。"

暂不论小铜人公司的这种募捐行为是否合法，既然是公开募捐，就必须向公众提供全面、客观、详尽的信息。比如，受赠人家庭财务状况等个人信息、所需资金数额、资金用途、终止时间等。但是，"P2P观察"发布的《耶稣，请别让我做你的敌人》这篇文章并未对上述信息作出全面、真

---

① 金锦萍：《限制是唯一的拯救》，http://m.yunfudaily.cn/article/58799。
② 因涉嫌诱导分享，2016年11月30日上午此文被微信删除。

实的说明。文中有关治疗费用和医保比例的数据不实。文章说，"每天少则一万出头，多则三万有余的费用"、"一大半费用少儿医保走不了"。根据深圳市儿童医院后来公布的数据，文章中的说法显然是虚假的。这篇文章虽然是刘侠风找人整合罗尔的文章改写的，但是，在发表之前，刘侠风专门找来罗尔看过，罗尔对文章中这两处关键的虚假信息没有提任何异议。

毫无疑问，罗尔在网络上被曝出的行为触犯了人们的道德底线，引起了社会公众舆论的强烈不满。随后，整个社会以一种"自我净化"的方式，对该事件做出了反应。

二 问责前后

问责的核心是，慈善主体（包括个人和组织）在享受获取社会资源的权利的同时，需承担相应的义务和责任，接受问询，并且在此过程中不滥用社会信任和志愿，坚持公开化，提高透明度。这一切需要机制（软机制和硬机制）发挥作用，构成对慈善主体的问责，以判断慈善主体是否符合公共利益，并据此使主体承担责任，具体表现是对其进行奖励或惩罚。罗尔事件中的问责主体已意识到并且行使了自己的权利：对各种违背法律和道德的行为进行谴责，并发出抗议。可以看出，在罗尔事件中，责任、负责、问责成为该事件的核心议题。

罗尔事件从11月30日开始，走向公众视野，问责随之展开。

罗尔事件的问责主体包括公众（普通公众、捐赠者）、媒体、意见领袖。问责对象包括罗尔、小铜人公司、深圳市民政局、深圳市社会保险基金管理局、以深圳市慈善会和红十字基金会为代表的NGO、深圳市儿童医院、微信平台。需要说明的是，深圳市民政局在这次问责中扮演着双重角色，对罗尔、小铜人公司来说，它是问责主体，对公众来说，它又是问责对象。本报告将深圳市民政局作为问责对象加以分析。

罗尔事件以12月4日为分界线，出现两轮相对高峰的问责过程。第一轮是11月30日事件爆发至12月3日24：00；第二轮是12月4日0：00之后。具体问责内容包括法律问责、道德问责、履职问责。其中，法律问责主要指问责对象的行为是否违法或违规；道德问责则强调问责对象的行为是否符合社会规范；履职问责强调问责对象是否履行职责，详见图1。

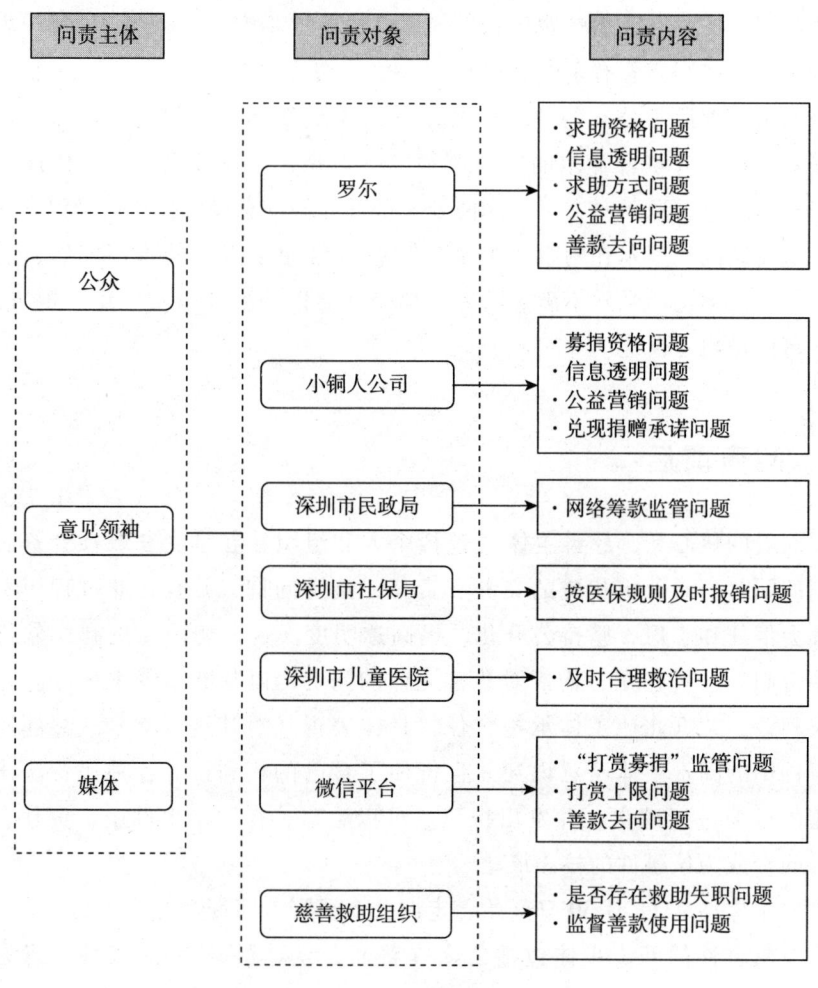

图 1 罗尔事件问责过程

（一）第一轮问责

1. 关键节点一：知情人爆料引爆问责

（1）知情人质疑罗尔虚报需要负担的医疗费用

2016 年 11 月 30 日上午，网上出现了一个来自朋友圈的截图，图中一位"胡医生"称，他得知的消息是罗尔的女儿高达八成的医疗费都被报销了，家人只需要负担很小一部分的比例，仅仅几万元。而罗尔在《罗一笑，你给我站住》一文中称"每天花费上万元"，"P2P 观察"微信公众号发布的《耶稣，请别让我做你的敌人》一文中称，"每天少则一万出头，多则三万有余的费用""一大半费用少儿医保走不了"。显然,罗尔及小铜人公司夸大了罗尔承担治疗费用的程度,存在虚构事实的行为。之后,网上各种质疑声也甚嚣尘上。例如,有网友发帖:"作为一名医生,我希望看到罗尔的道歉,他在文章里不实的描述,夸大了治疗费用,缩小了报销比例。一黑医院,二黑我国医保制度。引起网友对医院,对医保制度的攻击和仇恨。这行为在当下极易继续割裂医患关系,让不明真相者增加对医者的仇恨。"①

(2) 知情人质疑罗尔联合小铜人公司营销炒作

"胡医生"在朋友圈的发文,除了质疑实际需要负担的医疗费用被夸大,还指出小铜人公司营销炒作。这是依据"小铜人的公众号'P2P观察'里推送刘侠风整合罗尔为笑笑写的系列文章,读者每转发一次,小铜人给笑笑一块钱"的说法提出的质疑。因为吸引读者转发是为自己的微信公众号增加粉丝,增加关注度的手段,是微信营销的技巧。

(3) 知情人质疑罗尔隐瞒财产情况

2016年11月30日9时33分许,有微信群转发消息称,罗尔有三套房,其次,捐款已经足够了。并称该消息来自朋友的报社同学。与罗尔同在《深圳女报》的朋友也抛出了真相,称罗尔在东莞和深圳有三套房。② 此外,有网友还截屏了2016年7月5日,罗尔在个人微信公众号上发表的文章《让老婆心花怒放的一夜情》,截屏内容中出现了"我有三套房、两辆车,还有一家前途无限的广告公司"的说法。有网友通过深圳市场监督管理局网站查询到,罗尔是3家公司的法定代表人。随即,"有3套房、3家公司还缺这点钱?"的质疑紧追不舍。网友揭露的罗尔财产情况显然与"P2P观察"微信公众号发布的《耶稣,请别让我做你的敌人》一文中描述的罗尔经济拮据、极其窘迫、山穷水尽的状态不符。

2. 关键节点二:意见领袖推进问责

随着知情人的爆料,以网民为主体的公众对"罗尔事件"的问责内容多为道德问责,即质疑其用谎言或者不对称的信息进行炒作骗取募捐,这种行为是不道德的,是不符合社会规范的。首先,主要在于这个事情本身没有满足充分的公众知情权,有意或无意隐瞒了自己有车有房等资产情况,

---

① http://bbs.hlgnet.com/info/u1_27316770/.
② http://mt.sohu.com/20161130/n474583902.shtml.

也没有对医院医保和医药费的具体金额进行坦白,信息不对称误导公众的决策。其次,小铜人公司作为网络推手出于善意目的制造的炒作,某种程度上是缺德的,给社会诚信造成的损害是不可估量的。

在"罗尔事件"的讨论过程中,意见领袖①积极传播信息和表达观点,凭借专业知识对事件进行解读,发挥着引导方向、推进进程的作用,使问责内容拓展到法律问责的层面。

意见领袖往往是公众意见的代言者,他们的许多观点和看法都来自公众,又高于公众,将分散的公众意见加以集中、整合、纠错、转化、提升,引导公众在凌乱、复杂以及真假难辨的信息中抓住重点、挖掘本质,引导着问责的方向。②例如,12月1日,北京大学非营利组织法研究中心主任金锦萍撰写的文章《罗尔事件法律疑云,金锦萍详解六大问题》在网络上传播开来,文章从规则层面客观分析"罗尔事件",对"谁有求助的权利?"、"个人求助与慈善募捐的区别何在?"、"个人求助不受慈善法调整,法律对其就无能为力?"、"'卖文'与个人求助的区别何在?本案是'卖文'还是求助?"、"此类事件不断重演,法律是否需要限制个人求助?"、"你还该不该相信个人求助信息?"六个核心问题进行梳理。金锦萍把问责内容逐渐引到法律问责上,促使相关信息不断汇聚。如,北京师范大学法学院讲师、《中国非营利评论》执行主编马剑银撰文《罗尔事件留下的六大法律问题》,针对事件中涉及的关键法律问题,做了厘清:"第一,罗尔的行为不是慈善募捐,属于个人求助。第二,个人求助不是《慈善法》禁止的'个人募捐'。第三,罗尔的行为是否构成欺诈或诈骗?第四,通过'赞赏'进行求助在法律上如何定位?第五,小铜人公司的商业营销行为是否违法?第六,微信平台有什么责任?"③

另外,意见领袖推进了问责进程。意见领袖富有鼓动性、深刻性、犀利性、持续性的问责语言文字,推动公众不断关注、追问。④例如,2016年12月1日,新浪微博认证用户资深媒体人王志安在个人微信公众号上发表

---

① 百度百科对"意见领袖"的定义,意见领袖是指在人际传播网络中经常为他人提供信息,同时对他人施加影响的"活跃分子"。
② 周亚越:《论网络问责意见领袖及其价值功能》,《社会科学战线》2014年第3期。
③ 马剑银:《罗尔事件留下的六大法律问题》,http://news.cyol.com/content/2016-12/01/content_14802123.htm。
④ 周亚越:《论网络问责意见领袖及其价值功能》,《社会科学战线》2014年第3期。

文章《罗尔事件前传》，对"罗尔事件"做了十分细致、缜密、严谨的剖析，使罗尔事件的真相完全暴露在公众面前，并且质疑罗尔和刘侠风联合发布的《关于"罗一笑事件"的联合声明》里没有提及罗尔此前通过公众号打赏的数额，以及众多网友通过私人微信号转给罗尔的捐款，这两项相加，应该有20万元左右。王志安的这篇文章原文阅读量为67055人（不包括经其他平台转载的阅读量）。众多网友纷纷评论，如网友"独园居士"说，"王志安《罗尔事件前传》的推出，随着传播量的激增，对罗尔的解构也就越来越厉害。"12月3日，王志安再次发文《罗尔，你到底募捐了多少钱？》，质疑罗尔未公布在整个事件中获得的捐款总额，包括公众号其他文章的赞赏，通过朋友圈获得的捐款，以及通过其他途径获得的捐助。并称整个事件中罗尔募集到的全部善款，总额在400万元左右。减去已还的262万元，还剩余140万元左右。该文阅读量超过148万，评论1876条，转发5762次。根据"鹰眼舆情观察室"发布的"罗尔事件"舆情报告显示，本已渐渐平息的舆情在12月3日再次反弹。

3. 关键节点三：媒体助推舆论将问责推向高潮

如前文所述，普通公众、捐赠者、公众人物率先提出质疑，无疑成为这场问责风暴的舆论引爆点。不过，要在更大范围内形成社会舆论，媒体，尤其是网络媒体还是最主要的途径。

媒体既是问责主体，又是社会舆论形成的重要渠道及载体。媒体通过新闻（报道）、调查性报道、新闻评论等途径对问责对象进行曝光、质疑、指责，从而引导并促使社会舆论的形成，最终发挥问责的作用。[①]

网友的质疑、激烈讨论迅速被媒体捕获，从11月30日上午开始，媒体报道铺天盖地："罗一笑事件的后果，可能要由其他白血病患儿来承担"、"罗尔，你到底获得了多少捐款？"、"新京报：罗尔的慈善套路营销，你给我站住！"、"罗尔事件酿成一场社会信任危机"、"人民日报评'罗尔事件'：以法治安放好爱心"、"新华社：罗尔事件透支社会信用，必须叫停"、"中国新闻周刊：当罗尔成为网络上的权力者，他不是骗子很重要"、"'网善'如何帮到'焦渴'之人——'罗尔事件'引发的思考"、"新华社：罗

[①] 康晓光、冯利主编《中国第三部门观察报告（2011）》，社会科学文献出版社，2011，第165页。

尔事件透支社会信用"、"募捐还是营销？追问'罗尔事件'背后的网络募捐监管"、"罗尔募捐事件之后，汹涌爱心该何去何从"……

随着媒体对一些事实的披露，一系列问责也接踵而来。公众继续通过网络发布各种消息，"罗一笑，你给我站住"这个话题一度排在微博热搜榜第一位。导语中就指出，有网友认为"慈善不该营销透支社会爱心"、"应当依据《慈善法》规定，依法开展募捐"，并"期待相关方能尽快回应公众疑虑"。话题阅读量一度达到6113万。① 而在微信圈，当《南方都市报》、《北京青年报》、澎湃等新闻媒体发文报道后，相关话题的微信文章更是如洪流般出现。据不完全统计，仅11月30日一天，就有1000多篇微信文章参与讨论。② 撰文的角度主要有以下几种。

（1）追踪进展，寻求真相

如"北青报"专访当事人罗尔，发文《朋友圈刷屏的"罗一笑"家里三套房还募捐？这些质疑孩子父亲都回应了》；"南方都市报"发文《别刷"罗一笑，你给我站住"了，医疗费够了！其公号曾称自己有三套房、两辆车，怎么回事？》等。

围绕网友最集中的质疑，以新闻媒体为主的公众号带头核实、辟谣，使事实在一定程度上得到更完整的呈现。在此基础上，又有大量的公众号对事件进行了整合、重述式推送。

（2）提出更多质疑

如"摇铃铛"发文《〈罗一笑，你给我站住〉：这篇文章让我很不舒服》，文中，她与很多公众号一样，选择提出更多的质疑。比如"明明他第一天的文章募捐金额就到了五万了，为什么之后的文章还放赞赏按钮？转发捐一块钱，真的能做到吗？善款用途、去向怎么做到透明？哪个机构能监控？"

如"南方都市报"发文《罗尔小铜人赞赏款少报45万？深圳少儿医保到底可以报多少？最新最全解析》，提出"赞赏金总数有多少？为何有45万差距？""罗某笑的治疗怎么办？病情不见好转"。

如"重案组37号"发文《募捐还是营销？追问"罗尔事件"背后的网络募捐监管》，"未来网"发文《罗尔救女心切不能掩盖"坑人"事实，监管快跟上》，"长江网"发文《罗尔诈捐门事件需要执法部门来破迷局》等

---

① http://xudanei.baijia.baidu.com/article/709994?winzoom=1.
② http://xudanei.baijia.baidu.com/article/709994?winzoom=1.

文章直指网络募捐监管"软肋"。

如"新浪科技"发文《沸沸扬扬的罗尔募捐事件：有哪些是真的？还有什么不确定？》要求罗尔方面公布捐助者名单、每笔善款的数额等更加详细的信息；同时，这些善款用于罗尔女儿治疗的情况更需要公布。

（3）担心善良被透支

在"带血营销"这几个刺目的字眼不断出现之后，更多人开始思考关于公益和善心。

"芥末微报"发文《最可怕的是，以后没人转发"罗一笑，你给我站住"》提到，朋友圈一直在消费我们的好奇心，但这一次，消费了很多人的"善良心"，而我们都听过"狼来了"的故事。

（4）聚焦微信传播，质疑用微信赞赏做募捐的合法性

"萧良善"发文《复盘罗尔救女事件的传播逻辑》，对整个事件的传播进行了回顾，并认为这其实是当年微博求助的套路，"微博已经把这个套路玩坏了，但微信才刚刚开始，微信朋友圈属于熟人社会，从众效应更加明显。而且，微信更方便捐助"。还有一些文章在探讨诸如"营销化的慈善我们应该支持吗"这样的问题。与此同时，也有网友对"P2P观察"通过微信赞赏募捐的行为的合法性表示质疑。[①]

（5）提醒当事人适可而止

"雷斯林"发文《罗尔先生还有小铜人理财的营销人员，适可而止吧》提出，"所谓人怕出名猪怕壮，当一件事情发酵到全民的程度，你的任何一点瑕疵，你这件事任何一点值得怀疑的动机都会被群众无限放大，最后变成你无法控制的漩涡反噬你"。又如，"三节课"发文《关于"罗一笑"捐款文刷屏的一些思考》，简单直接地丢出8个思考与建议。再如，沈彬撰文《罗尔退款，呵护朋友圈慈善仍在路上》提出，监管部门要想着怎么去完善法律，让善款得到监督，让爱心得到保障。微信方面也应当对"打赏慈善"的管理有所作为。"二马看天下"发文《罗尔"卖文"募捐，小铜人"带血营销"，〈慈善法〉怎么看？》提出，"民政部门、慈善机构及时跟进，监管好罗尔接受的捐款，在给罗一笑治病用钱之后，成立类似白血病救治基金之类的做法，是最好的选择。"

---

① 《罗一笑事件昨日刷屏，一天冒出1000多篇微信文章》，http：//xudanei.baijia.baidu.com/article/709994？winzoom=1。

4. 问责对象的回应

（1）罗尔的回应

面对"是否具备求助资格"的质询，2016年11月30日，罗尔在接受媒体采访时回应质疑，称自己所在的杂志2015年底2016年初停刊，每个月4000多元工资，没有其他收入。那篇炫耀财富的文章是他写的一篇虚拟小说。但有三套房是事实，深圳一套东莞两套。深圳的房子是2001年20万元全款买的，用于自住。东莞有两套房子，购于2015年，总价值100万元，因房产证还没有拿到手，不能买卖。至于车子，只有一台2007年购置的别克车，已丧失交易价值。至于开公司，罗尔说这是帮朋友代持，出了一下身份证，没有出钱，没有收钱，没有参与经营。

面对"信息是否透明"的质询，2016年11月30日，罗尔在接受媒体采访时给出了回应：孩子9月和10月的治疗费都得到了超过70%的报销，自费部分仅2万多元。但孩子11月再次入院以来在重症监护室的"很多器具和治疗"都是要自费的，所以才有了这次事件。但是，自费的金额究竟是多少，罗尔并没有给出明确的数据。

面对"公益营销"的质询，2016年11月30日，罗尔在接受媒体采访时回应："刘侠风是我很好的朋友，他是想帮我。但他直接给我钱我不会要。他就想，我把文章选一篇在网上去转发，只要转发一次，我给你筹一块钱。我觉得这个刘侠风的公司需要推广，但也给我钱的话，我还是能够接受的，所以我就同意了。我不懂这个炒作P2P，我也没有过多参与，也没有去了解。出发点就是刘侠风想拐弯抹角地帮助我，就是这个样子。"①

面对"善款去向"的质询，回应一波三折。2016年12月1日13：35，罗尔、刘侠风分别在"罗尔"公众号和"P2P观察"公众号上发表《关于"罗一笑事件"的联合声明》，就"罗尔事件"带来不好的社会影响向公众致歉，并称在征得捐赠人同意的情况下将小铜人捐助金额为50万元，"P2P观察"微信公众号文章《耶稣，请别让我做你的敌人》打赏金额累计101110.79元，罗尔个人微信公众号《罗一笑，你给我站住》收到赞赏金207万元，共计2671110.79元在征得捐赠人同意的情况下全额捐出，成立白血病患儿救助专项基金，而罗一笑所需医疗费用，也将通过合规合法途

---

① http://www.seattlechinaren.com/f/page_viewtopic/t_31763.html.

径,向该基金申请救助。约三个小时后,针对款项的处理又发生了变化。12月1日16:55,罗尔委托"微信派"发布声明,称"授权委托深圳市腾讯计算机系统有限公司、财付通科技有限公司将本人微信公众号下《罗一笑,你给我站住》一文的网友全部赞赏金额以及 2016 年 11 月 30 日网友对该微信公众账号当日全天所有文章的赞赏资金全额(共计人民币:2525808.99元)原路退回给赞赏者。"

面对"捐赠信息公布"的质询,2016 年 12 月 3 日,罗尔在个人微信公众号上发表了一篇名为《感谢让我懂爱的人》的文章。对其公众号所受到的赞赏金的数目及善款去向作出了相关的解释:"本人个人公众号所收到的 2525808.99 元已委托相关单位返还。直接赞赏给本人的 10 余万赞赏金,尊重赞赏者的意愿,正在返还中。"但是,未公布捐助者名单、每笔善款的数额等更加详细的信息。

(2)小铜人公司的回应

面对"治疗费用及医保报销比例信息是否透明"的质询,2016 年 11 月 30 日 15:49,刘侠风在"P2P 观察"微信公众号上发文《刘侠风:好事做到底,不怕风凉话》进行了回应。文中称,"9 月 8 日罗一笑生病以来,罗尔一家花了 20 万元左右。包括孩子住院、家人奔忙、护理的各方面费用。11 月以来,因为病情恶化,费用大增。到月底每天费用过万是常事。"文章并未提及医保报销金额。

面对"公益营销"的质询,2016 年 11 月 30 日 15:49,刘侠风在"P2P 观察"微信公众号上发文《刘侠风:好事做到底,不怕风凉话》疑似回应质疑,他在文中说,"对罗一笑的捐助,我就一句话:好事做到底,不怕风凉话!"回应避实就虚,对于"营销炒作"的质疑,既没有承认,也没有否认。面对媒体追问,刘侠风明确否认这是一场营销炒作,之所以需要转发才能捐助,刘侠风这样解释:"小铜人是初创公司,并非慈善机构,公司内部有许多股东,不可能其他股东的家人、朋友出事了,公司都去捐,没有这个实力,也不合理。转发筹款是一个爱心助力的过程,但确实对提升公司知名度也有用,这种做法对其他股东也是一种交代。"[①] 2016 年 12 月 2 日,"P2P 观察"微信公众号发文《"罗一笑事件"捐款情况说明》,文中晒

---

① 《白血病女童罗一笑捐款风波当事方回应网络质疑》,http://wb.sznews.com/html/2016-12/01/content_3676249.htm。

出了小铜人兑现捐出50万元治疗费用的转账记录。转账记录显示小铜人公司已通过公对私银行转账的方式,向罗尔的个人银行账户分10笔,每笔5万元完成了共50万元的转账。强调说该笔款项主要用于罗尔女儿疾病的治疗。刘侠风在接受媒体采访时说,"希望大家看到转账凭证后,可以让这个世界安静下来。"① 显然小铜人公司想通过这50万元捐助,来洗清舆论对该公司营销炒作的质疑。

面对"罗尔财产情况信息是否透明"的质询,11月30日下午15:49,刘侠风在"P2P观察"微信公众号发布《刘侠风:好事做到底,不怕风凉话》一文,文中回应了网友对罗尔财产情况的质疑。关于房产的质疑,文中称:"罗尔2002年在深圳买了一套房,其中一半的钱是从杂志社借的。2014年至2015年,罗尔分别在东莞买了两套房。但房子是由甲方经营,五年后交房,现在只能收租,无法交易。三套房中其中一套为酒店式公寓,一套是住宅,总价值100万元,贷款42万元。现在这两套房子,罗尔每个月收租可以收到租金5249元,但同样是这两套房子,每个月需要还房贷5200元。"关于车子的质疑,"2007年买的别克,10万元价格,目前近乎报废,价值不足1万元。"

面对"善款去向"的质询,如上文所述,2016年12月1日下午1时许,刘侠风、罗尔发表《关于"罗一笑事件"的联合声明》。约3个小时后,针对款项的处理又发生了变化。12月1日16:55,刘侠风委托"微信派"发布声明,称"授权委托深圳市腾讯计算机系统有限公司、财付通科技有限公司将本人上述微信公众号下《耶稣,请别让我做你的敌人》一文的全部网友赞赏资金(共计人民币:101110.79元)原路退回给赞赏者"。

(3) 深圳市儿童医院的回应

面对"是否及时合理救治"的质询,深圳市儿童医院也准备了相关单据以应对舆论发酵。2016年11月30日16时30分许,深圳市儿童医院发布《关于深圳罗某笑小朋友医疗救治的情况通报》,公布了罗一笑的治疗情况及治疗费用明细。通报称,深圳市儿童医院严格执行深圳社保及物价部门相关收费政策,截至11月29日,三次住院总费用合计为204244.31元,其中医保支付168050.98元,自付36193.33元,三次平均自付费用占总治疗

---

① 《最新消息!罗尔今早推文:感谢让我懂得爱的人,小铜人捐50万后"如释重负"》,https://mp.weixin.qq.com/s/dLsVrDdGQz0NQaSVC4G_KA。

费用比例为17.72%。通报还就尽全力对孩子进行治疗的事实进行了说明。治疗期间,医院多次组织多学科联合查房,开展病例讨论,为孩子制订了详细、积极的治疗方案,与患儿家长保持良好沟通,并组织加拿大多伦多病童医院的血液专科团队,对笑笑的病情进行了讨论。

(4) 深圳市社会保险基金管理局的回应

面对"是否按医保规则及时报销问题"的质询,深圳市社会保险基金管理局及时澄清事实真相。2016年11月30日,深圳市社会保险基金管理局发布《关于罗一笑小朋友医保费用报销有关情况的说明》澄清事实。通报称,深圳市社会医疗保险体系包括基本医疗保险、地方补充医疗保险和重特大疾病补充医疗保险,罗一笑小朋友均已参加。罗一笑小朋友2016年9月8日至11月30日三次住院,共产生医疗费用204244.31元,医保记账168050.98元,个人现金支付36193.33元。

(5) 深圳市民政局的回应

面对"网络筹款监管问题"的质询,作为慈善行业的主管部门的民政部门也以最快的速度介入了对"罗尔事件"的调查。2016年11月30日下午,深圳市民政局就"罗尔事件"成立调查组调查相关情况。深圳市民政局在对事件进行调查后,约见了罗尔和小铜人公司法人代表刘侠风,要求其严格遵守法律法规,并及时向公众、赠予人公布收到的款项情况,以及后续的处理办法。2016年12月1日下午6时许,深圳市民政局通过官方微博对外发布调查结果:"罗某笑小朋友确患有白血病,目前正在深圳市儿童医院接受治疗。罗尔及小铜人公司推送文章后,社会公众大量转发。目前,共收到微信用户赠予款2626919.78元。""市民政局会继续跟进、指导、监督,督促各方的行为符合法律规范,使微信用户赠予款项得到妥善处置。"同时,深圳市民政局明确表态"网友微信打赏"不是募捐行为,他们的监管似乎无能为力。①

(6) 慈善救助组织的回应

面对"监督善款使用"的问询,深圳市慈善会回应称,罗尔并没有通过慈善会进行筹款,他们不清楚该事件进展及这笔费用的具体情况。②

---

① http://hb.qq.com/a/20161202/019008.htm?_k=q75ksz.
② 《罗一笑白血病事件真相,深圳民政局没有介入罗一笑捐款事件》,http://city.shenchuang.com/city/20161130/407037.shtml。

面对"是否及时救助"的问询,中国红十字基金会小天使基金方面回应,"中国红十字基金会小天使基金专门资助0到14岁白血病患儿,作为专业的大病儿童救助机构,首先认定这个孩子确实生病,第二,他确实在经济方面遇到困难,才会给予资助。在笑笑病情引发全社会关注的同时,小天使基金也一直在联系罗尔,希望帮他尽快提交申请,看能否通过正规渠道获得帮助,但对方一直没有回复。"

(7)微信平台的回应

面对"打赏上限"的质询,11月30日23:02,微信作为平台方,终于站了出来,发文《关于"罗某笑事件"的说明》向公众致歉,并对此作出解释:"赞赏激增触发系统bug,导致单日5万限制失效。11月30日00:51,平台发现异常开始拦截,完成拦截后累计超出限额的赞赏资金已达200余万元。微信对超出5万赞赏限额的200多万元进行了冻结。"

面对"'打赏募捐'监管"的质询,微信回应称,不能用赞赏功能进行募捐。

面对"善款去向"的问询,腾讯与深圳市民政局、罗尔、刘侠风沟通后,12月1日下午4:55,微信团队官方全产品线发布平台"微信派"发布《关于"罗某笑事件"赞赏资金的说明》称,微信平台将在3天内(12月3日24:00前),将微信公众号"罗尔"下的《罗一笑,你给我站住》一文的赞赏资金、2016年11月30日网友当日全天所有文章的赞赏资金以及微信公众号"P2P观察"下《耶稣,请别让我做你的敌人》一文的全部赞赏资金共2626919.78元原路退回至用户零钱包。

(二)第二轮问责

12月4日,深圳广电播音员董超专访罗尔的视频在网上广泛流传,视频中罗尔解释自己之所以有三套房还为女儿募捐的说法让已经趋于"沉寂"的舆情再次高涨起来,《房子不能卖,因为要留给儿子》,或者《房子是儿子的老婆的,女儿是网友的》等文流传朋友圈,引发了第二轮舆论质疑和问责。

就规模而言,这一轮较上一轮小很多。但是,在这一轮问责中,问责机制中的硬机制开始发挥作用。12月5日16点,贝壳青年公益团队发起人王佳恒先生在深圳市南山区人民法院对"罗尔事件"当事人罗尔本人正式提起了民事诉讼。要求罗尔在个人微信公众平台和微博坦白公布事件所有事实真相并赔礼道歉，包括且不限于：解释如何策划的此事真相；公布所有的捐款来源和明细包括且不限于微信赞赏、微信转账、支付宝转账、银行转账、现金捐助等；解释为何故意隐瞒关于医疗费和家庭财产的真相。

当然，在这一轮问责中，软机制问责也仍在发挥作用。2016年12月6日，罗尔在个人微信公众号上发文《罗尔说"罗尔事件"》，文章分析了整个事件的前因后果，并针对网友的质疑，包括房子、婚外情、公司、工资、误传信息由来以及"你们都不关心我的女儿怎么样了，只关心我是不是骗子！"中"你们"的代指，做了一一回应。但是，在王志安看来，这篇文章诚意不够。2016年12月3日20:26，他在新浪微博上发布头条文章《罗尔事件后传》，质疑罗尔在文章中依然没有公布捐款总额，没有说明捐款将怎么使用。更没有解释，他为什么要在文章中虚构治疗费用，误导公众。再次要求罗尔将通过其他途径获得的捐款统计列表向公众公布，包括基督教的教友给他捐过款，衡阳同乡会给他组织过捐款，幼儿园给他组织过捐款，妇联组织过捐款，还有很多人直接去儿童医院，往笑笑的账户里直接充钱。该文阅读量超过148万，评论1730条，转发4229次。

面对账目质疑，罗尔在面对媒体采访时称，"这个是我的个人隐私，我也真不知道，没有心思算这个账，有进有退，加我微信好友的红包我大部分也退了。只有腾讯的后台才能算得清。"

面对"求助方式"的质询，2016年12月6日，罗尔在《罗尔说"罗尔事件"》中说，"我只想现在这样，写写文章发在自己的公众号里，读者有所感动，就随便赞赏几个稿费，网络上大号小号都在进行这样的尝试"。罗尔话里的意思是网友赞赏给他钱是因为他的文章，是给他的稿费。

三　遗留问题

1. 个人求助的前提、约束是什么？

个人求助是天赋人权，《慈善法》中并未禁止。然而，"罗尔"微信公众号发的《罗一笑，你给我站住》这篇文章中，罗尔一直在回避隐瞒关于个人财产以及医药费自付部分的具体信息，而这样的信息对于资助者做出是否掏钱的判断至关重要。当这些信息被隐瞒时，先前捐款者自然会认为被欺骗了。这也是引发这场问责并被质询的焦点之一。不受《慈善法》约束的个人求助的前提和约束是什么，金锦萍在她的文章中给出了解释。

从法律上讲，个人求助的前提和约束是信息必须公开透明。个人求助尽管不受《慈善法》约束，但是依然需要遵循法律规范。求助者与资助者之间是一种特定法律关系：附特定目的的赠予。特定目的便是：帮助求助者解除困境。所以如果求助者编造虚假信息或者有意隐瞒事实的，会构成民法上的欺诈，资助者可以要求撤销法律行为并返还财产；如果求助者有非法占有的目的，以虚构事实或者隐瞒真相的方法，骗取数额较大的财物的，会构成诈骗罪并定罪量刑。[1]

在法律之外，社会的共识是：陷入困境是个人发出求助的前提条件。从熟人社会沿袭下来的资源动用路径是"涟漪式"：自己及家庭的财产不够支付时，到亲朋好友邻居处借钱，只有山穷水尽之后才向陌生人求助（沿街乞讨或者寻求慈善组织帮助）。诚然，法律无法对"陷入困境"做出具体界定。而每个身处其中的人对困境的理解也各不相同：有人认为只有山穷水尽才是困境，有人可能认为降低生活质量便是。尤其在家人身患重病之时，无法替亲人承受病痛，更会希望以足够财富来保障医疗。但是，别忘了有一种法律之外的规则一直在那里：公众对于困境的理解是"耗尽了私人资源的山穷水尽"。疾病本身不是向公众募集款项的充分理由，而"疾病+贫穷"才是。因此当个人向公众发出求助信息时，不仅要表明疾病的存在、支出的庞大，还要说明求助人经济窘迫无力支付。

2. 公益营销的前提、约束是什么？

营销不是公益的禁忌，公益营销在法律上是可行的，但公益营销需要遵循一定之规：充分披露信息。公众对"罗尔事件"的问责，不在于罗尔和商业公司合作，而在于没有满足充分的公众知情权，有意或无意隐瞒了自己有车有房等财产情况，也没有对医院医保和医药费的具体金额进行坦白。[2]

---

[1] 金锦萍：《还该不该相信个人求助信息》，http://www.pubchn.com/news/show.php?itemid=90087。

[2] 周如南：《"罗尔门"之后，社会动员的边界在哪里？》，http://www.ngocn.net/news/2016-12-06-c8e698d93d9b37b3.html。

3. 社交平台赞赏功能该如何界定？

小铜人的微信公众号"P2P观察"里推送的《耶稣，请别让我做你的敌人》一文开通打赏功能，所有打赏全部定向捐赠罗尔。《慈善法》明确规定，个人不得公开募捐。然而，拿法律来看小铜人公司的行为，又算不上公开募捐，没这样的字眼儿，可又与公开募捐非常相似，并且在文中使用了"捐赠"等字样。《微信公众平台赞赏功能使用协议》中明确规定，用户不能用赞赏功能进行募捐等行为。可事实上，在罗尔事件中，打赏又是与募捐相似的结果。公众质疑的正是"用赞赏进行募捐"。

一切都雾里看花。因为很多法律法规和规定线条太粗，缺乏细化，因此，灰色地带太大而问题出现之处，也正是改进可及之处。社交平台的募捐规范、信息审核，若以此为契机，建章立制、调整改善，无疑是对公众爱心、民间慈善"可持续发展"的保护。

四 结语

问责的目的是使被问责者承担应承担的责任。罗尔事件中被问责的对象一定程度上分别承担了该承担的责任，包括罗尔。尽管，到目前为止，罗尔未因欺诈受到法律惩罚。这也可见，问责在今天，虽然无所不在，但因我们的法治还不健全，使他逃避了法律的制裁。这方面，包括应该对其提起诉讼的问责方——检察院，是失职的，没有扮演问责者的角色。

也就是说，在整个事件中，尽管问责无所不在，围绕问责的软机制虽然发挥了作用，但是硬机制却未跟上。《慈善法》不涉及或回避个人求助，围绕未来大量的个人求助问题，留下了"空白"和遗憾。

个体向社会求助，是另一种公益路径。具体而言，即是一个人的动念，一群人的合力，网络的力量，公众的参与，以及企业、媒体和政府的支持。罗尔事件中，罗尔因动用社会资源，已属于慈善募捐行为。既然是慈善行为，作为劝募主体，有义务主动承担问责责任，主动行使问责义务，做被问责对象。罗尔初始的行为，其背后的动机不纯，甚至劣迹斑斑。罗尔事件掀起了各主体对整个事件的问询。相应地，问责机制自然会发挥作用，尽管这个事件中的问责机制是缺失的。

当然，问责需要有事实依据，需要专业知识，需要对慈善逻辑的认识和了解，需要对政策、法律、法规的熟知，从而以建设性的态度进行问责。罗尔事件，公众的态度相对而言是建设性的，法律专家、公益人士是在专业知识的基础上进行理性"取证"，也未站在道德的制高点对罗尔指手画脚，可谓慈善领域的积极力量。

慈善问责并不是新鲜事物。多年前，汶川地震引发中国慈善爱如潮水，也迅速掀起了很多人对官方大型慈善机构的问责与增加透明度的期待。这其中，"郭美美事件"引发的对红十字会的关注是一个典型。但是这几年，一方面随着大型慈善机构整改，增加透明度，对其的关注在减少；而另一方面，对民间个人慈善，甚至个人求助行为的关注，明显开始增多。比如，2016年3月，中山大学团委老师何金鹏因女儿早产急需一笔资金，发起微信"公益众筹"。原计划募捐10万元，结果却获捐近百万元。由于夫妻二人都有正规工作，外界怀疑何金鹏"众筹"的主要动机，是试图将家庭困难完全推给社会爱心人士。2016年6月，南京女孩媛媛患重症的消息受到南京当地媒体的持续报道，此后其父母收到来自全国高达600多万元的巨额善款，这笔善款在为治疗提供帮助的同时，针对治疗花了多少钱，善款的具体用途等，引发了不少质疑。2016年9月，重庆一位患尿毒症的小伙通过"轻松筹"网络募捐获得8万元善款，然而，最近这位小伙竟买了一辆13万元的SUV，引发骗捐的质疑，尽管当事人回应称是借钱买车，但仍不能消除外界的疑问：可以借到如此数额的钱款，意味着并非走投无路，那当初为何要通过网络募捐？"罗尔事件"只是此类案例中的一例，甚至筹款规模不及上述案例，但是，"罗尔事件"掀起的全民问责之势令人无法想象。

互联网这一舆论工具是推动这场问责的关键因素之一。互联网时代，数量庞大、无处不在的网民的情绪很容易在瞬间被点燃，事件传播能迅速获得无法想象的反应。互联网时代，是一个人人掌握"麦克风"的时代，是一个"人人都是记者""人人都是摄影师"的时代，让一切秘密都无所遁形。互联网工具让更多松散的网民通过BBS、博客、微博、微信、贴吧等形式参与到问责中来，整合了各类问责资源，汇聚了各类信息。没有互联网这个人们获取信息和交流的工具，"罗尔事件"问责就缺少形成声势的必要条件。

同时，公众主动问责的意识空前强大。在网络空间里，绝大多数网民不再只是沉默的"围观者""潜水者",而是主动"爆料",发表自己的观点。在问责的过程中,他们积极传播信息和表达观点,导致真相被揭示,问责激烈且具有强烈的震撼力。

此外,"罗尔事件"的特殊性在于,该事件的规则设置中,只要转发,小铜人公司就会捐出一块钱。对公众而言,因为不用捐款(当然很多人也选择去打赏)转发就能救人,参与门槛低、参与成本低而自我成就感高,所以随手就转了出去。① 朋友圈是特定对象,作为信息的转发者其实是对信息做了信用背书,即担保求助的人是真正有困难。所以,当信息被爆虚假时,让转发人既内疚又愤怒,出于震怒参与问责。

作为公益领域的观察者,一方面为年幼的罗一笑的去世感到遗憾,另一方面,我们却需要冷静、理性地看待罗尔事件本身存在的问题。

问责随着时间的推移而渐渐平息,人们把对事件的关注转移给真正该被关心的人,那就是罗尔的女儿罗一笑。2016年12月24日6点,罗一笑走了。笑笑在无知无觉中成了这个事件的最直接见证者,她自己根本不清楚周边发生了什么,对她而言,生命弥足珍贵。今天中国的医术无力挽留她,她的离去给生者留下了太多值得反思的问题。什么样的社会是美好的?什么样的人性是美好的?世人在书写着自己的历史,也在书写着中国公益的历史。

---

① 《周如南:"罗尔门"之后,社会动员的边界在哪里?》,http://www.ngocn.net/news/2016 - 12 - 06 - c8e698d93d9b37b3.html。

第四部分

大事记

大事记

政策法规

1. 《广州市社会组织法人治理指引》出台，规范社会组织法人治理

2016年1月8日，广州市民政局印发《广州市社会组织法人治理指引》，这是广州市首部专门针对社会组织法人治理的政策文件，包括"广州市社会团体法人治理指引""广州市民办非企业单位法人治理指引"和"广州市非公募基金会法人治理指引"三个部分。这三个部分分别规定了社会团体、民办非企业单位、非公募基金会这三类社会组织应当建立健全决策机构、执行机构及监督机构，建立规范的会务运行规则。《指引》明确了社会团体、民办非企业单位、非公募基金会内部组织架构设置以及各组织架构的权利义务，确立了以章程为核心，责任明确、相互制衡、高效运作的社会组织内部组织架构。明确社会团体、民办非企业单位、非公募基金会的收入来源、合法经费支出、收支报告制度、会计核算、票据管理、财务管理人员等具体要求和登记管理机关的监督职责，要求社会组织做到财务公开透明、合法合规。要求社会组织接受服务对象、政府部门和社会公众的监督，指明了信息公开的内容、方式、范围，推动社会组织的公信力建设。要求社会组织设立党的组织，发挥党组织的政治引领和党员的先锋模范作用。

2. 浙江试点将民办公益服务机构登记为事业单位，模糊政府与民办公益服务机构界限

2016年2月5日，浙江省政府办公厅印发了《关于开展建立各类事业单位统一登记管理制度试点促进民办公益事业发展的指导意见》，决定在民办教育和医疗卫生等公益服务机构中开展事业单位法人登记试点。浙江省出台这一政策的目的在于改变此前民办机构与事业单位之间在法律地位、人员待遇、税费、土地、信贷等多个方面极不平等的状况，使相关人才可以在民办机构与公办机构之间自由流动，从而促进公益服务的发展。但很多专家表示出明显的担忧，如很多社会组织愿意成为一个事业单位，显然是因为它更方便、更便利，但不代表社会发展的方向。

3. 国务院公布修改部分行政法规的决定，明确对《社会团体登记管理条例》作出修订

2016年2月6日，国务院正式发布《国务院关于修改部分行政法规的决定》，明确对《社会团体登记管理条例》作出修订。《决定》将原《社会团体登记管理条例》第九条中的"由发起人向登记管理机关申请筹备"修改为"由发起人向登记管理机关申请登记"。增加一款，作为第二款："筹备期间不得开展筹备以外的活动。"除了登记方面的改进，《决定》还对分支机构的设立、注销进行了简化。

4. 国务院出台《关于进一步健全特困人员救助供养制度的意见》，鼓励社会组织参与

2016年2月10日，国务院发布《关于进一步健全特困人员救助供养制度的意见》。《意见》指出，鼓励运用政府和社会资本合作（PPP）模式，采取公建民营、民办公助等方式，支持供养服务机构建设。加大政府购买服务和项目支持力度，落实各项财政补贴、税收优惠和收费减免等政策，引导、激励公益慈善组织、社会工作服务机构，以及社会力量举办的养老、医疗等服务机构，为特困人员提供专业化个性化服务。

5. 国务院出台《关于加强农村留守儿童关爱保护工作的意见》，推动社会力量积极参与

2016年2月14日，国务院公布《关于加强农村留守儿童关爱保护工作的意见》，要求完善由家庭、政府、教育系统、群团组织、社会力量等构成的农村留守儿童关爱服务体系。其中，《意见》明确提出加快孵化培育社会工作专业服务机构、公益慈善类社会组织、志愿服务组织，民政等部门要通过政府购买服务等方式支持其深入城乡社区、学校和家庭，开展农村留守儿童监护指导、心理疏导、行为矫治、社会融入和家庭关系调适等专业服务。

6.《财政部 民政部关于进一步明确公益性社会组织申领公益事业捐赠票据有关问题的通知》发布，破解公益性社会组织申领捐赠票据难题

2016年2月14日，财政部、民政部发布了《财政部 民政部关于进一步明确公益性社会组织申领公益事业捐赠票据有关问题的通知》(财综〔2016〕7号),明确了可以申领公益事业捐赠票据的公益性社会组织范围和相关申领程序,解决公益性社会组织申领捐赠票据难的问题。早在2010年财政部颁布的《关于印发〈公益事业捐赠票据使用管理暂行办法〉的通知》曾明确规定,各级人民政府及其部门、公益性事业单位、公益性社会团体及其他公益性组织按照自愿、无偿原则,依法接受并用于救灾、济贫、助残、教育、科学、文化、卫生、体育、环保、社会公共设施建设等公益事业的捐赠财物时,应当向提供捐赠的自然人、法人和其他组织开具公益事业捐赠票据。但对于"其他公益性组织",没有相关文件对其范围进行明确界定,各地对《公益事业捐赠票据使用管理暂行办法》中"其他公益性组织"的范围理解不尽一致,导致社会组织中从事公益事业的民办非企业单位和大部分社会团体难以正常申领捐赠票据,而这部分组织占到我国社会组织总量的绝大多数。

7. 民政部发布《老年社会工作服务指南》推荐性行业标准

2016年2月23日,民政部网站发布了《老年社会工作服务指南》推荐性行业标准。该标准规定了老年社会工作的术语和定义、服务宗旨、服务内容、服务方法、服务流程、服务管理、人员要求和服务保障等,适用于社会工作者面向有需要的老年人及其家庭开展的社会工作服务。该标准的研究制定和发布实施,对总结推广各地老年社会工作实务经验,科学规范、正确引导老年社会工作服务行为,充分发挥社会工作者在养老服务业中的专业作用,保障老年社会工作服务质量,具有促进作用。

8.《中华人民共和国慈善法》公布,推动慈善事业规范化发展

2016年3月16日,第十二届全国人民代表大会第四次会议表决通过了《中华人民共和国慈善法》。同日,中华人民共和国主席习近平签署主席令,正式将《慈善法》予以公布,并于2016年9月1日起施行。该法对慈善组织、慈善募捐、慈善服务、信息公开、促进措施和监督管理等基本内容作出规定,是中国慈善领域的第一部基本大法。《慈善法》及其配套法规政策的出台塑造了慈善领域的基本运行规则。《慈善法》从动议到施行,社会各界人士积极参与,对于推进中国慈善事业的规范化发展具有里程碑意义。为配合《慈善法》的实施,中共中央办公厅、国务院办公厅印发了《关于改革社会组织管理制度促进社会组织健康有序发展的意见》;社会组织三大条例相继修订并向社会征求意见;民政部制定了《慈善组织认定办法》《慈善组织公开募捐管理办法》《关于慈善组织开展慈善活动年度支出和管理费用的规定》《公开募捐平台服务管理办法》等一系列具体实施细则。

9. 社会组织三大条例被列入全面深化改革急需项目

2016年3月17日，国务院办公厅印发《国务院2016年立法工作计划》。《基金会管理条例（修订）》《社会团体登记管理条例（修订）》《民办非企业单位登记管理暂行条例（修订）》被列入全面深化改革急需的项目，要求民政部尽快完成起草和审查任务。5月26日，民政部发布《社会服务机构登记管理条例》（《民办非企业单位登记管理暂行条例》修订草案征求意见稿）向社会公开征求意见。征求意见稿规定，将"民办非企业单位"修改为"社会服务机构"，此外，征求意见稿统一了社会服务机构的组织类型，取消了个体型、合伙型，将社会服务机构统一为非营利性法人。同日，民政部网站公布《基金会管理条例（修订草案征求意见稿）》。征求意见稿已经没有公募基金会和非公募基金会的划分。征求意见稿增加了"基金会应当根据实际，设立中国共产党的组织，开展党的活动。基金会应当为党组织的活动提供必要条件"（征求意见稿第4条）的规定，这释放出一个信号，即在将来相当长一段时期内，关于慈善组织党的建设会不断加强。8月1日，民政部公布了《社会团体登记管理条例（修订草案征求意见稿）》，并向社会公开征求意见。与1998年通过实施的《社会团体登记管理条例》相比，《征求意见稿》的变化体现在四类社团直接登记、免去筹备审批阶段、要求设立党组织、世界及国字头社团名称需审批、不得从事营利性活动、未履行信息公开义务列入异常名录、民政部门拥有更多执法手段等七个方面。

10. 河南省民政厅出台《关于推动全省民办社会工作服务机构孵化基地建设的指导意见》，推动河南省民办社会工作服务机构的发展壮大

2016年4月6日，河南省民政厅出台《关于推动全省民办社会工作服务机构孵化基地建设的指导意见》，明确孵化基地建设的重要意义、基本原则、任务要求、创建方式和工作保障，以推动孵化基地的建设，培育社工服务机构快速成长，承接政府购买社会工作服务，发挥社会工作对社会治理创新的重要作用。

11. 山东省高级人民法院出台《关于加强环境民事公益诉讼审判工作服务保障全省绿色发展的意见》，落实《环保法修订案》，放宽原告主体资格要求

2016年4月7日，山东省高级人民法院出台了《关于加强环境民事公益诉讼审判工作服务保障全省绿色发展的意见》。《意见》对环境民事公益诉讼案件原告主体资格的审查明确了适度从宽原则，规定只要社会组织在设区的市级以上人民政府民政部门登记，其章程确定的宗旨和主要业务范围包含维护社会公共利益的内容，且实际从事环境保护公益活动五年以上的，就具备原告主体资格。"主体资格"是环境公益诉讼发展的关键因素，该《意见》的出台，是对社会组织提起环境公益诉讼门槛放宽的落实。

12. 民政部发布《关于贯彻落实〈中共中央国务院关于打赢脱贫攻坚战的决定〉的通知》，积极引导社会力量参与脱贫攻坚

2016年4月16日，民政部发布《关于贯彻落实〈中共中央国务院关于打赢脱贫攻坚战的决定〉的通知》，包括进一步提高民政系统承担脱贫攻坚任务的认识、明确贯彻落实《决定》的重点任务、强化落实《决定》的保障措施等方面。其中，重点任务中提到完善社会工作与志愿服务力量参与脱贫攻坚机制，积极引导社会力量参与脱贫攻坚。

13. 最高人民法院公布《关于审理消费民事公益诉讼案件适用法律若干问题的解释》，推进消费民事公益诉讼制度建设和法律制度落地

2016年4月25日，最高人民法院公布《关于审理消费民事公益诉讼案件适用法律若干问题的解释》，自2016年5月1日起施行。《解释》明确了在涉及商品或者服务存在缺陷，侵害众多不特定消费者合法权益，以及商家提供的产品服务可能危及消费者人身、财产安全等五种情形下，消费者协会可提起公益诉讼。其中，社会公共利益受损是提起公益诉讼的必要条件，且并不以造成实际损害为前提，这适度扩大了可诉范围。消费公益诉讼是新消费者权益保护法的一大亮点，曾被广大消费者寄予厚望。然而，由于相关法律对消费民事公益诉讼制度内涵等规定尚不明确，消费公益诉讼自诞生以来，一直难以落地生根，各级消协对提起公益诉讼心有余而力不足。此次最高人民法院出台司法解释，就司法实践中困扰消费公益诉讼的相关问题逐一明确，对助力消费公益诉讼有着重要的现实意义。

14.《中华人民共和国境外非政府组织境内活动管理法》出台，对境外非政府组织"宽进严管"

2016年4月28日，十二届全国人大常委会第二十次会议表决通过《中华人民共和国境外非政府组织境内活动管理法》，自2017年1月1日起施行。境外非政府组织境内活动管理法共七章五十四条，包括总则、登记和备案、活动规范、便利措施、监督管理、法律责任和附则等内容。其中规定，公安机关可以"约谈境外非政府组织代表机构的首席代表以及其他负责人"；公安机关认为备案的临时活动有危害国家安全等情形的，"可以通过中方合作单位停止临时活动"；对有颠覆国家政权、分裂国家等违法犯罪情形的境外非政府组织，"国务院公安部门可以将其列入不受欢迎的名单，不得在中国境内再设立代表机构或者开展临时活动"。这是我国第一部针对境外非政府组织的立法，填补了境外非政府组织境内活动规范缺失和秩序空白。

15. 国务院印发《关于开展校园欺凌专项治理的通知》，迈开国家反校园欺凌第一步

2016年5月9日，国务院教育督导委员会办公室向各地印发《关于开展校园欺凌专项治理的通知》，要求各地中小学校针对发生在学生之间，蓄意或恶意通过肢体、语言及网络等手段，实施欺负、侮辱造成伤害的校园欺凌进行专项治理。此次专项治理覆盖全国中小学校，包括中等职业学校。反校园欺凌是一个复杂的问题，需要学校、司法、家庭、社会各方通力协作。专项治理校园欺凌，彰显了国家态度，迈开了国家行动的第一步。

16. 财政部、国家税务总局发布《关于公益股权捐赠企业所得税政策问题的通知》，企业公益性股权捐赠政策落地

2016年5月10日，财政部、国家税务总局发布《关于公益股权捐赠企业所得税政策问题的通知》，自2016年1月1日起执行。《通知》规定，企业向公益性社会团体实施的股权捐赠，应按规定视同转让股权，股权转让收入额以企业所捐赠股权取得时的历史成本确定。在《慈善法》立法通过后，关于企业公益性股权捐赠的新规率先实施，在事实上减免了捐赠人此前需缴纳的股票增值部分的所得税，或将成为完善慈善税收优惠体制、激励企业大额捐赠的第一步。股权捐赠作为一种较新的捐助模式，能够使公益慈善事业因所持股企业经营业绩良好获得分红而持续得到收益，可促进慈善机构财产的保值增值。此次新规的出台，将可以消除股票大额捐赠方的顾虑，有利于促进企业家捐赠股权的行为。

17. 民政部印发《民政部关于在全国性和省级社会组织中建立新闻发言人制度的通知》，推动社会组织正确引导舆情

2016年6月13日，民政部印发《民政部关于在全国性和省级社会组织中建立新闻发言人制度的通知》。按照"分组分类逐步实施"的步骤，民政部提倡，全国性行业协会商会和具有公开募捐资格的基金会于2016年底前普遍建立社会组织新闻发言人制度；在民政部登记的其他各类社会组织和省级民政部门登记的各类社会组织在 2017 年底前建立这一制度；市、县民政部门登记的各类社会组织有条件的也应建立这一制度。随着互联网技术的迅猛发展和信息传播方式的深刻变革，社会公众对社会组织的知情、参与和监督意识不断增强，对社会组织加强新闻发布、及时解疑释惑和正确引导舆情的要求逐渐强烈。但当前我国不少社会组织还存在新闻发布不及时、信息公开不主动、舆论引导不到位等问题，迫切需要在职责较重、影响较大的全国性和省级社会组织中建立新闻发言人制度。

18. 国务院发布《关于加强困境儿童保障工作的意见》，对解决困境儿童问题进行顶层设计

2016 年 6 月 16 日，国务院印发《关于加强困境儿童保障工作的意见》。《意见》不仅明确了困境儿童定义，更从加强困境儿童分类保障、建立健全困境儿童保障工作体系、加强工作保障等多个方面对当前形势下如何解决困境儿童问题进行了综合性、整体性的设计。《意见》鼓励支持社会力量参与困境儿童保护，指出加快孵化培育专业社会工作服务机构、慈善组织、志愿服务组织，引导其围绕困境儿童基本生活、教育、医疗、照料、康复等需求，捐赠资金物资、实施慈善项目、提供专业服务。这是第一次从中央政府政策高度全面规划我国的困境儿童保障制度，是兜底保障民生、解决困境儿童生存发展困难的一个重要举措，也是在全社会倡导现代儿童观、全面推进儿童发展的一个实际行动。

19. 国务院办公厅发布《关于成立政府购买服务改革工作领导小组的通知》，加快推进政府购买服务改革

2016 年 6 月 21 日，国务院办公厅发布《关于成立政府购买服务改革工作领导小组的通知》。《通知》规定，政府购买服务改革工作领导小组的主要职责是统筹协调政府购买服务改革，组织拟订政府购买服务改革重要政策措施，指导各地区、各部门制定改革方案、明确改革目标任务、推进改革工作，研究解决跨部门、跨领域的改革重点难点问题，督促检查重要改革事项落实情况。

20. 全国人大常委会审议《红十字会法（修订草案）》，力求重塑公信力

2016 年 6 月 27 日，全国人大常委会审议了《红十字会法（修订草案）》。草案提出，红十字会应聘请依法设立的独立第三方机构，对捐赠款物来源和使用情况进行审计，并将结果向红十字会理事会报告。建立健全信息公开制度，定期向社会公布捐赠款物的接受和使用情况。近年来，红十字会的公共形象遭受重大打击，面临严峻的社会信任危机，在这一背景下，通过修改法律，完善监督机制，以重塑红十字会的公信力，有很强的现实针对性。不过，修订草案并未涉及"去行政化"问题，在行政机构与社会角色定位之间暧昧难明。

21. 8 部门联合印发《关于支持和发展志愿服务组织的意见》，建立和完善志愿服务组织体系

2016 年 7 月 11 日，中共中央宣传部、中央文明办、民政部、教育部、财政部、全国总工会、共青团中央、全国妇联联合印发《关于支持和发展志愿服务组织的意见》，明确提出到 2020 年，基本建成布局合理、管理规范、服务完善、充满活力的志愿服务组织体系。近年来，我国志愿服务事业快速发展，志愿服务组织不断涌现。但是，有大量的志愿服务组织没有取得合法身份，相当数量的志愿服务组织存在着内部治理不规范、经费不足、人才短缺、能力有待提升等困难和问题。着眼于这些困难和问题，《意见》明确提出要推进志愿服务组织依法登记，要求各地提供便捷高效的服务，引导符合登记条件的志愿服务组织依法登记；《意见》从提升志愿服务组织自身造血功能、加大资金扶持、减轻志愿服务组织经费支出负担的角度破解志愿服务组织经费难题。

22. 民政部发布《关于加强和改进社会组织薪酬管理的指导意见》，首次对社会组织薪酬管理作出规定

2016 年 7 月 14 日，针对社会组织长期以来"激励机制不足、分配模式较为单一、薪酬待遇较低、薪酬体系建设较为滞后及政策法规保障缺失"的问题，民政部发布《关于加强和改进社会组织薪酬管理的指导意见》，对社会组织的薪酬管理予以规范。《意见》明确了社会组织薪酬标准，并对社会组织薪酬兑现、规范薪酬管理、薪酬正常增长机制、社保公积金缴存机制、薪酬管理工作的组织领导等方面提出规范要求。

23. 民政部指定网上公开募捐信息平台，规范网络募捐

2016 年 7 月 21 日，民政部发布《关于遴选慈善组织互联网公开募捐信息平台的通知》。《通知》指出，将采取遴选方式，指定慈善组织互联网公开募捐信息平台。近年来，网络募捐风生水起，同时也充满争议，诈捐、骗捐、善款监管不力等问题屡屡见诸报端。民政部认为此举可以促进网络募捐平台规范化，促使平台更好地履行审查责任，但需谨防用过多的事前预防来"堵死"网络募捐的发展空间。8月22日，民政部公布了首批13家慈善组织互联网募捐信息平台。

24. 《慈善组织公开募捐管理办法》征求意见，落实慈善组织公募资格

2016年7月29日，民政部发布《慈善组织公开募捐管理办法》（征求意见稿），并向社会征求意见。《征求意见稿》细化了《慈善法》第三章对慈善募捐的规定，为慈善组织公开募捐提供了规范化的操作流程。在公募许可条件方面，对于《慈善法》施行前登记的非公募基金会，《征求意见稿》明确，依法登记或者认定为慈善组织满二年的，可以申请取得公开募捐资格。

25. 中共中央办公厅、国务院办公厅印发《关于改革社会组织管理制度促进社会组织健康有序发展的意见》，加强社会组织建设，激发社会组织活力

2016年8月21日，中共中央办公厅、国务院办公厅印发《关于改革社会组织管理制度促进社会组织健康有序发展的意见》。《意见》提出，大力培育发展社区社会组织；完善扶持社会组织发展政策措施；依法做好社会组织登记审查；严格管理和监督；规范社会组织涉外活动；加强社会组织自身建设；加强党对社会组织工作的领导；抓好组织实施。

26. 民政部、中国银行业监督管理委员会印发《关于做好慈善信托备案有关工作的通知》，规范慈善信托工作

2016年8月25日，民政部、中国银行业监督管理委员会印发《关于做好慈善信托备案有关工作的通知》，就慈善信托备案层级管辖、备案需提交的材料、管理和监督等法律明确规定和授权事项作出规定。要求各地做好慈善信托备案有关工作，及时发现和化解苗头性问题，防止借慈善信托名义从事非法集资、洗钱等活动。

27. 四部委印发《公开募捐平台服务管理办法》，规定媒体应该履行相应的监管职责

2016年8月30日，民政部会同工信部、新闻出版广电总局、网信办出台了《公开募捐平台服务管理办法》，明确规定媒体在提供公开募捐平台服务时应当对募捐主体进行必要的身份验证，要记录保存有关信息，要对民政部门履行慈善组织监管职责予以配合；也规定了有关主管部门对广播、电视、报刊及网络服务提供者、电信运营商的监管职责。

28. 民政部发布《慈善组织认定办法》，细化慈善组织认定规则

2016年8月31日，民政部发布《慈善组织认定办法》。《办法》强化了对慈善宗旨和慈善行为的检验，对认定条件、认定程序、申请材料、证书换发、法律责任等做了进一步的细化，通过将法人资格获得与慈善组织属性认定合一，简化了准入手续。

29. 民政部发布《民政部关于社会组织成立登记时同步开展党建工作有关问题的通知》

2016年9月18日，民政部发布《民政部关于社会组织成立登记时同步开展党建工作有关问题的通知》，督促地方登记管理机关推动社会组织建立党的组织，开展党的工作，落实党建责任。《通知》明确，申请新成立社会组织，应当同时向登记管理机关提交《社会组织党建工作承诺书》。登记管理机关批准社会组织登记后、社会组织申领证书前，应当由社会组织向登记管理机关提交《社会组织党员情况调查表》。

30. 三部门出台《关于慈善组织开展慈善活动年度支出和管理费用的规定》，细化慈善组织管理费支出上限

2016年10月11日，民政部、财政部、国家税务总局出台《关于慈善组织开展慈善活动年度支出和管理费用的规定》。《规定》对慈善组织慈善活动支出和管理费用的列支原则、列支范围、列支比例等内容进行了明确和规范，并提出了相应的监管要求。根据《规定》，具有公开募捐资格的基金会年度管理费用与《慈善法》中规定的相同，即不得超过当年总支出的10%，而具有公开募捐资格的社会团体、社会服务机构年度管理费用则进一步放开至不得高于当年总支出的13%。另外，对于不具有公开募捐资格的慈善组织，《规定》明确将根据数据分析结果以净资产规模为基数计算年度慈善活动支出比例，区分不同规模档次确定年度慈善活动支出和年度管理费用标准。坚持《慈善法》中规定的管理费支出上限且适度地进行"分类处理"，一方面显示出我国在严防募捐费用被浪费、贪污方面的决心；另一方面也给生存压力较大的中小型慈善组织一定的"缓冲"空间。

31. 中央12部门联合出台加强社会工作专业岗位开发与人才激励保障政策

2016年10月18日，民政部、中央综治办、教育部、公安部、司法部、财政部、人力资源和社会保障部、国家卫生计生委、全国总工会、共青团中央、全国妇联、中国残联联合印发《关于加强社会工作专业岗位开发与人才激励保障的意见》。《意见》坚持按需设岗、以岗定薪，分类指导、有序推进，保障基层、稳定一线的原则，提出了一系列加强社会工作专业岗位开发与人才激励保障的政策措施，是继中央 18 部门联合印发《关于加强社会工作专业人才队伍建设的意见》之后又一关键性政策文件，对协同破解社会工作专业人才服务岗位不明确不规范、职业发展空间不畅通、薪酬待遇水平较低、职业地位不高等瓶颈问题，广泛吸纳社会工作专业人才扎根基层、安心一线服务困难群众、参与社会治理，将具有重要促进和引导激励作用。

32. 四部门联合下发《关于社会组织参与帮教刑满释放人员工作的意见》，鼓励、引导和支持社会组织参与帮教刑满释放人员工作

2016 年 10 月 27 日，司法部、中央综治办、民政部、财政部等四部门联合制定下发《关于社会组织参与帮教刑满释放人员工作的意见》。《意见》提出，社会组织参与帮教刑满释放人员工作是平安中国建设的重要内容，是创新社会治理的重要举措，对于推进安置帮教工作创新发展具有重要意义。

33.《城乡社区服务体系建设规划（2016—2020 年）》，为社区服务体系建设立硬性指标

2016 年 11 月 14 日，民政部、中央组织部、中央综治办等十余个部门联合印发《城乡社区服务体系建设规划（2016—2020 年）》。文件指出，在"十三五"期间，将力争城市社区居民每百户拥有社区服务设施面积提升到 30 平方米；农村社区综合服务设施覆盖率达到 50%；城市社区平均拥有不少于 10 个社区社会组织，农村社区平均拥有不少于 5 个社会组织，每个城乡社区至少配备 1 名社区社会工作者，城乡社区注册志愿者人数占本地区居民比例达 13%；城市社区公共服务综合信息平台覆盖率达到 60%，农村达到 30%。

34.《财政部 民政部关于通过政府购买服务支持社会组织培育发展的指导意见》发布，推动政府职能转变，提升社会组织能力和专业化水平，改善公共服务供给

2016 年 12 月 29 日，民政部官网发布《财政部 民政部关于通过政府购买服务支持社会组织培育发展的指导意见》。《意见》提出了与社会组织相关的多项利好措施。主要包括：不应对成立年限做硬性规定；社会组织可提出新增公共服务需求；新增购买服务 30% 以上由社会组织承接；购买服务合同最长可以设定为 3 年；可采取凭单制形式购买服务；专项推动社会组织能力建设；中央和地方继续安排专项资金；务实开展绩效评价，避免额外负担；采购限额和公开招标数额将提高。

政府行动

1. 北京民政部门选定公益机构代理孤寡老人养老，解决失独、"空巢"等特殊家庭老人入住养老机构难题

2016年1月18日，北京市民政局正式启动特殊家庭老年人入住养老机构项目。失独老人、子女无民事行为能力、无子女及子女不在身边尽孝等三类特殊家庭的北京户籍老人，可委托北京市民政局指定的英硕扶老公益基金会，代理老人办理入住养老机构的签字等事宜，并可接受老人的授权，代理财产管理、维权等一系列涉及老人需要帮助和管理的事务。

2. 苏州市吴中区向社会组织转移148项政府职能，加快从"全能政府"到"有限政府"转变的步伐

2016年1月20日，苏州市吴中区政府职能转移和承接工作联席会议办公室发布《苏州市吴中区政府向社会转移职能事项目录的公告》，吴中区148项政府职能向全市有资质的社会组织转移承接，包括行业管理与服务、社会事务管理与服务、专业技术管理与服务三大类，涵盖了社工服务、养老、信息化建设、健康素养监测、残疾人康复服务等多个方面。行业管理与服务类55项，专业技术管理与服务类47项，社会事务管理与服务类46项。

3. 北京市300余家行业协会商会2016年将试点行政脱钩，部分协会脱钩按照事业单位改革进行

2016年2月3日，北京市民政局社团办宣布今年将试点300余家行业协会商会与行政机关的脱钩工作，试点比例占到全市拟脱钩协会总数的六成。2015年7月，中共中央办公厅、国务院办公厅印发了《行业协会商会与行政机关脱钩总体方案》，推动行业协会商会与行政机关的脱钩。截至2015年底，北京市已完成60家行业协会脱钩工作，由于涉及体制机制的问题，脱钩难以一蹴而就。北京市还有少部分行业协会在体制上属于事业单位，是脱钩试点中的硬骨头。对于这部分行业协会的脱钩，市社团办表示将在脱钩试点过程中按照事业单位改革的要求进行。

4. 民政部曝光"山寨社团"

从2016年3月开始，民政部设立了曝光台，陆续公布"离岸社团""山寨社团"。截至2016年2月共公布了13批"离岸社团""山寨社团"名单，被曝光的机构已经达到1000多家。这些机构并未在我国民政部门合法登记，多数都冠以"中国""中华""全国"等国字头字样，主要目的就是在境内敛财，敛财手段包括发展会员、成立分会收取会费，发牌照、搞评选颁奖活动收钱，搞行业培训收费，有些甚至向企业敲诈勒索。民政部等相关部门对"山寨社团""离岸社团"严管严罚，将提高其违规违法成本，压缩其生存空间，在避免社会公众上当受骗的同时，社会组织领域也得到了净化，有助于改善社会组织的公众形象。

5. 农村留守儿童摸底排查工作展开

2016年3月29日，民政部、教育部、公安部印发《关于开展农村留守儿童摸底排查工作的通知》，决定从2016年3月底至7月底，在全国范围内开展一次农村留守儿童摸底排查工作，建立农村留守儿童信息库。这将为加强关爱服务力量调配和资源整合提供基础数据支持，提高农村留守儿童关爱保护工作实效。

6. 民政部等27部门建立农村留守儿童关爱保护工作部际联席会议制度，拟解决部门职责模糊不清问题

2016年4月5日，民政部等27个部门建立农村留守儿童关爱保护工作部际联席会议制度，统筹协调全国农村留守儿童关爱保护工作。这是我国首次就留守儿童问题组建部际联席会议。此前在一些地方开展过留守儿童排查工作，但摸排出名单后，应该交给哪个部门，到底由谁来负责并不明确，亟须明确部门职责，加强部门间协作配合。该联席会议将研究拟订农村留守儿童关爱保护工作的政策和工作计划；推动部门沟通与协作，细化职责任务分工；完善关爱服务体系，健全救助保护机制；督促、检查农村留守儿童关爱保护工作落实等，最终统筹协调全国农村留守儿童关爱保护工作。

7. 广州启动慈善标志建设，营造城市慈善氛围

2016年5月，广州市民政局、广州市文明办出台了广州慈善广场等慈善标志创建活动方案，全面启动慈善广场、慈善社区、慈善街道等慈善标志创建工作，搭建基层慈善公共服务平台。鼓励各区、街道、社区将慈善氛围浓厚、人口密集、交通便利的社区公共广场优先作为辖区慈善广场；鼓励各博物馆、体育馆、图书馆、高等院校、医院、宗教场所以及商业广场等不同类型广场管理方积极参与慈善广场创建，为慈善组织、慈善活动提供场地及其他社会资源支持，为公众提供慈善咨询、慈善救助及转介、慈善资源链接、慈善项目展示推广、慈善义卖义演、志愿服务、慈善讲座、培训沙龙等慈善服务。逐步让慈善遍及全城，形成"人人慈善为人人"的社会氛围。

8. 深圳加强社会组织党建工作

2016年6月14日，深圳召开全市社会组织党的建设工作座谈会，就加强全市社会组织党的建设工作进行部署。从2016年起，深圳社会组织5A级评选纳入申报必备条件，没有成立党组织的社会组织在申请时将被一票否决。深圳还将建立健全双向互动机制，即社会组织党员管理层人员和党组织班子成员双向进入、交叉任职的"3+2"模式（即党组织书记参加或列席管理层会议、参与重大决策、参与换届人选审查；党组织与社会组织领导班子交叉任职、纪委书记（负责人）兼任社会组织监事），通过双向互动，发挥党组织在社会组织中的政治核心作用。

9. 民政部设立举报邮箱欢迎社会公众对非法社会组织进行举报

2016年8月26日，民政部发布《社会组织登记管理机关受理投诉举报办法（试行）》，就民政部门受理对社会组织的投诉举报进行了具体规定。为严厉查处未经登记的非法社会组织活动，净化社会组织发展环境，充分发挥社会监督作用，民政部设立举报邮箱，接收对以"中国""中华""全国"等名义及跨省开展活动的非法社会组织的举报。

10. 民政部民间组织管理局更名为社会组织管理局

2016年8月30日，民政部民间组织管理局正式更名为社会组织管理局。《关于改革社会组织管理制度促进社会组织健康有序发展的意见》和9月1日施行的《慈善法》都赋予民政部门对社会组织的重要管理职责，迫切需要增强登记、监管、执法能力。民政部内设社会组织管理机构更名，标志着社会组织登记管理机构更加名副其实、责任加重。

11. 团中央召开全国中学生志愿服务工作推进会，推进中学生志愿服务工作

2016年9月12日，团中央召开全国中学生志愿服务工作推进会，为推进志愿服务工作制度化、规范化和常态化，就中学生志愿服务工作交流经验、研究讨论。会上，团中央发布了首批50所全国中学生志愿服务示范学校创建单位名单，并制定下发《全国中学生志愿服务示范学校创建工作实施方案》，对示范学校的创建方式和数量、首批创建工作的阶段安排、验收标准等提出了明确的工作要求。

12. 上海启动万家公益基地建设计划，全面建设"公益之城"

2016年10月29日，上海启动万家公益基地建设计划，全面建设"公益之城"，首批28家公益基地获得命名。上海计划在2020年前建成至少万家公益基地，通过基地对接公益服务与公益需求，展示公益文化，支持公益创业等。公益基地还将推出公益护照制度，对志愿者的公益服务和公益捐赠进行权威记录。公益基地是为开展慈善捐赠、志愿服务等公益活动提供支持和服务的平台，有实体办公机构，有管理团队或人员的企事业单位、社会组织、街道社区服务机构、邻里中心、居村委会等均可申报。公益基地实行自愿申请、专家评估、组织审核的方式进行遴选。

行业建设

1. 中国首个民间志愿服务全国联盟网络成立，搭建全国志愿服务供需对接平台

2016年3月5日，山西老醯儿公益、安典文化交流中心、甘肃伊山伊水环境与社会发展中心、壹基金、南都基金会等全国12家平台型社会组织及基金会共同发起中国首个民间志愿服务全国联盟网络。该联盟是通过建立横向全国平台，以及在环保、助老、助残、教育、救灾、传播等领域打造纵向志愿者平台，实现志愿者供需对接的民主管理和自主运作的首个中国民间社会组织志愿服务联合体。

2. 基金会中心网战略慈善研究中心在北京成立，依托数据平台帮助基金会发展

2016年5月18日，基金会中心网战略慈善研究中心在北京成立，将开启战略慈善相关领域研究与倡导工作，同时开展相关领域数据采集和数据架构工作。成立后的基金会中心网战略慈善研究中心将逐步开展以下九个方面的工作。分别为"深度对话"、"年度盛会"、"案例研究"、"国际访问"、"青年慈善领袖"、"战略慈善企业家"、"精准慈善桥梁"、"效果和影响力评估"、"政策研究"。随着大数据时代的到来，慈善行业也将迎来精细化和专业化发展新趋势，越来越多的慈善组织和慈善家开始将目光转向慈善组织所带来的社会效益的一端，关注项目目标是否达成和社会问题是否解决。依托自身数据平台，基金会中心网战略慈善研究中心期望为此提供支持。

3. 中国民间组织厄瓜多尔地震救援研讨会召开，提升中国民间组织境外救援工作的能力和专业性

近年来，中国民间组织在国际人道救援过程中进行了一些有效的探索，但仍面临不少挑战。2016年6月29日，由中国人民对外友好协会和中国扶贫基金会联合主办的"中国民间组织厄瓜多尔地震救援研讨会"在北京召开，会议围绕"中国民间组织参与国际援助工作的角色定位、国际救援的社会多元化参与、国际机构对中国民间组织参与国际救援的期待、中国民间组织参与国际援助的政策发展"四个方面展开探索与交流。

4. 中国人民大学成立中国公益创新研究院

2016年7月26日，中国人民大学中国公益创新研究院正式成立。中国人民大学校友李晓波先生专项捐赠1000万元，支持中国公益创新研究院的成立和发展。中国公益创新研究院以慈善文化、公益领域跨部门合作、公益部门治理为主要研究方向，旨在通过学术研究、人才培养、实践咨询、社会倡导和决策参与等方式，成为公益研究的领导者和公益创新的发动机。

5. 社会价值投资联盟（深圳）成立

2016年8月25日，社会价值投资联盟（深圳）由深圳市社会组织管理局批准成立，致力于通过"三A三力社会价值投资标准"为资本遴选具备社会、商业双重价值的项目及资源，成为支持"义利并举"社会创新创业项目的投资促进平台。

6. 中国信息技术公益联盟成立，致力推动IT和公益的跨界合作

2016年8月28日，为推动公益组织和技术公司的跨界合作，腾讯志愿者协会、腾讯云、恩派共同发起成立中国信息技术公益联盟。联盟作为信息技术公益的支持性平台，将致力于推动IT与公益跨界合作，创造更高效的社会问题解决方案，为公众提供更便捷的公益参与方式。企业、社会组织、团队以及个人均可以加入这一联盟。

7. 深圳成立慈善事业联合会，促进慈善行业自律机制建设

2016年8月29日，深圳市慈善事业联合会正式成立，标志着深圳慈善行业首次有了自己的联合性自律组织。"深慈联"将分别成立决策咨询委员会、学术委员会和社会监督委员会。决策咨询委员会是慈善行业指导机构，其主要职责是为联合会及行业发展提供决策咨询；学术委员会是"深慈联"的研究咨询机构，其主要职责是开展理论政策研究，推动体制机制的完善，推动行业标准化建设，推动行业人才队伍建设；社会监督委员会负责对慈善行业有影响力的重大事件进行独立调查并提出处理意见。

8. 社会组织数据中心"国信云1.0"正式上线，加强社会组织信用体系建设

2016年9月3日，社会组织数据中心"国信云社会组织数据中心"正式上线。该数据中心由北京新民社会组织能力建设促进中心与北京国信云启网络科技有限公司联合打造，是集社会组织培育孵化、信息发布、数据查询、人才培养、信息化建设、舆情监测、数据服务等为一体的专业平台，旨在实现全国社会组织登记管理信息、组织运营数据"一网归集""一键查询"，为国内 67 万家社会组织及相关机构、上下游企业提供数据参考，促进信息流通、加强社会组织信用体系建设。

9. 北京市首家社会组织联合工会成立

2016 年 9 月 18 日，北京市门头沟区城子街道社会组织联合工会成立，维护社会组织员工的合法权益。社会组织普遍存在规模小、人数少，并且无业务主管或指导单位的情况，因此组建工会难成了许多社会组织的"通病"。该社会组织工会联合会的成立，将进一步扩大工会在社会组织的覆盖面，有利于维护社会组织职工的合法权益和社会组织的规范化发展。

10. 第五届中国慈展会举行，突出以法兴善的主题

2016 年 9 月 23 日，第五届中国公益慈善项目交流展示会（以下简称"慈展会"）在深圳会展中心举行。本届慈展会突出以法兴善的主题，加大对《慈善法》的宣传，营造良好的慈善氛围。首设慈善文化板块，开设慈善文化主题公园，集中宣传现代慈善理念和慈善发展成果，让慈善进一步走进社区、深入民众。同时，探索《慈善法》颁布后公益慈善事业面临的新业态、新载体和新途径，培育、扶持、引导公益组织在《慈善法》指引下规范运作，促进公益慈善事业健康发展。

11. 儿童大病救助联盟发布"统一标准共识"

2016 年 11 月 10 日，第四届中国儿童大病救助论坛在北京召开。本届论坛由中国儿童大病救助联盟主办，联盟轮值执行机构中国红十字基金会和联盟秘书处中国公益研究院承办。论坛以"联合救助健康扶贫"为主题，8 家儿童大病救助公益机构联合发布《儿童大病联盟统一标准共识》，以建立标准化救助流程和简化救助程序为目标，以统一信息采集标准和票据报销规范为基础，降低大病儿童家庭申请公益机构救助的门槛和重复准备救助申请材料的负担，力争打破政府、公益机构、医院、科研机构之间信息互通的壁垒，联合起来让大病儿童有求必应。

12. 公益组织发布《儿童公益组织行为准则指南》

2016 年 11 月 20 日，国际救助儿童会、北京市社会组织发展服务中心、北京市协作者社会工作发展中心和北京博源拓智儿童公益发展中心联合起草了《儿童公益组织行为准则指南》，就公益组织在儿童保护相关的定义、立场和执行范围，接触儿童人员的行为规范、违反准则的报告、回应及处理机制等方面提出了详细建议。儿童服务的特殊性要求儿童公益机构有儿童保护视角的组织管理准则和服务指南，而我国目前尚没有关于儿童公益机构的服务管理准则。据统计，北京全市1万多家社会组织，其中市级社会组织7000多家，至少有1/3的组织涉及儿童权益保护与救助。《指南》的制定有利于教育和倡导公众，树立全社会儿童保护意识，也致力于为儿童公益行业的发展创造良好的环境。

13."中国好公益平台"启动，将优质公益产品与社会需求进行有效对接

2016年11月23日，由阿拉善SEE基金会、爱德基金会、陈香梅公益基金会、恩派、中国扶贫基金会、基金会中心网、北京乐平公益基金会、上海联劝公益基金会、南都公益基金会、腾讯公益、同佳岸慈善基金会、微公益、新华公益、壹基金、中山大学中国公益慈善研究院联合共建的首个"中国好公益平台"正式宣布启动。中国好公益平台致力于实现三大目标：一是促进针对真实社会需求的公益产品的规模化；二是提升民间公益组织的专业化水平，促进其可持续发展；三是夯实公益信任体系，成为公众寻找可信赖公益产品的窗口。中国好公益平台由联合共建机构、战略合作伙伴、品牌创建机构、枢纽合作基地、项目示范机构、指定服务供应商共六大类利益相关方共同参与合作。

14.全国首个慈善信托行业联合体成立，促进慈善信托良性发展

2016年11月16日，中国慈善联合会慈善信托委员会成立。慈善信托委员会作为我国首个慈善信托的行业联合体，将开展慈善信托的基础研究，梳理、总结国内外慈善信托相关成果，为行业提供理论基础和实践模式；加强慈善信托的人才培养，建设既懂信托、又懂慈善的跨界专业人才队伍；建立慈善信托的行业标准和评价体系，推动行业自律；建立信息共享机制、多方联络协调机制和资源对接机制，加强政府、捐赠人、慈善组织、信托机构之间的交流互动；积极推动慈善信托实践落地，及时响应慈善信托当事人的需求，做好行业服务工作，促进慈善信托良性发展。

15.上海交通大学中国公益发展研究院成立

2016年12月28日，上海交通大学中国公益发展研究院正式挂牌成立。研究院旨在发展公益事业，弘扬公益文化，促进社会发展；同时以完善国内公益研究体系，回应公益行业实际需求，架设公益行业对外桥梁为使命。

研究院有志于开拓多视角的公益研究，从慈善捐赠、公益法律、组织建设、慈善信托、绩效评估等多个方面入手，建立独具特色的公益研究体系。对各个研究领域进行深度挖掘，定期发布在行业内能产生重大影响力的研究成果。依托上海地理位置优势，研究院还将着力撬动和融合东亚地区的公益资源，打造对接全球公益领域合作与交流平台，推动学术界和公益社会组织"走出去"，将平台逐步机制化、常态化，打造东亚地区首屈一指的公益网络。

活动方式和资源

1. 36家公益组织联合举报百度涉嫌发布虚假广告，监督企业重视道德促成合作

2016年1月14日，广州市越秀区益友爱肝公益发展中心、北京瓷娃娃罕见病关爱中心等36家健康类公益组织联名举报百度涉嫌发布虚假医疗广告，并向北京市工商局寄出举报信，要求工商部门介入调查。事后，百度贴吧与相关公益组织达成初步协议，包括渐冻人吧、白血病吧、脑瘫吧、胆道闭锁吧、先心病吧等特殊病种类吧将由中华儿慈会、北京新阳光慈善基金会、天使妈妈慈善基金会、红十字基金会等公益组织参与合作共建。下一步，百度公司将联动更多的公益组织参与贴吧合作共建。

2. 中国首个民间科学大奖"未来科学大奖"成立，激励科技领域做出重大贡献的公民和组织

2016年1月17日，由"未来论坛"发起的非官方、非营利的民间科学奖项"未来科学大奖"在北京正式成立。该奖项是由未来论坛创始理事自愿出资、定向邀约其他个人和机构共同出资的非官方、非营利、民间发起的科学奖项。未来科学大奖设立生命科学大奖和物质科学大奖，奖金各为100万美元，以捐赠款项授予前一年在这些领域对人类做出重大贡献的华裔科学家。杨振宁指出，"未来科学大奖是第一个延生于中国民间公益组织，由企业家群体发起成立的奖项，填补了中国民间权威科技奖项的空白，让中国科学在走向强大未来的路上有了新的助力，将产生更加深远的影响。"

3. 新《大气法》下的大气污染公益诉讼获立案

2016年1月19日，自然之友诉山东金岭化工股份有限公司大气污染环境公益诉讼一案在山东省东营市中级人民法院立案受理。此案依据《民事诉讼法》、新《环境保护法》以及2016年1月1日生效的《大气污染防治法》起诉，由中国政法大学环境资源法研究和服务中心以及山东本地环保组织绿行齐鲁支持起诉。

4. "智能化社工服务站"项目启动，推进社区便民生活服务集中供给

2016年3月14日，中国社会工作联合会推出的"智能化社工服务站"项目正式启动。项目将积极促进政府公共服务有效融入社区，如社区巡逻民警、协警和保安的休息，以及办公、社区养老服务、居民证件办理等。同时，它是社区提供各类公共服务和开展公益活动的场所，其中各类公益组织所提供的促进社区发展的服务，包括助老养老、社工帮扶、医疗服务、信息倡导等都可以在此落地。另外，项目还为居民提供市场化的社区生活服务，主要内容包括部分居民日常生活所需的便民利民服务，也包括公益项目市场运作，如邮件快递接收和存放、电信服务、供应日常生活用品、食品，同时提供金融便民服务等，其提供主体主要是市场营利性的组织，包括企业。中国社会工作联合会"智能化社工服务站"项目作为各类基本公共服务的重要平台的延伸，力求实现社区便民生活服务的集中供给，有利于社区生活服务规范化。

5. "湄公河五国光明行"项目启动，我国民间慈善力量走出国门

2016年3月23日，澜沧江-湄公河合作首次领导人会议通过了澜湄合作早期收获项目联合清单，其中包括由我国民间慈善力量发起的"湄公河五国光明行"项目。该项目由中国慈善联合会和中国公共外交协会联合主办，计划联合国内的慈善组织和医疗机构，在年内委派医疗队分赴越南、老挝、柬埔寨、缅甸、泰国五国，为1000名贫困白内障患者免费实施复明手术。

6. 七家环保组织呼吁在"十三五"能源规划中强化环评约束和公众参与，监督国家重大决策过程透明合理

2016年6月5日，自然之友、云南绿色流域、绿家园志愿者、绿色汉江、横断山研究会、绿色浙江、成都城市河流研究会七家环保组织联合发表呼吁信，建议在"十三五"能源规划中强化环评约束和公众参与，并暂缓怒江水电开发。信中建议，在官方网站全文公布国家能源发展"十三五"规划、水电发展"十三五"规划、可再生能源发展"十三五"规划征求意见稿、怒江水电开发规划报告最新版，以及各方反馈意见、专家论证意见。

呼吁信还称，应依法编制、公布和审查相关规划的环境影响报告书，将环境影响评价结论、审查专家和环保部门的意见作为规划审批的重要依据；如不能满足规划环评要求，怒江水电开发项目不应列入规划。

7. 环保组织对毒跑道事件发起公益诉讼

2016年6月21日，环保组织中国生物多样性保护与绿色发展基金会提起环境公益诉讼，将北京市朝阳区刘诗昆万象新天幼儿园诉至北京市第四中级人民法院。2016年6月，多地爆出因铺设塑胶跑道散发异味引发学生身体严重不适事件，引发社会强烈关注。环保组织提起环境公益诉讼，通过司法权的介入，监督和推动环保事件解决的进程。

8. 马云公益基金会发布"马云乡村校长计划"，关注乡村校长发展

2016年7月4日，马云公益基金会发布"马云乡村校长计划"。教师仍然是农村教育的薄弱环节，校长的管理水平不足导致不少乡村教师离开。"马云乡村校长计划"为具有教育情怀与教育思想的乡村校长们提供更多学习提升的机会，包括国际游学、校长课堂，以及帮他们组成"乡村教育家"社区，共同探讨乡村教育发展模式等，旨在培养新一代乡村教育家，使乡村学校充满活力，并通过传播这些校长们的标杆案例和项目成果，唤醒公众对于乡村教育的关注。

9. 阿里巴巴基金会举办首届全球 XIN 公益大会

2016年7月9日，阿里巴巴公益基金会联合杭州市人民政府举办首届全球 XIN 公益大会，旨在鼓励草根公益组织，支持全球环保行动，关心全国4000余万乡村儿童和乡村教师，并推动建立人人参与的 XIN 公益文化。大会分为主论坛和5个分论坛，探讨教育、互联网公益、环保、救援、医疗五大方面公益话题。

10. 首例大气污染公益诉讼案一审宣判起到示范作用

2016年7月21日，山东省德州市中级人民法院对中华环保联合会诉德州晶华集团振华有限公司大气环境污染责任纠纷公益诉讼案作出一审宣判，判决被告振华公司赔偿超标排放污染物造成的2198.36万元人民币损失，用于德州市大气环境质量修复，并在省级以上媒体向社会公开赔礼道歉。2015年1月1日，新环保法的正式实施将环保公益诉讼主体范围扩大至"依法在设区的市级以上人民政府民政部门登记，专门从事环境保护公益活动连续五年以上，且无违法记录的社会组织"。在此背景下，2015年3月19日，中华环保联合会对"污染大户"振华公司提起诉讼，索赔近3000万元用于德州市大气环境质量修复。这一案件是新环保法实施以来全国首起针对大气污染行为的环境公益诉讼案件，对于督促企业实施绿色生产、进行污染减排具有典型意义。

11. 第二届"99公益日"启动

2016年9月7日，第二届"99公益日"启动。2016年9月7~9日三天，腾讯公益收到677万人次的爱心捐款，共筹善款3.05亿元，共有逾120家拥有公募权的公益组织、近4000个不同类型的公益项目参与。相较于第一届，有如下变化：腾讯公益配捐总额大幅"加码"，引入"拼手气"配捐新玩法；爱心企业加入，让公益组织、受助人、捐赠人和企业形成四维连接，公益新生态初现雏形；此外，在项目准入机制及平台监管方面也将更加严格。腾讯公益作为一个平台，在深度赋能公益组织、推进公益项目更好地连接企业、连接公众方面，正在做更多的尝试和探索，催化、加速了公益发展的新进程，也带来了用户公益行为的显著改变。

12. 北京用友公益基金会成立，关注中国商业文化遗产

2016年12月7日，北京用友发起并出资1000万元成立北京用友公益基金会，专注中国商业文化遗产整理工程。用友基金会认为中国商业文明是世界商业文明的重要组成部分。在商业进步与社会发展过程中，一些重要的中国商业思想、制度、习俗等文化遗产没有被很好地记录下来，一些当时领先并对人类文明发展有重要意义的商业技术和工具也没有被很好地保存。因此，用友基金会将通过支持理论研究、学科建设、专业博物馆及数字博物馆建设、非物质文化遗产保护等方式对中国商业文化遗产进行挖掘、整理、出版、展示，以助力传承和弘扬优秀的中国商业文化，促进商业文明发展。

13. 2016救援行动公约暨《德清宣言》发布，促进民间救援向标准化、规范化、专业化发展

2016年12月13日，中国灾害防御协会于浙江德清召开社会组织救援峰会。为确立社会救援组织会员定位及发展方向、规范救援行动，促进中国社会救援组织有序发展、提供行业示范，中国灾害防御协会地震应急救援专业委员会联合参会社会救援组织代表，共同决定签署发布《德清宣言》。"5·12"汶川地震以来，国内社会救援组织逐步向标准化、规范化、专业化发展，对政府应急救援体系起到了重要的辅助和补充作用。

14. 网络"互助保障计划"以公益为名行保险之实被保监会叫停

2016年12月14日,媒体报道多家网络"互助保障计划"被保监会叫停。网络互助平台的模式以"投入少量资金即可获得高额保障"为卖点。以"老人安心互助计划"为例,互助规则显示,设有180天等待期,账户余额不得低于3元才能参与互助,分摊规则为每次不超过3元,每年约350元,最高可获得30万元赔偿。保监会认为,对于定位为公益慈善组织的互助平台,应主动明确告知捐助者"捐助是单向的赠予行为,不能预期获得确定的风险保障回报",而对于以互助名义变相开展保险业务的一经查实,坚决取缔并依法追究相关人员责任。

15. 全国首单社会效应债券完成注册

2016年12月23日,全国首单社会效应债券——山东省沂南县扶贫社会效应债券,在银行间市场交易商协会完成注册及资金募集。债券正式落地,实现了直接融资产品与扶贫开发工作的有机结合。

组织建设

1. 星光公益联盟成立,整合凝聚放大传播明星公益影响力

2016年1月7日,由国内外有较好社会公众影响力的知名艺人、经纪传媒集团共同组成的星光公益联盟正式成立,号召微博上的明星积极发挥自身社会影响力,助力公益。微博作为明星及名人最为集中的平台,每天都有众多有社会责任感的名人通过微博发声,他们通过微博转化自身的社会影响力,成为慈善公益的直接推动力。但是,名人、明星在微博上的公益影响力是碎片化的。星光公益联盟的成立,将整合凝聚及放大传播这一明星公益影响力。

2. 中国第一家妇女法律援助组织歇业

2016年1月29日,北京众泽妇女法律援助中心网站发布消息,北京众泽妇女法律咨询服务中心(原北京大学法学院妇女法律研究与服务中心)将从2016年2月1日起歇业。

3. 12位中国科学院、中国工程院院士共同捐款发起成立"院士博爱基金"

2016年2月27日,由12位中国科学院、中国工程院院士共同捐款发起的"院士博爱基金"在北京成立。这是我国首个由两院院士集体发起成

立的专项公益基金,将重点支持儿科、老年医学以及罕见病治疗、灾难医学、急救医学的建设和发展。基金的成立意味着中国知识界作为一个群体和慈善事业联合起来,为慈善事业注入智力支持。

4. 中国社会福利基金会罕见病工作委员会成立,推动罕见病国际交流及行业研究

2016年2月29日,中国社会福利基金会宣布出资100万元成立罕见病工作委员会,将作为中国社会福利基金会对罕见病领域的支持型机构,以行业研究、政策倡导、国际交流与合作等为重点来开展工作。最新数据显示,国内关注罕见病的公益机构(包括未注册的病友组织)不到60家,有长效帮助罕见病患者能力的机构不足20家,能推动做罕见病国际交流或行业研究的机构更是寥寥无几。

5. 北京病痛挑战公益基金会成立,搭建罕见病领域链接协同平台

2016年2月29日,由瓷娃娃罕见病关爱中心与南都公益基金会共同发起的北京病痛挑战公益基金会正式宣告成立,这是北京市第一家关注罕见病领域的公益基金会。基金会将搭建链接协同平台,使救助、服务、信息等所需分散资源及时对接,整合志愿者、捐赠人、医生、企业等各相关方,打破罕见病领域资源不足、信息不对称等现状。

6. 中国儿童少年基金会启动书歌文化教育专项基金,帮助儿童少年传承经典文化

2016年3月28日,由中国儿童少年基金会与沪臣集团上海书歌教育科技有限公司共同发起的"书歌文化教育专项基金"启动。基金的设立旨在帮助儿童少年传承经典文化,提升素质修养。具体将围绕中华优秀传统文化,开展符合儿童身心特点的相关教育内容的研发,帮助孩子们更好地了解和传承优秀文化经典。另外,将组织开展以"倾听孩子们的心声"为主题的儿童语言表达类公益活动,让孩子们做主角,通过互联网和移动新媒体的传播来倾听孩子们的心声,记录孩子们的成长,展示孩子们的风采,为社会输出更多的好声音与正能量。

7. 多家公益组织成立"互联网医疗广告打假联盟"

2016年4月26日,由瓷娃娃罕见病关爱中心、亿友公益、袖珍人之家等多家机构成立的"互联网医疗广告打假公益联盟",针对"魏则西事件"引起巨大争议的百度竞价排名体系,到国家工商总局申请政府信息公开,申请内容为"希望工商总局能为百度推广是否属于广告给出明确说法"。这个"公益联盟"是由多家健康类公益机构或者患者组织发起成立的，目的是净化互联网虚假医疗信息。

8. 全国人力资源行业首家公益基金会成立

2016年5月11日，全国人力资源行业第一家公益基金会上海蓝海基金会成立。基金会的发展愿景是促进人力资源行业发展，创建国际性公益组织。主要任务是培训专业领域的精英团队，协助科研专利项目转化，提供人力资源服务支撑，扶持社会公益助学帮困。

9. 北京师范大学中国公益研究院慈善信托研究中心成立，为中国慈善信托的发展提供智力和研究支持

2016年8月9日，北京师范大学中国公益研究院慈善信托研究中心正式成立。《慈善法》的出台，为我国慈善信托的发展扫除了一些制度性障碍，慈善信托将迎来蓬勃发展新机遇。然而，目前慈善信托配套制度和服务基本处于缺位阶段，具有较大的拓展空间。

10. 我国首个慈善博物馆开幕

2016年9月1日，我国首个国家级慈善专题博物馆——中华慈善博物馆在江苏南通开幕。中华慈善博物馆陈列分为慈善思想、慈善历程、慈善组织、慈善人物、当代中国慈善事业、港澳台及海外华人慈善事业六个板块，馆内展出的陈列品共1600多件，展览梳理了从先秦时期慈善萌芽开始至今，共2000多年的中华慈善发展历程。通过在互动中体验慈善精髓，给公众带来慈善启迪教育。

研究与出版

1.《2015年度大学生公益现状调查报告》发布

2016年1月21日，中国扶贫基金会发布《2015年度大学生公益现状调查报告》。报告显示，2015年度，志愿服务成为大学生参与度最高的公益类型，78%的受调查大学生表示参与了志愿者服务。

2.《中国民间垃圾议题环境保护组织发展调查报告（2015）》发布

2016年5月20日，中国零废弃联盟和合一绿学院共同发布《中国民间垃圾议题环境保护组织发展调查报告（2015）》。报告显示，超九成接受调查的垃圾议题环保组织聚焦在城市生活垃圾，而农村生活垃圾、工业垃圾和电子垃圾则少有组织介入；在工作手法上，又以前端的社区宣传教育和垃圾减量为主，较少开展末端监督工作，垃圾管理的系统介入力度失衡。

3. 慈善蓝皮书《中国慈善发展报告（2016）》发布

2016年5月27日，由中国社会科学院社会政策研究中心编撰的《中国慈善发展报告（2016）》发布。该书指出，2015年，慈善公益事业成果丰硕，社会捐赠总量接近千亿元，全国基金会数量超过了4800家。同时，志愿者人数与志愿者捐赠率总体呈现逐年增长的趋势。

4. 2016年度《中国留守儿童心灵状况白皮书》发布

2016年6月24日，由北京上学路上公益促进中心主办的2016年度《中国留守儿童心灵状况白皮书》正式发布。2016年度的《白皮书》重点聚焦农民工父母与孩子的"陪伴水平"对孩子心理状况的影响。调查显示，父母外出打工对孩子的自尊以及心灵的发展产生了很大的影响。与父母见面或联系次数较多的留守儿童，能够从父母那里获得充分的支持和肯定，从而确立对自己的积极评价，维持较高的自尊水平。而一年与父母都没有见面的留守儿童，以及一年与父母没有联系或者只联系1~2次的留守儿童的自尊水平显著低于其他留守儿童。

5. 最高人民法院发布《中国环境资源审判》（白皮书）

2016年7月27日，最高人民法院发布《中国环境资源审判》（白皮书）。白皮书分5个部分回顾总结了全国法院环境资源审判工作情况，并提出了今后需健全完善的工作目标。就社会公众高度关注的环境公益诉讼，白皮书指出，2015年1月，最高人民法院发布《关于审理环境民事公益诉讼案件适用法律若干问题的解释》，进一步细化了环境民事公益诉讼的相关规则；2016年2月，发布《法院审理人民检察院提起公益诉讼案件试点工作实施办法》，明确了法院受理检察院提起民事、行政公益诉讼的案件范围、级别管辖、审理规则和裁判依据。自2015年1月新环境保护法施行至2016年6月，全国法院共受理社会组织提起的环境民事公益诉讼一审案件93件。自2015年7月全国人大常委会授权试点以来，共受理检察院提起的环境民事、行政公益诉讼案件21件。

6. 阿里研究院和阿里公益联合发布《2016年度中国绿色消费者报告》

2016年8月3日，阿里研究院和阿里公益联合发布《2016年度中国绿色消费者报告》，提出"绿色消费者"概念，希望通过此概念的推广让绿色消费成为更多消费者的一种习惯和生活方式，释放消费者力量，倒逼产业升级与供给端改革。

7. 中国"互联网公益"大数据研究报告发布

2016年12月7日，南京大学·腾讯"互联网+"研究中心和紫金传媒智库大数据团队联合研发的中国"互联网公益"大数据研究报告正式发布。报告认为，2016年是中国互联网公益从运营模式、传播范围、公众认知、影响效果都显著提升的一年，特别是9月1日起正式实施的《慈善法》对网络募捐有了明确规定，民政部评审通过了首批13家互联网募捐信息平台。中国互联网公益由此步入"法治慈善时代"，所以2016年应为中国互联网公益元年。

8.《中国青年公益创业报告2016》发布

2016年12月18日，由中国青年报社、KAB全国推广办公室编著的《中国青年公益创业报告2016》在北京发布。报告发现，社会公益问题呼吁青年公益创业、以《慈善法》为代表的公益创业相关法律法规逐渐完善及"大众创业、万众创新"的创业浪潮催生了公益创业的高潮，中国公益创业青年学历上升，近六成公益创业者可"自己造血"，但公益创业面临着社会公众认知不准确、政府支持力度小、融资困难等问题。

9.《中国社会组织评估发展报告（2016）》蓝皮书发布

2016年12月19日，国家社会组织管理局、民政部民间组织服务中心、上海交通大学与社会科学文献出版社共同发布《中国社会组织评估发展报告（2016）》蓝皮书。继《民政部关于探索建立社会组织第三方评估机制的指导意见》发布后，2015年民政部首次全面实施第三方评估，首次创新前置评估公示程序，首次全面突出党建工作，首次全面强化评估整改，这对加强政府监管和社会监督，推进社会组织有序发展意义重大。

10.《全球慈善家族百杰报告（2016）》发布

2016年12月22日，深圳国际公益学院家族慈善传承中心在北京发布《全球慈善家族百杰报告（2016）》。《全球慈善家族百杰报告（2016）》以全球范围内捐赠总额超过1亿美元的家族为对象，综合评估其捐赠情况、慈善事务的组织化和专业化程度、家族成员对慈善事务的参与度、持续性，以及其慈善活动对社会发展和家族传承的影响力。这些慈善家族是全球慈善生态的重要部分。他们不仅为慈善事业提供了大额资金，也用市场思维系统解决社会问题，用新技术降低成本、用创新模式优化慈善生态、催生新的组织形态。结果显示，29个华人家族入选，综合实力离欧美老牌家族还有较大差距。

11.《中国扶贫开发报告2016》发布

2016年12月27日，中国社会科学院和国务院扶贫办公室联合出版的《中国扶贫开发报告2016》发布。报告聚焦了中国扶贫经验和面临的形势、挑战和政策，对中国减贫进程进行了全面的总体评价分析。报告指出，从1981年到2012年，中国贫困人口减少了7.9亿，约占全球减贫人数的七成。下一步，中国将聚焦精准扶贫、精准脱贫，到2020年要消除现行标准下全部极端贫困人口。

12.《中国上市公司社会责任能力成熟度报告（2016）》发布

2016年12月28日，《中国上市公司社会责任能力成熟度报告（2016）》发布。报告指出，我国上市公司社会责任能力建设水平低下，高达98%的公司社会责任能力成熟度得分低于60分，整体处于弱能级。上市公司的经济价值创造能力普遍突出，社会责任推进管理严重不足，环境价值创造能力和社会价值创造能力都亟待提升。

公民行动

1. 网民举报百度血友吧被卖，逼迫百度停止百度贴吧所有病种类吧的商业合作

2016年1月10日，知乎用户"蚂蚁菜"披露，自己是百度血友病吧原第二大吧主，吧务组成员在贴吧内发布的揭露骗子的帖子被批量删除，百度贴吧俨然已经将血友病吧经营权卖出。该信息一经发出，引发网民广泛转发与关注，事件舆情热度迅速上升。1月12日，百度公司正式对外宣布，百度贴吧所有病种类吧全面停止商业合作，只对权威公益组织开放。专注血友病防治的NGO"血友之家"已经接受百度贴吧的邀请，成为血友病吧的新吧主。

2. 谢某众筹事件引公众讨论"轻松筹"作为众筹平台是否需审核监管众筹项目

2016年2月10日，谢某登录"轻松筹"众筹平台发布求助信，为在德国留学的儿子众筹500万元进行白血病治疗。但众筹信息发布几个小时后，谢某将众筹资金调整为 50 万元。此后短短两天时间，筹到资金达到 500120.47 元。与此同时，美国众筹网站 gofundme 也出现了谢某的众筹公告，并在 5 天内募集到 4290 美元。公众广泛质疑，在德国的注册大学生必须购买医疗保险，治病和药费大部分可报销，作为众筹平台，"轻松筹"是否应该审核监管众筹项目。

3. 高中生向全国政协十二届四次会议提案，呼吁加强公共场所母婴室建设

2016 年 3 月 3 日，六名高中生写出的《关于加强公共场所母婴室建设的提案》委托全国政协委员提交至全国政协十二届四次会议，建议工商管理部门规定，达到一定规模的用人单位、公共场所必须配备达到一定标准的母婴室，方便母乳汲取与喂养，建议民政部门应督促在公共场所建立母婴室，保障妈妈们在车站、公园等地的哺乳权。关于在公共场合完善母婴室的呼声由来已久，1993 年颁布的《女职工保健工作规定》要求，有哺乳婴儿 5 名以上的单位，应逐步建哺乳室。但 2014 年一份报告表示，90% 的中国单位未设有哺乳室。

4. 同性恋婚姻维权第一案败诉

2016 年 4 月 13 日，湖南省长沙市芙蓉区人民法院依法公开开庭审理原告孙文麟、胡明亮不服被告长沙市芙蓉区民政局婚姻登记行政行为行政诉讼一案并当庭宣判，依法驳回原告孙文麟、胡明亮的诉讼请求。这是中国同性恋平权运动史上历史性的一刻。

5. "90 后"女生约谈广州市交委，要求公共交通建立反性骚扰机制

2016 年 4 月 28 日，三位"90 后"女生来到广州市交通委员会信访办公室进行约谈，要求在广州公共交通中设立反性骚扰宣传，并建议建立公共交通的反性骚扰机制，以及发布具有性别平等意识的公益广告。

6. 罗尔事件引发全民问责

2016 年 11 月 29 日晚至 11 月 30 日早间，罗尔在微信公众号上记录患白血病女儿的治疗过程，引发社会好心人士打赏捐助。有网友指出，罗尔有三套房产，利用公众号募捐，幕后是小铜人公司炒作该事件进行营销。最终 260 多万元赞赏资金被原路退回。但各方问责仍在继续。

7. 京津冀 5 居民起诉三地政府治霾不力

北京的程海、余文生，天津的马卫，河北的李威达、卢廷阁，于 2016 年 12 月 19 日、20 日，分别通过特快专递方式向北京市第四中级人民法院、天津市第二中级人民法院、石家庄市中级人民法院提出诉讼，状告京津冀三地政府未履行空气污染治理的法定职责，致使严重雾霾频发。起诉书分别引用了《中华人民共和国大气污染防治法》《环境保护法》的多条法律规定，并指出，即便近年来北京市政府有治理雾霾的行动，但"治标不治本，效果不明显"，致使出现"持续大规模的空气污染"。

企业（家）

1. 浦发银行发行境内首单绿色金融债券，激发商业银行加大绿色发展的意愿和能力

2016年1月27日，浦发银行成功簿记发行境内首单绿色金融债券，实现国内绿色金融债券从制度框架到产品发行的正式落地。与普通金融债券相比，绿色金融债券的核心在于通过政府引导和市场化约束相结合的方式，形成既有政策引导和激励，又有社会声誉和市场约束的绿色金融发展机制，将有效激发商业银行加大绿色发展的意愿和能力，实现银行自身经营能动性与国家战略层面的良好结合。

2. 今日头条启动"头条寻人"公益项目

2016年2月15日，今日头条启动"头条寻人"公益项目，通过在今日头条平台发布老人走失信息，向周边人群推送，借助大数据等技术手段帮助找回走失的家人。

3. 阿里巴巴开启"公益+艺术"新尝试

2016年4月1日，阿里巴巴联合中国著名的精神障碍艺术培训机构WABC无障碍艺途，将来自自闭症、脑瘫等精神障碍弱势人群的艺术习作，结合天猫和淘宝的商家设计和销售能力，把艺术作品变成一件件充满生活情趣的商品进行众筹销售，所有交易额的10%将返还给WABC，用以帮助更多的弱势人群。

4. 公益宝贝2.0计划发布，用商业思维打造可持续发展的公益模式

2016年4月6日，阿里巴巴公益联合中国扶贫基金会、爱德基金会和中华少年儿童慈善救助基金会共同开启公益宝贝2.0计划，希望通过协作参与的互联网公益模式，引入更多优秀的公益项目，提升公益组织互联网能力，用商业思维打造可持续发展的公益模式。在联合公益的工作模式下，中国扶贫基金会、爱德基金会、中华儿慈会可以接受公益机构申报公益项目，并对满足条件要求的项目组织专门的评审会进行项目评审。而评审通过的项目，阿里巴巴会安排第三方监测机构，对发布筹款需求的公益机构进行尽职调查，通过之后项目就可以进入公益宝贝平台开展筹款工作。

5. 马化腾捐一亿股腾讯股票注入正在筹建中的公益慈善基金

2016年4月18日，腾讯公司董事会主席兼首席执行官马化腾宣布，将捐出一亿股腾讯股票注入正在筹建中的公益慈善基金，支持在中国内地为主的医疗、教育、环保等公益慈善项目以及全球前沿科技和基础学科的探索。

6. 阿里云启动公益云计划，帮助公益组织更好地运用科技解决社会问题

2016年4月20日，阿里云在2016云栖大会·深圳峰会上正式启动了公益云计划。计划将帮助公益组织将网站迁移到云计算平台，访问速度可更快、更流畅，维护成本更低；支持更多公益APP的运营，实现人人参与公益，为公益组织提供云计算以及大数据的能力，将互联网、大数据进行结合，推动创新公益活动。

7. 企业提供平台，扩大儿童失踪信息发布渠道和范围

2016年5月15日，公安部儿童失踪信息紧急发布平台上线，用于全国各地一线打拐民警即时上报各地儿童失踪信息。信息通过平台官方微博等新媒体、高德地图等移动应用对公众发布，并自动推送到相关新媒体和失踪地周边一定范围内相关人群，使公众及时获取权威、准确的信息，协助公安机关快速侦破拐卖案件、找回失踪儿童。上线6个月共发布失踪儿童信息286条，找回儿童260名，找回儿童比例达到90.91%。11月16日，公安部儿童失踪信息紧急发布平台"团圆"系统2.0版上线，新接入支付宝、UC、手机淘宝、YunOS系统、腾讯QQ、百度、一点资讯、今日头条、360手机卫士、滴滴出行等新媒体和移动应用，进一步扩大了平台信息发布渠道和范围，使寻找失踪儿童的难度大大降低。

8. 百度携手青基会启动全国首个"智能微校"项目

2016年5月17日，百度与中国青少年发展基金会联合发起"智能微校"公益项目，解决偏远地区学校的发展问题。该项目利用百度核心物联网技术，结合国内5位优秀建筑设计师的设计，在广西5个偏远教学点建造低成本智能化新校舍。公众可通过百度官网首页上线活动专题页面为心仪设计师的新校舍设计方案点赞、捐款，百度基金会进行1∶1配捐（公众捐款5元，百度配捐5元），众筹款项将全部纳入希望工程专项基金，用于新校舍建设。捐款者可通过手机上百度地图的全景模式看到学校建设的实时场景，增加捐赠者的参与感。

9. 腾讯创始人陈一丹捐赠25亿港币设立"一丹奖"

2016年5月22日，腾讯主要创始人陈一丹先生宣布捐赠25亿港元（约3.2亿美元）设立"一丹奖"，旨在表彰及支持教育界的创革者，致力于凝聚各方展开富有建设性、包容性的对话，聚焦教育议题的解决方案。奖项表彰为教育做出卓越贡献的个别人士或不超过三人组成的跨界团队——包括教师、研究人员、学者、政策决策者及社会运动家等，并根据创效投资的原则向得奖人授予项目奖金。"一丹奖"每年度颁发"一丹教育研究奖"及"一丹教育发展奖"两大奖项，各奖项获得者将被授予3000万港元奖励（约380万美元）。

10. 万科采取"绿色供应链"行动，用市场化手段推动供应链上游企业做出改变

2016年7月19日，万科集团明文规定，从即日起万科所有新建项目的招标和采购，在钢铁、水泥、铝合金、木材等产品品类中将严格落实"绿色供应链"管理要求。除了产品质量，招标文件将明确对总包商、供应商在环境方面的具体要求。这是2016年初万科参与并共同发起"房地产行业绿色供应链行动"以来最新，也是正式对外公开的一次全面行动。2016年初，中城联盟、阿拉善SEE生态协会、全联房地产商会，联合朗诗、万科共同发起"房地产行业绿色供应链行动"，参加该行动的每一家企业，在关注建筑整体更节能、更绿色、更环保的基础上，会进一步追溯，让建筑中所用的原材料开发和生产对环境产生最低程度的影响。这是国内首次以行业联盟的形式，推行绿色供应链管理，用市场化的手段，推动供应链上游企业做出改变，从源头上减少污染。

11. 蚂蚁金服将区块链技术用于善款追踪，促进公益项目的互信与透明

2016年7月31日，蚂蚁金服宣布尝试将区块链用于公益场景，与中华社会救助基金会合作，在支付宝爱心捐赠平台上线区块链公益筹款项目"听障儿童重获新声"，让每一笔善款可被追踪。区块链是一种具有不可篡改特性的数字账簿，任何写入区块链的记录均不可篡改，这样便于公众监督以及审计。以前，公众可以选择捐款，但并不完全知道捐款将在何时给到受助者，而区块链应用后，捐款人可以查看"爱心传递记录"，具体查询到项目捐赠情况，善款如何拨付发放等。

12. 国投泰康信托推出两款慈善信托

2016年9月1日，在《慈善法》实施首日，国投泰康信托宣布推出旗下两款慈善信托，分别是"国投泰康信托2016年国投慈善1号慈善信托""国投泰康信托2016年真爱梦想1号教育慈善信托"。尽管《信托法》对公益信托早已做出定义，但经过十多年，公益信托一直难以大规模发展。《中国信托业发展报告（2013－2014）》统计表明，截至2013年底，信托公司开展公益信托以及类公益信托项目总计39个，资金总额129.17亿元，仅相当于全国信托资产的约1%。2016年《慈善法》出台，为运用信托制度开展慈善活动扫除了部分障碍。

13. 普华永道宣布推出中国首个免费慈善组织报告透明自测系统

2016年12月6日，普华永道宣布推出中国首个免费慈善组织报告透明自测系统。该自测系统可对慈善组织的基本信息、治理信息、发展信息、业务信息、财务信息和公开策略等6方面的57个问题进行全面测试，帮助慈善组织了解自身在信息对外传播和报告中是否符合最基本的政策法规，是否能以对用户友好的方式向捐赠者、受助群体和公众传递信息。让慈善组织通过自我测评，了解自身在透明报告和传播中的水平，找到薄弱的环节，通过学习最佳的案例，进一步提高透明度。

该系统不仅能实现测评，在慈善组织详细回答每个问题之后，最终生成的测评报告还可以成为公益组织撰写报告、对外沟通的参考。

14. 盛大创始人宣布成立10亿美元基金支持脑科学研究

2016年12月7日，盛大创始人陈天桥宣布成立10亿美元基金支持脑科学研究，首批将向加州理工学院捐款1亿美元，用于大脑基础生物学研究。

15. 支付宝宣布上线"器官捐献登记"功能

2016年12月22日，国家卫计委下属的中国器官移植发展基金会在支付宝医疗服务平台上线了"器官捐赠登记"功能，支付宝实名用户可一键完成登记，过程不超过10秒钟，中国器官捐献登记工作由此进入"互联网＋"时代。

海外力量

1. 哈佛大学肯尼迪政府学院发布中国慈善百人网站及研究报告，勾勒中国知名慈善家捐赠轨迹

2016年1月27日（美国当地时间），哈佛大学肯尼迪政府学院艾什民主治理与创新中心发布"中国慈善百人"网站及研究报告，对中国100名知名慈善家在2014年9月至2015年8月之间的捐赠数量、地域、方向、行业以及慷慨程度等一系列指标进行梳理和研究，并首次以图表和地图的形式将中国慈善全景呈现出来。报告显示，上榜的前100名中国慈善家倾向于在自身所在地区捐赠，前百名慈善家中每10元捐赠中有6元捐在本地。西藏、新疆、宁夏、甘肃、云南等相对贫困的省份所接收的捐赠仅占捐赠总额的1.96%。教育是受捐赠最多的领域。尽管2015年中国面临严峻的环境问题，用于环境保护的捐赠却居末尾。通过具体量化慈善家年度捐赠数据，有助于未来捐款人在做捐赠决定时能做出更正确的选择，引导他们的捐赠行为。

2. 二十国集团民间社会会议在青岛举行，增强民间组织层面的国际合作

2016年7月5~6日，2016年二十国集团民间社会会议在山东省青岛市举行。会议由中国民间组织国际交流促进会和中国联合国协会共同举办，来自50多个国家和地区的170多个民间组织的210多名中外代表与会。会议有助于增强民间组织层面的国际合作，与中国民间组织走出去的步伐相呼应。

3. 亚行向中和农信提供5000万美元贷款

2016年8月22日，亚洲开发银行与中和农信签署一笔价值5000万美元的贷款合同，旨在为中和农信项目管理公司在中央和各省级政府制定的贫困县开展小额信贷业务提供资金，用作小组贷款项下的转贷款，该产品贷款规模较小，主要用于农业，贷款对象主要面向女性，同时还将支持贸易、手工业和服务业的个体工商户。贫困妇女是扶贫开发的重点对象。随着城镇化的快速发展，农村男性劳动力大量外流，农村劳动力女性化的趋势日显突出，尤其在贫困地区女性承担着家庭生计维持和发展的重担。因此，只有妇女脱贫,才能从根本上保证农村家庭摆脱贫困。中和农信的服务对象是贫困地区中低收入群体,其中93%的贷款客户为农村的贫困妇女,这折射出农村女性自立自强,改善家庭生产生活状况的精神面貌。

4. 世界自然基金会发布《2016地球生命力报告》,指出改变社会能源和粮食体系的必要性

2016年10月27日,世界自然基金会(WWF)发布《2016地球生命力报告》,指出人类活动将会造成全球野生动物种群数量在1970年到2020年的50年间减少67%。该报告详细描述了人类在历史长河中第一次过度开发地球资源的全过程,突出了改变社会能源和粮食体系的必要性。

5. 联合国儿童基金会发布《为儿童净化空气》报告,保护儿童免受空气污染迫在眉睫

2016年10月31日,联合国儿童基金会发布的题为《为儿童净化空气》的报告称,全球有3亿儿童,或者说占全球儿童总数约1/7的儿童生活在户外空气污染最严重的地区,这些地区的空气污染水平高出国际标准的6倍或者以上。报告同时探究了室内污染的严重影响,这在以前很少被关注。

6. 慈善项目"红鼻子节"将进入中国,通过喜剧表演形式向公众募捐

2016年11月3日,暴走携手"喜剧救济"组织宣布,"红鼻子节"慈善项目即将进入中国。"红鼻子节"慈善项目活动旨在帮助更多人远离贫困,主要通过喜剧演员的表演形式向公众募捐,目前"红鼻子"已经通过"喜剧救济"项目走向世界更多国家。在"红鼻子"进入中国市场之后,暴走的艺人、节目将与"红鼻子节"展开内容的深度定制,实现线上、线下活动同步进行。暴走计划于2017年3月启动"红鼻子之夜"活动,正式拉开"中国红鼻子"活动的序幕。与此同时,还会组织"红鼻子"马拉松等相关活动,号召更多人参与"红鼻子"的慈善募捐活动,最大限度地帮助儿童和贫困家庭。

7. 20位全球商业领袖及创新人士出资10亿美元建立突破能源基金,推动能源转型

2016年12月12日,突破能源联盟宣布,成立一支金额超过10亿美元的突破能源基金,用于投资初创及成长期企业,为全球提供下一代可靠、可负担、零排放的能源、粮食和产品。突破能源基金投资年限为20年,将提供长远和高风险承受力的投资,以推动大规模的能源转型,投资目标是具有突破性并且不会排放温室气体的技术,希望从根本上改变人类过往消耗能源的模式，努力达成一个零碳排放的未来，并为全球提供可靠、可负担的能源。该基金的投资人包括比尔·盖茨、马云、贝佐斯、穆克什·安巴尼、沙特王子瓦利德·本·塔拉勒·阿勒沙特等20位全球商业领袖及创新人士。

致　谢

非常感谢中国扶贫基金会原执行会长何道峰先生、执行副会长王行最先生、秘书长刘文奎先生、副秘书长陈红涛先生、秘书长助理王鹏先生为本报告提供的一如既往的前期及后续支持。感谢社会科学文献出版社社会政法分社社长王绯女士对本报告的出版给予的有力支持，同时，感谢黄金平高质量的编辑工作。也非常感谢朱碧丹女士继续为本报告设计了精美的封面和版式。

在报告撰写过程中，得到了上海手牵手生命关爱发展中心发起人王莹女士，北京十方缘老人心灵呵护中心发起人方树功先生、明德公益事业发展中心创始人阎军楠先生、亲民社会工作服务中心总干事陈攀先生、小营巷社区党委书记陈惠琴女士、小营巷社区居委会主任徐一健女士、小营巷社区退休阿姨鲍云仙女士和覃作民女士，雅安市名山区东建猕猴桃种植农民合作社理事长陈普庆先生、雅安市名山区东建猕猴桃种植农民合作社生产理事杨志聪先生、雅安市名山区名建猕猴桃种植农民专业合作社理事长李世忠先生、石棉县坪阳黄果柑专业合作社理事长王志伟先生、石棉县坪阳黄果柑专业合作社销售理事程长江先生、石棉县坪阳黄果柑专业合作社生产小组长徐晨先生、石棉县安靖黄果柑产业专业合作社理事长姚翠明先生、汉源县樱富水果种植专业合作社理事长黄成明先生，中国扶贫基金会成都办公室副主任陈济沧先生、中国扶贫基金会秘书长刘文奎先生、中国扶贫基金会善品公社项目运营总监王光远先生、中国扶贫基金会善品公社产品部冯忠德先生、中国扶贫基金会善品公社财务部粟威女士、中国扶贫基金会员工林雪女士等相关人士的大力支持，以及大量这里未提及的专家学者及公益界朋友的支持，包括信息资料的提供、个案访谈时的支持，以及提供诸多有价值的意见。谨向他们致以诚挚的谢意！

  此外，特别要感谢七年以来一直关注和支持《中国第三部门报告》的公益界同人，专家学者，关心公益事业的公众和媒体，以及相关政府部门官员，正是他们的认可和鼓励，使我们看到了报告真正的价值和意义，激励我们更努力地走下去。

  最后，衷心地感谢中国扶贫基金会七年来为本报告提供的支持与资金资助。

图书在版编目(CIP)数据

中国第三部门观察报告.2017/康晓光,冯利主编.--北京:社会科学文献出版社,2017.5
 ISBN 978－7－5201－0603－0

Ⅰ.①中… Ⅱ.①康… ②冯… Ⅲ.①社会团体-研究报告-中国-2017 Ⅳ.①C232

中国版本图书馆 CIP 数据核字(2017)第 070839 号

中国第三部门观察报告(2017)

主　　编 / 康晓光　冯　利

出 版 人 / 谢寿光
项目统筹 / 王　绯　黄金平
责任编辑 / 黄金平

出　　版 / 社会科学文献出版社·社会政法分社(010)59367156
　　　　　　地址:北京市北三环中路甲29号院华龙大厦　邮编:100029
　　　　　　网址:www.ssap.com.cn
发　　行 / 市场营销中心(010)59367081　59367018
印　　装 / 北京季蜂印刷有限公司

规　　格 / 开　本:787mm×1092mm　1/16
　　　　　　印　张:21　字　数:346千字
版　　次 / 2017年5月第1版　2017年5月第1次印刷
书　　号 / ISBN 978－7－5201－0603－0
定　　价 / 98.00元

本书如有印装质量问题,请与读者服务中心(010-59367028)联系

版权所有 翻印必究